中国社会科学院民族文学研究所
广 西 壮 学 学 会 主办
广西田阳县布洛陀文化研究会

布洛陀文化
研究文集

——第一辑——

主编：梁庭望 覃彩銮　　副主编：李斯颖 黄明标

学苑出版社

图书在版编目（CIP）数据

布洛陀文化研究文集. 一 / 梁庭望, 覃彩銮主编. —北京：学苑出版社，2018.4
ISBN 978-7-5077-5446-9

Ⅰ.①布… Ⅱ.①梁… ②覃… Ⅲ.①壮族—原始宗教—宗教文化—中国—文集 Ⅳ.①B933-53

中国版本图书馆CIP数据核字（2018）第058019号

责任编辑：张　芳
装帧设计：逸品书装设计
出版发行：学苑出版社
社　　址：北京市丰台区南方庄2号院1号楼
邮政编码：100079
网　　址：www.book001.com
电子信箱：xueyuanpress@163.com
联系电话：010-67601101（营销部）、010-67603091（总编室）
经　　销：新华书店
印 刷 厂：北京建宏印刷有限公司
开本尺寸：787×1092mm　　1/16
印　　张：27
字　　数：468千字
版　　次：2018年4月北京第1版
印　　次：2018年4月北京第1次印刷
定　　价：180.00元

前 言

在广西红水河和右江流域，以及相邻的云南文山地区的壮族民间，保存有大量的《麽经布洛陀》抄本（即麽公唱本）。《麽经》为五言体多句式，押腰尾韵，对仗工整，故又称"布洛陀经诗"。其内容记录有始祖布洛陀开天辟地、创造世界万物、安排自然和人类秩序、开创人类文明、制定伦理道德规范的内容，堪称是壮族创世史诗，故又称"布洛陀史诗"。同时，上述地区壮族民间还流传着大量关于始祖布洛陀的神话故事，流行始祖布洛陀信仰和祭祀习俗。在与壮族同源的贵州省布依族和水族民间，也保存有大量的相似抄本，流行相似的信仰和祭祀习俗。其中以田阳县敢壮山的祭祀活动规模最大，持续时间最长，历史也最久远。

2003年，广西壮学学者对田阳一带的布洛陀文化资源（包括布洛陀文化遗存，布洛陀神话及信仰习俗等）进行了深入调查、挖掘与研究，对布洛陀文化定位有了更为科学、准确的认识，对布洛陀文化的丰富内涵作了较为全面、深入和整体性的揭示，认为布洛陀是珠江流域原住民族——壮侗语族先民崇拜的人文始祖。布洛陀文化是以麽经布洛陀为载体，以布洛陀信仰为核心，以布洛陀神话和布洛陀信仰习俗及祭祀仪式为事象，构成独具地方民族特色的布洛陀文化体系，是中华民族始祖文化的重要组成部分。田阳是布洛陀文化圣地，敢壮山是布洛陀文化圣山，祖公祠（即敢壮山上的布洛陀大殿）是布洛陀文化圣府。这一系列研究成果，为田阳县乃至百色市打造布洛陀文化品牌，开展对布洛陀文化的保护，推进布洛陀文化旅游产业的发展，提供了理论依据和学术支持。

根据学者的研究成果，2004年，百色市政府决定在每年的布洛陀祭祀日——农历三月初七至初九日，在田阳敢壮山举办"百色市布洛陀民俗文化旅游节"，同时举行"布洛陀祭祀大典"和"布洛陀文化学术研讨会"。于是，布洛陀文化开始引起广西、云南、贵州、海南、北京乃至东南亚国家相关学科专家学者的关注。此后，随着一年一度的"百色市布洛陀民俗文化旅游节"活动的常态化，布洛陀文化学术研讨会也成常态化，研究领域和研究视野不断拓展与深化，中国社会科学院民族文学研究所也将田阳作为其研究基地，加入布洛陀文化研究行列。为了更深入研究布洛陀文化，广泛交流提高研究成果，我们决定不定期出版《布洛陀文化研究文集》。《文集》以每年举办的学术研讨会专家提交的论文为基础，广纳会外佳作结集公开出版。由于布洛陀文化和《麽经布洛陀》内涵丰富，博大精深，需要深入研究的问题尚多，研究空间甚大。因此，每年的学术研讨会集中一个主题、若干论题进行研讨。本辑为第一辑，是2015～2016年的学术研讨会与会学者提交的论文集。

愿《布洛陀文化研究文集》的出版，能增进国内外各界对布洛陀文化的了解，以推进布洛陀文化的深入研究，促进布洛陀文化的保护及旅游产业的发展，提升人们的文化自信和文化自觉。

编　者

2017年9月6日

目录

布洛陀宏观文化研究

002	梁庭望 民族精神的弘扬　国家领土的坚守
008	刘亚虎 布洛陀文化的当代价值
014	王宪昭 论布洛陀神话的基本母题及文化意义
027	毛巧晖 文化记忆的展示、保护与实践
	——兼论广西田阳布洛陀文化的重构
039	黄金东 论布洛陀信仰在壮族形成过程中的作用
046	黄桂宁 布洛陀伦理道德观是中华古代文明有机组成部分
059	覃彩銮 布洛陀文化与骆越文化关系略论
068	黄明标 布洛陀：骆越—壮侗语民族始祖和至上王
078	何羡坤 南方百越民族的共同人文始祖"布洛陀"
081	廖　杨 布洛陀文化的内涵结构、时空场域与当代传承
089	罗彩娟 始祖信仰与族群认同研究
	——以壮族布洛陀文化信仰为例
111	梁庭望 布洛陀神话——壮族历史的神秘演绎
120	李斯颖 布洛陀神话中的文化创造母题及其比较
134	潘敏文 《麽经布洛陀》中的法学内涵初探
140	周伊辰 利用新媒体推广布洛陀文化的策略分析

麽经布洛陀与麽教文化研究

- 150 | 罗汉田 田阳"俫麽"
- 165 | 谢崇安 从布洛陀经诗看骆越青铜文化的起源发展
- 175 | 罗志发 浅谈《布洛陀经诗》中的"主体间性"思想
- 182 | 潘其旭 壮族《麽经》与《圣经》洪水遗民神话比较及其认知价值
- 197 | 黄明标 试谈布洛陀与壮族麽经
- 211 | 黄南津 蒋艳萍《麽经布洛陀》版本研究方法梳理
- 220 | 李志强 布洛陀造字与甘桑石刻文
- 225 | 李凤玉 壮族《麽经布洛陀》中和谐价值观探析
- 234 | 何思源 麽经布洛陀"他地地名"初探
- 238 | 林安宁 壮族《麽经》的布洛陀神话研究

同源民族关系及宗教文化研究

- 256 | 刘亚虎 布洛陀创世神话——骆越文化的神圣叙述
- 261 | 赵明龙 试论壮泰族群与布洛陀和瓯骆族群的渊源关系
  ——兼评张勉提出所谓的"壮独势力"
- 276 | 郑海宁《麽经布洛陀》与骆越族的关系
- 285 | 赵明龙 布洛陀祭祀大典与越南雄王祭祀大典比较研究
- 293 | 黄桂秋 布洛陀祭祀大典与越南雄王祭祀大典比较研究
- 308 | 李斯颖 布洛陀神话传承圈及其骆越文化之源
- 324 | 时国轻 道教与壮族麽教关系浅析
- 332 | 周国茂 布依族《射日与洪水泛滥》版本的形成与摩教仪式
- 340 | 郭正雄 布依族摩经中的布洛陀
- 344 | 陆 勇 壮族始祖"布洛陀"与东南亚泰掸
  族群始祖"Khun Borom"（坤博隆）比较研究
- 351 | 马启忠 布洛陀形象在黔中布依族人民心中

354 | 伍凯锋　伍泉穆　伍忠纲　关于麽教祖师"报渌图"和
　　　　　　"摩禄呷"的研究
360 | 王明富　关于壮族鸟部落后裔传承的创世神"盤姑"与
　　　　　　布洛陀麽教文化研究
380 | 汪立珍　壮族神话中的生态思想探析
386 | 覃丽丹　转型期壮族民间信仰复兴与社会调适
398 | 罗祖虞　陈　燕　班殿华　雷金福　壮族平果感桑古骆越文字与
　　　　　　布依族古越文字、水族古水文字初步对比、释读及研究
409 | 黄　铮　张声震与田阳布洛陀祭祀研讨活动
418 | 蒙元耀　壮学大纛，民族精魂
　　　　　　——回忆张老与壮语文事业

423 | 后　记

布洛陀宏观
文化研究

民族精神的弘扬　国家领土的坚守

梁庭望

布洛陀是壮族祖先部落联盟时代部落领袖的综合化身，是母系氏族开始转化为父系氏族时期酋长的典型，壮族的人文初祖。在布洛陀时代，以他为代表的壮族先民，创造了光辉的稻作文化，从而成为壮族的人文初祖。商周时代的西瓯骆越方国，是在布洛陀文化的基础上产生的，是布洛陀文化的传承和发展。布洛陀文化和西瓯骆越文化，内涵丰富，这里只粗略谈谈布洛陀文化所表现的民族精神和骆越方国对中国岭南领土领海的开发和坚守，意在护卫我们祖先用血汗开辟出来的天地和海洋。

一、民族精神的弘扬

布洛陀文化所表现出来的民族精神，各家都有不同的表述，这里根据布洛陀文化归纳为"开天辟地，创造万物，安排秩序，排忧解难"，其精神实质是不断有所创造，促进民族发展繁荣，终于使壮族成长为中国人口最多的少数民族，对国家有多项重大贡献。

（一）开天辟地

麽教经书用神话手法生动地描绘了布洛陀开辟天地的伟业：天地尚未开辟之时，人们"不懂得时日，不懂昼和夜"。宇宙"突然变石片，突然变盘石"，天地黑沉沉。神遣螺蠃和蜣螂用了七年把两块紧紧相贴的盘石啃开，布洛陀"传下方三村，叫上方三寨。十人十条绳，百人百条链，千人千个网。破石为两块，劈石为两边。一块往上升，成天装雷公，造成云相连。造成天和地，漫天星星繁，雷公怪模样。一片往下沉，下界装图额（蛟龙）"。所谓开天辟地，实际是原始农业开发的回声。壮族在一万多年前，从采集狩猎进入到农耕，早期的农耕当为水稻人工栽培，这需要开辟繁茂驳杂的原始森林，艰辛异常，还需辅以挖掘块根。在布洛陀时代，壮族先民有一项后来惠及全人类的发明——水稻人工栽培。1995年的中国考古十大成果中，头两项便是江西万年县和湖南道县的炭化稻粒，经鉴定都是一万多年。后来国家文物局对道县寿雁镇玉蟾宫岩洞更深文化层的开掘，出土的炭化稻粒为距今18000—22000年，这是迄今年代最早的炭化稻谷，尚未突破。道县在春秋战国时代，是壮族先民苍梧部的腹心地带，楚人是战国时期吴起南平洞庭苍梧才到道县一带的，因此，道县的炭化稻粒应是苍梧部即壮族先民留下无疑。这奠定了壮人坚忍不拔，开拓创新的精神。

（二）创造万物

麽经中列举了众多的造物神，从侧面反映了壮族先民的创造精神。右江地区麽经造物神主要有：生育神乜老，造寨墙神罗三丙，造爱情神僚三妹，造水车神布安落，司婚姻仙女娘金仙，造园圃神上梁，造水神王北宿，造粮仓神狼寒，开路神王甘路，造牛神应哥，造屋神王山屋，造鸡神娅皇，造屋神王备放，造耙神郎济，造拦江网神王落腊，造罗盘神出玉，稻谷种神娅神农、娘东历，造酒女神娅天卜、娅东康，造猪圈神布郎莫，造社王神布郎家，造猪女神娅七者，造猪槽神布六里，火灶神王微斗，造鱼神烟守，造水神王七个，造"兵"神罗安泰、罗安乐、吕陆何，村寨祭坛女神乜床晚……

红水河一带造物神主要有：布白罗、布关卡造文字，布计钱造塘、造船，布七能造畲地，布计犁造泉，布结孟造楼梯，布花变造泉水，布比朋造簸箕，布结纸造米筒，布洛板造床铺，布天贡造鸭子，布洛癸造干栏，布生干造织布机，布万及造地方，布比奔造石头，布老陆造水田，布九鬼造桌子，布万本造三脚灶，布名造造火，布洛案造匕首，布黄回造阳光，布恩元造文字，布飞佛造风，布六卡造塘，布六甲造鱼簾，布六记造田，布郎汉造织布机，布郎弓造贼，布卡翁造干栏，布三谋造符箓，布丹卡造水塘，布郎诺造织布机，壬臣生造衣柜，布三雪造鸭子，壬四松造背带，布汪肥造火灶，壬四沙造襁褓，三十浪造酒。以下是造物女神：女花山造蛋，女米洛叩造酒，女高锁造绳子，娅罗海造酒，娅长店造媳妇，娅罗任造酒，娅大江造母亲，娅拉何造酒，娅八斗造布，娅仙佛造情人，女白布造布，娴仙娘造丈夫……这个造物神谱是如此的全面和细致，举凡人们生活中之所需都涉及，令人惊奇不已。这些造物者虽然都是神话中的神，但必定有现实的依据，反映了壮族祖先的不断创造，不断创新。[①]

（三）安排秩序

人类社会是从无序当中走过来的，从布洛陀神话当中可以看到，人类曾经有过比较混乱的时期："家有十凶兆，家有十妖影。小姑生野种，未曾得禳解。水牛角开裂，簸箕竟长菌。狗一窝七仔，母猪产独仔。猫狗吃小崽，虎糟蹋田禾。狗糟蹋秧苗，马踏上屋顶。房梁长蘑菇，房柱长蘑菇。大南蛇进屋，黄猄门口叫。果子狸卧灶，鼠玩火碗架。野猫来抓鸡，独额（蛟龙）闹猪槽。母鸡叫三更，田禾出穗早。……"[②] 总之一切都没有规矩，经诗归纳为"三百六十怪，七百二十妖。"布洛陀于是出来定规矩：姑娘不在娘家分娩，公公不得与儿媳同床，蛇不进屋，虎不下田，狗不坐板凳，牛不拱主人，猪不生独崽，狗不生一窝，蛋不得有双黄，狗不得生双头，鸡鸭不做夫妻，牛马不得交媾……总之"三十藤攀扯，各藤各自爬。七十二凶兆，各有各禳解"。这从侧面反映了作为稻作民族，壮族社会需要平稳和谐。水稻种植比较娇柔，错过半个月插秧期往往会减收一半，故而需要社会比较安定，以便农业生产如期进行。

（四）排忧解难

麽经从头到尾反映，凡是遇到难题，必须"去问布洛陀，去问姆六甲"才得到禳解。"种谷不饱满，种菜不抽芽"，"去问布洛陀，去问姆六甲"。得到启示，于是稻穗又饱满，菜种又抽芽；儿子长不高，孙子长不大，"去问布洛陀，去问姆六甲"。得到提示，于是"王儿才长高，王孙才长大"。……总之，因为有布洛陀和姆六甲排忧解难，"种稻谷饱满，养鸡鸭成笼，养猪羊无数，种地禾满坡，种田禾满峒，做啥都有收，做啥都成功"。这说明，一个社会需要互助，需要扶持，需要有能人排忧解难。

"开天辟地，创造万物，安排秩序，排忧解难"中所透露出的早期壮族社会提炼出来的民族精神，并不都过时。在人们为实现"中国梦"以创造更美好、更

---

① 参见张声震：《壮族麽经布洛陀影印译注》第一卷《麽请布洛陀》，广西民族出版社，2004年。
② 同上。

科学的生活的今天，更加需要社会平稳和谐，需要互相扶助，需要排忧解难，需要不断创新，这就是我们纪念布洛陀的意义所在。

二、对国家领土领海的坚守

这里说的是骆越文化的研究项目成果《骆越方国研究》。作为国家的重点项目，其目的是为了保卫中国岭南领土和中国南海，涉及中国的领土安全、领海安全和文化安全，非同小可。东南亚某国根据明代的民间传说，杜撰出"雄王"是其国"第一个皇帝"，胡说"雄王"在先秦就开发广西和南海，秦始皇"侵略"岭南夺去广西和南海，因此，广西的2/3领土是他们的（另外的说法是广西凡有芭蕉树的地方或有木棉树的地方都是他们的），南海是他们的。他们在1972年版的某国历史书第一集里，公然将广西划为其领土，将壮族祖先骆越地域划归该国，情况严峻。《骆越方国研究》以无可辩驳的事实驳斥了他们的谬论，有力地维护中国的领土安全、领海安全和文化安全、落实了中央领导对《政协信息报》2007年8月9日《我国应抢占骆越文化研究制高点》一文的重要批示。

（1）骆越方国是以壮族祖先为主的壮侗语族民族（包括壮族、黎族、侗族、布依族、水族、傣族、仫佬族、毛南族）祖先骆越人创建的中国先秦岭南地方政权。在《逸周书》《吕氏春秋》《史记》《汉书》中都有记载。

（2）骆越是古越语亦即古壮语 Roegvat（$rok^8 va:t^7$）的汉字音译，骆越人以鸟为图腾，Roeg 的意思是鸟，vat 的意思是挖掘。骆越意思是"挖田鸟部落"，骆越方国的意思是"挖田的鸟部之国"。骆越有路、骆越、越骆、陆梁、蒌、瓯骆、雒、骆裸、陆斡、鹿等汉字记音。

（3）骆越方国建国的时间，根据广西武鸣马头镇元龙坡商周墓葬群考古鉴定，1994年出版的《中国考古学14C年代数据集1965—1991》公布元龙坡的数据最早为公元前1520—前1310年，骆越都城开始兴建约在商代第6王沃丁到第20王盘庚之间，这应当是骆越方国的创建时间。

（4）骆越方国的中心在今南宁市一带，都城在南宁市北郊大明山麓西南角的马头镇附近，马头镇附近的近千座商周墓葬是岭南唯一的先秦商周墓葬群。元龙坡墓葬群最早在商代中晚期，最晚在春秋晚期；其附近的土丘安等墓葬为战国墓葬群。在墓葬附近尚有骆越镇地名（地图标为陆斡），有君王级的勉岭春秋墓葬，有女王村和岜王山（起凤山）、女王点兵台、骆越将军墓葬、龙母（王太后代码）

遗迹等都城标志。

（5）骆越方国以鸟部落为中心，聚合了花部落、雷部落、蛟龙部落、蛙部落、水牛部落、黄牛部落、虎部落、鱼部落、犬部落、天鹅部落、蛇部落等十二大部而成。

（6）骆越方国的疆域北到西江之南，与西瓯方国为邻；西到今百色市西部，与句町国为邻；东南到今广东西南和海南省，南边水域包括整个南海的西沙、中沙、南沙群岛；陆地到交趾（今越南中部以北），是一个疆域比较大的方国。

（7）骆越方国创造了光辉灿烂的文化，包括稻作文化、海洋文化、铜鼓文化、花山文化、纺织文化、居住文化、壮医药文化、歌圩文化、语言文化、宗教文化，公元前111年骆越方国与南越国一同灭亡以后，其文化在壮侗语族民族中大都延续至今，成为各民族宝贵的精神财富。

（8）海洋文化是骆越方国时期重要的开发成果。早在夏商时期，骆越方国的前身之一——图额（蛟龙）部落就开发南海，商初根据伊尹的四方令，向中央王朝进贡了蟒珺、珠玑等南海特产。周宣王（前827—前782）命令召虎（类似后世宰相）"于疆于理，至于南海"，可见西周时，中国已开发和管理到南海。

（9）召虎不可能亲自开发和管理南海，是通过当时桂南唯一的地方政权骆越方国开发和管理的。至今在南海的各个群岛上，还出土了壮族祖先骆越人的很多夹砂陶等文物，其中最具有权威的是瓮棺残片，壮族称之为"金坛"，至今壮族的二次葬仍然必须用瓮棺。

（10）骆越方国早在西周初期就开发了南海"东部海上丝绸之路"，汉文古籍所记载的岭南越人习惯使用的石锚，1975年美国海员梅尔斯特里在中美洲加利福尼亚浅海捞到几十块，经对石锚上的三毫米锰元素测定，已经有3000年左右。此事的直接后果是将欧洲人企图于1992年在联合国开大型纪念所谓"哥伦布发现美洲500周年"大会冲垮。

（11）"西部海上丝绸之路"在汉代已经相当繁荣，这在《汉书·地理志》上有明确的记载。

（12）秦始皇统一岭南是中国内部正常的朝代更替。秦汉以后，历经隋、唐直到元、明、清、中华民国、中华人民共和国，历代中央政府都继承了先秦骆越人开发和管理南海的权益，这个历史是任何人都无法否认的。华南壮侗语民族祖先骆越人用鲜血和生命开发和管理的南海，子孙继之，岂容今天才想起要争夺南海的某些国家和民族来抢夺中国人用生命开发的海域！

《骆越方国研究》的成果和相关图片的公布，具有多重的价值，其学术价值主要是廓清了岭南先秦的历史。以往的研究曾经存在两种观点，一种认为岭南在先秦早就是中国的一部分，相反的观点则认为，秦始皇统一岭南以后，岭南才加入中国的版图，某国最欢迎这样的观点。《骆越方国研究》表明，岭南在先秦就是中国的一部分。按照商汤的命令，凡是在商朝成立时给中央王朝进贡以表示臣服的，都是商朝的"侯国"，当时岭南壮族祖先瓯、桂国、损子、产里、苍梧、路（骆）都进贡了，他们应属于侯国。岭南先秦属于中国的一部分，有利于国家的统一，也颠覆掉所谓"雄王"开辟岭南的谬论，保卫中国岭南的领土。

《骆越方国研究》最重要的应用价值，是保卫中国的领海南海三大群岛。研究表明，早在先秦，壮族等壮侗语民族祖先就开发和管理南海，在南海诸岛屿上留下了他们的文物古迹，这无论在理论上还是考证上都维护了中国的领海权益，在外交上可以以其翔实丰富的史料和论证，驳斥企图占领南海中国岛屿的种种谬论。《骆越方国研究》必将对中国学术界和外界产生重大的社会影响，使中国学术界和外界了解中国开发和管理岭南的悠久历史，为外交界提供有力的证词。南海资源丰富，维护南海权益，必将产生明显的社会效益和经济效益，大有利于国计民生，对广西壮族自治区和海南省的社会发展，必将产生深远的影响。

我们一贯主张睦邻，甚至为邻国的解放做出许多牺牲，但在国家领土领海问题上，不能够相让，这是原则问题。为此我建议：（1）对国内某些人的对某邻国有利的所谓观点，政府部门应当从护卫中国的岭南领土和领海出发予以消除，故意散布不利于国家领土领海安全的，交由国家安全部门处理。（2）在广西武鸣县马头镇一带的骆越都城原址，适度恢复骆越方国都城的竹城等宫廷建筑，以便体现出骆越的中心所在，驳斥某国认为骆越中心在其国的不正确观点。（3）马头镇附近的元龙坡商周墓葬群是岭南唯一的先秦墓葬群，是骆越中心的有力证据，建议在元龙坡大型墓葬处建立商周墓葬博物馆，以便参观。（4）武鸣县罗波镇多年来进行的骆越文化节，具有应对某国进行大规模"雄王"纪念，借以向我示威的意义，政府部门应当给予关注，扩大规模，帮助其进行科学的宣传，某些不准确的口号应当纠正。（5）骆越方国研究意义重大，仅有目前的《骆越方国研究》是不够的。目前广西和云南都根据上面的指示精神，扩大研究范围，眼下南海局势令人担忧，希望尽快出成果，以增强我国维护岭南和南海的舆论实力。

〔梁庭望：中央民族大学原副校长、教授、博士生导师〕

布洛陀文化的当代价值[*]

刘亚虎

如果从某种角度忽略上层统治结构的话，可以说布洛陀文化以神圣的名义，在古代壮族社会建立起一种秩序。"神圣"、"秩序"这两个关键词，是布洛陀文化留给当代最重要的价值。

笔者有一位曾经当过国外旅游团导游的学生告诉我，他们到国外去对方常常问他们信仰是什么，他们往往不知道怎样回答，对方会很惊奇，因为在对方看来有信仰是一件很平常的事，没有倒不正常。我开始没把这事放在心里，没什么啊，我们都是无神论者！但后来，我渐渐有点困惑，无神论问题不大，但如果把它上升到没有任何神圣的东西可以敬畏，我不知道这到底是坏事还是好事！

现代一些中国人常常把一些民间信仰称为"迷信"，但自古以来就是一些不"迷信"的人，也常常敬畏某些神圣的东西。"头顶三尺有神明，不畏人知畏己知"；"举头三尺有神明，常怀敬畏一生平"；"善恶到头终有报，举头三尺有神明"，这些人很难说他们真的相信"头顶三尺有神明"，这不过是他们的人生信条而已；而且，这些观念是古来神灵观积淀的延伸，从历史来看，这应该属于优秀传统文化的一部分！

而这篇文章要说的是，我们壮族的布洛陀文化，正是一种神圣形式的优秀传统文化；原因正是它以神圣的名义，在古代壮族社会建立起一种适合于自身需要的秩序。

---

[*] 本文为国家社科基金重点项目"古骆越方国考"阶段性成果，批准号"13AZS019"。

一、国家秩序

首先列举《布洛陀经诗》里的一段，这一段因为有一些敏感的词，多年来人们较少引用。这一段就是《造土官皇帝》。经文叙述：

> 天下没有首领和土司，没有土司来作主，没有皇帝管天下，世间就乱纷纷……造一个人来做主，造一个人做君王，造一个人来掌印，造出土司管江山，造出皇帝管国家……造了官又造府，造了州又建县，天下从此才有主，众人的事才有人管。

这一段所体现的思想可以冠之为壮族古代的"正统观念"，正是这样的"正统观念"，造就了作为百越系统骆越后裔的壮族布洛陀文化的核心价值之一——大中华情怀。

关于百越系统，人们一般引用《汉书·地理志》颜师古注："自交趾至会稽七八千里，百粤（越）杂处，各有种姓。"这里会稽应为汉时的会稽郡，今太湖流域。由此，百越系统明确为今江苏、浙江、福建沿海往西至云南西南部广大地区的各"种姓"，他们可能有共同的族源，以"文身断发"为共同特征，主要部落有句吴（在今江苏太湖流域）、于越（在今浙江杭嘉湖平原一带）、东瓯（在今浙江南部瓯江流域）、闽越（在今福建）、南越（在今广州一带）、西瓯（在今广西）、骆越（在今广西、贵州一带以及越南北部红河流域）、滇越（在今云南西南部）。另外，一部分越人与濮人逐渐交融，史称"濮僚"。

百越各种姓中，发展最快、春秋中晚叶在长江下游兴起的，是句吴和于越。由于地理位置以及文化交流、民族迁徙等原因，句吴、于越较早地向中原和楚学习、吸收。战国时期及以后，句吴已基本上随楚华化；于越以及百越其他各支，东部诸越逐渐华化，西部诸越则按照原有传统继续发展，逐渐形成如今壮侗语族各民族。

从秦汉逐渐融入大中华大家庭以后，整个百越系统除分裂出去的红河三角洲以外，无论东部诸越还是西部诸越，对中华民族的认同感都是历史悠久，根深蒂固的。尤其我们老壮，这样的情怀还孕育了田阳的瓦氏夫人以及岑毓英等报国英雄。

瓦氏夫人，原名岑花，生于明弘治九年（1496年），归顺直隶州（今广西靖西县旧州村）土官岑璋之女。长大成人以后，按照壮族土司时代官族与官族通婚以及婚姻不避同姓的习俗，岑花嫁给田州（今广西田阳县）土官岑猛为妻，改称为"瓦氏"。瓦氏夫人是明代抗倭女英雄，瓦氏夫人的兵丁英勇善战，江浙沿海百姓广为传颂一首民谣："花瓦家，能杀倭……"这些描述形象生动，凸显出一位爱国的少数民族女首领的英雄气概与智慧。

壮族爱国抗外侮的典型还有岑毓英。岑毓英，清代原上林长官司岑氏土司的后裔，（上林长官司于1666年清政府改土归流时已改归西林县），依靠自己奋斗官至云贵总督，在中法战争中立了功，而中法战争也是中国近代史上唯一完胜的对外战争。中法战争结束后，岑毓英参与中越边界云南段的勘划工作，与法方代表反复辩论，争回了曾沦入越南的部分土地，捍卫了祖国南疆的神圣领土。相传岑毓英晚年在昆明一次欢迎朝廷大臣的宴会上，有人认为他不过一介武夫，不沾文墨，故意提出作诗助兴，还推"岑总督领先"。于是岑毓英信笔成诗：

素习干戈未习诗，诸君席上命留题。琼林宴会君先到，塞外烽烟我独知。割发结缰牵战马，撕衣抽线补旌旗。貔貅百万临城下，谁问先生一首诗？

诗中凝练地概括了自己的戎马一生，洋溢一股豪气！

即使是一些争议较大的历史人物，如侬存福、侬智高父子，最值得肯定的也是他们深层意识的中华情怀。天圣七年（1029年），作为"本邕州羁縻"而被交趾窃据的广源州首领侬存福携地归宋，宋廷初授其为"邕州卫职"，复因地方官害怕得罪交趾又"罢遣"，"不受其地"。景祐元年（1034年），作为儿子的侬智高再请求内附，但地方官出于同样理由竟"不报"。1039年，屡受交趾欺负又得不到宋朝庇护的侬存福不得不建立"长其国"以自保，最后兵败被交趾李朝俘虏遇害。侬智高同时被俘，逃回后先后建立"大历国"、"南天国"并打败交趾李朝前来攻打的军队。此后四次上书宋廷请求内附，都被宋廷或地方官"却还"、"不许"。这或许激起侬智高的愤怒，从而起兵打下横山寨和邕州府治。

侬智高起兵是出于一种对宋廷或地方官的愤怒，如果说还有一点私心的话，最大的目的是积累资本以向朝廷讨价还价。侬智高并无大的野心，他最根本的愿望是在大宋的疆域当上一位羁縻地的土官，他攻城略地的目的是积累更多的资本以向朝廷争取更大的官，从早期乞补"田州刺史"到横扫桂南粤西后第六次上书请内附求"邕桂节度使"可见一斑。这由他世袭土官的"阶级地位"所决定，亦无大错。由于他的坚持哪怕后来不幸发展为内战，但广源州还是作为内战的结果留在了中华的疆域里。

1957年，毛主席在《关于正确处理人民内部矛盾的问题》中曾经说过这样一段话，新中国成立以后，国家的统一，人民的团结，国内各民族的团结，这是我们的事业必定要胜利的基本保证。

毛主席这一段话也可以作为我们回顾历史、评价人物的标准，回过头历史地来看《布洛陀经诗·造土官皇帝》，会感觉有满满的正能量。最近看到一些年轻人背对国旗、狂嘘国歌、自称"某独"等等的丑恶行为，会感到我们当代的"正统观念"多么重要，我们优秀的传统文化多么珍贵！

二、社会秩序

读了《布洛陀经诗》涉及社会秩序的相关经文，印象最深的是三点：长老议事，布麽理事，群体协作。

长老议事：

《布洛陀经诗·造火经》叙述："村里有王便问王，地方有长老便问长老。"

《布洛陀经诗·唱罕王》叙述："请村里的长老来斟酌，请本地的长老来商量。"

布麽理事：

布麽理事有其特殊的方式，即以神圣的名义、以麽经的教诲处理各种事情。《布洛陀经诗·序歌（一）》叙述："布洛陀的经诗给我读，布洛陀的宝刀归我接，我嘴巴会念巫（麽）经，我心里记住经诗的教导……上边的人都来请，远处的人赶来找我，请我去念经做巫（麽）。"

按照《布洛陀经诗》各篇章，布麽以特殊的方式主要处理这些事情：人事纠纷、规矩阐释、祭祀祈祷、病疫丧葬等等。

群体协作：

《壮族麽经布洛陀影印译注·布洛陀造方唱本》叙述，布洛陀"七兄弟同合作"，砍树"拿来和成船"，还在河面架起一座桥，方便人们来往。

由此逐渐形成人人自觉遵守的社会伦理道德："人敬人十分，才成恩和谊，我们爱弟爱兄，还走访别人才成，这样做才好。"（《壮族麽经布洛陀影印译注·伦理道德》）

似乎可以想象一下，这样一种理想的村屯社会秩序该多么充实，如果真正运转这么多年的话当充分显示出其生命力。

回过头来看当下的农村，似乎有点"空"。笔者接触过一些传统文化保存得比较好的村屯，看到当地某某榜样、某某传统的力量有多大，与这些传统文化相关的老人以及某种传统组织威望有多高。尤其是，扎根于优秀传统文化底蕴的所谓村风或精神氛围更以"润物细无声"的方式影响人们思想，"不给祖宗丢脸"成为人们自觉的选择。孩子们从小就受优秀传统文化的熏陶，其效果并不比学校教育逊色。我们当下农村除了党的领导，是不是还可以加入正确引导下的某种形式的民间参与？发挥优秀传统文化、传统组织的作用？让人们从根上、从心底里乐于向善，耻于作恶，我们中国特色的社会主义新农村会建设得更好。

近年来有人提倡"乡贤文化"，似乎与此不谋而合。

三、家庭秩序

这方面人们已作了较多论述，常举的例子就是"老四篇"，分别是：

唱罕王：

这是在兄弟闹纠纷以致结仇时，请巫师来念的经诗。叙说罕王有了后母以后，在家庭中受尽排挤和打击，过着孤独悲苦的生活，丧失了王位继承权，甚至遭到谋害被迫逃亡。罕王由此与后母、弟弟结怨成仇，在异地兴兵攻打弟弟祖王，迫使祖王亲自前来接自己回家。然而，祖王本性不改，又一再谋害罕王。罕王化身升天去投诉，天神严厉惩罚人世间，迫使祖王真心悔改，"退回百灵鸟印"，"退回父辈的财产"。

解婆媳冤经：

这是婆媳积怨过深吵闹不宁时，请巫师来念的经诗。叙说婆媳之间存在感情隔阂，经常为吃穿等日常生活问题闹矛盾纠纷。一次，媳妇把打得的大鱼挑回娘家，父母回赠一担糯米饭，可女儿不拿糯米饭来分送家公家婆，而是锁进柜子独享。家公家婆趁媳妇下地干活，撬开柜子把糯米饭全吃光。媳妇大发雷霆，肆意辱骂公婆，公婆于是对天诅咒，结果三年后咒语应验，媳妇无生育，样样不顺意。后来，媳妇得到长老引用布洛陀教诲指点迷津，才幡然悔悟，办道场、献供品向公婆赎罪，立志以后要孝顺公婆。结果换回报答："王家就变得好端端，王家和顺如糍粑软和，王家好如初，女孩就兴旺，男孩也发达。"

解父子冤经：

这是因家务事父子争吵积怨，巫师来祈攘所念的经诗。叙说儿子不孝，不听劝还常打骂父亲。父亲怨悔加以诅咒，结果灵验儿子既"成不了父亲"又落得个身残形秽。后经布洛陀的指点才得以解救。

解母女冤经：

这是巫师为攘解女儿和娘家之间的冤灾所念的经诗。叙说母亲重男轻女，为贪钱而包办把女儿出嫁。女儿嫁后多年不回来看望父母，回来只知道要这要那，不孝敬父母，还与母亲争吵打架，因而受到祖神的惩罚。后经布洛陀的指点才得到攘解。

如果都照布洛陀的指点去做，兄弟、婆媳、父子、母女之间该多和睦，家庭该多幸福！经诗晓以大义，举以生动的事例，深刻的教育作用不言而喻，其意义跨越古今，至今仍有相当的针对性。它是具有壮族特色的"忏悔录"！

这几天，北京正在开两会，3月11日，国家教育部长袁贵仁答记者问，在回答美国记者关于"西方价值观的教材不适合课堂"的提问时，说了这样一段话：我们始终把德育放在首位……在内容上，我们强调坚持、坚定理想信念，加强核心价值观教育，加强优秀传统文化教育，加强中国革命传统教育，这是我们一贯的方针，使我们的学生成为中国特色社会主义的合格建设者和可靠接班人，这是我们的办学宗旨和方向。这里，"加强优秀传统文化教育"与"加强核心价值观教育"、"加强中国革命传统教育"放在同等重要的地位。我们如何加强布洛陀文化中提炼出来的精华部分的教育，是摆在我们面前的课题。除了每年的布洛陀文化节，是不是还可以搞一两个"布洛陀文化村"？如何更好地把布洛陀文化优秀传统与现实社会实践结合起来，是一项非常需要"细节"的工作。

一百多年前，马克思在《〈政治经济学批判〉导言》中写道：任何神话都是用想象和借助想象以征服自然力，支配自然力，把自然力加以形象化；因而，随着这些自然力之实际上被支配，神话也就消失了。……困难的是，它们何以仍然能够给我们以艺术享受，而且就某方面说还是一种规范和高不可及的范本。……为什么历史上的人类童年时代，在它发展的最完美的地方，不该作为永不复返的阶段而显示出永久的魅力呢？

今天，我们回过头去重读马克思的这段话，不是有新的体会吗？

〔刘亚虎：中国社会科学院民族文学研究所研究员、博士生导师〕

论布洛陀神话的基本母题及文化意义

王宪昭

布洛陀[①]是壮族普遍认可的文化祖先。关于布洛陀的民间叙事在广大壮族聚居区流传很广，除大量的口头作品外，还存在很多文献记载以及文物遗存。当然，布洛陀作为史前文明时期出现的文化祖先，其来源出处和生平事迹主要依据于神话叙事的支撑。在此，姑且把关于布洛陀的作品冠之以布洛陀神话的概念，并试图在对其基本母题进行梳理的基础上，探讨文化祖先神话在产生与传承方面的重要文化意义。

一、布洛陀在民间口头叙事中形成的基本母题类型

布洛陀作为壮族公认的男性文化祖先形象，既是口头传统中通过艺术加工创造的神话形象，也是现实中的人们根据需要拟构的历史人物。从民间口头传统的创作特点而言，有关布洛陀的叙事既有神话，也有传说，甚至有后世敷衍的故事或文人带有目的性的杜撰创作。但无论哪一种情况都会运用到相对稳定的神话母题。关于壮族神话布洛陀的母题在《中国神话母题W编目》[②]有单独编码，其主代码为"W0670布洛陀"。下面对其基本母题的类型及构成进行简单梳理。

1.布洛陀的特殊来历或出生。"W0670.1布洛陀神奇的出生"项中我们可以

[①] 布洛陀，在不同的神话版本中常被译成不同文字，如"布洛朵"、"布碌陀"、"抱洛朵"、"保洛陀"、"布罗托"等，本文在举例过程中为尊重原文本的汉译，不再统一修订为"布洛陀"。

[②] 本母题及代码出处一律为：王宪昭：《中国神话母题W编目》，中国社会科学出版社，2013年。

发现有"天降"、"感生"、"卵生"、"源于特定地方"等不同情形，在具体表述中各有侧重，显示出关于布洛陀产生这种母题类型流传地区的广泛性和内容的丰富性。

（1）W0670.1.1 天降布洛陀。如流传于广西壮族自治区的《布洛陀的传说》中说，布洛陀携妻子"母洛甲"（即姆洛甲）下凡。[①] 流传于广西田阳县一带的神话也说，布洛陀与姆洛甲一起从天上降到田阳县敢壮山。[②] 从神话的主题看，布洛陀既是壮族祖先，也是部族的首领。这类母题从一定程度上暗合了"王权神授"、"首领（帝王）身为天子"的传统历史观。

（2）W0670.1.2 感生布洛陀。"感生"是塑造"文化英雄"、"文化始祖"或其他"优秀神性人物"时常用的母题。不少神话在描述布洛陀的出生时，也使用了这类母题。如有神话说，祖宜婆在水潭的下游洗身时感应了上游混沌洗身时的汗水，于是生7个儿子，老五是布洛陀。[③] 还有神话说，一个女子感风后孕生布洛陀。[④]

（3）W0670.1.3 布洛陀源于特定的地方。所谓"特定的地方"主要区别于一般性的母体生育，将"文化英雄"、"文化始祖"或其他"优秀神性人物"的来历，描述为具有神秘性或与众不同，这与"天降地生"母题属于同工异曲。如《布洛陀寻踪》中说，姆洛甲造出的河流冲击岩石形成的山洞中出来布洛陀。[⑤] 在母题层级方面，属于"洞生人"母题的亚型，强调是文化祖先产生的原生性。

（4）W0670.1.4 卵生布洛陀。如有神话说，布洛陀从大石蛋孵出。[⑥]

（5）W0670.1.5 与布洛陀产生有关的其他母题。如流传于广西田阳县百育镇新民村花茶屯的一则神话说，布洛陀出生时一道亮光照亮天空。[⑦]

2."W0670.2 布洛陀的奇特本领与业绩"

（1）W0670.2.1 布洛陀造万物。流传于广西田阳县的《布洛陀与敢壮山的传

---

① 黄诚专：《布洛陀的传说》，见 http://hongdou.gxnews.com.cn, 2008.04.08。
② 过伟：《壮族人文始祖论》，转引自农冠品编注：《壮族神话集成》，广西民族出版社，2007年，第680页。
③ 张声震主编：《壮族麽经布洛陀影印译注》，广西民族出版社，2004年，第1970—1976页。
④ 张声震主编：《壮族麽经布洛陀影印译注》，广西民族出版社，2004年，第2290页。
⑤ 《布洛陀寻踪》，广西人民出版社，2004年，第396页。
⑥ 农冠品：《壮族神话谱系及其内涵述论》，见覃乃昌等编：《壮学首届国际学术研讨会论文集》，广西民族出版社，2004年。
⑦ 潘培新讲：《祖公和母娘》，见农冠品编注：《壮族神话集成》，广西民族出版社，2007年，第164页。

说》说，布洛陀与母勒甲（即姆洛甲）是上帝派到凡间造人造物和创造凡人世界的始祖。① 同时布洛陀还是多种事物的创造者，如流传于广西壮族地区，以田阳、平果一带流传的神话说布洛陀造太阳、造森林、开河、种桄榔树、找糯谷种、造三脚凳等。

（2）W0670.2.2 布洛陀制定万物秩序。流传于广西巴马县的《布洛陀》说，布洛陀给花草树木、鸟兽鱼虫规定了名字，教人按时令耕种。② 在流传于云南文山的《布洛朵》中，布洛朵则有称万物、规定婚姻、不让万物会说话的规则安排。③

（3）W0670.2.3 布洛陀有神力。流传于广西田阳县敢壮山一带的《布洛陀山》中说，布洛陀显神力，让搁浅的船通过沙滩。④ 同样，流传于该县的《母娘岩与敢壮山歌圩》说，布洛陀能呼风唤雨，他用右手划出一个宽敞的大山洞，用左手一挥造出千姿百态的钟乳石，并且在敢壮山的西面还开出了一条溪流。⑤ 流传于云南文山的《布洛陀》中说，布洛陀能制服天兵、射落多余的太阳、降服猛兽。⑥

（4）W0670.4.1 布洛陀不会死。流传于云南西畴县兴街镇下南丘村的神话《布洛朵》中说，布洛朵是一位不会死的老人。⑦ 流传于云南西畴县类似的文本《布洛陀》也说，远古，洛陀山上住着一位不会老死的老人——布洛陀。⑧

（5）W0670.4.2 布洛陀是智慧老人。流传于广西右江流域的神话《保洛陀》中说，保洛陀知道三界的所有事情。⑨ 还有的神话直接描述为，布洛陀是洛陀山的智慧老人。⑩

有时，为了凸显布洛陀与众不同的特点，还可能会夸大其面貌、力量与体

---

① 黄明标搜集整理：《布洛陀与敢壮山的传说》，见广西田阳县人民政府网：http://www.gxty.gov.cn/tykk/ShowArticle.asp?ArticleID=726
② 《布洛陀》，见农冠品编注：《壮族神话集成》，广西民族出版社，2007年，第35—40页。
③ 《布洛朵》，见农冠品编注：《壮族神话集成》，广西民族出版社，2007年，第40—44页。
④ 无名氏讲：《布洛陀山》，王宪昭、李斯颖田野调查采集，2009年12月。
⑤ 《母娘岩与敢壮山歌圩》，见农冠品编注：《壮族神话集成》，广西民族出版社，2007年，第173页。
⑥ 《布洛陀》，见农冠品编注：《壮族神话集成》，广西民族出版社，2007年，第44—45页。
⑦ 陆开富讲：《布洛朵》，见农冠品编注：《壮族神话集成》，广西民族出版社，2007年，第40页。
⑧ 陆开富等讲，王明富采录：《布洛陀》，见《中国民间故事集成》（云南卷），中国ISBN中心，2003年，第86页。
⑨ 覃建才搜集整理：《保洛陀》，见曹廷伟编著：《广西民间故事辞典》，广西教育出版社，1993年，第17页。
⑩ 过伟：《壮族人文始祖论》，见农冠品编注：《壮族神话集成》，广西民族出版社，2007年，第680页。

征，如流传于广西田阳县敢壮山一带的神话说布洛陀的阳具横跨右江，突出了他阳具巨大的体征（W0670.4.9）。①

此外关于布洛陀的住处，在神话中也与常人有所不同。如有的神话说，布洛陀住在红水河深处（W0670.4.6）。②流传于广西巴马县所略乡的神话说，布洛陀住岩洞（W0670.4.7）③。

3. W0670.3 布洛陀的关系

（1）W0670.3.0 布洛陀与姆洛甲没有关系。流传于广西河池、云南文山的《布洛陀与姆六甲》中说，姆六甲是花生的第一个女人，而布洛陀则是人中的最聪明者。④

（2）W0670.3.1 布洛陀与姆洛甲是母子。有的神话说，布洛陀是姆洛甲的儿子。⑤

（3）W0670.3.2 布洛陀与姆六甲是夫妻。流传于广西田阳县的《祭祀歌·唱祖公》中说，布洛陀的老婆叫做母勒甲（即姆洛甲）。⑥另则流传于该县的神话《母娘岩与敢壮山歌圩》说，布洛陀与母勒甲夫妇从天上下凡来到人间。⑦流传于广西西林县那佐乡那来村的《巨人夫妻》则说，布洛陀（男始祖）与姆洛甲（女始祖）各有各的本领，谁都胜不了谁，两人结为夫妻。

（4）W0670.3.3 布洛陀与异类是兄弟。流传于广西河池、云南文山的《布洛陀与姆六甲》中说，布洛陀与雷王、蛟龙、老虎是兄弟，排行老四。⑧这里有明显的动物图腾的印记。

4. W0670.4 与布洛陀有关的其他母题

（1）W0670.4.3 布洛陀是神。流传于广西田阳县的神话《布洛陀神功缔造人间天地》说，人是因布洛陀之神功才得以诞生，个个都对他极为敬重，都尊称其为"神主"。流传于广西凌云的《布洛陀》中说，布洛陀是一位白发苍苍的神

---

① 过伟：《壮族人文始祖论》，见农冠品编注：《壮族神话集成》，广西民族出版社，2007年，第681页。
② 张声震主编：《壮族麽经布洛陀影印译注》，广西民族出版社，2004年，第1428页。
③ 周朝珍唱：《布洛陀造米》，见农冠品编注：《壮族神话集成》，广西民族出版社，2007年，第131页。
④ 《布洛陀与姆六甲》，见农冠品编注：《壮族神话集成》，广西民族出版社，2007年，第47—50页。
⑤ 过伟：《壮族人文始祖论》，见农冠品编注：《壮族神话集成》，广西民族出版社，2007年，第680页。
⑥ 黄明标整理：《祭祀歌·唱祖公》，见农冠品编注：《壮族神话集成》，广西民族出版社，2007年，第161页。
⑦ 《母娘岩与敢壮山歌圩》，见农冠品编注：《壮族神话集成》，广西民族出版社，2007年，第173页。
⑧ 《布洛陀与姆六甲》，见农冠品编注：《壮族神话集成》，广西民族出版社，2007年，第47—58页。

人。① 还有神话把布洛陀说成是地神的身份。② 有的神话说，保洛陀管中界（人间）。③ 有的神话为了突出布洛陀行为的非同凡响，说布洛陀有老虎随行结伴。④

（2）W0670.4.4 布洛陀是巨人。如有的神话说，布洛陀是男性巨人。⑤ 还有流传于广西巴马的《布罗托惩罚雷公子》中说，布罗托身材高大，头顶蓝天。⑥

（3）W0670.4.8 布洛陀生日。虽然远古的历史并没有严格的纪年，但神话在流传中人们往往会人为增加上叙事的时间维度，如流传于广西田阳县那坡镇平朴村的《布洛陀造人间天地》中说，布洛陀生日是农历二月十九。⑦

无须赘举，虽然许多神话的内容形式、产生时间、流传地区各有不同，但这些关于布洛陀叙事的丰富母题，却无一例外地丰富着布洛陀的形象。

二、布洛陀神话叙事的母题建构与艺术理性

我们从众多关涉布洛陀的神话中不难发现，尽管叙事各不相同，甚至存在情节方面的矛盾，但如果从神话创作的角度观察，它们体现出相似的创作目的或创作规律。

1. 布洛陀神话叙事形成了清晰而稳定的母题链。神话母题链是构成神话叙事的重要组织形式，一般包括了人物或事件发生的背景设置、发展过程、结果等一系列母题，是一个可以传达出相对独立而完整的情节。针对建构布洛陀文化始祖的母题链而言，往往会涉及一些较为典型的核心母题，如"产生与神或神性人物有关"、"具有特定的体征"、"建功立业"、"创造发明"、"建立典章制度"、"消除异类"等母题，都可以视为塑造文化祖先的核心母题或关键要素。综合运用这些核心母题叙述祖先的生平事迹时又往往存在一定的相互关联和逻辑关系。同时，围绕这些母题为核心，应用其他相关母题就进而形成意义更为丰富的母题链，最

---

① 《布洛陀》，见农冠品编注：《壮族神话集成》，广西民族出版社，2007年，第61—62页。
② 梁庭望：《在田阳壮族人文始祖布洛陀文化遗址研讨会上的发言》，载《广西民族报》2003年。
③ 兰鸿恩：《论布伯的故事》，见田兵等编：《中国少数民族神话论文集》，广西民族出版社，1984年，第138页。
④ 张声震主编：《壮族麽经布洛陀影印译注》，广西民族出版社，2004年，第1433页。
⑤ 过伟：《壮族人文始祖论》，见农冠品编注：《壮族神话集成》，广西民族出版社，2007年，第680页。
⑥ 《布罗托惩罚雷公子》，见农冠品编注：《壮族神话集成》，广西民族出版社，2007年，第62—63页。
⑦ 黄照强讲：《布洛陀造人间天地》，见农冠品编注：《壮族神话集成》，广西民族出版社，2007年，第166页。

终成为关于壮族男性文化始祖的多方位的立体的叙事框架，从而推进着文化始祖形象的不断丰富与长期传承。

根据上面对布洛陀基本母题的梳理，可以将布洛陀的生平事迹归纳为：（1）布洛陀的特殊来历或出生→（2）布洛陀的非凡体征→（3）布洛陀的奇特本领→（4）布洛陀的宏伟业绩→（5）布洛陀的婚姻与家庭→（6）与布洛陀有关的其他事件→（7）结论：布洛陀是伟大的祖先。其中任何一项都可以分解出不同层次或不同角度的单元性叙事，如"（1）布洛陀的特殊来历或出生"一项，我们会看到关于布洛陀的出身来历并没有统一的说法，有的神话说其自然存在，有的说是从天而降，有的说是女始祖姆六甲（姆洛甲）的儿子，有的说他是不知名的女子感风而生，还有的说是从大石蛋中孕育了布洛陀，众说纷纭的种种情形不但没有消解布洛陀作为文化祖先形象的完整性，相反，使接受者更加感受到这一祖先形象的生动性与立体性。这自然与神话创作方法自身的特点有关。

2. 神话对文化祖先的艺术塑造与理性加工。无论是史书文献中的布洛陀的神话，还是民俗、口头传统中的布洛陀，无非表现出布洛陀的三个侧面，即（1）布洛陀是神或神性人物；（2）布洛陀是历史上曾经存在的真实人物；（3）布洛陀是壮族人民的祖先。此外从文学角度，我们还可以把布洛陀看作是壮族文学文化史上一个重要而典型的文学形象，等等。这些不同的叙事无论是"历史的神话化"还是"神话的历史化"，是现实主义创作还是浪漫主义建构，抑或是魔幻现实主义的介入，显然所围绕的一个鲜明而统一主题就是"布洛陀是壮族所敬仰的文化祖先"。正因为有了这样的祖先，才使生活在各地的壮族群众找到籍以自豪而荣光的内心诉求。正如壮学专家梁庭望先生所言："壮族《布洛陀经诗》里面有大量神话成分，是壮族先民'伟大心灵的回声'。这部经诗滚动在壮人历史的长河里，是漫长历史的沉淀物，表现了民族文化祖先崇拜的崇高感。"[①] 这种情形与中华人文始祖的艺术创造具有异曲同工之妙，诸如汉族神话在塑造三皇五帝时，往往会将许多不同人物的事迹集中到某个特定人物身上，如"轩辕黄帝"的塑造在不同神话中曾出现众多母题，《史记·五帝本纪》说他"生而神灵，弱而能言，幼而徇齐"，显示出他天生俱来的帝王异象，其业绩中不仅隐约透露出政治天才，而且工农商学兵都有兼及，如政治上制定国家的职官制度，手工业方面能制陶、制衣冠，而且发明方面有制农业历法，建舟车、制音律、创医学，军事上能驱赶熊罴

[①] 梁庭望：《略论〈布洛陀经诗〉的崇高美》，2005年讲课手稿。

貔貅貙虎与炎帝战于阪泉之野，到了晚年功成名就乘龙升天，享有中国远古时代华夏民族共主的美誉，成为公认的中华民族文化祖先。

从上面所列举的母题不难看出，布洛陀神话的艺术创造也同样遵循了文化始祖塑造的基本方法。特别是文化始祖的产生一般所具有神圣的开辟之功，在布洛陀身上非常明显，如流传于广西东兰县的《姆洛甲》中唱到："古时明暗浑一团，古时昼夜分不清"时，"生我布洛陀，出我姆洛甲。布洛陀擎起天，姆洛甲压平地；布洛陀造太阳，姆洛甲造月亮；布洛陀造森林，姆洛甲造田地"。① 从历史上流传的文字典籍和较为晚近时期口传的民间文化资料看，布洛陀之所以成为壮族的文化祖先，主要源于这类神话母题的支撑。像壮族师公经典《布洛陀经诗》《麽洛陀》这些鸿篇巨著中，都将布洛陀与雷王、龙王并称"三王"，有时还加上虎王并称"四王"，民间广泛传诵着"三样是三王安置，四样是四王创造"的母题。布洛陀在壮族历史发展史上的丰功伟绩众多，其中包括了开天辟地造万物，带领壮族民众进行生产劳动、发明创造，并且安排社会秩序，使壮族最终战胜了恶劣的自然环境等，如流传于广西田阳县的《布洛陀分天地、造人类》中说，以前，人不懂得伦理人情，世间一片混乱。布洛陀造出两只泥蜂，启发人们拿藤条结成大网，分开两片石头变成天地三界，之后布洛陀造出了太阳和月亮，分出了日夜。布洛陀又造出鸡、狗、猪、羊、水牛、黄牛、马为人类服务。当布洛陀发现造出的人类不够聪明，身体有残缺时，他派四脚神下来重新造男女，并规定男人女人搭配在一起的婚姻。② 叙事中关于开天辟地的业绩强调了布洛陀的神性，而主持造人类则彰显出布洛陀作为人类祖先的身份。在许多相关神话中还进一步表现了祖先福泽后世的母题，如当出现作物虫灾时，布洛陀可以命令"蚂蜗"消除灾害，"蚂蜗遵从布洛陀的安排，忠实地在田垌里巡逻，默默地守护着人们辛辛苦苦种出来的庄稼，从那以后就再也没有虫害"。③ 有的神话还把布洛陀进一步拉近生活，成为无处不在的惩恶扬善的神灵。据田阳县黄明标讲，李斯颖采集的《封洞岩的故事》说，布洛陀再次来到凡间，想看看子孙们怎么样生活，还认不认他这个老祖宗。他变成一位衣衫褴褛的老乞丐走到远离敢壮山的一个小寨，结果受到冷遇和嘲笑。于是他就把那些心存不善的人全部被大雨刮进岩洞里。可谓"头

---

① 《姆洛甲》，见农冠品编注：《壮族神话集成》，广西民族出版社，2007年，第17—20页。
② 黄达佳讲，李斯颖整理：《布洛陀分天地、造人类》，2009年12月20日采集于广西田阳县黄达佳家中。
③ 《洛陀垌与蚂蜗节》，见农冠品编注：《壮族神话集成》，广西民族出版社，2007年，第171—173页。

上三尺有神灵"，这种对始祖布洛陀无处不在的敬畏，体现出民间信仰的民俗性和实用性。

3. 文化祖先神话叙事母题的创作理性。今天看来关于布洛陀叙事的神话母题虽然内容荒诞，但事实上正是这些看似荒诞的内容和表现形式，才造就了真正意义上的始祖神话。其中道理无需多论，一方面因为文学艺术创造中塑造典型人物的基本路径就是在能够体现"文化英雄"的各类素材中杂取种种合一，即我们所说的历史英雄人物往往是"箭垛式"人物，是众多优秀品质的综合体；另一方面从接受者需求的心理习惯而言，如果把祖先的出生、面貌、行为、事迹写得如同常人，那么后代也很难产生可圈可点的深刻印象和记忆价值，更难对他心生崇拜与自豪，即使当今的优秀文学作品甚至日常生活中的评优选先，也常常会通过挖掘人物形象的不同凡响之处或者有意采取某些想象与夸张的手法，形成其行为或业绩方面的"超人"之处，藉此去感染人、影响人和教育人。

任何一部成功的神话作品，其重要特征之一就是能够通过若干母题生成流传久远传播广泛的特定的文化符号。"布洛陀文化祖先"信仰也可以看作是有目的的理性艺术创造。"对共同始祖的信仰，使群体成员之间产生了一种基于共同血缘关系上的亲和力，以及对所属群体的自豪感、归属感和认同感，从而造成群体内部的凝聚力。这一信仰观念及行为的周期性巩固、强化，又使凝聚力不断得以维系、加强，从而有利于群体的完整与和谐统一。"[①] 这种"文化符号"不一定是历史的真正的存在，也无须人们用科学的手段去论证，而是这个符号本身基于人们主观世界的无须证明的"先验"，这种体验的实质同样可以称之为"文化真实"。内容不同形态各异的布洛陀神话母题之所以能够进入不同时代的政治、宗教、民间文化体系，根本原因在于其作为文化符号的潜在功能。从典型神话形象的角度说，布洛陀充当着壮族始祖文化符号的重要功能。这个文化符号一般具有与维护特定族群利益相关的一些特点，如"（1）祖先文化符号便于记忆、传播，有利于对本民族起源的群体认知，据此强化自身的民族身份认同；（2）文化符号是众多祖先优秀事迹的'箭垛式'积累，有利于增强本民族生存和发展的凝聚力和民族自豪感；（3）文化符号具有与其他民族关联性，有利于建构与其他民族文化祖先的交集或共性，进而促进与其他民族的友好交往和平等互助。"[②] 等等。

---

① 杨利慧：《女娲的神话与信仰》，中国社会科学出版社，1997年，第178页。
② 王宪昭：《论伏羲女娲神话母题的传承与演变》，载《中原文化研究》2015年第5期。

三、布洛陀叙事母题的文化内涵及价值

有不少人认为，神话是人类早期的文化创造，是处于蒙昧时期的人们通过幻想或想象用不自觉的艺术方式加工过的自然和社会生活本身。其实，如果过分偏执于神话的"幻想"与"不自觉"因素，就会淡化神话更深层次的文化价值。神话从内容而言，似乎荒诞不经，近乎痴人梦语，但不难设想，一个民族在漫长的历史中抛弃了许多记忆，而为什么单单把这些神话世世代代口耳相传下来？原因很简单，因为神话经历了漫长岁月的大浪淘沙的洗礼和考验之后，人们发现它不仅仅是民族信仰的重要来源，是民俗活动的重要依托，还是历史记忆与生产生活经验的重要载体，因此神话可以作为一个民族不可再生弥足珍贵的非物质文化遗产。

首先，布洛陀作为文化祖先是一种积极的文化信仰。人类的生存不能忘记历史，而历史的优秀代表往往离不开文化祖先。《左传·昭公十五年》曾有"籍父其无后乎？数典而忘其祖"之类的记载，"数典忘祖"往往成为一个人或一个群体没有主体性和责任感的写照。因此，通过神话母题对文化祖先进行传承和再塑造，不仅是民族特色和民族传统的重要体现，而且具有强化民族传统信仰的作用。根据马克思主义民族观，神话具有民族属性，"民族性"也是神话重要的文化印记和身份标识。在民族自身的凝聚力和认同感方面，布洛陀文化的传承具有不可磨灭之功。

一般而言，考察神话所塑造的"民族信仰"即"民族性"，与"国家意识"往往是统一的。中国56个民族都是统一于"中华民族"这个大前提下的民族概念。事实上，许多少数民族神话都流传着大量多民族同源共祖的母题，如阿昌族神话叙述，葫芦里出来九种蛮夷；哈尼族神话叙述，洪水后兄妹结婚繁衍哈尼、彝族、汉族、傣族、瑶族五兄弟；彝族神话叙述，兄妹成亲生下汉、彝、傣、傈僳、苗、藏、白、回等民族；柯尔克孜族神话叙述，洪水后幸存的三对男女结婚，生了秦、突厥、蒙古人的祖先。等等。这种现象表明，许多始祖神话的产生常常源于一个民族对本民族认知的需要，或通过描述多个民族间的关系实现与周围社会环境的友好相处。其本质上反映出国家认同语境下统一的"中华民族"观，带有明显的教化功能、实用目的和积极的文化意义，体现了国家语境下的民族平等与民族团结。

布洛陀作为特定的文化祖先崇拜，其中最重要的意图就是在这个特定人物身上能生成归属感和安全感的心理寄托。布洛陀不单单是一个具有非凡出身来历和巨大功绩的神话人物，而是在漫长的民间传承中已经成为历史上其他任何文化英雄所难以取代的民族文化祖先。他作为祖先神、创造神、英雄神等多神一体的文化形象，最终使民族来源得到合理合法的解释。无论是个人在某些特殊日子祭拜布洛陀以祈求福祉或消灾祛病，还是一些村落在重大节庆时必须祭祀布洛陀以祈求平安对村寨的保护，都是人们解决群体信仰和个体生存问题的有效途径。就这些现象本质而言，体现出稻作民族希望安全和谐的潜在心理特征，也有利于社会和谐和社会发展。

在如何分析一个单一民族的"祖先崇拜"问题时，需要辩证地看问题。任何一个少数民族都是国家框架下的"民族"。虽然"民族"与"国家"这两个概念看似复杂，但二者在"民族性"方面却具有一致性。一方面任何神话作品都会自觉或不自觉地表现出本民族的文化传统或文化诉求，使叙事描述的与"族"有关的事象具有民族性；另一方面任何民族都是特定国家的民族，"民族性"又会与"国家"概念紧密联系在一起，反映出国体、政体乃至主流文化方面的高度认同。这样"民族性"认知往往与国家认同相契合，没有国家语境下的"民族性"的认同，国家内部的多个民族就难以真正形成"美美与共"的和谐局面，国家统一的理念就会受到干扰；同样，一个民族若失去本民族的文化特色也往往不能成为一个优秀的民族。

其次，关于布洛陀的叙事母题呈现出明显的历史印记。从某种意义上说，布洛陀作为男性文化始祖形象的产生与发展，具有明显的历史印记。壮族围绕其人文始祖布洛陀的一系列神话传说，最终形成了具有地方民族特色的布洛陀文化信仰，这种与壮族生活的各个领域息息相关的民族文化是一种独特的、本源形态的文化，也是壮族传统观念文化的核心和标志。

布洛陀叙事母题反映出的父系社会的建立与定型。一般而言，尽管晚近时期仍有不少民族流传的神话中保留了丰富的关于母系社会生产生活的典型母题，如瑶族的《密洛陀》、侗族的《萨岁之歌》，汉族的西王母、纳西族摩梭人的祖母、满族说部中经常出现的最早的女萨满等，但大量历史事实表明，在当今文化语境下，更多的表现出的则是作为父系制的男权取代母系社会之后的客观现实，正如恩格斯所说："母权制的被推翻，乃是女性的具有世界历史意义的失败。"① 中国进入父系社会的时间从主体上看，大约在三千年前周朝建立之时，此前以龙山文化为代表的殷商时期母系社会处于主导地位，这就是《诗经·商颂·玄鸟》所言的"天命玄鸟，降而生商"。这种关于女子感生帝王的描述从一个侧面证明了商代仍流行"只知其母，不知其父"的现象，表明女子在生产生活中的作用和地位高于男性。父系氏族时代的崛起源于男性群体力量的发挥与张扬，社会生产力水平比母系时期也有较大的提高，主要表现为农业生产的发展、家畜饲养规模的扩大、制陶技术的进步以及冶炼、手工业水平的提高等。所以这一时期基于父系亲缘联盟的建立，对此后人类社会的发展产生了巨大而深远影响，在婚姻与家庭方面开始结成固定配偶关系并建立起以男性为主导的父系家族。这些情形我们可以从布洛陀的生平事迹特别是婚姻关系类母题中有所发现。

　　许多壮族神话组成的历史叙事也具有上述特征，但我们观察繁杂的布洛陀叙事母题时往往难以理清其中的清晰脉络，其主要原因之一就是，历史上任何社会形态的更替一般都是复杂的，甚至存在漫长的过渡期。在此我们可以从"布洛陀"与"姆洛甲"两位不同性别的始祖神的关系建构中，对相关历史加以分析。就目前见到的神话文本，我们发现不同的神话的叙事内容虽然相互关联，有时又表现出断代与分层的特点。一些神话在描述最早始祖时并没有布洛陀，而是强调的只有姆洛甲。如流传于广西大化县的《姆洛甲出世》说，古时候天地不分，空中旋转着一团大气凝聚成三个蛋黄的蛋，这个蛋爆成三片，一片成为天，一片飞成为水，中间的一片成为中界的大地。中界的大地上有一棵草开出一朵花，这朵花里长出女性老祖宗姆洛甲。② 在其他一些神话还提到，姆洛甲像女娲一样，是最早造人的大母神，说她在天地初分大地荒凉时，就照自己的样子创造人，有的还说她双脚撑开站在坳口挡风，风吹过身上便怀上身孕，繁衍了人类。这些神话把人类出现归功于姆洛甲所为，这与布洛陀是人类祖先毫不沾边。当然，根据当今叙事和文化整合的需要，必须使处于母系社会的女性始祖姆洛甲与男性始祖布洛陀发生关联，并会在后来的神话创作中设定相关的情节，如有些神话把姆洛甲说成是布洛陀的母亲。20世纪70年代在河池市郊岩洞中发现古代墓葬中的一本题为《姆六甲》的古壮文手抄经中记叙姆六甲是布洛陀的母亲。然而在后人看来把布

---

① 《马克思恩格斯选集》第4卷，人民出版社，1995年，第54页。
② 《姆洛甲出世》，见农冠品编注：《壮族神话集成》，广西民族出版社，2007年，第20页。

洛陀与姆六甲母子相称，似乎并不利于布洛陀形象的塑造，正象中国广大地区最为普遍的把本不相关的男女文化始祖伏羲与女娲捏合为夫妻关系一样，拟构父系时期产生的布洛陀与母系时期的姆六甲的婚姻，成为实现历史文化整合的一剂良方妙药。当然，他们的婚姻是渐进式形成的，一开始只是二人同时跨越时空走到一起，如流传于广西大化县的《姆洛甲生仔》说，从前盘古刚刚开出天地时，地上只有两个人，就是姆洛甲和布洛陀。因为大地荒凉，姆洛甲和布洛陀就要造出很多很多东西。姆洛甲说先造人，布洛陀说先造鸟。结果他俩心水不一样，一个不依一个，什么也做不成。就这样白白过去了几千年。甚至姆洛甲对布洛陀提出合为夫妻的请求时，布洛陀说："我只认得兄弟，不晓得什么叫做夫妻。"并一气之下丢下姆洛甲，跑到下界去和他的龙兄弟"图额"一起生活去了。[①] 这种情形的进一步演化，就是布洛陀与姆洛甲成为名誉上的夫妻，该类神话传说说，姆洛甲怀孕是因为布洛陀从海里向姆洛甲的肚脐上喷口水，口水变成了一条七彩虹进入姆洛甲的身体，使姆洛甲怀孕。另一种情形说，姆洛甲做了一个梦，梦见和布洛陀同床共枕，醒来后感到腹中疼痛，口水直流，于是怀孕生人。这类叙事是历史上婚姻萌芽时代的反映，重点是关注人类的产生，相对而言，这种叙事毕竟不是人文始祖塑造的主流，更多神话则把他们描述为实际的夫妻，在开天辟地造完万物之后，二人就结为夫妻，姆洛甲怀孕九年，生下孩子，后来姆洛甲还找谷种、树种、草种等种子。我们通过布洛陀与姆洛甲的婚姻关系的变化不难发现，这些不同类型的产生与流传的时代有密切关系，反映出特定的不同的社会形态下人们对男女始祖关系的不同认识角度。一般来说，关于夫妻关系在只知其母而不知其父的母系氏族阶段不可能出现，只有人类进入文明社会之后，才会根据客观需要把母系社会与父系社会的文化始祖捏合在一起，其本身具有社会形态变化与婚姻史方面的研究价值。

第三，布洛陀叙事母题其他文化价值。布洛陀作为壮族民间信仰中的男性始祖神，既是壮族神话中的创世者，也是壮族民间宗教信仰中日趋积淀而成的主神。纵观不同神话文本叙述的布洛陀的文化身份，我们会发现他身上具有创世神、创造神、始祖神、宗教神、道德神、智慧神、婚姻神、文化英雄等一系列光环。更重要的是，布洛陀形象已与民间民俗活动紧密结合在一起。布洛陀既神圣威严又和蔼可亲，时常与他的子孙后代交流，帮他们出谋划策，创造幸福生活。

---

① 《姆洛甲生仔》，见农冠品编注：《壮族神话集成》，广西民族出版社，2007年，第22—23页。

如布洛陀作为壮族民间宗教麽教的主神，布麽在许多仪式场合下都要请布洛陀坐镇，并恭恭敬敬地把他装满经文的神袋背来，把他的笔墨印章搬来，请他指点、确保法事成功。在右江河谷一带的田阳、田东、百色、巴马等县市的麽经，包括祈福、禳灾、超度亡灵三大类，其中祈福禳灾类经书相当规范完整。红水河流域的经诗风格神秘，远古意味深厚。云南文山经诗《麽荷泰》规模宏大，内容涵量类似百科全书。经书在文山西畴、马关二县侬支系壮族民间被发现，同时也在富宁、广南等县流传。[1] 甚至在民间凡事必要"去问布洛陀，去问姆六甲"，可以说布洛陀是壮族先民根据自己对生活的认识与理解，在漫长的历史发展过程中塑造出的本民族典型的文化祖先形象，这一形象代表了壮族人民自己的理想和愿望，布洛陀身上凝聚着壮族民众的生存经验、生产智慧、生活知识与精神气魄，已固化为寄托理想、人人拥戴、个个崇敬的民族祖先神。这与"布洛陀"这个名称在壮语中"无所不知无所不能的祖公"的含义正相吻合，因此布洛陀已成为一个壮族的重要精神信仰特征。"神话是人类为了解决自身生存和发展问题的最好最直接的文化载体。毋庸否认，在这些不可再生的文化遗产中蕴含着极为丰富的有利于民族团结和民族发展的'理性'。诸如神话中对人类生存规则的阐释，对人与自然关系的把握，对人类敬畏之心的渲染，对人类和谐环境的期盼，从某种意义上说，这都可以视为符合人类发展的理念。"[2]

〔王宪昭：中国社会科学院民族文学研究所研究员、文学博士〕

---

[1] 参见张声震主编：《壮族麽经布洛陀影印译注》前言，广西民族出版社，2003年。
[2] 王宪昭：《神话的理性》，载《中国社会科学报》2010年7月22日。

文化记忆的展示、保护与实践

——兼论广西田阳布洛陀文化的重构

毛巧晖

"非物质文化遗产"成为近十年来学术关键词之一,通过在中国知网检索,从1997年出现第一篇非物质文化遗产的文章,到2015年底,文章题名中含有"非物质文化遗产"的文章共计15360条。非物质文化遗产(Intangible Cultural Heritage),根据《保护非物质文化遗产公约》(以下简称《公约》)的表述:"非物质文化遗产",指被各社区、群体,有时是个人,视为其文化遗产组成部分的各种社会实践、观念表述、表现形式、知识、技能以及与之相关的工具、实物、手工艺品和文化场所;这种非物质文化遗产世代相传,在各社区和群体适应周围环境以及与自然和历史的互动中,被不断地再创造,为这些社区和群体提供认同感和持续感,从而增强对文化多样性和人类创造力的尊重。[1]根据这一界定,"非物质文化遗产"包含:

1.口头传统和表现形式,包括作为非物质文化遗产媒介的语言;

2.表演艺术;

3.社会实践、仪式、节庆活动;

4.有关自然界和宇宙的知识和实践;

5.传统手工艺。

---

[1] 2003年10月17日,联合国教科文组织第32届大会通过了《保护非物质文化遗产公约》,本文所引内容为《保护非物质文化遗产公约》2006年10月8日订正本,本资料转引自巴莫曲布嫫《从语词层面理解非物质文化遗产——基于〈公约〉"两个中文本"的分析》,《民族艺术》2015年第6期。以下只标出具体条目,不再注释。

《公约》在世界范围内确立了"非物质文化遗产"这一概念。中国于2004年8月28日，经第十一届全国人民代表大会常务委员会批准，成为第六个批约国。在此之前，关注"非物质文化遗产"者重点是着眼于立法，目前可以看到的第一篇以"非物质文化"直接命名的文章即是《非物质文化遗产的法律保护》。但是从其出现之日起，关注的核心就是"存在、延续"，从最初第一篇文章，尽管从立法的角度谈论，但已经提出"它赖以存在、延续的主要特点正是其存在、延续的致命的弱点"。[①] 非物质文化遗产，是文化意义的表达，它的保护，不是静态的"遗址"保存，而是记录和传播文化，是"文化记忆"的延续与呈现；另外它离不开"人"，关涉不同群体。但是非物质文化遗产作为传承或延续的文化记忆，其关涉群体并不具有同质性。

2001年昆曲列入"人类口头与非物质文化遗产代表作"[②]，学术领域开始关注"非物质文化遗产"，因从"昆曲"而起，戏曲学领域首先介入，紧接着人类学、民族学、民俗学等领域从本学科与各自的学术视角也积极加入这一行列。2004年中国作为《公约》批约国，到2006年5月20日，国务院在中央政府门户网上发出《国务院关于公布第一批国家级非物质文化遗产名录的通知》（国发〔2006〕18号，以下简称《通知》），批准文化部确定并公布第一批国家级非物质文化遗产名录（518项），"非物质文化遗产"工作在国家层面全面启动。"非物质文化遗产的一个最大属性是，它是与人及人的活动相联系和共生的。"[③] 人是非物质文化遗产存在的必要条件和重要前提，这也恰是非物质文化遗产与物质文化遗产的根本区别。而此处的"人"，主要指向非物质文化遗产的传承人及其相应文化区中的民众，他们是文化记忆缔造的参与者与践行者。

从广西田阳布洛陀文化重构这一个案与实例中，能很清晰地看到学者、地方政府与民众三股不同的力量，他们分别在自我认知与自己所扮演的角色中保存、传承与展示着作为"文化记忆"的"布洛陀文化"。

---

① 詹正发：《非物质文化遗产的法律保护》，《武当学刊》1997年第4期，第40页。
② 联合国教科文组织从开始倡导"非物质文化遗产"理念和行动至今，其间从称呼到行动方针，也一直有变化和调整。一开始叫"口头与非物质文化遗产"（Oral and Non-Material Cultural Heritage），现在叫"非物质文化遗产"（Intangible Cultural Heritage）。国内在翻译和介绍这些概念的过程中，也先后数度做出调整。参见朝戈金《非物质文化遗产：从学理到实践》，《西北民族大学学报》2015年第2期，第80页。
③ 朝戈金：《非物质文化遗产：从学理到实践》，《西北民族大学学报》2015年第2期，第84页。

一

在非物质文化遗产保护中，学者的参与及推动是显而易见的。2001年7月23日《瞭望新闻周刊》刊出《"人类遗产"》及新闻背景《人类口头与非物质文化遗产》，首先在学者群体引起响应。"中国文化部的领导不无感叹地说，这是新中国成立（1949）以来，第一次有专家学者主动积极投入，在政府指导下，广大老百姓热烈欢迎的文化工作。"[1] 短短十年时间，非物质文化遗产，从一个外来词变成大众传媒、政府学界以及普通民众熟知词汇。在学术领域，非物质文化遗产这一概念，相对于"民间文化"而言，是知识体系上的更新。[2] 非物质文化遗产内容涵盖文学、民俗学、民族学、人类学、历史学，甚至哲学与科技领域，它构建了一个新的学术平台，同时学者会有意无意地影响哪些文化项目会被列入非遗，哪些文化元素会被推广甚至从而影响地域文化记忆的建构，"布洛陀文化"的重构可以作为一个典型个案。

"布洛陀"是壮语读音的汉字写法，也曾写作"保洛陀"、"保罗陀"、"布洛朵"、"布罗陀"等，它被视为壮族民间最高的神祇，是壮族的创世神、祖先神、智慧神、道德神和宗教神。[3] 布洛陀最早在壮族民间以神话的形式流传，其内容涵盖了开天辟地、创造万物、安排秩序、排忧解难等，后来古壮字出现以后，它成为形诸文字的麽经经书，梁庭望先生认为"麽经中涉及到了三个层次的宗教（首先是原始宗教、第二个层次是麽教和第三个层次的道教）"[4]，他的观点彰显了麽教信仰结构的多重性。麽教源起很早，但是唐宋以前壮族没有自己的民族文字，汉文文献的相关记载亦较少。在历代流传过程中，它与汉文化以及其他宗教交融，形成了麽教信仰系统，到20世纪50年代以后，因为相关政策，这一信仰体系一度中断。2002年6月26日，壮族著名诗人、词作家古笛先生到田阳，专程赠送《古笛艺文集》，在田阳期间，要求前往春晓岩，田阳县委宣传部部长、县人大副主任兼县博物馆馆长黄明标、县文联副主席以及田阳籍著名作曲家李

---

[1] 陈勤建：《民俗学者与当今的非物质文化遗产保护》，《民间文化论坛》2014年第2期，第6页。
[2] 高丙中：《日常生活的文化与政治——见证公民性的成长》，社会科学文献出版社，2012年，第194页。
[3] 李斯颖：《壮族布洛陀史诗演述及其信仰传统》，《国际博物馆》2010年第1期，第113、115—116页。
[4] 梁庭望：《古壮字结出的硕果——对〈壮族麽经布洛陀影印译注〉的初步研究》，《广西民族研究》2005年第1期，第82—82页。

学伦先生等陪同下到春晓岩。① 在考察中，他提到"敢壮"是"布洛陀的故居"的想法。② 2012年6月30日，古笛回到南宁，将自己的发现告知自己的弟子若舟，若舟则将消息告知彭洋，在彭洋的推动下，召开了田阳布洛陀遗址的座谈会，有《南宁日报》特刊部主编谢寿球和农超参加，彭洋认为"这个发现可与乐业天坑媲美"，可以说是民族文化的"天坑"③。2002年7月6日，彭洋、谢寿球、农超以及《右江日报》记者何健渣等在田阳当地领导与学者的陪同下再次考察了春晓岩。2002年7月13日《南宁日报》刊发了谢寿球和农超撰写的《田阳发现壮族始祖布洛陀遗址 专家称遗址的认定将揭开壮族族源的千古之谜》，此文认定田阳那贯山是壮族始祖布洛陀诞生的遗址。接着2002年7月25日被人民网文娱频道文化广角全文转发，2002年7月31日《人民日报·华南新闻》转载这一文章，2002年8月2日CCTV-12频道报道了"田阳发现壮族始祖遗址"的消息。2002年8月8日，在田阳县召开了"田阳县敢壮（春晓岩）布洛陀遗址研讨会"，此次研讨会重点强调布洛陀传说故事与经诗的整理，同时要加强"布洛陀遗址"的管理、挖掘与保留，在此基础上打响布洛陀文化品牌。④ 研讨会之后，《广西民族报》《右江日报》以及广西在线等多家报纸与网站进一步报道了布洛陀遗址的发现。更多学者开始关注敢壮山这一"话题"，除了之前的古笛等学者外，广西民族研究所潘其旭、广西古籍办壮学专家罗宾、南京博物院考古学家朱蓝霞、广西壮学会会长郑超雄等积极参与。第二次"敢壮山布洛陀遗址座谈会"召开时，中央民族大学、中国社会科学院等壮学与民族学研究者也加入其中，梁庭望、黄凤显、罗汉田、农学冠、黄明标、苑利等学者在田阳春晓岩考察，此次研讨会在媒体报道中的结论为"专家考察团经实地考察并查阅相关资料后一致认为，从那贯的地理位置、地质条件、文物资料，敢壮歌圩的规模，周边群众的信仰，布洛陀始祖庙及众多的民间传说等方面来综合分析，可以确定，那贯山是壮族文化的发祥地和精

---

① 时国轻：《广西壮族民族民间信仰的恢复和重建——以田阳县布洛陀信仰研究为例》，中央民族大学博士学位论文，2006年，第22页。
② 《布洛陀故居及壮族歌圩发祥地探访》，《古笛艺文集》十一卷，中国广播电视出版社，2004年，第5页。
③ 南宁广西民歌研究院：《田阳县敢壮山布洛陀发现考察研讨纪事》，转引自时国轻：《广西壮族民族民间信仰的恢复和重建——以田阳县布洛陀信仰研究为例》，中央民族大学博士学位论文，2006年，第24页。
④ 根据时国轻《广西壮族民族民间信仰的恢复和重建——以田阳县布洛陀信仰研究为例》博士学位论文中所提供的相关资料之总结。

神家园"①。之后广西其他报纸也进行了报道。2002年9月20日,《新华网》发表新华社记者王瑾撰写的壮族文化"寻根"系列报道,将布洛陀文化的影响进一步推广到全国。这次座谈会进一步确定了布洛陀与敢壮山的关系,将敢壮山界定为壮族的精神家园和文化圣地。而此次会议学者的层面从广西地方提升到了全国,以"北京专家"为代表。对于地方政府和民众而言,这意味着在国家层面的文化认可与意义认同。布洛陀文化旅游节的举办也是在此文化论证基础上进行。2002年9月23日至25日,召开了第三次座谈会,此次邀请了广西壮族自治区政府副主席、广西壮学学会名誉会长张声震,广西民族研究所研究员覃乃昌,广西壮学学会副会长岑贤安,潘其旭、赵明龙、黄桂秋以及彭洋、谢寿球,广西纵横文化发展有限责任公司总经理胡乐善等,他们在听取地方政府介绍敢壮山布洛陀文化前期考察研究和开发工作后,前往春晓岩考察并研讨。此次学者的主要态度是:"一是帮助田阳布洛陀热,为布洛陀造势、升温,再点一把火,给它更热一些;二帮助田阳开发民族旅游业方面创造软件,硬件也尽量帮助一点,主要是软件。"②之后广西壮学学会积极参与田阳县布洛陀文化资源的开发利用,并为他们提供学术上的支持。

对这一过程的描述,主要是为了体现学者或知识人与各民族各地域非物质文化遗产的"同构共生",之所以如此说,是因为非遗对学者而言,既是他们学以致用的场域,其中他们担当公共知识分子的角色,同时也是他们的研究对象,他们"客观地"分析各个文化事项的内在文化逻辑,并探求其文化本质。另一层面,学者本身也是文化事项的"建构"因素之一。壮族布洛陀文化在当代有中断的历程,在学者的倡导,文化创意公司的策划与媒体的配合下,重建了布洛陀信仰体系与相关仪式。

学者为非遗政策及其实施积极建言,在这一层面而言,他们是非遗保护的宣传者、推动者与实施者。他们在一定意义上决定哪些文化记忆需要保护,哪些传承处境艰难,因此有学者提出要保护即将消失的文化遗产。③无论从哪个角度,学者对非遗保护都起到推波助澜的作用,他们以自身的知识体系作为理论支撑,尊重文化逻辑,如他们更强调布洛陀文化的信仰核心以及田阳作为壮族精神家园

---

① 《经权威专家学者考察后确定 壮族的根就在那贯山》,《右江日报》2002年9月19日。
② 时国轻:《广西壮族民族民间信仰的恢复和重建——以田阳县布洛陀信仰研究为例》,中央民族大学博士学位论文,2006年,第39页。
③ 宋兆麟:《关键是保护即将消失的非物质文化遗产》,《西北民族研究》2010年第1期,第184—188页。

的意义。但学者毕竟不是非遗政策的直接权力实施者,他们基于学科理论与知识体系的建言,或被采纳,或只是采用形式,在实践过程中,因为学者的知识体系与非遗的实际践行者或拥有者属于两个轨道,他们之间有着巨大差距。学者将布洛陀文化视为研究对象,他们重视对于布洛陀文化的保护,他们努力阐释文化的内在逻辑,"运用'阐释'的技巧小心翼翼地创造意义"[1]。他们重视和关注对于以敢壮山遗址为核心的壮族文化记忆的建构功能[2],重视它作为民族精神与文化之源的意义与价值,他们希望发挥其这一文化意义。同时,又有一种情怀以及浪漫主义倾向。他们对于"民间"——文化的实践者与拥有者有自己的想象,他们重视文化记忆的"本真性",希望承担文化记忆的传承人与民众维持原貌,重视其"真实性与完整性"[3],企望可以为自身的研究提供范本或个案。总之,他们对于文化记忆之特性、文化逻辑的探求与地方政府文化展示的期望有着一定距离,同时对于文化的拥有者亦是"他者"。

二

董晓萍教授从两种知识的角度将"非遗"分为政府非遗与民间非遗[4],她重点阐述了政府非遗的定位与观念,指出了这一层面以政府和学者为主导,其支撑体系为现代学校教育知识。笔者结合广西田阳布洛陀文化的重构,在董晓萍政府非遗讨论的基础上,重点探讨政府通过规范性保护"布洛陀信仰"对于"文化记忆"的展示。

早在20世纪50年代,壮族地区已经开始搜集布洛陀的神话故事,1958年《壮族文学史》编写组已经搜集到流传于桂西一带的散文体《陆陀公公》的故事[5],当时的历史语境为民族识别与各民族历史调查,少数民族文学史的编撰在

---

[1] 贝拉·迪克斯:《被展示的文化:当代"可参观性"的生产》,冯悦译,北京大学出版社,2012年,第12页。

[2] Peter J. M. Nas, "Masterpieces of Oral and Intangible Culture: Reflection on the UNESCO World Heritage List", CurrentAnthropology, vol.43, No.1, 2002, P.142.

[3] 张成渝、谢凝高:《"真实性和完整性"原则与世界遗产保护》,《北京大学学报》2003年第2期,第62—68页。

[4] 董晓萍:《政府非遗与民间非遗:从两种知识角度的切入》,《西北民族研究》2014年第2期。

[5] 时国轻:《壮族麽教初探》,《广西民族研究》2006年第1期。

全国范围内推广。那一时期，旨在推行社会主义话语，通过文学建构新的多民族人民话语。正如《〈广西壮族文学〉后记》所言，1958年9月，根据中共中央宣传部在北京召开的全国少数民族文学史、文学概况编写工作座谈会议《纪要》的精神和中国社会科学院文学研究所关于编写《壮族文学史》的通知要求，在调查、搜集和掌握相当材料的基础上，于1961年7月出版了《广西壮族文学》一书。在《陆陀公公》的撰写中，重在文学叙事，而没有突出布洛陀信仰与麽教信仰。之后80年代出版的《壮族文学史》专列一章创世史诗《布洛陀》①，主要分析它的形成、主要内容与思想意义等。这些活动主体是在政府的倡导下，知识人结合壮族文化遗产，在民间叙事的基础上铸造了新的文学叙事。

21世纪初，中国进入全球化时代。在《通知》中，明确提出"非物质文化遗产是文化遗产的重要组成部分，是我国历史的见证和中华文化的重要载体，蕴含着中华民族特有的精神价值、思维方式、想象力和文化意识，体现着中华民族的生命力和创造力。保护和利用好非物质文化遗产，对于继承和发扬民族优秀文化传统、增进民族团结和维护国家统一、增强民族自信心和凝聚力、促进社会主义精神文明建设都具有重要而深远的意义"。②这一阐释明确非遗的民族性与世界性意义。它对世界而言，是国家文化形象的重要载体，呈现了中华民族的优秀文化传统。随着中国社会改革深化与经济迅速发展，在全球化过程中，中国的文化形象受到极大关注。《国家"十一五"时期文化发展规划纲要》将塑造国家文化形象作为文化发展战略的重要内容。国家文化形象是"一个国家文化传统、文化行为、文化实力的集中体现"。③国家层面倡导非遗，更多意义上是要打造或建构国家文化形象，增强文化软实力，向国际社会输出中华民族的优秀文化。这一宏大目的是通过政府的非遗政策与保护体系在全国范围内推广与实施。

为使中国的非物质文化遗产保护工作规范化，国务院发布《关于加强文化遗产保护的通知》，并制定"国家＋省＋市＋县"四级保护体系。对于非物质文化遗产代表性传承人也实行申报和评审制度。由个人申请、当地文化行政部门审核、省级文化行政部门审核评议推荐的基础上，按照国家级非物质文化遗产项目代表性传承人评审工作规则和文化部办公厅《关于推荐国家级非物质文化遗产项

---

① 欧阳若修、周作秋、黄绍清、曾庆全编著：《壮族文学史》第一册，广西人民出版社，1986年。
② 《国务院关于公布第一批国家级非物质文化遗产名录的通知》，《云南政报》2006年第11期。
③ 祁述裕：《如何塑造我国的国家文化形象》，《解放日报》2006年11月6日第13版。

目代表性传承人的通知》(办社图函〔2007〕111号)要求分门别类逐项审议。这些政策与措施都是为了规范非遗保护,但是它要贯彻到全国行政各个层级。地方各级政府部门将非遗视为"文化展示"的契机,同时也是"有利可图的资源"[①]。

从非遗所包含的内容,可以看到其主体以口头文学为主,因此"'非遗'的底层支撑物,就是'口头文化'"[②]。但是非遗改变了以往对于民间文化资源的传统认知,它不再属于"下里巴人",而成为新的政治经济资源。

田阳布洛陀遗址在发掘过程中,在学者与策划公司的倡导下,政府积极参与。第一次"敢壮山布洛陀遗址座谈会"(以下简称"座谈会")之后,田阳的布洛陀遗址掀起了社会各界的关注,田阳县委、县政府积极部署对敢壮山的考察工作,并成立田阳县布洛陀文化旅游工作考察小组实施文化遗产的保护与开发。百色市也很重视这项工作,2002年8月10日至29日,百色地区旅游局、宣传部长、政协领导等分别参与了考察敢壮山的活动。2002年9月16日至17日,就由田阳县委、县政府邀请中央民族大学、中国社会科学院的学者参加"壮族始祖古居遗址暨布洛陀文化大观研讨会"。第三次"座谈会"后广西壮学学会积极参与到布洛陀文化的规划与开发。根据2002年9月25日一位网友撰写的帖子可知:

> 今天上午我又到了春晓岩(又名那贯山、敢壮山),……今天再游春晓岩(敢壮山),发现了几个新情况……第一个新情况是,山下的南天门上"南天门"三个大字已被铲掉,南天门右侧的牌坊上介绍春晓岩的那块石碑页被除掉了,只剩下刻着"田阳县文物保护单位/春晓岩遗址"的那一块,估计是要换上"敢壮山"、"布洛陀遗址"等新内容。……第二个新情况是,在我的游记中"第一个岩洞"(gam dak rom,壮语,守护岩洞的意思)、"第二个岩洞"(母娘岩)、"观音庙"(祖公庙遗址)三个地方,已经换了新的神龛和牌位,分别为"布洛陀守护神位"、"母勒甲姆娘神位"、"布洛陀(公甫)祖神位"。据管理员周先生说是一个月前换上的。[③]

---

① 贝拉·迪克斯:《被展示的文化:当代"可参观性"的生产》,冯悦译,北京大学出版社,2012年,第126页。
② 朝戈金:《非物质文化遗产:从学理到实践》,《西北民族大学学报》2015年第2期。
③ 壮族在线·僚人家园·僚乡旅游网站,转引自时国轻《广西壮族民族民间信仰的恢复和重建——以田阳县布洛陀信仰研究为例》附录二,中央民族大学博士学位论文,2006年。

上述资料是田阳县政府机构在春晓岩重建布洛陀信仰过程的一个片段。总之，田阳政府部门与南宁国际民歌研究院、广西壮学学会合作，拟定了布洛陀文化开发方案。田阳政府希望能抓住这一契机，通过学术、文化包装，利用民族文化，将这一地域的文化资源转换为文化资本，带动整个百色经济的发展。田阳政府以南宁国际民歌研究院的规划为蓝本，依照壮学学会的方案重建了布洛陀信仰体系以及敢壮山生态旅游区。他们对于"文化"，更看重的是文化如何变为经济资源，转化为文化产业，重视其"可参观性"，希望文化项目转化为地域景观，地方政府借此提升旅游，吸引"观众"（即旅游者或文化"他者"）。文化符号重构就像"传统的发明"一样，并不是只存在于当下社会，也不一定就是反面效应，但是如果出现文化符号的滥造，则会成为严重的社会问题。

地方政府在文化项目中，打造的是本行政区划内的"文化记忆"。这一"文化记忆"是通过文化展示，尤其是按照美学规律展示，呈现给文化他者。他们希望将"文化记忆"变为吸引"参观者"的一桩生意[①]，而甚少强调文化记忆的知识性与内在的文化逻辑，百色与田阳政府已经算是高度关注学者对于布洛陀文化的阐释，以及壮学学会对于布洛陀信仰的学术建构。他们对于布洛陀文化的建构过程倒是如贝拉·迪克斯所说，"再建的却是活生生的"，当然它也不是假的。特别是2002年正好切合了非遗的节点，因此在2000年大规模的清除"迷信"之后，布洛陀能够找到一个新的定位，并从民间流传提升为壮族的"精神家园"。2004年4月21日至27日（农历三月初三至初九）在百色市和田阳县两级政府的推动下，在田阳举办了"首届布洛陀民俗文化旅游节"，春晓岩（敢壮山）成为了田阳新的文化景观。2006年"布洛陀口传史诗"被列入第一批国家级非物质遗产项目。因此地方政府是国家规划性保护的执行者，同时也在展示文化记忆中推动其传承。

三

文化，尤其是非物质文化的保护，其核心就是传承，而传承的重心就是人。因此对于文化而言，最重要的部分当属民众这一股力量，他们是文化的拥有者与实施者，是文化记忆的实践者。这一群体不是整齐划一的，从身份与文化角色而

[①] 刘大先：《非物质文化遗产的生意——敢壮山布洛陀的神话塑造和文化创意》，《粤海风》2009年第2期。

言,他们可以分为民俗精英与普通民众。他们的角色与文化身份不同,对于文化的记忆以及文化的传承也不同。

关于文化身份的概念,跨文化交际学者们从不同角度对其进行了定义。Yep认为身份是个体在特定的社会、地理、文化和政治语境中的一种自我观念(self-concept),是身份赋予了个体以人格和自我。[1] 身份在此更注重的是"文化"。文化身份的提出也是缘起于不同文化互动与交流。民俗精英与普通民众,虽然处于同一文化区,是同一文化的实践者,但是由于学者、政府等外在因素的参与,他们在文化中所扮演的角色出现差异。广西田阳的黄明标[2]就是布洛陀文化重建中民俗精英的代表。黄明标2002年陪同古笛到春晓岩,考察过程中他"给我介绍了极其重要的情况,据他所知春晓岩这一名字是明代一位过往的风水先生(江西秀才郭子儒)所题,而自古以来这一带的人都叫这座山作'敢壮'。山西原在'祖公庙'和'母娘岩'、'望子岩'、'鸳鸯泉'、'圣水池'、'蝗虫洞'……诸多亭、台、阁、塔等名胜古迹,可惜早于1958年大跃进时大都被人为毁掉"。[3] 他将承载着布洛陀信仰的春晓岩,经过文化过滤,呈现给了古笛。当时古笛鼓励他写《敢壮山布洛陀遗址》,他说"我不写,我写一万字比不上您写一个字,您写吧,你要什么我给您提供什么"。[4] 黄明标对于布洛陀信仰的讲述,当时在田阳流传并不广泛,只是在壮族民间有布麽信仰与布洛陀口传史诗。2004年6月时国轻在博士论文撰写时,在"壮族在线"进行了"百色田阳及周边歌咏文化与布洛陀文化调查",通过调查,他发现当地人对布洛陀、姆洛甲的传说并不知晓,当地流传的神话传说中,并未出现"布洛陀"。因为布洛陀遗址的考证,"春晓岩"改名为"敢壮山"。春晓岩实际上也只是1999年写上,并不是文化古迹,但普通民众将其视为"文物"。

在这一事件过程中,民俗精英将自己提炼或者希望外界了解的地域文化记

---

[1] Yep, G. A, "My Three Cultures: Navigating the Multicultural Identity Landscape", in J. N. Martin, T. K. Nakayama and L.A.Flores, eds, in Readings in Intercultural Communication, Boston: Mc-Graw-Hill, 2002, p.61.

[2] 2002年任田阳县人大副主任兼县博物馆馆长,当时陪同古笛先生前往春晓岩考察。

[3] 古笛:《布洛陀古居及壮族歌圩发祥地探访》,载《古笛艺文集》十一卷,中国广播电视出版社,2004年,第5页。

[4] 时国轻访谈黄明标资料,转引自时国轻《广西壮族民族民间信仰的恢复和重建——以田阳县布洛陀信仰研究为例》,中央民族大学博士学位论文,2006年,第23页。

忆进行了重构，他们既是地域文化的实践者，也是将地方性知识提升、文化展示的关键人物。他们往往身兼数职，处于地方与外界沟通链条的中心环节；在非物质文化遗产保护中至关重要。当下非物质文化遗产政府保护体系中，如何更好地发挥他们的文化意义是个重要问题。

在非物质文化遗产保护与传承中，普通民众的文化身份变化不定。正如霍米·巴巴所归纳的身份认同条件：存在须相对于他者；身份认同之所同时是分裂之所；认同问题从不是对先验身份的认同，而始终是身份形象的生产过程。在地方政府文化展示或文化资源开发中，如旅游开发或主题文化展，普通民众一般认为这种文化展示与他们无关。但是相对于外来者而言，他们是文化的拥有者，具有集体文化身份。另一个意义上讲，他们对于某一地域文化记忆的呈现与展示贡献最大，他们有意无意地会带着他者（亲戚或游客）迎合文化展示。他们对于文化记忆的内在逻辑并不熟悉，对于这种活态历史的展示，他们不仅是向外来者提供了某种表达，而且同样也面向内部——文化的展示者，他们也是文化的"他者"。广西田阳敢壮山被学者认定为布洛陀文化遗址后，敢壮山成为壮族"精神家园"，春晓岩的神灵体系发生了变化，原先民众祭拜的"姆娘"（即"观音"）变为了"米洛甲"（即姆洛甲），她成为布洛陀的爱人。最初他们是将姆娘与米洛甲分开的，后来敢壮山成为布洛陀遗址后，他们将两个神灵合一了。[①] 在这一叙述中，我们可以看到民众的文化身份在"我者/他者"之间摇摆不定，解释姆娘与观音的关系时，他们有着"我者"文化的自信，但在解释姆娘与米洛甲关系的时候，则转换成了文化"他者"，其界定点为"遗址确定"。"文化的边界具有双面性，外部/内部的问题应该自身是一个混杂的过程，将新'民众'融合到国家之中，从而生成其他的意义场所……这种'不完全意义'所产生的是将边界和界限转化为一个居间的空间，而文化和政治权力的意义在该空间内得以协商。"[②] 如果地方政府或相关学者在文化展示中，将他们纳入文化展示的空间，而不仅仅是让他们交出自己的"文化空间"与"文化记忆"，而是邀请他们参与文化展示，甚至进行指导[③]，参与文化记忆建构的过程，他们会逐步将这一记忆内化。这也就彻

---

① 根据时国轻的访谈资料，转引自《广西壮族民族民间信仰的恢复和重建——以田阳县布洛陀信仰研究为例》，中央民族大学博士学位论文，2006年，第79—80页。
② Homi Bhabba, Nation and Narration, London: Routledge, 1990, p2.
③ 参见王惠萍：《霍米·巴巴的文化翻译理论评析—兼论中国文化身份的构建》，《马克思主义美学研究》2015年第1期。

底将当地民众从被动的"被参观者"转化为文化记忆展示的参与者、建构者。当然其中关涉文化教育与文化自觉，不会一蹴而就，只能作为一个文化愿景。

总之，在广西田阳布洛陀文化重构过程中，学者、地方政府与当地民众（民俗精英与普通民众）对于布洛陀信仰的理解不同，他们的文化价值取向也不同。学者则是布洛陀信仰积极的推动者、参与者，他们参与某些文化记忆的建构，重视地域文化记忆的内在逻辑，但他们依然是"文化他者"，再加上自身理论知识体系与地方知识系统差异，他们追求的"文化原貌"与文化本真性只能是文化愿景，还有一些地方文化经验被屏蔽于文化重构系统之外；地方政府在国家规范性保护体系下，注重文化记忆的展示以及资源转化；民众是文化真正的实践者，是文化的承载者，他们因为文化身份与文化角色不同，有着民俗精英与普通民众的差异，只是希望在今后文化保护中，可以观照到这一没有话语权的力量，真正全方位推动文化保护，将不同的"文化记忆"贡献给世界，促进文化的多样性。通过文化保护，凝练中华民族优秀文化因子，塑造中国在全球的文化形象，同时也为世界非物质文化遗产保护提供"中国经验"。

〔毛巧晖：中国社会科学院民族文学研究所副研究员〕

论布洛陀信仰在壮族形成过程中的作用

黄金东

民族是在一定的历史发展阶段形成的稳定的人们共同体，一般来说，民族在历史渊源、生产方式、风俗习惯以及心理认同等方面有共同的特征。有的民族在形成和发展过程中，宗教起着重要作用。[1] 这个定义说明，民族的形成是多种因素共同作用的结果，这是一个开放性的阐述，具有很强的操作性，是对目前国内外成果的充分吸收，获得学界的高度肯定。

具体到壮族，其民族过程也是多种因素共同促进的结果。在众多的因素中，长期流传于壮族地区的布洛陀神话及信仰无疑发挥着不可替代的作用。通过不断的传承，它构建了壮族及其先民共同的"集体记忆"，形成了壮民族共同的"历史渊源"，这是壮民族认同的基础。尤其是在土司时代，随着土官等地方精英借助布洛陀信仰来维护和加强自身统治，使布洛陀信仰和文化更深入人心，也使得土官和土民的族源表述获得统一，对共同始祖布洛陀的认同，增强了民族共同体的民族意识和凝聚力。

一、布洛陀神话及信仰概况

对壮族及其先民而言，最重要的传说莫过于布洛陀神话，它产生于原始社会晚期的父系氏族社会发展阶段。然而关于布洛陀神话产生以后的流传情况，由于缺乏明确的历史记载，以致于我们无法准确地了解。但是从神话学的发生和发展

---

[1] 《中央民族工作会议精神学习辅导读本》，民族出版社，2005年，第29页。

规律来考察，布洛陀神话随着壮族及其先民的不断发展一直得以不断传承，而且关于开创天地和万物、安排秩序、规范伦理、发明各种工具等原生型内容并没有发生根本性改变。①

壮族及其先民尊奉布洛陀为始祖神，认为一切都是布洛陀创造的，生活和生产技能也是布洛陀教会的，布洛陀无所不知，无所不能：1.造天地。话说远古时期天地紧紧叠在一起，后来虽然天地分开了，形成了住雷公的天和住人的地，但却距离太近，无法生活，于是人们就去请布洛陀帮忙。布洛陀带领大家用铁木把天往上顶，让地往下沉，造成了新的天地。2.定万物。天地造好后，可天地间万物还无名无姓，不知如何称呼，也不知如何传宗接代，是布洛陀给它们安名定姓，并规定各物繁衍方式。此外，布洛陀还为人们重新找回了稻谷种子；发明了钻木取火的方法；为人们造牛，使人们有了耕田的畜力；教人们制造工具，造鸡鸭，造房子等等。②

除了口传方式外，壮族及其先民还用古壮字记载布洛陀，传颂布洛陀的事迹，形成了《布洛陀经诗》，通过不断的传唱，构成了壮民族共同的"历史记忆"。与口传的布洛陀神话文本相比，用古壮字书写的《布洛陀经诗》在叙述内容上发生了变化，不再像民间口传的文本那样大多以布洛陀事迹为线索，构成一个有头有尾的故事，而是加入了许多庞杂的内容，同时缺乏一个较为完整的叙事框架。③但是，对布洛陀的信仰没有变化，布洛陀仍是至高无上的神，世间万物仍是布洛陀所创造。如《布洛陀经诗·造人》篇中说道：

> 神仙布洛陀，飞来天下做主，做一枚印来传令，他第一放下鸡，第二放下狗，第三放下猪，第四放下羊，第五放下水牛，第六放下马，第七放下人。那时地王已回上边，人还没有长得完全，头颅还未长出来，肌肉也未长出来，呼吸的喉管也没有，没有腮腺和下巴，没有脚也没有奶，要走就撞树，要动就打滚，布洛陀在上面看见一切，仙人在上边来做主，造出印来把令传，派下一个四脚王。四脚王来到地上造人，造了手又造脚，用坡上的茅草来烧，捏泥巴做头和颈，造出新人笑盈盈，男

---

① 覃丽丹:《壮族人文始祖布洛陀信仰的传承与重构》,《广西民族研究》2011年第2期。
② 蓝鸿恩编:《壮族民间故事选》,上海文艺出版社,1984年,第1—21页。
③ 彭恒礼:《论壮族的族群记忆——体化实践与刻写实践》,《广西民族研究》2006年第2期。

人嘴边放胡须，女人胸前放双奶，造出后生和老人，造出小孩和大人，从此地上有人烟，天下处处人繁衍。①

可见，是布洛陀派四脚王到地上创造了人。此外，有关布洛陀创造天地和万物、定秩序伦理等事迹在《布洛陀经诗》中的《造天地》《造万物》《造文字历书》《伦理道德》等篇中都有体现，其地位崇高无上，逐渐成为始祖神。经过漫长的发展历程，布洛陀的事迹不断在壮族地区流传，对壮族地区人们的心理、思想意识产生了重要的影响。

二、布洛信仰构建了壮族共同的"历史记忆"

历史记忆是集体记忆的重要组成部分，族群之间的认同就是靠共同的历史记忆得以维持。王明珂认为，历史记忆是群体共同的起源历史，人们借此追溯社会群体的共同起源（起源记忆）及其历史流变，以诠释当前该社会人群各层次的认同与区分——如诠释"我们"是什么样的一个民族；"我们"中哪些人是被征服者的后裔，哪些人是征服者的后裔；"我们"中哪些人是老居民，是正统、核心人群，哪些人是外来者或新移民。通过共同的"起源"历史记忆，人们自然模仿或强化成员同出于一母体的同胞手足之情，产生了根基性的情感，形成了族群认同。② 可见，族群认同会与历史记忆自然地结合在一起，构成族群的"根基历史"。

在每个民族的形成和发展历史过程中，总有一些让民族成员感触深刻、具有典型意义和标志性的历史记忆，这些记忆对民族意识和民族认同具有重要的作用，共同的历史记忆是族群（民族）认同的基础要素。壮族历史上由于自身没有发展成熟的文字系统，造成了自身历史文献的缺失，同时身处汉族强势文化的夹击之下，因此对自身历史的记忆更多是以口传方式，通过神话、传说、民间故事等文本来传承。通过这些口传文本，民族的历史记忆得以不断传播和充实，在这个过程中，民族意识和认同感得以不断增强，尤其传说故事，它满足了其成员对本民族历史的想象和族源的探秘，实际上包含着一种民族认同。

关于布洛陀开创天地、创造万物、安排秩序、规范道德、发明农耕、修造房

---

① 张声震主编：《布洛陀经诗译注》，广西人民出版社，1991年，第127—133页。
② 王明珂：《历史事实、历史记忆与历史心性》，《历史研究》2001年第5期。

屋等神话传说，一直在红水河、左右江流域等壮族地区流传。这里的人们不断传颂布洛陀的事迹，他无所不知，无所不能：造天地造人类，造田地造水稻，造火造水，造文字历书，造土司皇帝……总之，世间万物皆是布洛陀创造。不仅如此，他还安排人间秩序，规范伦理道德，为人们排忧解难。可以说，布洛陀信仰是壮族及其先民一种具有遗传性的"集体无意识"，虽然受到社会条件的影响曾一度沉寂，然而这种信仰早已根植于内心深处，时刻等待着被唤起。壮族勇于创造、勇于创新的民族精神正是来源于"开天辟地、创造万物、安排秩序、排忧解难"的布洛陀文化精神。布洛陀从古至今都是壮族及其先民敬仰崇拜的始祖神，对他们来说，布洛陀信仰就是"祖辈传下来的规矩"。只有祭拜了布洛陀，今年才会得到布洛陀的保佑，心中才会安然"。[1]

以上论述表明，壮族地区的人们在进行祖先历史记忆的构建过程中，形成了布洛陀神话及信仰。换句话说，对始祖布洛陀的崇拜和祭祀构成了壮族及其先民共同的"历史记忆"。以此为纽带，他们有了共同的始祖，有了一致的"族源"，具备了民族认同的基础因素。

三、精英介入布洛陀信仰，族源表述获得统一

随着社会的发展，有关布洛陀的记忆在流传过程中也发生了一些变化，特别是在羁縻制度向土司制度转换的宋元时期，出现了"王"的身影。麦思杰通过对左右江地区《布洛陀经诗》文本的研究发现，在天地社会生活各方面没有布洛陀指引之前，出现了一个重要的政治力量——"王"，他在布洛陀的指引下，创造出了新的生活社会制度，使天下太平繁荣。麦思杰认为，"王"虽然是个虚拟的人，但折射出的是南宋后左右江社会在重构过程中的某一具体政治力量，"王"与当时左右江社会新的区域秩序与社会制度有着密切的联系。[2]《麽经布洛陀·造皇帝造土司》唱到：

三界三王安置，四界四王创造，世前篱笆无桩无门，世前天下无主

---

[1] 覃乃昌主编：《布洛陀寻踪：广西田阳敢壮山布洛陀文化考察与研究》，广西民族出版社，2004年。
[2] 麦思杰：《〈布洛陀经诗〉与区域秩序的构建——以田州岑氏土司为中心》，《广西民族研究》2008年第1期。

无土司，篱笆无桩无门，篱笆会倒会歪，天下无主无土司，没有土司作主，没有主管天下，天下千烦万紊乱，出事找人理不见，出麻烦找人管不见，才（有）反常逆规出来，人恶伙同人强悍，强悍就（乱）吃乱搞，乱吃天下吃地方，地方大的吃地方小的，每天相打相斗，吃人弱的人小的去完，互相打斗为那些吃（穿），下天找人管不见，不成天下（不）成地方，因为有神有仙，才开天开地，造月亮星星，王才制太阳，造人一（个）作主，造人一（个）作君（皇），造首领一（个）掌印，造出土司管理地方，造出皇帝管理国家，全天下二六部族，全十七天下，全天下听从他管，全万方（都）听从他完，造做官做府，造做州做县，全天下才有主，全部人才有管，出事有人说，出麻烦有人管，人反常逆规没有，人相打相杀没有，人恶（的）伙同人强蛮（的）没有，强悍就（乱）吃乱搞没有，每天相打相斗没有，人相捶（斗）没有，吃人儿辈人孙辈没有，人恶（的）拿来（上）枷，人强蛮（的）拿来捆绑，全地方服那位土司，土司得管全地方，纳银粮银赋，天下才软如糍粑，天才才好如土司，造做土司成土司，造做皇帝成皇帝，句话这喃诵成这样，章这祷祝成这样，段这说成这样，造就给天下给地方，造就给人聪灵，制给人世后，到我们代这，人世后我们比照，人代这我们遵从，时代接时代我们叙说，不讲述什么远的，不说姓哪别的，说那人家，说那人花姓，或是他错在犯嘴（忌），或是他错在擦手（掌），错在是（乱）坑乱搞，或是他错在反常逆规，父子错在互相打架，也（要）做件（事）这修正，也（要）做样这祷祝，或是他错在反常逆规，才相斗相杀，使劲打兄弟，打中那锅头一（个）破裂，打中那坛子一（个）破损，破裂去冲犯祖宗，破裂去捅五代，三祖你（的）不留宿，祖宗你（的）不能安住，也（要）做件（事）这修正，也（要）做件（事）祷祝，句话这喃诵如此。①

以上这段引文为直译，有许多倒装语句，按照汉语顺序理解基本通顺，如果用壮语的思维解读就没有任何问题。经文反映了壮族地区社会发展到氏族社会晚期，社会瓦解，出现"倚强凌弱"的混乱局面，需要安定秩序的情形；同时也反映了土官产生，尤其是宋元之际土司制度建立的过程。

---

① 张声震主编：《壮族麽经布洛陀影印译注》第一卷，广西民族出版社，2004年，第33—39页。

面对社会结构和管理体制的变化,出现了一种新的力量,即"王",而且"王"的力量高于土司,"王"维护着地方社会的秩序,防止土司作乱。在没有土司之前,世间乱纷纷,因此,"王"造出土司来管江山,又为其造了府,建了州县,由土司管理地方,天下才能太平。在此,土司被造了出来。但土司不像现实当中由中央朝廷任命,而是由布洛陀信仰系统当中的"王"来创造,不仅造了官还为其造了府、建了州、县,土官有了正式的衙署。把土官造出来管理原先乱纷纷的社会,如麽经所唱"村寨有长老就去问长老,地方有王就去问王",这就把土官的合法性植入了当地民众的信仰中。

可见,布洛陀信仰的产生及流传与土司政权有着紧密的联系。由于看到了布洛陀信仰在当地民众信仰体系中的地位,出于安定社会秩序,加强统治的实际需要,这些地方的精英通过把"王"植入到布洛陀信仰当中来彰显自身的合法性和正当性。借助土官自身的权势和权威,布洛陀信仰的力量不断得以加强,流传区域不断扩展。

由上可知,最早利用《布洛陀经诗》的,不是民间的宗教人士,而是特定的精英,通过掌握地方的宗教力量,当地土司的统治获得了合法性。贺大卫等通过研究方块壮字文字系统的分布区域及其文本后发现,南部和北部的麽公唱本在文字系统上高度一致,有着共同的诗律模式、语篇结构、宗教词汇和共同的一套祖师和神谱等。他据此分析和研究,认为作为布洛陀信仰重要传播者的麽公以及信仰文本与当地土司政权之间存在着紧密的联系。他认为,麽公最初来源于土司官府中的礼仪专家,同时麽公文本应土官及其地方政权的宗教仪式需要而产生,为土官家族提供本族语言书写形式的经文。[1]

综上所述,随着社会的转化,当地社会精英开始有意利用布洛陀信仰。土官由于看到了布洛陀信仰宗教力量在维持当地秩序上具有不可替代的作用,于是加以利用和控制,使得土官与土民之间有了共同的始祖——布洛陀。土官把自己的统治合法性渗入到当地信仰的文本当中,从而达到掌握地方秩序控制权的目的。这些精英的介入及改造,使布洛陀信仰得以更深入人心。随着布洛陀事迹的不断流传,壮族社会的凝聚力和族群认同得到了加强。

---

[1] 贺大卫、莫海文:《东南亚、广西西部的麽公与土司政权之关系》,《百色学院学报》2013年第2期。

四、结语

布洛陀信仰是壮族精神文化的集中体现，壮族地区的人们一直以各种方式唱诵布洛陀的功绩，通过口耳相传、麽经记录、仪式传承等形式，布洛陀的伟大形象遍布于壮族生活的各个领域。布洛陀信仰反映了壮族社会发展的历程和文化的变迁，揭示了壮族人民精神世界的深层结构，包含着壮民族及其先民不畏艰险、团结一致、开拓进取、勇于创造和勇于创新的民族精神。通过追溯共同始祖"布洛陀"的事迹，使民族认同有了历史之源、文化之根，构建了壮族共同的"历史记忆"，推动了民族意识的产生和发展。

特别是在社会发生大转换的土司时代，由于看到了布洛陀信仰的巨大作用，土官等当地精英介入和改造布洛陀信仰，利用自身的权势，土官把自身合法性植入布洛陀信仰当中，布洛陀信仰得以更深入人心，同时也使得土官和土民在族源表述上获得了统一，有了共同的始祖——布洛陀。与此同时，当地民众通过布洛陀神话等口传文学方式来追溯祖先历史、塑造自身形象的方式并没有随着土司制度的实行而中断，以布洛陀神话和信仰为核心的历史记忆不断被表述着。在此过程中，壮族始祖布洛陀等祖先的形象及事迹不断被强化和传颂，壮民族的凝聚力和民族意识得以不断加强。

综上所述，布洛陀信仰构建了壮族共同的"历史记忆"，使民族认同有了基础要素，并不断强化着民族的认同和归属意识。牟钟鉴认为，布洛陀信仰认定了壮族的共同始祖，在壮族形成和发展的历史上起着不可替代的作用。他指出，布洛陀对壮族社会的进步做出了巨大贡献，把他推尊为始祖神和英雄祖，成为壮族的主神和象征，使得壮族有了文化之根。壮族的民族意识在布洛陀信仰中得以培育，壮族血缘的纽带得到了强化和延续，布洛陀越神圣，地位越高，壮族的认同感越增强，壮族共同体也由此而更加巩固。[1] 确实，布洛陀信仰促成了壮族的特色传统文化，形成了源远流长的"历史记忆"，认定了共同的始祖。如果说，民族认同以共同的历史文化为基础，那么，以布洛陀信仰为核心的布洛陀文化体系无疑是壮族历史文化的重要源头。

〔黄金东：中央民族大学图书馆古籍部主任、历史学博士〕

---

[1] 牟钟鉴：《从宗教学看壮族布洛陀信仰》，《广西民族研究》2005年第2期。

布洛陀伦理道德观是中华古代文明有机组成部分

黄桂宁

壮族是我国人口最多的少数民族，也是一个古老而伟大的民族。

广西百色市田阳县敢壮山是壮族始祖布洛陀的居住地和壮族的发源地。至今壮族人口已发展到1700多万人，分布在珠江流域的云南省东部、贵州省东南部、广西中、西部及广东、海南部分地区，面积跨度约45万平方公里。

按照美国人类学家摩尔根在《古代社会》中关于人类社会的分期法，人类社会划分为蒙昧时代、野蛮时代、文明时代。恩格斯在《家庭、私有制和国家的起源》一书中，肯定了摩尔根提出的分期法，并把蒙昧时代高度概括为"是以采集现成天然产物为主的时期，人类的制造品主要是用作这种采集的辅助工具"。摩尔根所说的野蛮时代，"是指原始社会晚期（即考古学上所称谓的新石器时代）"。恩格斯把这一时代概为"是学会经营畜牧业和农业的时期"。恩格斯进一步把野蛮时代划分为三个阶段，即低级阶段、中级阶段、高级阶段。其中高级阶段，一夫一妻制的家庭开始从对偶家庭中产生。父权制开始取得决定性的胜利。摩尔根所指的文明时代"是继蒙昧时代和野蛮时代之后的有文字记载的历史发展阶段"。[1] 恩格斯肯定摩尔根的分期法，但对文明时代做了新的阐释："是对天然产物进一步加工的时期……文明时代的基础是一个阶级对另一个阶级的剥削。"[2] 另外，按照"原始社会的部落都有自己的地域，有自己的图腾、名称、语言、习

---

[1] 《精神文明辞书》，中国展望出版社，1987年，第2页。
[2] 《精神文明辞书》，中国展望出版社，1987年，第173页。

俗与宗教，共同推选有经验、有能力的人管理公共事务"[1] 这一特征对照，以及百色对旧石器、新石器时代考古发现和有关布洛陀神话传说创造天地、人类、河流、牛犁、稻、屋、铜鼓以及兄弟分家分奴仆等，可以推断，布洛陀是原始社会晚期父系氏族至春秋战国时期（相当于我国商周时期，约前1600—256年）珠江流域较强大的部落联盟首领。

在布洛陀神话传说中，布洛陀除了创造天地、人类，指定万物，还创造土司、头人，制定壮族的社会管理制度、伦理道德、宗教崇拜等，是无所不知、无所不会、无所不能的创世始祖，是智慧之神、文化之神、至善之神。布洛陀文化广为传播，2000多年来，每年的农历三月初七至初九，广西、广东、云南、贵州、海南乃至泰国、越南的数万壮人自发到田阳县敢壮山祭祀布洛陀。

一、布洛陀伦理道德观产生的历史渊源

伦理道德观属于精神范畴，"思想、观念、意识的生产最初是直接与人们的物质活动，与人们物质交往，与现实生活的语言交织在一起的"。因此，布洛陀伦理道德观绝对不是空穴来风，是有其深刻的社会物质生产背景的。

据考古资料记载，"旧石器时期的古人类化石和活动遗存已遍布广西，1973年以来在田阳县百峰乡百峰村的赖奎屯、百色市（现右江区）四塘镇那炼村小梅屯、那柴（"柴"应是"毕"之误笔）大湾村百谷屯等地发现距今80.3万年前的古人类遗址，所出土的手斧等大型石器世界闻名"。[2] 西江上游的右江流域，作为布洛陀文化的发源地，其古代文化遗存更丰富，品味更高。

（一）旧石器时代文化遗存

1973年以来，中科院古脊椎动物与古人类研究所、广西博物馆、右江博物馆等单位，对百色盆地进行调查考古，发现百色境内有旧石器时代文化遗址共31处。其中，右江区那毕乡大和村百谷遗址、田东县林逢镇檀河村坡算遗址、田阳县田州镇兴城村那赖遗址列入国家级文物保护单位。右江区那毕乡大旺村扬屋遗址、田东县祥周镇模范村定模遗址、田东县祥周镇布兵村么会洞遗址、田林

---

[1] 《精神文明辞书》，中国展望出版社，1987年，第9页。
[2] 廖明君：《壮族始祖：创世之神布洛陀》，广西人民出版社，2009年。

县定安镇渭密村那王遗址等29处列入县级以上文物保护单位。特别值得一提的是，美国伯克利地质年代学研究中心对百谷遗址出土的玻璃陨石和手斧，采用氩—氩法（40Ar-39Ar）测出的年代距今80.3万年，这一测试结果与后来根据地质研究所得结果相一致，加利福尼亚大学分校古人类学权威克拉克·豪威尔说："百色手斧与世界其他地方发现的手斧一样，并非模仿和抄袭了任何其他传统。"国内考古权威刘东生院士说："百色手斧的发现，打造了亚洲人类文明，挑战了'莫氏线'。"①

（二）新石器时代文化遗址

考古发现，百色地区有田东的定模洞、么会洞，隆林的老磨槽洞、那来洞、龙洞，靖西的宾山洞等6个古人类化石遗址，与古人类化石一起出土的，还有大量大熊猫、东方剑齿象、貘、巨貘、纳玛象、大猩猩、中国犀、野猪、豪猪、中国熊、虎、水牛、鹿、狗等哺乳动物化石。据此科学推定，其年代应属晚期智人时期，距今约2万年。

考古还发现，到目前为止，百色发现新石器时代文化遗存40余处，12个县（市、区）均有分布。根据何安益《百色新石器时代原始文化》介绍，百色新石器时代文化遗存可以分为洞穴、阶地（台地）、贝丘三种类型，基本涵盖新石器的早、中、晚三期。其中最具代表性的有右江区的革新桥遗址和那坡县的感驮岩遗址。其陶器的胎质较薄，火候较高；石器有斧、锛、镞；骨器有锛、凿、锥、矛等。经济生活方式主要是采集、渔猎，可能有了原始农业并懂得纺织技术。根据历史测年，距今约5000—4000年。

百色新石器时代文化具有多样性特征。从出土文物多为夹砂绳纹陶和有肩石器来看，百色新石器时代原始文化应划入岭南地区原始文化体系。但百色处于广西、云南、贵州三省区交界处，其西北部遗址的石器加工技术同时受云贵高原原始文化的影响，具有多样性的特征，这种多样性特征在封建社会中表现得更加明显。

（三）春秋战国时期文化遗存

根据考古资料记载，春秋战国时期的百色，文化遗存有：那坡县感驮岩文化

---

① 《百色历史通稿》，中国文史出版社，2015年，第35页。

遗存第二期，田东县祥周镇联福村的战国墓、锅盖岭战国墓、虎头岭战国墓，田东县林逢镇大坡岭战国墓等6处。出土文物有：铜鼓、铜罍、铜剑、铜戈、铜矛、铜斧、铜叉、铜镦、玉管、玉玦、玉钏、玉环、玉片；陶器以夹砂灰褐、灰黑为主，还有部分红褐、红色陶，纹饰有绳纹、几何刻划纹及戳印纹、彩绘等；石器有斧、锛、凿、杵、锯、范、镞、钺等。南哈坡战国墓出土的铜鼓为万家坝型，填补了广西铜鼓发展序列的空白，铜戈具有典型的中原器物特点。这些发现充分说明，早在战国时期，生活在右江河谷一带的壮族先民已同中原和西南有密切的联系。而那坡感驮岩二期还出土了数量较多的碳化稻和粟，其年代距今约3800—2800年，发现墓葬中含有铁器及铸造铜、铁器的石范，证明当时的百色已进入了青铜和冶铁时代。而牙章的发现，更是标志着国家权力的存在。

（四）口头传及古壮字麽经布洛陀

"语言是从劳动中并和劳动一起产生出来的。"在漫长的原始社会里，人们没有文字，全部靠语言进行交流。根据布洛陀神话传说和麽经布洛陀记载，关于布洛陀创造天地、人类、世间万物以及壮族社会秩序和伦理道德等，全部靠口头传承，《布洛陀经诗》可以被认为是壮族的《荷马史诗》。《荷马史诗》是公元前八世纪古希腊的盲人诗人荷马，根据小亚细亚口头流传的古希腊故事和英雄故事综合编纂而成。直到公元前六世纪，史诗才被用文字记录下来。而布洛陀所处的时代为原始部落社会的父系氏族公社时期或奴隶社会初期（距今约2500—3000年）。当时的壮族社会已进入自然农业经济时代，人们已学会饲养家畜并流行祭牲、社祀、占卜。中原地区到了商周时代已产生表示语言符号的甲骨文，古代壮族却一直都没有自己的文字，"巢居崖处，尽力农事。刻木以为符契言誓则至死不改"（《隋书》卷三一《地理志》）。所以，布洛陀神话传说和麽经只能靠口头一代一代地流传下来。直至唐朝，壮族社会中有汉学的人，才仿照汉字的结构，创造了自己的方块字，俗称土俗字，现统称古壮字。古壮字有象形字、会意字、形声字、借汉字四种。其中，会意字是将两个以上的汉字组合成一个古壮字。如《布洛陀经诗》中的"𰚢"（汉译为公公）、"𰘧"（汉译为听）、"𰚉"（汉译为天）、"𡉻"（汉译为地）、"𰚻"（汉译为去）等等。古壮字最早见于唐永淳元年（628年）澄州刺史韦敬办写并刻石为碑的《澄州虞县六合坚固大宅颂》，韦敬一写的《智城洞碑》。古壮字是壮族社会政治、经济、文化发展和中原文化不断影响的结果。现在发现最早的古壮字麽经布洛陀手抄本产生于明万历四年（1616年），后来民间不断传抄，大部分流散于田阳各乡镇，广西少数民族古籍办公室对这些散落于民间的22个古壮字麽经布洛陀手抄本进行收集整理，于1991年9月由广西人民出版社出版发行了120万字的《布洛陀经诗》。后来，田阳县布洛陀文化研究会、田阳县文化和体育局、广西古籍办联合编纂了《壮族麽经布洛陀珍本影印译注》（八卷）。

麽经布洛陀卷帙浩繁，博大精深，内容广泛，包括布洛陀创造天地、人类，世间万物以及制定壮族社会秩序和伦理道德等。

二、布洛陀伦理道德观是中华古文明的有机组成部分

美国著名人类学家摩尔根将人类社会划分为蒙昧时代、野蛮时代、文明时代。马克思和恩格斯也赞同这个划分。所谓文明，"是指人类在改造世界实践活动中所创造的成果的总和，而这种成果不是终结物，而是个有机体，即是过去发展所达到的和今后的发展借助起步的一个生生息息的过程"。[①] 从麽经布洛陀中关于创造天地万物，从而创建社会秩序，调解社会关系等内容来看，它反映了人类改造世界的认识过程，无疑是一种时代文明，而且是中华古代文明的有机组成部分，理由是：

（一）麽经布洛陀传承区域历来属中国领地不可分割的一部分

"我们伟大的祖国是几十个民族共同缔造的，各少数民族在各个历史时期不论是隶属于中原王朝还是自立政权，都是中国的一部分。我们所画的地域范围应该包括各边区民族的分布地及所建立的政权版图。"《中国历史地图集》把我国自旧石器时代以来祖先们生息活动的地区变化反映出来，使读者能够通过平面地图的形势，看到一个统一的多民族的伟大国家的缔造和发展过程，看到在这片河山壮丽的广阔土地上，各民族的祖先如何在不同人类共同体内，结邻错居，互相吸引，日益接近，逐步融合，最后终于凝聚在一个疆界确定、领土完整的国家实体之内。该地图集第一册的"原始社会遗址图"、"夏时期全图"、"商时期全图"、"两周时期全图"、"春秋时期全国"、"战国时期全国"等，都标有南宁、西江、红水河、右江、左江这些壮族先民聚居的地理位置，成为伟大祖国神圣领土的组

---

① 《精神文明辞书》，中国展望出版社，1987年，第1页。

成部分。公元前 221 年，秦统一岭南后，各个历史时期的地图也都包括壮族人民聚居地。

（二）只有承认麽经布洛陀伦理道德观，才符合中国作为统一多民族国家的基本属性

统一的多民族国家，是中华民族在漫长的历史进程中形成的基本国情，党中央历来从多民族国情出发，正确观察和研究中国的民族问题，指导民族工作，处理好民族关系。2014 年 9 月的中央民族工作会议上，习近平总书记重要讲话开篇就指出："准确把握我国统一的多民族国家的基本国情。"会议指出，多民族是我国的一大特色，这一特色具有历史的延续性，其现实表现突出地体现在各民族政治上共同奋斗、经济上共同繁荣发展、文化上互相交融。这一特色的历史表现突出地体现在各民族共同开发了祖国的锦绣河山、广袤疆域；共同创造了悠久的中国历史、灿烂的中华文化。这一特色的基本载体就是分布上交错杂居、文化上兼收并蓄、经济上互相依存、情感上互相亲近，你中有我，我中有你的中华民族这个命运共同体。可以说，是各个民族以其独特的智慧开发了具有不同地理特征的区域，增强了中华民族互补性；是各民族发挥各自的智慧，共同推动了中国以"大一统"为基本特征的历史发展；是各民族共同创造了多姿多彩的中华文化，多元一体的民族格局。"离开了各民族，中华民族就成了无本之木，无源之水；淡化了中华民族的概念，甚至否定中华民族形成和发展的历史，就割断了各民族在漫长历史中形成的密不可分的内在联系，既不符合历史事实，更不符合各民族的根本利益。"①

壮族是中华民族大家庭中的一员，是全国人口最多的少数民族，麽经布洛陀伦理道德观是壮民族的文脉和根。既然各民族共同创造了多姿多彩的中华文化，而作为壮族历史文化的创世始祖，布洛陀伦理道德观同样是多姿多彩的中华文明的有机组成部分。

（三）麽经布洛陀中伦理道理观与中华儒家文化息息相通、心心相印

1. 中华儒家文化的深刻内涵

所谓儒家，指的是春秋晚期崇奉孔子学说的重要学派。汉代史学家班固在

---

① 《广西民族研究》2016 年第 1 期，第 10 页。

《汉书·艺文志》中将其列为"九流"（儒、道、阴阳、法、名、墨、纵横、杂、农）之一。儒家文化的创始人是孔子，在孔子之后的2000多年里，儒家学派又产生了传承学派。战国时期的代表人物主要是孟子和荀子，孟子把"仁"引申到治国理政之中，提出"仁政"和"德政"；汉代主要有董仲舒和刘歆；魏晋时期主要有王弼和何晏；唐代有韩愈；宋明时期有程颢、朱熹和陆九渊、王阳明等。儒家文化的代表作主要是《论语》《孟子》《大学》《中庸》（统称"四书"）及《三字经》《弟子规》等国学经典。儒家文化的思想核心就是仁、义、礼、智、信。《三字经》中就有："曰仁义，礼智信。此五常，不容紊。"仁：仁爱，仁慈有爱的善良之心；义：正义、正直，符合道义标准的行为；礼：礼貌，标志尊敬的态度和动作以及个人在待人接物时表现出来的道德修养；智：明智，明辨事理的智慧；信：诚实，不虚伪，不欺骗。毫无疑问，儒家文化是国学精粹，是中华民族的优秀传统文化，"文革"期间被无情批判。粉碎"四人帮"后，党中央拨乱反正，使这一优秀文化传统得以发扬光大，并且提出依法治国、以德治国的现代理念。当今，全球创办了300多所孔子学院，儒家思想文化广为传播。

　　儒家思想文化富含人生哲理，内涵十分丰富，语言简练易懂，意义深远长久。例如："知者乐水，仁者乐山；知者动，仁者静；知者乐，仁者寿。"（《论语》雍也篇第六）"人而不仁，如礼何？人而不仁，如乐何？"（《论语》八佾篇第三）"不仁者，不可以久处约，不可以长处乐。仁者安仁，知者利仁。"（《论语》里仁篇第四）"里仁为美。择不处仁，焉得知？"（《论语》里仁篇第四）"志士仁人，无求生以害仁，有杀身以成仁。"（《论语》卫灵公篇第十五）"非礼勿视，非礼勿听，非礼勿言，非礼勿动。"（《论语》颜渊篇第十二）"德之不修，学之不讲，闻义不能徙，不善不能改，是吾忧也。"（《论语》述而篇第七）"人而无信，不知其可也。"（《论语》为政篇第二）"为政以德，譬如北辰，居其所而众星拱之。"（《论语》为政篇第二）"礼之用，和为贵。"（《论语》学而篇第一）"弟子入则孝，出则悌，谨而信，泛爱众，而亲仁。"（《论语》学而篇第一）"博学而笃志，切问而近思，仁在其中矣。"（《论语》子张篇第十九）孟子是孔子的崇拜者，他发展了孔子的仁德思想，并将其引申到执政理念中。例如："不以仁政，不能治天下。"（《孟子》离娄章句上）"是以唯仁者宜在高位，不仁而在高位，是播其恶于众也。"（《孟子》离娄章句上）"仁之实，事亲是也；义之实，从兄是也；智之实，知斯二者弗去是也；礼之实，节文斯二者是也……"（《孟子》离娄章句上）"非礼之礼，非义之义，大人弗为。"（《孟子》离娄章句下）孟子还说："仁，人心也；义，人路也。"

(《孟子》告子章句上)"不信仁贤，则国空虚；无礼义，则上下乱；无政事，则财用不足。"(《孟子》尽心章句下)此外，《大学》《三字经》《千字文》中也蕴含着儒家思想的深刻哲理。例如："大学之道，在明明德，在亲民，在止于至善。""欲修其身，先正其心。"又如："为人子，方少时。亲师友，习礼仪。""首孝悌，次见闻。知某数，识某文。""父子恩，夫妇从，兄则友，弟则恭，长幼序，友与朋，君则敬，臣则忠。""此十义(父慈、子孝、夫和、妻顺、兄友、弟恭、朋信、友义、君敬、臣忠)，人所同。""资父事君，曰严与敬。孝当竭力，忠则尽命。"

2. 壮族麽经布洛陀之伦理道德观的内涵

在我国古代典籍中，"道"一般指事物运动变化的规律，并引申为人们必须遵循的社会准则、规矩和规范；"德"也就是得，人们认识"道"，遵循"道"，内得于己，外施于人，便是"德"。春秋时代的荀子第一个将"道德"两字连起来用，"故学至于礼而止矣，夫是之谓道德之极。"(《劝学》篇)在西方也有"道德"一词，也有规则和规范、行为品质及善恶评价等意思。现代解释，就是人类社会所特有的一种意识形态，是一定社会调整人们之间以及个人和社会之间的关系的行为规范的总和。它是以人们在社会生活中形成的善和恶、正义和非正义、公正和偏私、诚实和虚伪等道德观念来评价人们的各种行为和调整人们之间的关系，是依靠内心信念、社会舆论、传统习惯等，在社会中发挥重要的调节作用。马克思主义认为道德既有阶级性，又有全人类共性。所谓阶级性，就是不同的阶级有不同的道德标准；所谓共性，就是遵守社会公共秩序，保护环境，讲究卫生，发扬人道，尊老爱幼以及诚实、正直、勤劳、勇敢、谦虚等这些人类在长期历史进程中逐步形成和积累起来的文明成果和传统美德。

布洛陀作为壮民族的人文始祖，他具有开天辟地的创世功绩，然而"布洛陀在完成创世伟业以及帮助人类处理好与自然的关系的同时，针对家庭成员如父子、母女、兄弟、婆媳之间的矛盾，通过相应的各种解冤经予以调和化解，并以勤勉和睦作为家庭伦理主题，从而使得壮族社会得以稳定、和谐、发展"。[①] 这与中华儒家的父慈子孝、兄友弟恭、婆媳礼让、人人互敬、和睦相处的主张息息相通。《壮族麽经布洛陀影印译注》第六卷《布洛陀造方唱本》之《伦理道德》经有这样一个故事：有一户人家，虽有吃有穿，有米有饭，有钱有粮，有酒有肉，有父有母，有兄有弟，有儿有孙，可谓富足。但是要不得亲戚，在村里行走没人打招

---

① 廖明君：《壮族始祖：创世之神布洛陀》，广西人民出版社，2009年。

呼，别人见了当作没看见，远远回避，一年十二个月，只有见自家人，因而感到身寒心冷，孤独寂寞。于是这家就去找布洛陀解惑，布洛陀和姆六甲就说："皮农金非麻（兄弟们块木板厚），正哎打非汪（亲如树眼木柏），哎正皮农钩（虽是亲兄弟），楼哎娄页同哽（我们虽得同吃），能哎娄页同完（睡虽得同床），劳板水冷钩份（巡走村寨远晚黑），牙不同否米（找个招呼没有）……米不兜央本（有人敬才成），不兜不十分（人敬人十分），央本恩同尼（才成恩和谊），楼哎农哎皮（我们爱弟爱兄），立劳勿央本（还走访别人才成）……不能不而存（人敬重人几分），央本黑结蒙（才成网结网），生交龙皮农（凡亲戚兄弟），同楼群同茶（共酒又共茶）……不劳不千年（人来往人千年），得利民各本（遵循规矩这做成），肉千年万代（住千年万代）……"

《壮族麽经布洛陀影印译注》第六卷《咘罗陀（布洛陀，笔者注）造方唱本》，记载了孝敬父母的主张："各立海朝官（做规矩给前辈），央瞒得朝冷（才盼到世后），恨衡足却勿（早晚准备桌饭），関哽十号妹（丈夫吃就喊妻），而哽十号乜（儿吃就喊母），艾不作不结（不论人后生人老），兜博乜各礼（待父母做好），拉天下春？（全天下流传），代十礼作代（一代就好接一代），各立丕万岁（做规矩留万代），代代偶连心（代代要良心），哎朝官朝冷（不论辈前世后），朝而心而作（辈哪心也诚实），博乜十松用（父母就幸福）。"

《壮族麽经布洛陀影印译注》第一卷《咘洛陀（布洛陀，笔者注）造麽叭科》中，记叙着一位不孝儿媳妇，经常与公婆吵架，把饭菜锁起来，不让公婆吃。无奈之下，公公婆婆诅咒儿媳妇："个途懒许太（作恶折寿死），个脚亥许沃（不孝遭报应）；叫助内登名（不忠不孝应绝后），叫顶灾登效（无后叫乳名到死）。"儿媳妇感到伤心，哭着去找布洛陀和姆洛甲，布洛陀和姆洛甲问过原由，开导说："盖许立不立（为人当该孝老人），押许冲不冲（为人哪能忘恩义）。"儿媳妇终于认了错："媳收还陈初（媳妇讲直话），限不勒志怕（涉世不深我当错），冲色不琉驮（人生长河有深浅），布下罪不代（我盼公婆寿不死）……"布洛陀热心鼓励说："鲁萌里的不鲁颜（念你傻丫不成熟），讲犯德父母（讲话犯公婆）。鲁萌里以不鲁要（念你年幼没教养），讲了德布下鲁利（知错当改这就好）……讲了德布下个赖（日后改好礼待人），罪样黎许利（伺候公婆尽孝心）……昙尔他斗作叭周床（消除错误讲道德），他仇迷叻男（他才有孩男）。"

总而言之，壮族始祖布洛陀创立的以孝顺、互敬、守规、礼让、和谐为主要内涵的伦理道德观，对于约束人们的行为规范，调整人与人、家庭与社会之间的关系，促进壮族社会稳定和谐发展，发挥着重要的历史作用。

（四）壮族文化对中华文化的高度认同

壮族文化根脉源于布洛陀文化，在2000多年的历史发展进程中，壮族后人在布洛陀文化的坚实基础上，不断传承和发展，形成了具有壮族特色的民族文化。这是壮族物质文明和精神文明的结晶，体现了本民族独特的历史文化传统，"包括了壮族的风俗习惯的传承、始祖神话的流传、宗教信仰的保持。这种传统不仅渗透于壮民族的日常生活方式之中，如房屋的建筑、家居的摆布、壮族的节庆、饮食的习惯、待客的礼节、联姻的方式、丧葬的禁忌、祭祀的仪式等等"。[①]可见，壮族是一个很自信的民族，在漫长的历史长河中，不仅注意保护好本民族的特色文化，还不断总结和提炼民族文化传统中的精髓，发展特色文化。如壮族人口最集中的桂西地区百色市，布洛陀文化世代相传，薪火旺盛。全市有市级以上非物质文化遗产多达109项，非物质文化遗产保护项目代表性传承人多达115人。其中，列入国家级非物质文化遗产的有9项：田阳县布洛陀（民间文学）、田阳舞狮技艺（杂技与竞技）、那坡县壮族民歌（民间音乐）、靖西壮族织锦技艺（传统手工技艺）、田林县壮剧（传统戏剧）、田林瑶族铜鼓舞（民间舞蹈）、平果县壮族嘹歌（民间文学）、凌云七十二巫调（民间音乐）、田东瑶族金锣舞（民间舞蹈）。列入省级以上的非物质文化遗产有85项。

壮族人民在继承民族传统文化，挖掘和发展民族特色文化的同时，自觉地吸纳中华文化（国族文化或国家文化）、融入中华文化和其他民族文化，为中华文化的繁荣发展做出本民族应有的贡献，成为命运共同体。譬如：（1）借用汉字的读音创造古壮字；（2）学习和接受中原先进的生产技术，促进本民族经济发展；（3）"尊重差异，包容多样"，接纳其他外来民族，并且互相学习，互相尊重，互相帮助，共同发展；（4）学习中原教育经验，在壮族地区创建学堂，发展民族教育；（5）接受和学习中原文学创作经验、创作具有民族特色的文艺作品，涌现了岑绍卿、岑云汉、刘凤逸、汪绍华、黄家德、童毓灵、梁宗岱等一大批桂西壮族诗人群体；（6）挖掘壮民族优秀传统剧目，借用汉语演唱群众喜闻乐见的戏剧，如《刘三姐》《壮剧》等在全国有影响的壮族戏剧等，为各民族文化之集大成的中华文化增添光彩。

---

① 《广西民族研究》2006年第1期。

总之，不论历史或现实，壮民族在认同中华文化方面，秉持了"和而不同，各美其美，美人之美，美美与共，尊重差异，包容多样"①的科学态度。布洛陀伦理道德观以及后来发展成为更丰富多彩的壮民族文化，始终是中华文化的组成部分并且得到中华文化的不断滋养而使其更加光彩夺目，远播他乡。

三、布洛陀伦理道德文化对壮族的深远影响

壮族始祖布洛陀是一个跨越时空的古代神话传说，他和古希腊神话传说，国内的黄帝、伏羲、神农氏、有巢氏、燧火氏等神话传说一样，都是古代人们对世界起源、自然现象及社会生活原理的传说，并非生活的科学反映。古代生产力水平很低，人们不能科学理解世界起源、自然现象和社会生活的矛盾、变化，因而借助想象和幻想，把自然力拟人化。这些神话传说在一定程度上表现了人民群众的要求和愿望，对促进人类社会的发展发挥着历史的作用。

创世始祖布洛陀是壮民族（族群）在观念上集体认同的最早祖先，他并不是历史上真实的人物，而是一个观念上的壮民族祖先集体创造的人物形象。壮族先民把本民族的诞生、生存与发展过程中发生的重大事件，以及本民族在文化创造上的重大业绩都集中在布洛陀身上并将之神话。因此，布洛陀文化"是氏族集体力量的集中体现，更是氏族文化成果的集中代表"②。

2000多年前形成的壮民族文化，对壮族后人影响致深致远。所谓致深，它深入到珠江流域所有壮族的每个家庭每个人；所谓致远，它影响至今乃至未来很长时间。

壮族先祖集体创建的布洛陀文化集中体现在《壮族麽经布洛陀》之中。时至今日，仍然保留诸多良好文化习俗。比较突出的有：

（一）自然崇拜习俗

壮族人民历来崇拜自然，爱护自然。对山水、古树、动物非常爱护。不乱开山炸石，特别是对岩洞怀有诸多神秘感，有些地方的壮族在岩中立庙供山神，任何人绝对不能侵犯。对树木同样很崇拜，许多壮族居处地，将古树供作神树，逢

---

① 丹珠昂奔：《切实增强中华文化认同》，《中华民族报》2015年2月6日。
② 廖明君：《壮族始祖：创世之神布洛陀》，广西人民出版社，2009年。

年过节还给古树贴红、烧纸钱和蜡烛香火供奉，严加保护。对鸟类也不能乱射杀，哪怕是燕子、麻雀在屋檐做窝也不会驱赶或捕杀。

（二）传承布洛陀伦理道德观，和谐共处

《壮族麽经布洛陀》主张上村下村的人民多多走动，互通有无，互相帮助。主张家庭成员相互尊重，团结和睦，敬老爱幼。至今，壮族群众还保持着睦邻友好、团结互助的传统：一村有火灾，邻近村屯不喊自到帮助灭火；农户之间一户有难，邻里帮忙，包括农事生产，红白喜事等，有米出米，有钱出钱，有力出力，有柴火出柴火……在家庭内部，儿女孝敬老人，老人爱护儿女，一旦老人病重，儿女自觉守护床前，喂饭喂水，关心备至。父母死后儿女守孝，守灵斋戒，慎重安葬。

（三）加强民族团结，增进民族感情

古代壮族地区，由于山水阻隔，交通不便，很少与外界其他民族接触交往，秦统一岭南后，随着社会的发展进步，民族之间的交往不断增多，对于其他迁入的民族，作为土著民族的壮族，秉承《壮族麽经布洛陀》中"以和为贵"的优秀传统，继承和弘扬传统道德，以礼相待，以诚相见，和睦相处。中原文化与壮族文化碰撞交融，壮族伦理道德文化自觉接受儒家文化，增强了中华文化的认同感和对中华民族、对伟大祖国的认同感。形成了壮族地区的多元一体文化。

（四）增进国家的认同感，维护祖国的共同利益

世代壮族人民在传承民族优秀文化传统的同时，自觉融入中华文化，接受中华文化"社稷为重"，"舍生取义，杀身成仁"的思想内涵，成为一个尚德知礼，重情明义，聪明智慧，勤劳勇敢，爱国为荣的伟大民族。涌现了一代又一代居家为孝子，为国是忠臣的优秀儿女，在中华民族大家庭中发挥着重要作用。为维护中华民族的"大一统"和中华民族独立自由，做出了不可磨灭的贡献。

西汉时期崛起的句町古国，不仅在维护中央王朝政权巩固，维护西南地区的社会稳定中发挥着重要作用，而且创造了灿烂的铜鼓文化。北宋时期，交趾脱离了中原王朝的统辖，多次入侵广西边境，侬智高率领壮族先民抗击交趾入侵，保护了西南边疆1万多平方公里的国家领土。明朝年间，瓦氏夫人带领7000广西俍兵赴江浙抗击倭寇，救国救民于战火。清朝时期，"西林教案"抵制帝国主义

的文化入侵。云贵总督岑毓英和黑旗军首领刘永福赴越抗法保境。民国时期邓小平、张云逸、韦拔群领导和发动右江地区各族人民举行百色起义，建立红七军。韦拔群、陈洪涛、黄治峰等6000多位壮族优秀儿女舍生以取义，杀身以成仁。从百色走出去的红七军，在中央根据地反"围剿"战斗、二万五千里长征、抗日战争、解放战争中，以仁义之师、智勇之师名扬全军，培养了20位共和国将军和22位省部级领导干部，为中华民族的独立和解放做出了伟大的贡献！中华人民共和国成立后，壮族人民继承和弘扬民族传统道德文化，坚持社会主义核心价值观，守卫边疆，建设祖国，改革开放，发展经济，同时建设社会主义精神文明，崇尚道德，文化繁荣，民族团结，社会稳定，多次荣获全国民族团结进步奖。

布洛陀伦理道德观在2000多年的各个历史时期发挥了应有的作用，经受了历史的检验，其孝敬父母、尊老爱幼、兄弟团结、夫妻和睦、遵规守矩、邻里互敬、赏善罪恶、道德兴家的思想内涵，将在壮族社会中永远发挥正能量。

〔黄桂宁：百色市政协副主席、广西壮学学会副会长〕

布洛陀文化与骆越文化关系略论

覃彩銮

布洛陀是壮族传说中开创天地、创造万物、安排秩序、制定伦理、排忧解难的英雄人物，大约产生于距今四五千年前的原始社会末期的部落联盟时代，是壮族及其同源民族崇拜的创世神、始祖神、宗教神和道德神。骆越是商周至秦汉时期我国南方百越族群中生活在岭南地区的重要一支，是以壮族为主体的壮侗语族诸民族的先民。骆越文化是历史上骆越族创造的文化。前者是神话传说中的人文始祖及其文化，后者为史实中的古老民族及其文化。那么，布洛陀文化与骆越文化、始祖布洛陀与骆越王的关系如何，以往学者们较少论及，因而是一个有待研究和澄清的问题。

一、始祖布洛陀及其文化

世界文明的起源和发展规律告诉我们，人类生产和生活离不开水，离不开江河。因而，凡是大江河流域，总是早期人类生活和聚居之地，是人类文明的起源地，并且都产生过创世神神话，产生过创世神的信仰和崇拜。如非洲东北部的尼罗河流域，孕育了古埃及文明和创世神阿蒙；西亚的两河流域（底格里斯河和幼发拉底河）孕育了古巴比伦文明和创世神安努；欧洲的爱琴海诸岛，孕育了古希腊文明和创世神宙斯；印度河流域孕育了古印度文明和创世神因陀罗；中国的黄河流域孕育了中华文明和始祖黄帝。新中国建立后，长江、珠江流域日益丰富的考古新发现证明长江流域、珠江流域都孕育了灿烂的文明，产生过炎帝和布洛陀始祖神。因此，黄河、长江、珠江三大流域共同构成中华民族文明的摇篮，形成了中华民族多元一体的古老文明。

据研究，布洛陀传说产生于距今约四五千年前的古国时代。布洛陀被塑造成一位智慧超群、富于创造、德高望重的部落首领，当其社会发展进入方国时代，布洛陀被尊为方国的王者。在壮侗语族诸民族的传说中，人们把部落的文明开启、文化创造集于其身，尊奉其为始祖，其崇拜和信仰经世代传承形成布洛陀文化。如同我国传说的黄帝、炎帝和开创农业文明的神农和后稷，发明钻木取火和保存火种的燧人氏，发明种桑养蚕织布的嫘祖，发明早期文字的仓颉一样，人们把早期文明的开创功绩集于其身上，敬奉为神。我们称此类先神为"文化英雄"。正如潜明兹在《中国古代神话与传说》一书中所说："文化英雄在人类学上被认为'是指在民俗学上具有光荣的人物，他们被认为对古代的特殊生活方式具有教化之功'。在神话学上被认为是在古代文明创建的过程中有杰出贡献者，即神话传说中的发明创造者。他们集中体现了上古人民的智慧和才能，推动了人类文化的进程，代表人类文明的曙光，因此被大家纪念和歌颂。希腊神话中的普罗米修斯是著名的文化英雄，我国古代神话传说中类似的英雄也不少，他们的事迹，很值得中华儿女传颂，并发扬光大。这一类神话传说，在原始社会的每个阶段都能产生，从中可以了解人类文化的进程。"

布洛陀文化系列是由布洛陀信仰、布洛陀神话和麽经布洛陀三大要素构成，即以麽经布洛陀为载体，以布洛陀神话、信仰和崇拜为核心，以布洛陀祭祀习俗为表现形式。作为布洛陀文化的重要载体——麽经布洛陀，是壮族民间麽公或巫师施行各种法事时诵唱的经文；也有的是民间歌手对唱的山歌。在红水河流域、左江流域及与广西西部毗邻的云南文山地区壮族民间，保存有大量的麽经布洛陀手抄本。这些麽经抄本多数采用古壮字抄录，部分用汉字或借用汉字抄录。麽经为五言体，腰脚韵；用壮语诵唱，思想深奥，内容丰富，字义艰涩；在形式上，由于千百年来的传唱加工，语言精炼，韵律工整，朗朗上口，其中保留了许多古壮语或原始宗教语。麽经中敬奉布洛陀为半神半人的始祖神和民族英雄，赞颂布洛陀开天辟地、创造万物、排忧解难、制定伦理、安排秩序的伟大历史功绩，讲述了布洛陀造日月星辰、造火、造石器、造犁、造田地、造谷米、造耕牛，开渠引水，安排天上人间秩序，封王封侯，规范人的道德行为，为百姓排忧解难、驱鬼逐魔、赎魂祛灾、保佑平安等。麽经卷帙浩繁，篇幅宏大，内容丰富，从古达今，穿越时空，堪称是壮族的创世史诗，其中存储着大量的历史文化信息。从其内容看，有远古或中古时代的史事，更多的是叙述宋至明清时代的社会纷扰或民俗事象，一方面说明布洛陀神话及麽经产生和流行的年代久远，同时也可以看到麽经在流传过程中，不断加入新的时代内容。大约从明代起，在口头传唱的同时，《麽经布洛陀》以古壮字书写的形式保存下来，其中有一部分演变成壮族民间巫教的经文。

布洛陀信仰是布洛陀文化的核心，是布洛陀文化世代传承、不断发展的内在动力。壮族及其先民敬奉布洛陀为创世神、始祖神、宗教神和道德神，无论是民间麽公或巫师施行法事，还是歌圩中开台唱歌前，都要设坛上香祭拜、敬祭始祖神布洛陀，诵唱赞颂布洛陀功德经文，祈求护坛保佑。在广西田阳县百育镇敢壮山、玉凤镇亭怀山、头塘镇布洛陀山和云南省广南等地，都建有布洛陀庙或祭坛，在每年传说中的布洛陀诞辰日（农历三月初七），举行隆重的祭祀活动。其中以田阳县敢壮山祭拜活动规模最大，历史也最悠久，因而田阳被誉为布洛陀文化圣地，敢壮山为布洛陀文化圣山，山顶上的祖公祠被誉为布洛陀圣府。每年农历初七布洛陀诞辰日，当地乃至周边地区成千上万的群众聚集敢壮山，隆重祭拜祖公布洛陀，追忆和感受始祖布洛陀开辟天地、创造万物、安排秩序、制定伦理、开拓文明、构建和谐的伟大功绩和民族精神，同时举行歌圩活动，持续三昼夜。

二、骆越及其文化

骆越是商周至秦汉时期我国南方百越族群中生活在岭南地区的重要一支。在我国史籍里，骆越（又作雒越）有多种称谓，初时称"路"（音同骆）。《逸周书》卷七《王会解》中有"路人大竹"之说。有称"越骆"，如《吕氏春秋》卷十四《本味》中有"越骆之菌"的记载。汉代高诱注："越骆，国名。菌，竹笋。"高诱注称的"国名"，当属前国家形态的"古国"或"方国"。有的简称"骆"，《史记·南越王列传》云："佗因此以兵威边，财物赂遗闽越、西瓯、骆，役属焉。"东汉时称为"骆越"。《汉书·贾捐之传》载："骆越之人，父子同川而浴，相习以鼻饮……"《后汉书·马援传》载：援"好骑，善别名马，于交阯得骆越铜鼓，乃铸为马式，还上之"。有时同西瓯连称"瓯骆"。《汉书·闽粤传》载："故瓯骆将左黄同斩西于王，封为下鄜候。"关于骆越的分布，汉代以后的各类史书有简略的追述性记载。我们已知骆越分布地域广阔，相当于今广西大部、广东西南部、海南岛及越南中北部。其四至：东面至广西中部，西至桂滇交界地，北面至桂黔交界处，南至广西南部一直延伸到广东雷州半岛以至海南岛，西南面直至今越南中北部的红河流域。

在壮侗语族诸民族及其先民发展的历史进程中，骆越是承前启后的一代，即由前期生活在这一地区的新石器时代居民发展而来，后启汉代以后的乌浒、俚、僚、僮（即壮侗语族）。在两千多年的社会发展和社会生活中，骆越人根据当地气候炎热、雨量充沛、水源丰富、土地湿润肥沃和自然资源丰富的特点，大力发展稻作农业生产，包括水稻和各种亚热带作物的种植，特别是春秋战国以至秦汉时期，骆越工匠掌握了青铜冶炼和铸造技术，开始铸造和使用青铜器。而后又开始冶铸铁器，并且应用于生产中，提高了生产力，进一步促进了农业和手工业的发展，进而促进了社会经济和文化的发展。骆越社会从古国形态发展进入方国时代，出现了阶级分化，产生了骆王、骆侯、骆将、骆民等不同阶层。正如《交州外域记》所说："交趾昔未有郡县之时，土地有雒田，其田从潮水上下，民垦食其田，因名为骆民。设骆王，骆侯、主诸郡县，县多为骆将，骆将铜印青绶。"

特定的自然环境和稻作农业生产方式，造就了骆越独具特色的文化，其中以稻作文化（"那文化"）、铜鼓文化、花山岩画、干栏文化、歌舞文化、语言文化等最具代表性和典型性。这一系列闪耀着人类文明光华的文化，为丰富和发展中华民族多元一体的灿烂文化做出了重要贡献，同时对后来的壮侗语诸民族文化产生重要而深刻的影响。其中又以稻作文化（"那文化"）意义重大，影响深远，是骆越对人类文明做出的重要贡献。

三、布洛陀文化与骆越文化的关系

布洛陀文化与骆越文化是两个不同时空、不同质态，但又相互衔接的文化。二者具有时空、族源和文化传承上的关联性、衔接性和重叠性。因此，对于二者关系问题，可以从其所处时空的衔接性、重合性以及族源上的发展演变和文化上的传承进行揭示。

（一）布洛陀文化与骆越文化的时空关系

如前所述，布洛陀是壮族及其先民传说中的英雄人物。从大江河流域文明及始祖神产生的规律、历史背景和麽经布洛陀的内容考察，布洛陀神话应产生于原始社会末期的部落联盟（古国）时代，是先民们把集体的智慧、力量和文明创造的成果集于一位代表人物身上，奉之为始祖而崇拜之。通过对布洛陀的神化和崇拜，达到部族认同、凝聚力量、增强团结的目的。

原始社会末期（相当于考古学的新石器时代晚期），骆越社会已进入部落联盟或古国发展阶段。这一时期，因骆越人口多，分布广，且居地不同，所以各地部落林立，各部落有其活动区域范围，据险而守，各治生业，由于部落兼并加剧，为了增强部落力量，应对被兼并或被消灭之虞，许多相邻且有着亲缘关系的小部落联合起来，组成规模较大、实力较强的部落；也有的小部落在战争中被强大的部落兼并。在这种联合或兼并过程中，逐渐形成规模或势力强大的部落或部落联盟，每个部落都有自己的首领和崇拜的图腾，其图腾是一个部落的标志，是部落成员认同或崇拜的偶像。在《麽经布洛陀》里，有虎、鳄、羊、牛、猴、象、鹭、蛙、狗、鹿、鹅、鸡十二部落图腾的记载。进入方国时代，部落兼并或联合继续进行着。最后见诸史籍中只有西瓯、骆越两大部落。西瓯分布在今桂北地区，骆越则分布在桂南地区。也有学者认为，随着秦军的南征，西瓯和骆越两大部落或方国联合起来，共同抵御南征的秦朝军队。正是在这种部落兼并或部落联盟的背景下，为了强化部落的认同意识，增强部落内部的团结，抗击外来侵犯，由部落联盟（古国）逐步发展为方国，这是瓯骆社会的发展进步。随着骆越部族的发展与演变，始祖布洛陀崇拜及其神话继续传承下来，绵延不断。在传承过程中，布洛陀文化不断被注入时代的内容与观念，使其文化内涵更加丰富，特色更加鲜明，布洛陀的神格也不断提升，即由创世神和始祖神逐步演变为民族的宗教神和道德神，信仰和崇拜形式及其功能也更加多样化、程式化和神圣化。

《麽经布洛陀》流传的年代久远，内涵十分丰富。从其内容看，虽然主要是反映父系氏族社会或部落时代的史事，但也保留有许多母系氏族社会的遗迹，随后又经历了奴隶社会、封建社会，一直延传至今。

如前所述，骆越是商周至秦汉时期我国南方百越族群中生活在岭南地区的重要一支，主要分布在今广西红水河以西、广西南部、西北部及桂滇、桂黔相邻地区，广东雷州半岛、海南岛及越南北部等广大地区。布洛陀文化和骆越文化在形成的时间上是重合并且相互衔接的，即始祖布洛陀及其文化产生的时间先于骆越及其文化，可称为前骆越时期；与此同时，布洛陀信仰及其文化在传承过程中，穿越了骆越及其文化所处的商周至秦汉时期。因此，在布洛陀文化中，包含了骆越文化，如宗教文化、稻作文化、青铜文化、歌谣文化、语言文化等；骆越文化是布洛陀文化的传承与发展，二者在空间上也是重合并相互衔接的。

(二)布洛陀文化与骆越文化的历史渊源关系

在族源关系上,学者们根据历史文献、考古、民族学资料的分析和多年的研究,认为骆越是世代生活在岭南地区的原住民族,是由前期即新石器时代生活在岭南地区的原始人类发展而来,这已为民族学界特别是壮学界的认同。而布洛陀已被壮学界认定为珠江流域原住民族——壮侗语族诸民族及其先民的人文始祖。那么,在族源上,骆越起源于布洛陀文化产生的新石器时代晚期的人类,并随着其民族的不断发展而传承下来。按此逻辑推定,布洛陀应是骆越族信奉的始祖;布洛陀文化是骆越文化之根源。二者可谓是老祖与子孙辈的关系。

(三)布洛陀文化与骆越文化内涵的关系

目前已整理出版的《壮族麽经布洛陀影印译注》(八卷560多万字),收入广西右江流域、红水河中上游、桂西南以及云南文山壮族苗族自治州地区壮族布麽用古壮字抄写、世代流传的壮族麽教经书共29本。经文记载布洛陀造天地、造人、造万物、造土官皇帝、造文字历书、伦理道德、安排秩序、排忧解难的功绩,记录历代布麽祭祀布洛陀、收魂、禳解、除冤、还愿、祝寿、超度亡灵而举行的一系列宗教法事仪式,保存有壮族先民记录历史、传承文明的古歌谣、古谚语、古咒语、古文字的历史。其中的造万物、造土官皇帝、造文字历书等内容,涉及商周至秦汉时期的骆越社会及其文化。

骆越族生活的商周至秦汉时期,正是骆越及其先民从原始社会末期向文明社会发展的时期。其主要标志是青铜冶铸业和青铜文化的产生与发展,在农业和手工业生产中,金属工具逐步替代了石器;稻作农业有了新的发展,特别是到了秦汉时代,农业生产技术有了新的进步,包括优良稻谷品种的选择和培育、使用牛耕、积肥施肥、修渠引水灌溉,稻谷产量明显提高,出现了供储藏稻谷的干栏式谷仓。农业生产的发展和金属工具的使用使干栏式房屋结构更加严密、规整。这些文化成果在《麽经布洛陀》中都有反映。如其中的造牛、造犁、造谷米、造水塘、寻水源、造房子……与这一时期骆越社会及文化的发展面貌是相吻合的。

在麽经布洛陀抄本中,开篇均有"三盖三王制,四盖四王造;皇造立造连,皇造天造地……"的经文,叙述古时没有土官皇帝来管理,"世间就乱纷纷",自从造出土官皇帝后,天下就有人管,社会就有了秩序。而骆越生活的商周至秦汉时期,正是其社会发展进步的重要时期,即从原始社会发展进入文明社会,从古国发展进入方国时期，骆越内部开始出现阶级分化，出现了骆王、骆将、骆侯、骆民等不同阶层。因此，麽经中叙述的所谓建立"王制"的情况与骆越社会面貌是相吻合的。

在《麽经布洛陀》中，有关叙述文字的起源和作用时唱道：古时候没有文字，没有书籍，人们做什么都是盲目的。后来，吃禾苗的蝗虫和螟虫在纸上爬来爬去，爬成了文字，并成为皇书和官书。从此土官皇帝照书治理。这种记述应是先民们对文字起源的朦胧回忆。如前所述，根据考古发现，壮族先民在骆越时代就开始出现了文字的萌芽，在武鸣码头元龙坡西周至战国时期墓葬出土的陶器中，发现有许多刻画符号。近年来，在平果县感桑遗址更是发现有大量石刻字符。经测定，遗址年代距今约4000年，这个年代正是骆越族形成以及从原始社会进入文明社会的阶段。据专家研究，平果县感桑发现的石刻字符应是壮族先民祭祀或占卜的记录。当一个民族的社会经济和文化发展到一定阶段后，为了适应人们社会交往和交流的需要，文字的产生将成为必然。而文字的产生经历了从刻画符号逐步到文字雏形，最后形成文字的发展演变历程，骆越文字的产生规律也当如此。商周至战国时期是骆越社会经济文化发展的重要时期，因而开始出现了刻画符号乃至文字雏形。秦始皇派兵统一岭南后，推行封建郡县制，同时推行书同文（秦篆），使得处于萌芽状态并且向准文字发展的骆越文字开始停滞或中断了。《麽经布洛陀》中的《造文字历书》篇中叙述的文字起源的状况同骆越人创造文字的情形也是相吻合的。

（四）始祖布洛陀与骆越始祖王的关系

布洛陀信仰及祭祀习俗，集中体现在民间保存的《麽经布洛陀》和各地壮族的传统习俗中。《麽经布洛陀》内容丰富，涵盖远古时代早期文明的开创，中古时期乃至近代壮族及其先民的社会生活与文化，穿越了数千年的历史时空，随着壮族的发展而传承下来。作为壮族历史上具有深远影响的文化英雄，被壮族及其诸同源民族敬奉为创世神、始祖神、宗教神和道德神。因此，壮学界专家经过深入调查与研究，认定布洛陀是珠江流域原住民族的人文始祖。长期以来，广西右江、左江、红水河及云南省文山一带的壮族民间都有祭祀始祖布洛陀的传统习俗。其中以广西田阳县敢壮山的祭祀活动历史最悠久，规模最大，仪式最隆重，特别是自2005年以来，每年在敢壮山举行百色市布洛陀民俗文化旅游节以来，参加始祖布洛陀祭祀大典的人数达二三十万人，不仅有来自广西各市县的各族人民，还有来自广东、湖南、海南岛、云南、贵州乃至越南、老挝、缅甸、泰国、印度的同源民族兄弟。始祖布洛陀信仰已得到壮族及其同源民族的广泛认同。

骆越王应是春秋战国至秦汉时期骆越社会从古国发展进入方国时期的王者。据《交州外域记》记载，骆越人聚居的交趾（今广东西南部、广西西南部至越南北部）一带，还没有设置郡县以前，已经出现骆王、骆侯、骆将……

近年来，广西一些地方依此为据，举行祭祀骆越始祖王节活动，引起了人们的质疑或困惑。因为从2005年以来，百色市就在田阳县敢壮山举行布洛陀民俗文化旅游节。2011年以来，开始在武鸣县罗波庙举行祭祀骆越始祖王活动。两个都被冠以壮族始祖，一个民族怎么会出现两个始祖？究竟孰先孰后，孰早孰晚？关于始祖崇拜与信仰的认定，既要有学术理论和研究成果作为支撑，同时需要具有相应的条件。归纳起来，主要条件有四：一是民间有广为流传的神话传说；二是要有丰富的典籍或经文作为依据；三是要有源远流长、世代传承的崇拜和信仰习俗；四是要有世代传承、供奉始祖的庙宇。这是认定始祖信仰的基本常识。按照以上四个条件比较，始祖布洛陀信仰全部具备了。经过壮学学界和少数民族古籍收集整理工作者的深入调查、研究与收集整理，在壮族民间广为流传着布洛陀神话传说，民间保存的《麽经布洛陀》卷帙浩繁，在收集整理和译注的基础上，先后出版了《布洛陀经诗译注》（广西人民出版社，1991年），《壮族麽经布洛陀影印译注》（广西民族出版社，2004年）。后者共八卷本，300多万字，是从广西百色市右江区、田阳、田东、那坡县和河池市巴马、东兰、大化及云南省西畴等市县壮族民间收集的29个手抄本中精选整理而成。所以说，始祖布洛陀信仰不仅依据充分，而且有大量的调查与研究成果作为支持，因而得到了壮族及其同源民族的广泛认同。反观所谓的骆越始祖王信仰，是近年来才由一些文化人挖掘出来，并分别在武鸣、宁明两地举行祭祀活动，对照上述四个条件或依据，目前尚处在重构之中。因为在当地民间还缺乏骆越始祖王的神话传说，也缺少相关的经书和世代传承、供奉骆越始祖王的庙宇及传统祭祀习俗。但从史实上论之，骆越王应是存在的，在骆越社会从古国发展进入方国（属前国家形态，相当于于部落联盟时代）时期，出现了阶段分化，产生了骆王、骆侯、骆将等贵族阶层和骆民阶层。而从其名称及逻辑推定，"骆越始祖王"也是存在的，那就是骆越始祖。骆越始祖是何人，这就需要向骆越生活的年代往前追溯其源头。这个源头，应是始祖布洛陀。因为布洛陀信仰大约在四千年以前已经产生，它穿越了漫长的历史时空（包括骆越人生活的时代），随着骆越及其后裔壮侗语族的不断发展而传承下来。春秋战国时期产生的骆越方国及骆越王，是对始祖布洛陀信仰及其文化的继承，布洛陀及其文化是骆越及其文化之根源。按时间往前追溯，骆越始祖王无疑就是布洛陀。这正是始祖布洛陀子子孙孙的共同心愿。

总之，布洛陀文化中包含的骆越文化元素还有很多，以上只是择其大端述之。由此可知，布洛陀文化与骆越文化之间有着十分密切的关系，骆越文化是对布洛陀文化的继承和发展，同时又起着承前启后的作用。

参考文献

[1] 张声震主编：《麽经布洛陀译注》，广西民族出版社，1991年。

[2] 张声震主编：《壮族麽经布洛陀影印译注》，广西民族出版社，2004年。

[3] 覃乃昌主编：《布洛陀寻踪——广西田阳敢壮山布洛陀文化考察与研究》，广西民族出版社，2004年。

[4] 《广西武鸣马头元龙坡墓葬发掘简报》，《文物》1988年12期。

[5] 《平果感桑发现古骆越石刻文字》，《南国早报》2012年3月29日。

〔覃彩銮：广西民族问题研究中心研究员、广西壮学学会会长〕

布洛陀：骆越—壮侗语民族始祖和至上王

黄明标

我国岭南地区世居着壮、侗、布依、黎、傣、仫佬、毛南和水族，学界称之为岭南同根同源民族，简称壮侗语民族。壮侗语民族认同布洛陀是共同的人文始祖。除了这八个原住民族之外，还有仡佬等其他一些少数民族，同样是原住民族。在这些原住民族之前，岭南地区还活跃着一个古老民族，学界称之为"骆越民族"，同样生活在岭南地区，古骆越民族与壮侗语民族谁先谁后，他们之间有没有族源关系？如果有族源关系，那么，骆越与壮侗语民族的共同人文始祖布洛陀又是什么关系？传说中的骆越王是否为布洛陀？本文试就这一课题，作一些粗浅的探析，供学界众师长参考。

一、布洛陀与骆越：共同的"山谷名"

布洛陀与骆越的关系，首先我们从名字说起。"布洛陀"，这是壮侗语民族认同的人文始祖的名字；骆越，这是生活在我国岭南地区古代人们共同体的族称。其中的"洛"和"骆"，为古越语和古壮语，字形不同，但读音和文化内涵相同。

首先是读音。布洛陀和骆越这两个名字，都是汉语译名。"布"，汉语念"bu"，义为"布匹"的"布"；"洛"念"luo"，为城市名词洛阳的"洛"；"陀"念"tuo"，陀螺的"陀"。骆越的"骆"与"洛"同音，为"骆驼"的"骆"；"越"念"yue"，多义词。作为壮语，布洛陀念"baeug lueg doz"，古壮字原字形不统一，分别为"嚩洛陀"、"布渌罟"、"布崀罟"、"嚩渌罟"、"布六罟"、"嚩渌途"或"布崀途"、"嚩崀罟"（崀，壮语 Mungh）。"骆越"，壮语"lueg yaej"。

布洛陀和骆越，其关键词"洛"和"骆"，壮语读音相同，其字义是否有共同点？这个问题我们从布洛陀说起。布洛陀，这是壮族神话传说中的人物，是岭南地区古代壮侗语民族认同的创世始祖。"布"，壮语即"公公"、"祖公"之义，为辈份称。同时也指某一个宗族、村庄，或者一个民族范围内德高望重、有权威、受人尊敬的长老，通常称为"祖公"。"洛"，在传世壮族麽经手抄本中，大多数写成"渌、淥、崍、六、洛"或"㟧"，在《壮族古壮字》（广西民族出版社1989年版）296页中解释为"山谷"、"坡谷"。"陀"，麽经中大多写为"畓、途"，后来也有陀，其义为"挣钱"、"谋生"；广义为"创业"、"创造"。布洛陀三个字连起来解释即"在山谷里创业谋生的祖公"。也有人把布洛陀的"洛"解释成"懂得"，"陀"是"多"或者"很多"，连起来翻译成"懂得很多东西的智慧老人"。这种解释，其实只是从汉译文"布洛陀"三个字字面的想象壮语谐音来理解，而没有把它与原版古壮字整体联系起来分析翻译。如果把"洛"字解释为"懂得"，那么"渌"、"淥"、"崍"、"六"，也能解释成"懂得"吗？在壮族地区的地名中，有一种与农耕文化关系浓厚的文化氛围，至今不曾改变。"渌"、"六"与"那"一起，是壮族那文化地名的重要标志，现在还可以在壮族地区的原始地名中找到，就是公路边的路标，也可以看到这类标志牌地名。比如田阳县玉凤镇的"六勒"。当然"洛"是个多音多义词，也可以作其他解释。《古壮字字典》中"洛"也有念"lag"、"lak"、"loq"、"moz"、"souh"的，其义分别为"失踪"、"崩塌"、稍为的"稍"、"干枯"和"稀饭"的"稀"，根本就没有"懂得"的解释。"陀"，传世手抄本中出现最多的原始古壮字是"畓"，其次是"陀"和"途"。如"陀"，《古壮字字典》没有收录这个字。"陀"应该念"doz"。壮族人称外出谋生叫"doz cienz"，汉译即"挣钱"；创业兴家叫"托𠘧竺"（coz cienz guhranz）。"陀"也不是"多"之意。如果"陀"是"多"或"很多"，那么"畓"、"途"又作何解释？因为壮族没有统一的文字，所以古壮字中有很多的同音同义异体字，我们在翻译时必须联系到其他同音同义异体字，不能只从汉译文的表面去望文生义。"骆越"又是什么意思呢？壮学老前辈黄现璠教授遗作《壮族通史》（广西民族出版社，1988年），对"骆"字的解释是这样："骆字从壮语方面来说是地名，壮语对山麓、岭脚地带，统称为'六'，'六'与'骆'音近。"作为地名，古壮字"六"与"洛、渌、淥、崍"音同，义相通，均指"山谷"。例如汉语田峒，壮语"六那"。反过来，壮语"那六"，汉语"山谷田"。也有个别学者把"骆"字解释为"鸟"，认为壮族是"鸟部落"演化而来。笔者认为这也是望文生义。绝大部分的学者都认为"骆"就是"山谷"。

而"越"呢？现在看到的文献有两种说法，一是"人"的意思。例如徐松石《泰族壮族粤族考》就认为"越"与"粤"通，越是"人"的意思，骆越即"骆人"之意。第二种说法是"越"与"侬"、"衣"相通，壮语"yaej"，指布依族的"依"，为族名。20世纪50年代，在全国进行民族识别之前，壮族没有统一的族称，各地称呼不尽相同。广西、云南、广东等省、区，有的壮族自称为"布妥"、"布土"、"布曼"、"布侬"、"布衣"、"布越"、"布侬"、"布雏"、"布僮"、"布陇"、"布泰"、"布寮"、"布雅衣"，等等。在田阳，1949年之前的老一代人，就称田阳县田州一带壮人为"布衣"或"布越"。骆越，"骆"是地名，"越"是族称。因为"布越"多在山谷里种田，所以称"骆越"。

布洛陀与骆越人有一个共同的名字："山谷"（洛、骆），以及共同的职业：种田。同是岭南古代种田人，他们之间的关系是同辈，还是前辈与晚生呢？布洛陀是在"米贯冇眉牛之，欧令烈提那，欧令炸提犁"的时候，来到天下，在敢壮山与姆六甲结合成夫妻。没有谷种，他叫斑鸠飞去寻找野生稻回来繁育，开创了岭南的农耕时代。而骆越人出现在岭南的山间田峒时，已经是"垦食络田"的农耕成熟期——周秦时期。显然，布洛陀是前辈，骆越人是姗姗来迟的晚生。

二、布洛陀：岭南骆越农耕文化的鼻祖

布洛陀与骆越族群的人们同为岭南农耕人，但是使命不尽相同。布洛陀最早来到世间，苍天赋予的使命是开天辟地造万物，开创农耕新时代，为子孙后代造福。而骆越族群的人们则完全不同，他们放弃游猎生活从事农耕，只是为了寻求更好的生存方式，改变自己的生存条件和环境而已。

我国岭南地区地处亚热带，气候炎热，雨量充沛，江河纵横，土地肥沃，适宜于水稻生长，是一片待开发的处女地。布洛陀降临敢壮山时，这里的先民还沉睡在深山洞穴里，还没有跳出起居不定的游猎生活圈。人们还不知道米饭是什么味道，常常以茅草当饭，以树叶当餐，"小孩吃了长不大，妹仔吃了不漂亮"。布洛陀每天走下敢壮山去造田造地。首先他在敢壮山西头造出了一片稻田，并派他的大儿子去耕种，这片田后人就叫"洛陀峒"，至今不改姓不改名；后来，布洛陀巡视大地，看上了离敢壮山不远的右江边，地势平坦，水源丰富。他把大女儿带去，就在右江边上安营扎寨种植水稻，日久天长形成了村落，这个村子就叫"那厚"。因为村子的女主人是布洛陀的长女，人们就管她叫女下王，后人还在村里

建起"女下王庙"。"女下王庙"历经几千年的修复、重建，现在依然立在村头的大榕树下。而"女下王"也成为壮族地区家喻户晓、老少皆知的农耕女神。

布洛陀"造出田和地，造出三百张鱼塘，造出五百块稻田"。但是没有谷种，"谷子在遨山上，谷子在郎汉家里"，"用船去装回不来，竹排去运回不了"。于是，布洛陀"让鸟去叮啄，叫老鼠去啃。鸟儿飞过海去，老鼠游过江去，老鼠得谷自己藏，鸟得谷子自己藏，布洛陀拿铁猫去夹，拿网去坳口等鸟，把谷子从嘴里勾出来，得到三粒畲谷子，得到四粒稻种子。布洛陀拿去浸泡，申日拿去播，播在田峒里，种在田峒中"，"一粒播在畲地，变成了小米；一粒播田峒，变成了粘谷，变成红粘谷，变成大糯谷，变成红糯谷，变成粳谷和粘谷"。

从"三粒畲谷子，四粒水稻种"开始，布洛陀种植的稻田很快发展到"五百块稻田"。种植水稻与打猎不一样，打猎四季都可以上山，而种植水稻不但受季节限制，而且要掌握水稻的生长规律，这对于还处于蒙昧时期的古人来说，确实是一道不小的难题。布洛陀为了让人们掌握生产技术，自己在栽种水稻的过程中，不断摸索，终于总结出了从播种到收割的一整套经验："二三月交春，人们早早起；初春杜鹃啼，仲春蝉虫鸣；杜鹃啼耙田，蝉鸣催播种，蝴蝶飞来催运肥；天上雷声响，雨水洒下来，三天下不停，七天下不断；父忙修渠道，水哗哗进田；牵牛去犁地，犁地又耙田；拿谷穗去踩，拿糯谷去搓；搓谷浸三天，四天拿去播，申日拿去撒；二十五天可拔秧，二十六天可插田。""三周苗苗壮，五周可耘田。初耘又复耘，七月禾含胎，八月收割忙。"

布洛陀的"耕田种地经书"很快传遍了耕作区各个定居点。人们按照布洛陀的指教，杜鹃啼开犁，蝉鸣播稻种，四月忙插秧，五月耘田又追肥，种了粳谷种糯米，种了玉米种小米。耕作技术的完善和进步，使岭南地区从原始农业进入到稻作生产的成熟期。有了粮食，人们又根据布洛陀的指点，开始养猪、养鸡、养鸭、养鱼。所以，敢壮山下养猪的屯子就叫"那务"（壮语"务"，汉语"猪"）；养鸭的屯子就叫"那笔"（壮语"笔"，汉语"鸭"）；养鸡的叫"那居"（"居"，汉语"鸡"）；养鱼的叫"那墰"（壮语"墰"，汉语"塘"）。

骆越人正是这个时期出现在岭南的"山谷田"里，他们根据布洛陀总结出来的"耕田种地经书"，沿着布洛陀的脚印，开荒种地，移栽水稻，过起"垦食络田"、自食其力的农耕生活，并渐渐形成部落联盟，从而诞生了岭南地区最古老的民族——骆越民族，成为世界上最早栽种水稻的民族，而创造了耕田种地经书的布洛陀，自然成为岭南农耕文化的鼻祖。

三、布洛陀：骆越—壮侗语民族的人文始祖

布洛陀、骆越和壮侗语民族共同生活在岭南地区珠江流域，壮侗语民族认同布洛陀是他们的人文始祖。那么，是否也可以说，布洛陀也是骆越人的人文始祖？这个问题，我们首先来探讨骆越人与壮侗语民族是否存在族源关系。

壮侗语民族包括壮族、侗族、布依族、黎族、傣族、仫佬族、毛南族和水族。壮族的人口最多，在全国的少数民族中名列第一。可是，在20世纪50年代进行全国民族识别之前，壮族并没有统一的族称，以至于我们一些壮人在1949年之前不知道自己属于什么民族。进行民族识别之后，壮族才有了统一的族称，将过去自称为"布僮"、"布土"、"布依"、"布泰"、"布曼"、"布陇"、"布诺"、"布侬"、"布越"、"布寮"、"布雅衣"的族群，统一称为僮族。1965年根据国务院总理周恩来的提议，将"僮族"改为"壮族"。

关于壮族的族源问题，因为长期没有统一的族称，过去有人认为壮族是外来民族，是"讲土话"的汉人。许多壮人的姓氏族谱，都说自己的祖宗来自汉族地区，不是"山东白马县"，就是"广东南海县"、"浙江余姚县"，大家都找汉族族源来攀附。另一种说法是土著民族，执有这种观点的人数并不少。由著名壮学专家黄现璠领衔编著的《壮族通史》，从考古学、人类学、文献学、语言学、地名学、遗传学等诸多方面进行科学分析，认为壮族是历史悠久的土著民族。当然也不排除在民族迁徙过程中，南下的汉人融入了壮族社会，变成了壮族；北上的壮人融入汉族社会，变成了汉族。但是，壮族人口的主体是土著。既然壮族是土著，那么在称为"布僮"、"布土"、"布曼"等呼称之前叫什么名称？壮族的先民是谁？黄现璠的《壮族通史》认为，壮族在"僮"之前是"俍人"；"俍人"之前是"俚僚"；"俚僚"之前是"乌浒"；"乌浒"之前是"骆越"和"西瓯"。

（一）从语言方面来看。由于科学技术的欠缺，现代人谁也无法听到几千年前我们的先辈的语言属于哪个民族。但是，根据文献记载，西瓯与骆越同源。首先，他们有共同的民族语言，与汉语有根本的区别。"西瓯"，"西"是方位词，"瓯"，汉语之意一为茶盅的"盅"，二为浙江温州的别称。"西瓯"如果以汉意解释即为"西边的盅"，这是讲不通的。对"西瓯"的解释，只有以古骆越语和壮语才讲得通，解释得清楚。关键词"瓯"，古壮语念为居住的住"yong"，"西瓯"即"居住在西部"之义。"骆"也不是汉语骆驼的"骆"，而是古骆越语、古壮语的

"骆",念"lueg",即山谷之意。"瓯骆",即"住在山谷"之意。"骆越",壮族中就有"布越"的地方族称。例如广西田阳县古田州一带,近代人称"布安"、"布僮",古时就叫"布越"、"布衣"。"骆"是山谷,现代壮语仍然指山谷,只不过现在的方块壮字不写为"骆",而是"渌、淥、崃、六"。字形不同,音、义相同。这就说明,今天的壮语保留、传承了古骆越语。

在文化习俗方面,壮民与骆越人也有许多共同特征。例如断发纹身、干栏建筑、拔牙、产翁、崖洞葬等。在乐器方面,喜欢铜鼓,许多重大活动都使用铜鼓;婚姻方面,女儿出嫁时要唱"哭嫁歌",婚后"不落夫家",未生育前每次去丈夫家住"竺托"(即在本村亲友家中寄宿的家),怀孕后才落夫家;使用鸡骨卜占吉凶。这些相同的文化习俗,以及语言的基本相同,说明骆越与壮族存在族源关系。

(二)从壮族的族源演变来看。首先从源头说起。壮族先民,史称是百越的一支。所谓百越,显然不是单一的民族,《汉书·地理志》载:"自交趾至会稽七八千里,百越杂处,各有种姓。"说明"百越者,百家杂处也"。百越这个族称,包括"南越、越裳、路越、瓯越、且瓯、供人、海阳、目深、扶摧、禽人、苍吾、扬越、桂国、西瓯、损子、产里、海癸、稽会、仆句、北带、区吴"。到了后来,上述族称在许多史志书中不见了,东南沿海以及岭南地区出现的民族,只有"于越、东瓯越、扬越、南越、西瓯、骆越、山越"。其中"路越"变成了"骆越",以至后来的史志书中再也没有出现过"路越",而只有"骆越"。西瓯和骆越族群活动的范围,就在岭南珠江流域,其中心区域在今广西一带。这是壮族的源头。

西瓯和骆越是我国南方地区的古老民族,他们之间是什么关系?我们再从名称来说。瓯,这是较早时期越人的族称。西瓯又叫西越,出现于秦朝。《汉书·西南夷两粤朝鲜传》载:"蛮夷中,西有西瓯,其众半赢,南面称王;东有闽粤,其众数千人,蛮称王。"这是史书上第一次出现西瓯这一族称。战国时期有一支越人部落在浙江一带活动,历史上称之为东瓯,亦称为"东越"或"瓯越"。而岭南地区今桂东一带,也有一支越人部落活动。为了与东瓯相区别,便称之为西瓯或西越。东瓯与西瓯,不言而喻,"东"和"西"是方位词,"瓯"是族称。好比后来的"粤东"和"粤西"一样。而"西瓯"和"骆越"这两个称呼,史书上有时称西瓯,有时称骆越,有时西瓯、骆越并举。不管单独出现还是并称,都是周秦时期居住在岭南地区的古老民族,他们之间密不可分。到了东汉,西瓯、骆越的名称渐渐被乌浒取代。

乌浒作为骆越的后继族称，最早见于《后汉书·南蛮传》："灵帝建宁三年，郁林太守谷永以恩信招降乌浒人十余万内属，皆受冠带。"关于乌浒人的活动范围，《后汉书·南蛮传》载："合浦乌浒蛮反叛"；裴渊《广州记》说："晋兴有乌浒人"；《南州异物志》说："乌浒，地名，在广州市之北。"所载史书皆未说明乌浒人从何处来，也未明言骆越人何时迁走。但是从这些志书指出的乌浒活动范围，大体与原来的骆越分布地区基本一致，可见乌浒就是骆越的后继族称，是骆越后裔。到了魏晋南北朝、隋唐时期又出现了俚僚这个族名。

俚、僚为乌浒的后继族称，史书也有记载。其中《南州异物志》载："俚在广州之南，苍梧、郁林、合浦、宁浦、高梁五郡皆有之，地方数千里。"而俚僚与乌浒的关系，《太平寰宇记》说的也很清楚："贵州（今贵港市）连山数百里，皆俚人，即乌浒蛮。"说明隋唐时期俚僚的活动范围与前面的乌浒、骆越相同，俚僚是骆越、乌浒的后裔。

在俚、僚之后是俍人。在史志典籍中关于俍人的记载，较早出现的是明朝天顺初年，最活跃的时间是明朝嘉靖中叶至清初，时间大约二百多年。广西的左右江及红水河流域是俍人主要聚居区，人口约占广西总人口的一半以上。而这一地区明代以前居住在这里的"僚人"，也称呼族中有权势者为"俍火"。所为"俍火"，其意就是"俍官"，也就是僚人土官。到了明代，"僚人"这一名称渐渐退去，而"俍人"这个族称又越来越多地出现在史志及官方文书上。这就说明，"俍人"的前称是"僚人"或"俚僚"。"俍"是继俚僚之后，骆越—乌浒的后继族称。

由此看来，壮族以及壮侗语民族，与历史上出现的骆越及其后继的乌浒、俚、僚、俍，有一脉相承的族源关系。周秦至西汉活动于岭南地区的先人，为西瓯、骆越；东汉以后，西瓯、骆越的族称演变成乌浒、俚僚；明清为俍、僮。今天岭南的同根同源民族壮族、侗族、布依族、黎族、傣族、仫佬族、毛南族和水族，为西瓯—骆越—乌浒—俚僚—俍人—僮的直系后裔，布洛陀是壮侗语民族认同的人文始祖。布洛陀最早来到人间，最早来到岭南，骆越人也是布洛陀的嫡系子孙；布洛陀也是骆越、乌浒、俚、僚、俍人的人文始祖。

四、布洛陀：骆越—壮侗语民族至上王

布洛陀是岭南地区珠江流域原住民族壮侗语民族及其先民骆越人的人文始祖，其子孙后代遍布岭南山山水水，其创建的村落聚居点撒满山间水旁；其开垦

的田地遍布岭南大地。这么大的地盘，这么多的人口，需要有一位足够权威的王者来号令天下，才能保证社会的继续进步。这位王者是谁？这位王者就是布洛陀。

（一）布洛陀是岭南先民的创世主

始祖这个名词，本意是指人类某一宗族、某一民族支系最早的、有世系可考的祖先，其功能只是繁衍、养育后代。创世主则是人类中为后人创造世界、创造物质财富的创业者和领导者。布洛陀首先是始祖，他和姆六甲来到天下结合，繁衍了成千上万壮侗语民族及其先民骆越子孙，因此，岭南同根同源民族都认同布洛陀是他们的共同始祖，世世代代供奉布洛陀为始祖神。同时，他亦是创世王。这个问题在壮族民间传世的手抄本《麽经布洛陀》中得到了认证。只要我们翻开《麽经》的每一个篇章，就可以看到"三界三王造，四界四王造"的经文。不仅如此，在张声震先生主编的《壮族麽经布洛陀影印译注》和《布洛陀经诗译注》中，都有专门的篇章颂扬布洛陀创造世界、创造万物的功绩。这些篇章主要有：《造天地》《造天地万物》《创造万物》《造雷雨》《造水和江河湖海》《造火》《麽造尧》《造田种谷》《造人》《造牛》《麽暮麽怀懹祖宗共卷》《造干栏》《造房屋、园子、鱼网经》《麽造铜造录》《布洛陀造麽》《造土官皇帝》《造土官》《造文字历书》《创世兴家》《布洛陀孝亲唱本》《伦理道德》。此外，还有造马、造猪、造鸡鸭、造鱼虾、造山歌、造礼仪，等等。这些内容上至天地，下至鱼虾，包罗了世间万物，足以证明布洛陀是功高盖世的创世主。他拓土开疆，为民造福，受到了岭南地区原住民族子民的一致拥戴，理所当然成为古代岭南原住民的创世王。这也符合历史规律，在古今中外的历史上，谁打下江山谁就是王。

（二）布洛陀是岭南"山谷"王的创立者

布洛陀在岭南开创农耕，由于农耕而出现的聚居点，遍布于山山岭岭之间。聚居点的形成，又引发了管理的问题。当时，先人们刚刚从深山洞穴下到山间，从散居的原始生活，过渡到新的集体聚居点。环境变化了，生活变化了，而其思想还停留在原始社会的无政府状态，出现了"天下没有首领和官吏"，"世间社会乱纷纷"的乱象。布洛陀看到了这种乱象，他"造土官皇帝"，"造官吏管理，造王管国家"。当时岭南"一万二千山谷国"，每个山谷"造一人作主，造一人做王"。所谓"山谷国"，实际上是山谷里从事耕田种稻的聚居点，是一个小小的部落，相当于今天的村屯，并不是什么当今国家的概念。经书中经常出现的"村有王问王"的经文,就是当时山谷国规模大小、"国王"们的"级别"最具体的注解。山谷国"从此才有主,众人的事才有人管"。他们把"恶人拿来上枷,坏人拿来捆绑"。坏人恶人没有了,社会这才安定下来,大家才安下心来种田种地。这就是布洛陀于农耕社会早期创立的社会管理制度。布洛陀创立了山谷国,创立了诸多的"王"来管理"国家",社会这才得安定。

(三)布洛陀是古代岭南原住民族的至上王

山谷国的出现,以及"国王"们的上任,大大地缓解了社会的乱象,极大地推动了生产的发展。但是,随着社会财富的增多,王者权威的形成,又助长了王者们追求更多财富、更大权力的野心,继而社会上又出现了"强蛮欺压弱小"、"孤单弱小被侵吞"的现象。山谷国有大有小,势力强大的山谷国发起了掠夺战争,"争夺天下争抓印,争夺百灵鸟印把子","争夺流出银珠的泉水,争夺缀有玛瑙的王冠,争夺留鬓发的美女"。布洛陀在上看见,神仙在上做主,做出印把来传令。山谷国的先民们"敬请布洛陀,恳请姆六甲,你们是神仙是圣王,你们先来坐中间","统管一万二千山谷国"。"全天下听从他管理,众人全听他作主",布洛陀被先民们拥戴为全天下的圣王。

为了阻止再次出现"强蛮欺压弱小",山谷国之间争夺地盘的战争,布洛陀将山谷国从1.2万个,先后合并为7200、720、72个,最后合并成12个山谷国。这就是史书上所说的骆越方国。骆越方国分布在今天的广西、云南、海南和广东西部以及越南北方。越南北部的方国叫"交趾",国君为雄王。在广西境内有"交化"(今广西靖西县化峒镇)、"交宪"(今德保县燕峒乡)和武鸣县境内的方国。这些方国和国君都听命于布洛陀。为了管理好这12个骆越方国,布洛陀又造出皇书和官书,要土官们按照书来管理,这些"皇书官书",就是在壮侗语民族以及越南北方和老挝、缅甸流传了几千年的古越文(古壮字)手抄本《麽经布洛陀》。据越南学者介绍,现在越南社会科学院搜集到了十几本古越文(古壮字)手抄本《麽经布洛陀》,而在岱族、侬族的民间中,还有相当多的《麽经布洛陀》存世。这说明,越南、老挝、缅甸、泰国等国北方,和我国岭南地区珠江流域的壮侗语民族一起,认同布洛陀是骆越—壮侗语民族的人文始祖和至上王。布洛陀的家、骆越民族的圣地,就是《麽经》中记述的"兰布幼忑敢(祖公的家在岩洞里),板布幼忑岜(祖公的村子在石山下)"。这座圣山就是万民倾仰的广西田阳县敢壮山。

五、结语

布洛陀与骆越,前者是最早来到世间,给岭南带来希望的神话人物;后者是紧随其后,出现在山水之间的岭南原住民壮侗语民族的早期民族。前者是开创农耕文化,推进岭南社会文明的开山鼻祖;后者是乐于接受农耕文化而走上"垦食绎田"新生活的农耕先民。前者是开天辟地,创造万物的岭南原住民族——壮侗语民族的创世始祖,后者是壮侗语民族源头族称,是与壮侗语民族一脉相承的前者裔孙。前者是无所不知,无所不能,为民排忧解难,统领岭南骆越—壮侗语原住民族的王者;后者是听命于至上王的部落民族。

布洛陀是岭南同根同源民族——壮侗语民族的人文始祖和至上王。

注:"兰布幼忑敢,板布幼忑邑",右江一带壮人简称敢壮山为"敢",去敢壮山简称"婜敢",敢壮山下的那贯屯就叫"板敢"。此外,还有"布洛陀毙忑敢"的传说,"毙",汉译为死,说的是布洛陀自己想建房子,可是选吉日时,一年360天没有一天十全十美,最终盖不成房子,到死还居住在敢壮山的姆娘岩里,所以叫"布洛陀毙忑敢"。这个"敢"字,指的就是敢壮山。

参考文献

[1] 黄现璠、黄增庆、张一民:《壮族通志》,广西民族出版社,1988年。

[2] 广西少数民族古籍整理出版规划领导小组:《布洛陀经诗译注》,广西人民出版社,1991年。

[3] 张声震:《壮族麽经布洛陀影印译注》,广西民族出版社,2004年。

[4] 覃乃昌:《布洛陀寻踪》,广西民族出版社,2004年。

[5] 郑超雄:《壮族文明起源研究》,广西人民出版社,2005年。

〔黄明标:广西田阳县布洛陀文化研究会会长、研究馆员〕

南方百越民族的共同人文始祖"布洛陀"

何羡坤

司马迁在《史记》里记载中华民族的始祖有三位：黄帝、炎帝、蚩尤。但他百密一疏，却漏落了一位，即分布于珠江流域的中国南方百越民族共同人文始祖"布洛陀"。

司马迁当时的视野主要在中原，而中原是汉族的发源地，在千千万万个原始部落首领中，他只记载了著名的三个，黄帝打败了炎帝，炎黄合成一个族群，所以汉族自称"炎黄子孙"；蚩尤被炎黄打败，蚩尤带着族群向两湖地区南迁，尔后又迁往五陵溪，向云贵高原迁徙，他们是苗族瑶族的先祖。因此，苗族瑶族自称是"蚩尤子孙"。

翻开中国古代版图，古代"百越民族"在秦朝以前已经生活在广袤的中国南疆，是中国南方的原住民族，百越先民们最先在这片热土上筚路蓝缕，以启山林，开疆拓土，创立家园，不是从中原迁徙过来的，而布依族就是百越民族之中的重要成员，是百越子孙。

秦始皇不愧为千古一帝，他横扫六国，统一中国，执行车同轨、书同文、统一度量衡、废除诸侯制、执行郡县制……从他开始，中国才能称其为真正的国家。秦始皇还有一大功劳，就是派遣大军征服南越，即南方百越民族，他把中国南方纳入了秦朝帝国的版图。几千年过去了，秦始皇修筑的灵渠、长城，今天仍然发挥作用。

秦始皇在征服南越的途中，为了运粮运兵，打通了湘江与珠江的通道，即广西桂林灵渠，浩浩荡荡的秦国大军从灵渠开往两广。征服后这支大军就在中国南方永久驻扎下来，秦将赵佗在秦灭之后建立南越国，地点广州。这次统一战争成就了中原汉族与百越民族第一次融合。后来秦朝灭亡，楚汉相争，在项羽与刘邦打得不可开交的时候，南越王保境安民，不与中原争锋，百越地区一片安宁景象。一代雄主汉武帝即位后，为了统一中国，又派兵征服南越两广。此后历朝历代，都有派兵进驻两广百越地区，成为今天百越民族与汉族不断杂居、相互融合的景况。

中原民族与南方原住"百越民族"不断融合，造成了今天族源说法不一。中原过来的军兵，族源肯定是齐鲁陕豫，毫无疑问；而百越民族有些后代后裔，本来就是原住民，但家谱却记载为中原迁徙说，硬说自己祖先是从中原迁徙过来的，这是人云亦云、仿照汉族说法的结果，也是对百越民族历史不清楚造成的。

百越民族的八大特征：(1)语言。百越民族使用的共同语，是今天的壮侗语族的语言，使用这种语言大概6000万人左右，分布于中国南方和东南亚各国。布依话与千里之外的泰国语相通，谚语云："会说布依话，走遍东南亚"，就是因为这些地方都在使用百越民族共同语。(2)百越民族自古生活在水田地区，是最早种植水稻的民族，被称为"稻作民族"。(3)百越民族是中国南方原住民族，他们的迁徙路线仅限于中国南方的广西、广东、云南、贵州等省和迁往南海对面的东南亚各国，所以被称为中国南方民族。(4)百越民族的人种，应该是南方人种，个头较矮，骨架偏细，人多苗条；北方人种多是蒙古人种，个头较高，骨架粗大，人多壮汉。(5)百越民族在自己的少数民族古籍里，记载有一个共同的人文始祖布洛陀，散见于水书、布依文古籍、壮族布洛陀经书之中，也口口相传于傣族、黎族的神话传说中。所以，广西壮族学者认为，布洛陀是源远流长的珠江流域各民族共同的人文始祖。(6)百越民族因为生活在潮湿大雾、水网密布的中国南方，为了防蛇防潮、规避野兽，造房起屋要盖成通风透光、离地三尺的吊脚楼。就像北方干旱少雨、缺少木料而建窑洞民居。建筑是与当地环境、地理气候相适应的结果。(7)百越民族视铜鼓为神圣的器物，古代在战争祭祀等大事发生时，才会请出铜鼓。百越民族很多支系民族，包括壮族、水族、布依族，都有珍藏使用铜鼓的历史。中国南北有个区别，南方以铜鼓为重器，北方以铜鼎为重器，从出土文物中即可知晓。(8)百越民族古代就会生产"越布"，就是今天自种棉花、自己纺纱、自己织布的"土花布"。(9)百越民族在秦始皇征服统一南方以后，也吸收了汉族文明，特别是汉字的传入，让百越民族也仿照汉字笔画，创造了记录少数民族语言的笔画文字，即今天的水书、方块布依字、古壮字等。这种仿照，古代的越南、朝鲜、日本都是从汉字笔画中创造本国文字，上述文字都一并归入"汉文字圈"的范畴，都是以汉字为源头。只是有些仿照了汉字的象形文字，有些则仿照汉字的正楷字。上述9大特征，是认定百越民族的依据，也是区别于北方民族之要点。

翻开司马迁游历中国的路线：他"南游江、淮，上会稽，探禹穴，窥九疑，浮于沅、湘，北涉汶、泗，讲业齐、鲁之都，观孔子之遗风，乡射邹、峄，厄困鄱、薛、彭城，过梁楚以归"。回到长安以后，做了皇帝的近侍郎中，随汉武帝到过平凉、崆峒，又奉使巴蜀，他沿着"秦开五尺道"，从四川走过贵州北部直到云南，最南边抵达昆明为止。没有到过百越民族聚居的两广地区，所以他只以《南越列传》简要记述了百越民族概况，没有提到"布洛陀"，这是情有可原的。今天，我们看到查到的"布洛陀"尊神，都是在原来属于百越民族支系的南方各少数民族的民间古籍里记载的人物，与黄帝、炎帝、蚩尤应该是同一时期，是远古中国南方原始部落的著名首领，南方所有的百越民族都把他认同为共同的文化始祖。

荔波布依族，是远古百越民族的一个分支，是百越民族不可分割的组成部分。她历史悠久、源远流长，具有自己的语言、文字、古籍，她同珠江流域各民族共同信奉"布洛陀"，她以铜鼓、稻作、土布、吊楼为特征，她是中国南方的原住民族。布依族长期以来广泛吸收汉民族先进文明，不断融合，不断进步，同时也创造了自己本民族光辉灿烂的历史文化，成为中华民族大家庭不可或缺的一员。

〔何羡坤：贵州省荔波县政协文史委员会主任、
荔波县布依学会常务副会长兼秘书长〕

布洛陀文化的内涵结构、时空场域与当代传承

廖 杨

目前,学界对布洛陀文化研究的论著不少,但在布洛陀文化的内涵结构、时空场域和当代传承等方面仍有值得探讨的空间。

一、布洛陀文化的内涵与结构

何谓"布洛陀文化"?目前学界众说纷纭,尚无共识。梁庭望先生认为,布洛陀文化是壮族原生文化的"三角洲"和壮族价值观的摇篮,它以布洛陀神话和壮族那文化为核心,广泛吸纳了壮族祖先从母系氏族末期到父系氏族的充分发育,再到父系氏族的瓦解和奴隶制的产生这一漫长历史时期的社会生活,形成于壮族先民发明水稻人工栽培的经济转型时期。[①] 覃乃昌先生认为,布洛陀文化是一个包括布洛陀神话文化、史诗文化、民间宗教文化、人文始祖文化、歌谣文化等有着内在逻辑关联和深刻历史文化内涵的文化体系[②],"布洛陀文化主要表现为以稻作农耕为主要内容的物质文化和以创造为主要内容的精神文化,是珠江流域原始民族共同体即西瓯骆越民族文化的核心和标志,是中华民族多元一体文化的重要组成部分"。[③] 岑贤安认为:"壮族民众对民族始祖神布洛陀的信仰崇拜,以

[①] 梁庭望:《布洛陀文化——壮族价值观的摇篮》,牟钟鉴、刘宝明主编:《民族与宗教》第四辑,宗教文化出版社年,2006年,第237—250页。
[②] 覃乃昌:《布洛陀文化体系述论》,《广西民族研究》2003年第3期。
[③] 覃乃昌:《布洛陀:珠江流域原住民族的人文始祖》,覃乃昌主编《布洛陀寻踪——广西田阳敢壮山布洛陀文化考察与交流》第七章,广西民族出版社,2004年,第325—326页。

及由这种信仰崇拜衍生出来的各种文化风俗，可以称之为壮族布洛陀文化。这种在历史上形成的布洛陀文化，体现出壮民族深层次的民族心理、精神信仰、思想意识和文化观念，体现出壮民族的民族风俗、民族性格和民族特点。可以说，布洛陀文化是壮族文化的核心内容。而布洛陀文化的基点，就是对布洛陀圣神的信仰崇拜，它是布洛陀文化的象征。"[1] 潘其旭认为布洛陀文化是"壮族及其先民崇拜布洛陀为创世神、始祖神、宗教神和道德神，并遵从其旨意调解人与自然、人与社会、人与人之间的关系，以求得自身的生存和发展的精神性的观念体系。……总之，布洛陀文化是一种潜在形态、本源形态文化。布洛陀形象浸透于壮族生活的各个领域，形成了独特的文化现象，成为壮族传统观念文化的核心和标志"。[2] 黄桂秋认为，布洛陀文化是壮族精神文化的核心，而壮族民间麽教又是布洛陀文化体系中最重要的部分。[3] 有的学者更是强调"壮族'麽文化'是布洛陀文化的核心"。[4] 诸如此例，不一而足。

在人类学者看来，文化是一个结构化的有机整体。人们习惯于将文化分为物质文化和精神文化，或分为物质文化、精神文化、制度文化，抑或分为物质文化、精神文化、制度文化、行为文化，等等，这些分类方法分别被称为文化的"二元分类法"、"三元分类法"、"四元分类法"，等等。实际上，文化的各个有机组成部分是不可分割的，犹如人体的各个器官一样，是有机结合在一起，人们之所以这样划分，完全是为了表述或描述方便，而不是说文化本身是这样。"人类学视域中的'文化'是一个有机联系的整体，人们之所以把文化结构或类型划分为二元、三元或四元，不是文化本身如此，而是研究者为了论述方便或解释的需要。"[5] 不仅如此，文化不仅是整体的，也是相对的。文化的整体观、相对观和比较观，既是人类学研究的方法论原则，也是人类学区别于其他人文社会科学和哲学社会科学的重要标志。

如果从文化的四分法来观照布洛陀文化的内涵和结构，则不难发现：布洛陀

---

[1] 岑贤安：《布洛陀神格的形成及其演变》，覃乃昌主编《布洛陀寻踪——广西田阳敢壮山布洛陀文化考察与交流》第五章，广西民族出版社，2004年，第166页。
[2] 潘其旭：《〈麽经布洛陀〉的文化价值与壮族观念文化体系》，覃乃昌主编《布洛陀寻踪——广西田阳敢壮山布洛陀文化考察与交流》第六章，广西民族出版社，2004年，第192—193页。
[3] 黄桂秋：《壮族民间麽教与布洛陀文化》，《广西民族研究》2003年第3期。
[4] 黄懿陆：《壮族麽文化是布洛陀文化的核心》，《文山学院学报》2012年第1期。
[5] 廖杨主编：《人类学与现代生活》，现代教育出版社，2012年，第6页。

文化自外而内的圈层结构依次是物质文化、行为文化、制度文化和精神文化，而在精神文化的内核之中，则是麽教信仰。这样，布洛陀文化的结构中心便是麽教信仰，基于麽教信仰产生的民间宗教实践及对壮族及其先民社会环境和赖以生存的自然环境的影响，就构成了布洛陀文化自内向外的文化表达和实践。概言之，布洛陀文化本质上是一种基于麽教信仰而产生、存续的民间宗教文化，它在传承的过程中可能会有儒家思想和佛教、道教等其他文化因素的影响或融入、叠加，但其文化底层仍然是壮族及其先民的麽教信仰。

台湾著名的人类学家李亦园先生认为，文化内涵包括物质（技术）文化、社群（伦理）文化和精神（表达）文化三大方面，它们都是可以观察到的文化，而不可观察的文化则是"文化的文法"，亦即文化的内在法则。[①] 那么，布洛陀文化的"文法"是什么呢？当然是其麽教信仰，因为其他可以观察的文化均由麽教信仰衍生而来。

当然，在布洛陀文化的圈层结构中，居于核心区域的麽教信仰最难发生改变，而最外层圈域的自然环境（包括物质和技术）最容易变异，介乎中间圈层的麽教信仰实践行为和麽教信仰所维系的社会制度或社群文化因受内层和外层的双重作用而在不变与变中寻求平衡。社会文化变迁如同物理学中的运动一样，"变"是绝对的，"不变"是相对的，也是不对的。因此，"变"中求不变，"不变"中求"变"，才是民间传统文化传承的铁律。正是由于这种"变"与"不变"的博弈，布洛陀文化在其传承过程中形成了不同的时空场域。

二、布洛陀文化的时空场域

时间和空间是文化的基本维度，离开时间和空间维度的文化是不存在的。可以说，文化的时间性和空间性共同构建了文化的时空场域。[②]

[①] 李亦园：《人类的视野》，上海文艺出版社，1996年，第100—105页。
[②] 场域概念是法国社会学家布迪厄在20世纪60年代提出的，他认为社会空间中的各个特殊场域，在不同的历史时期和社会条件下会有不同的运作逻辑。"在布迪厄看来，要界定场域的概念，还不能停留在场域中看得见的各种力量关系，而是要深入分析与这些有形的力量关系相关，并深深地隐藏于其中的精神力量关系，也就是在场域中的各个社会群体和个人的'生存心态'及其动向。"（参见高宣扬：《布迪厄的社会理论》，同济大学出版社，2004年，第146页）本文使用的场域概念与布迪厄不同，是专指文化的时间性和空间性。

(一)时间维度

布洛陀的多重身份隐喻了历史叙事与社会记忆的共时传承。"布洛陀的形象既有其历史文化背景,又再现了壮族集体精神的塑造和升华。从'布洛陀'的释义来看,他与骆越族群有着深厚的文化渊源,'洛'或许就是'骆'的民间写法。在他身上,带有壮族早期社会首领的身影,又表现出典型的'越巫'特征,同时还象征着历史上壮族麽信仰与早期政权的相辅相成。他是壮族古国、方国时期的大巫师和级别最高的祭司。"[1]《布洛陀经诗》有不同的叙事方式,这种不同的历史叙事反映了不同历史时期的区域社会变迁。例如,被誉为壮族原生态文化经典的《麽经布洛陀》就是不同时期口传和布麽用古壮字手抄传承下来的麽教经书,集壮族观念文化体系之大成[2],将壮族社会历史发展的时间压缩进《麽经布洛陀》的历史叙事之中,使得历史与现实社会的多元时间扁平为一元时间。这既是布麽对《麽经布洛陀》的历史创制,也是社会记忆共时传承的重要反映。

时间的重要意义在于明确历史发展进程,以及比较某个或某段时间节点前后的社会变迁。但是,布洛陀文化的时间一方面非常古远,另外一方面又很贴近壮族社会现实,具有较强的文化张力。这种文化张力在近年来的田阳布洛陀民俗文化旅游活动中表现得较为明显。在"文化搭台,经济唱戏"的民俗文化旅游活动中,布洛陀文化的时间被拉长得更加久远,同时也更加被表演化了。换言之,原来民俗学意义上的布洛陀文化时间已逐渐被旅游学意义上的布洛陀民俗文化时间所取代,其时间维度也渐渐地从多元弧线扁平为一元直线。从这个意义上说,布洛陀文化的时间维度既取决于布麽口传和抄写叙事,也受布洛陀民俗文化旅游开发的影响。

(二)空间维度

《布洛陀经诗·造万物》篇记载:"去请布洛陀,去请姆六甲。去接祖公来,去迎祖公到。公家住岩洞,到岩洞去请。公家住山脚,到山脚去迎。到岩洞去找,

---

[1] 李斯颖:《论布洛陀身份的多重文化内涵》,《广西民族师范学院学报》2011年第5期。
[2] 潘其旭:《〈麽经布洛陀〉的文化价值与壮族观念文化体系》,覃乃昌主编:《布洛陀寻踪:广西田阳敢壮山布洛陀文化考察与研究》第六章,广西民族出版社,2004年,第192—259页。

到山脚去叫。"可见，岩洞和山脚构成布洛陀文化的基本空间范围。①

布洛陀《麽经》中的三界或四界的空间观念与汉族观念不同。若以汉族观念来看，壮族先民思维观念中的上、中、下三界其实只有两界，即上界和中下界。换言之，中界（人界）和下界（水界或水界和森林界所组成的幽冥界）几乎是处于一个空间维度上的，直到佛教"地狱"观念的引入，才形成类似于汉族民间传统文化中的上、中、下三界。

布洛陀神话中的"12"蕴含着空间意象。在壮族上中下三界当中，各界都有十二层（或处）。这在壮族麽教经书中表现得较为明显。麽教的"每一部经书都以'三界三王制，四界四王造'为开头，壮族各地麽经手抄本中，唱到送魂须经过十二个地方、十二条街、十二座山、十二道河、十二座铜桥等"。②

黄明标先生认为，布洛陀文化源于珠江水系，流传于红水河及其上游南盘江、北盘江流域，右江及其上游驮娘江、西洋江流域，左江流域，都江上游龙江流域，红水河上游及其盘龙江、普梅河流域。这个大范围区域内"流传着布洛陀的神话故事，传抄着创世史诗古壮字抄本《麽经布洛陀》。布洛陀始祖得到了居住在这个地域内的原住民族，以及壮侗、壮泰语支民族的认同，形成了一个大范围的布洛陀相对文化圈。在这个广泛的文化圈内，又有一个以敢壮山为中心的布洛陀绝对文化圈"。③ 这个布洛陀绝对文化圈和相对文化圈，当然可以视为布洛陀文化的空间范围。

（三）时空交织：时间维度中的空间与空间维度中的时间

社会变迁的研究结果表明，文化在时间上主要表现为变迁，而在空间上更多表现为变异。但是，文化在时间和空间的交织中发生的变化则复杂得多。

布洛陀文化的源与流，在一定程度上反映了布洛陀文化传承过程中的时空交织。刘亚虎先生认为，布洛陀文化的"源"是布洛陀神话，它形成于父系氏族社会农耕时期；"流"则有"圣"、"俗"两支。"圣"域里的"流"形成了经籍化、民间宗教化的职业经典（如《麽经》）；"俗"世里的"流"则逐渐形成传说化、节会

---

① 转引自覃乃昌主编《布洛陀寻踪——广西田阳敢壮山布洛陀文化考察与交流》，广西民族出版社，2004年，第173页。
② 黄桂秋：《桂海越裔文化钩沉》，中国书籍出版社，2011年，第151页。
③ 黄明标：《敢壮山布洛陀文化圈之成因》，牟钟鉴、刘宝明主编：《民族与宗教》第四辑，宗教文化出版社，2006年，第287—299页。

化的与民间宗教信仰有关的民族风情活动（如田阳敢壮山"欢敢"）。① "随着历史的发展，壮族麽教经书在流传过程中亦吸取了道、佛、儒的一些观念。"② "右江河谷一带的《麽经》，从形式到内容宗教化比较规范；红水河流域的《麽经》，表现为神话史诗风格而神秘意味浓厚；云南文山州的《麽经》，则显示出宏大的规模，具有百科全书式的内容。"③ 这些论述，一语中的。

值得注意的是，广西田阳敢壮山上的布洛陀神庙中除了布洛陀铜像外，还有一些当地壮族民众配祭观音和其他神灵。一些广西本土的壮族专家学者曾建议布洛陀神庙只祭祀布洛陀，而把观音和其他神灵移除庙外，但笔者2015年4月底考察敢壮山布洛陀民俗文化活动时，却发现当地民众或游客诸神共祀不息。这至少可以说明，布洛陀文化中的原初麽教信仰在流传的过程中可能融入了道教、佛教或儒家思想的观念。

田阳古为百越地，秦统一中国后属象郡，汉武帝时置增食先，初属南越国，南越国被平定后归交州郁林郡，晋大兴元年（386年），增食县改名为增翊县，隶属晋兴郡。唐开元元年（713年）始置田州，宋皇祐五年（1053年）置奉议州和勘州，均为羁縻州制。元朝升田州为田州路，明洪武二年（1369年），田州路改为田州土府，嘉靖六年（1527年）改田州土府为田州土州，清光绪元年（1875年）田州改土归流。田阳县的历史发展表明，当地历史上曾一度实行羁縻州制和土司制度，这对当地传统文化的保留传承有积极作用。与此同时，儒家文化和佛教、道教的传播基本上是桂北、桂中、桂南依次南下，再沿着红水河和左、右江流域向西（或西北）逐渐推进，使得现今百色地区与邻近的云贵省区形成相对闭塞落后的区域。战国时期的庄蹻入滇和秦汉时期夜郎自大的典故，可为此旁证或注脚。换句话说，包括田阳在内的百色地区的发展历程，实际上是儒家思想和佛教、道教文化与当地本土文化不断调适交融的历史过程。布洛陀文化就是在这样的时空交织中维系和传承着融入了本土文化、儒家思想和佛教、道教文化的混合型文化。这也就不难解释，为什么包括《麽经布洛陀》在内的《布洛陀经诗》会带有不同风格、不同特色而仍然保留麽教信仰的原因。

---

① 刘亚虎：《布洛陀文化的源与流》，《广西民族师范学院学报》2011年第5期。
② 潘其旭：《〈麽经布洛陀〉的文化价值与壮族观念文化体系》，覃乃昌主编《布洛陀寻踪——广西田阳敢壮山布洛陀文化考察与交流》第六章，广西民族出版社，2004年，第195页。
③ 潘其旭：《〈麽经布洛陀〉的文化价值与壮族观念文化体系》，覃乃昌主编《布洛陀寻踪——广西田阳敢壮山布洛陀文化考察与交流》第六章，广西民族出版社，2004年，第194页。

三、布洛陀文化的当代传承

文化的传承离不开作为载体的人、物和技术。在相当长的时期内，布洛陀文化主要靠布麽口传和用古壮字手抄经书得以传承。由于文化的时间维度和空间维度差异，布洛陀文化在传承过程中发生了变迁和变异。

有的研究者认为，布洛陀文化是以始祖布洛陀崇拜与信仰为核心而形成的独特的民族文化现象，其传承是在一定的文化传承场中实现的，亦即传承场是布洛陀文化得以延续和传承的重要基础。[①] 有的学者认为，田阳敢壮山的布洛陀信仰及其文化代表了中国当代民间信仰的一幅基本图景。原因很简单，布洛陀文化的重构为壮族带来认同基础，"布洛陀文化是壮族人民生活和生命的指南，宗教的经书和释义为人们的生活秩序提供了神圣的合法性，是一套信仰体系"。[②] 还有学者从研究的角度分析了目前布洛陀文化传承研究的不足（研究对象单一、视野狭窄、理论不足），指出布洛陀印刷文本、声像光碟、文化旅游及画像等现代传承方式由于远离口头传承所扎根的环境和亲身经历，使人容易停留在观光等浅层面；布洛陀音乐、舞蹈、壮剧、电视、小说等多态化的流衍契机是否比较符合布洛陀文化的当下传承，都值得深入探索。[③] 在今后的布洛陀文化保护和开发中，布洛陀文化的基础研究仍然是一项重要的基础性工作。[④] 应该说，这些分析有一定见地，但也还有一些问题值得进一步讨论。

首先，布洛陀文化是有其圈层结构的，其本质内涵是处于核心地位的麽教信仰。要传承好布洛陀文化，就需要真正把握布洛陀文化的本质特征，领会其民间宗教信仰的真正内涵，才不至于使布洛陀文化在传承中失去其本真性。

其次，布洛陀文化有其时空维度，要在恰当的时间和空间中将布洛陀文化的本质内涵呈现出来。民俗文化旅游节虽然是一种主要方式，但并不是唯一的方式，也不是理想的方式。原因很简单，旅游虽然本质上是一种文化活动，但它追求美感和愉悦，因而民俗文化在展示的过程中可能已被有意或无意地进行美化改

---

① 熊新霞：《论布洛陀文化的传承场》，《广西民族研究》2011年第3期。
② 何其敏：《认识自我与认识当下——对壮族布洛陀文化在中国社会中位置的思考》，《广西民族研究》2011年第3期。
③ 程苹：《布洛陀文化传承研究综述》，《广西民族研究》2014年第3期。
④ 陆晓芹：《论基础研究在布洛陀文化保护开发中的意义》，《广西大学学报》2012年第3期。

编，而非原汁原味的民俗文化了。这很容易导致民俗文化的失真。反过来说，美化改编后的布洛陀文化展示的舞台"真实"取代了布洛陀民俗文化的本真，这种舞台化的相对"真实"与现实社会中的布洛陀文化真实形成反差，会影响民俗文化的代际传承，也会影响布洛陀文化的真实传播，造成布洛陀文化场域反转，不利于民族民间文化的传承和交往交流。[①]

再次，当代科学技术日新月异，使得声、影、光、电、传、印等工作效率大大提高，但这并不意味着布洛陀文化的传承就一定能够突飞猛进。原因很简单，文化传承的根本仍然是文化，技术能够提高效率甚至改变文化的样态，但它却无法改变文化的基因和本质内容。因此，应该是技术适应文化，而不是文化适应技术。同样地，布洛陀文化可以通过英译走向世界，也可以通过互联网走出国门，但其关键之处还在于切实把握布洛陀文化的真正内涵以及对布洛陀文化的正确理解和解释，甚至是对布洛陀文化的解释的解释或多次解释。

综上所述，布洛陀文化是以麽教信仰为核心的圈层民间文化，它有自己的时空维度和文化场域，在传承布洛陀文化的过程中要切实把握布洛陀文化的真正内涵，确保传承过程中的文化本真性，恰当运用当代新媒体和声、影、光、电、传、印等技术，在正确理解和解释布洛陀文化的基础上传承布洛陀文化，才能促进布洛陀文化生态的良性循环。

〔廖杨：华南农业大学公共管理学院教授、博士〕

---

① 参见廖杨、蒙丽：《民族民俗旅游的时空维度和文化场域》，《广西民族研究》2011年第4期。

始祖信仰与族群认同研究
——以壮族布洛陀文化信仰为例

罗彩娟

壮族的根在哪里？这是众多壮族同胞都在苦苦追问的问题。十多年来，人们似乎对这一问题有了答案，那就是把田阳县敢壮山当作壮族的发源地。这种共识主要得益于人们对壮族始祖布洛陀的的信仰。"共同心理是形成民族的又一重要特征。壮族民间古来共同信奉布洛陀为始祖，尤以壮族聚居区的红水河流域，右江流域直至其上游的云南文山一带以及左江流域的壮人信仰更为诚笃。布洛陀乃壮族原始宗教创世神。这种信仰是一种原始凝聚力。"[①] 因此，只有弄清楚布洛陀信仰的内涵和外延，才有可能更为清晰地理解田阳县壮族的族群认同问题。

学者们普遍认为布洛陀文化是壮族宝贵的文化资源，田阳县敢壮山是壮族始祖布洛陀的遗址，是壮民族的精神家园。对布洛陀文化进行研究的论著成果丰硕，主要集中在"对布洛陀文本资料的收集整理、对布洛陀文本的解读、对布洛陀信仰展开调查研究、对布洛陀文化进行保护与开发的研究"等四个方面，然而对布洛陀的研究在深度和广度上还有拓展的空间。笔者认为，触及到布洛陀文化的核心内涵和价值的研究还较少，更鲜有探讨布洛陀文化对于提升壮族认同的价值和意义。梁庭望提到："布洛陀文化是壮族原生文化的'三角洲'，所有漫长历史的奔涌江河和涓涓细流都在这里汇合，形成了壮族从氏族社会迈向文明社会时期社会文化的渊薮，而以布洛陀为其代码和符号。"[②] 基于此，我们无论从哪个角

[①] 张声震主编：《壮族通史》，民族出版社，1997年，第590页。
[②] 梁庭望：《布洛陀文化——壮族价值观的摇篮》，《宗教与民族》2006年第4期。

度挖掘布洛陀文化的价值都异常重要。

进入田阳县城一条主干道,一边路旁草地上的"壮族发源地——田阳欢迎您"几个大字映入眼帘,向世人昭示这是壮族的发源地。同样,在田州古城,笔者也注意到了写着"壮族,从这里走向世界"的巨幅广告牌。该县县志办的潘老说:"我们这里所有的壮族文化都是布洛陀文化繁衍出来的。"田阳县无处不以壮族发源地的姿态面向世人。本节将透过田阳布洛陀信仰的历史和调查现状来阐述布洛陀文化对于壮族的族群认同的强化所具有的核心凝聚力。

一、信仰圣地:田阳敢壮山

田阳县地处右江中游,东与田东县接壤,南与德保县相连,西与右江区相邻,北与巴马县接界,总面积2394平方公里,分南部石山区、北部土山区和河谷平原三类地形地质。全县辖9个镇1个乡,设有152个行政村、4个社区,总人口35万人。居住着壮、汉、瑶等12个民族,其中壮族人口占89.7%。田阳是壮族始祖布洛陀的故乡,是西南出海大通道的重要交通枢纽。

据称,2002年8月,田阳大地刮起了一股关于"布洛陀"的文化旋风,电视、网络、报刊等媒体围绕田阳的"布洛陀文化"展开了地毯式的报道,几乎是一夜之间,田阳敢壮山扬名海内外。敢壮山是壮族民众心目中的圣山,敢壮山上的天然岩洞是传说中壮族人文始祖布洛陀的圣府。以田阳敢壮山为中心的整个右江河谷,是布洛陀文化蕴藏最深厚的区域。[1]

其中,谢寿球在《广西政法报》以"寻找壮民族的发祥地:壮族始祖布洛陀遗址寻访记"为题对敢壮山做了鼓舞人心的介绍。分别以"重大突破:右江盆地是壮族古代文明发祥地、惊人发现:壮族始祖'家'在田阳、口碑如林:布洛陀故事代代传、文化遗产:中华民族永远的财富"为四大标题介绍了作为布洛陀遗址的敢壮山。[2] 因此,敢壮山被认为是右江流域壮族人民心目中的圣山,布洛陀祭祀是颇具地域特点的民间信仰,包含着丰富的文化内涵,很值得关注和研究。[3]

---

[1] 黄桂秋:《朝圣纪略:敢壮山祭祀布洛陀的历史成因及其活动内容》,载覃乃昌主编:《布洛陀寻踪:广西田阳敢壮山布洛陀文化考察与研究》,广西民族出版社,2004年,第45页。

[2] 谢寿球:《寻找壮民族的发祥地:壮族始祖布洛陀遗址寻访记》,《广西政法报》2002年8月22日第8版。

[3] 日生:《敢壮山与布洛陀祭祀》,《中国宗教》2006年第11期。

那么敢壮山到底是一座什么样的山，何以被称为"圣山"？我们将从名称、传说故事及其作为祭祀布洛陀的空间等多方面来加以阐释。

（一）名称之争："春晓岩"或"敢壮山"

敢壮山曾经又被称为"春晓岩"。《壮族百科辞典》关于"春晓岩"词条如下：春晓岩位于广西田阳县城东7公里左右的百育乡六联村那贯屯山顶上。因这里终年翠绿，故又名春晓岩。相传，古时有一对壮族青年男女相爱，但土官不让他们成婚。他们便到这里以死殉情，死后化为两只鸟在树上栖息繁衍。每年农历三月初七至初九，方圆几十里的青年男女都来这里对唱山歌，纪念这对情人。春晓岩歌圩至今犹盛。[①]

1999年出版的《田阳县志》关于"春晓岩歌圩"的介绍也与上述相类似：

"春晓岩位于那县百育镇六联村那贯屯后背山上，离县城约6公里。据说明朝时，附近村屯有一对青年男女酷爱山歌，经常对唱山歌到大半夜，久而久之，彼此情投意舍，订下百年之好。双方父母认为对歌订终身伤风败俗，极力反对这门亲事。那对男女于农历三月初八日夜晚登上春晓岩。对了一阵山歌后携手跳崖。为了纪念这对男女青年，每年农历三月初七、初八、初九，附近男女青年成群结队上春晓岩对唱山歌，春晓岩歌圩由此形成。"[②] 故而，春晓岩被当成是纪念殉情的情人。

另一种说法是，相传明朝时期，江西有个地理先生名叫郭子儒，一生研究阴阳八卦，爱探风水宝地，在他晚年的时候带着几个弟子从江西顺着"龙脉"到云南探风水，后又从云南顺着"龙脉"进入广西。当郭子儒和他的弟子登上敢壮山时，经过反复察看，最后认定他所要找的"龙头"就在敢壮山。找到"龙头"，郭子儒兴奋不已，他拿出笔墨，在敢壮山的岩壁上书写"春晓岩"三个大字，还题了一副对联：春日初升风景朗开催燕语，晓风微动露花轻舞伴莺啼。[③]

然而，时至今日，田阳人普遍认为应该叫"敢壮山"，而不是"春晓岩"，在他们看来，"敢壮山"就是壮族人居住的山洞的意思。田阳县布洛陀研究会黄明标会长跟我们谈到了敢壮山和春晓岩同指一地的不同地名的来历：

---

① 潘其旭、覃乃昌：《壮族百科辞典》，广西人民出版社，1993年，第623页。
② 覃绍宽、陈国家：《田阳县志》，广西人民出版社，1999年，第846—865页。
③ 潘敏文：《壮族始祖布洛陀》，《田阳文史》第七辑，2006年，第98—99页。

黄：敢壮山，就是壮人居住的岩洞山。春晓岩是后来的，所以很多人跟我反驳，怀疑我啊。其中我们县一个老领导，是百育那一带人的，他说本来叫春晓岩吗，怎么就来一个敢壮山。我说你用壮话把春晓岩三个字念出来。念不出，我说你输了。这个小孩都懂得，春眠不觉晓，处处闻啼鸟。我们要考证一个地名，是不是原始地名，是本民族的地名，你首先考虑它，能不能用本民族语言念出来。像刚才讲洛，就是山谷。我们山沟就叫洛。像田阳两个字，壮话就讲不出来了。这就是后来的地名。

罗：以前也不叫田阳，是吧？

黄：叫不出来了。这就不是原始地名，是官方命名的地名了。敢壮山，后来怎么有一个春晓岩的名称，是后来传说明朝的时候，有一个地理先生到这里来，顺着这个龙脉，早上来到了这里，后来他上山的时候，正好是早上，太阳刚刚升起来，山下有鸡叫，他的灵感来了，就命名春晓了，就变成春晓岩了。但是呢，我们也考证，到处找，我当了16年的博物馆的馆长，我亲自爬到山上每一个地方去看了，都找不到这几个字，我很想找到这几个字。他们说在上面题词，刻在山上，我到处找了，老人我都找了，就是没有找到。这是传说归传说。这个春晓岩跟敢壮山，敢壮山是翻译过来的。现在大家也没有说什么了。原来很多本地人都有一些，甚至有些年轻的40来岁左右的说我都不懂，你怎么可能懂。为什么？布洛陀的故事是靠口头传说传下来的，现在都没有人讲了，连电影都没有人看了，你怎么可能懂。像我们那个时候，我们小的时候，没有电影，没有戏，晚上吃完饭干什么啊，就是老人家给小孩讲故事了。小孩调皮一点的，就讲那些恐怖的故事，让你晚上不敢出门了。好一点的就讲这些传说故事了。那你现在谁还讲故事啊。山歌也没有人唱，不用说故事。电影，现代的的，电影都没有人看了。大家在家里看电视都看够了，还看电影干什么。所以跟社会的情况不一样的。所以你不懂是正常的。没有人跟你讲了，你不懂。现在连语言都消失了，不要说这事，壮语很多都消失了。所以现在讲来讲去，推广普通话，变成全国只讲一种话。这是很危险的。

黄会长通过自己小时候听到的传说故事，给我们生动阐述了敢壮山、五指山的传说，同时还暗含了布洛陀和姆六甲这一对夫妇在念子心切的情境下，以人尿混合泥巴捏成五个孩子的模样，但是一开始不分男女，后来因为布洛陀回来，手上分别提着辣椒和杨桃，五个孩子来抢，抢到辣椒的变成男孩，抢到杨桃的变成女孩。人类的性别区分、性别关系由此出现，辣椒和杨桃都因其不同的模样隐喻男女不同的生殖器，从而作为男性和女性的区分象征物。这一神话故事衍伸到人们在祭祀活动中所使用的祭品。笔者在2014年布洛陀祭祀大典上就看到人们挑来的祭祀布洛陀的祭品中分别有辣椒和杨桃，当时也很纳闷，为何这些东西也能成为祭品？如今才明白各种缘由。这个故事还告诉我们人类最初对性别的区分也一样是来源于布洛陀，是布洛陀让人类区分男女，这与其他故事有相似的地方，即布洛陀作为一种造物主的始祖形象凸显出来。

"孩子长大以后，布洛陀制造的天地越来越宽，物种越来越多，于是，他把孩子们由近而远，分派到新天地的各个山头建家立业，繁育后代。而最早走下敢壮山的孩子，布洛陀安排他们在山脚下的那片田峒'贯淋种那'、'造曼'（壮语，'贯淋'意即戽水，'种那'意为种田，'造曼'意为造村屯）。布洛陀给这个敢壮山下最早的村子取名叫"那贯"。接着，他又将孩子、孙子们先后送到了"那了、那宁（养小狗）、那大（做小孩背带）、那笔（养鸭）、塘布（织布村）、那务（养猪）、那骂（养狗）、那花、塘鹅（养鹅）、那咩（养羊）、那怀（养牛）、那割（青蛙）、那厚（稻米）、那菜、那豆、那楼、那鸡……"等等，自成村屯，生儿育女，繁衍万物。"[①]

这个传说故事还给我们解释了周边壮族地名的来历，更加凸显其神圣性。

黄会长从壮语发音的角度来解释为何叫敢壮山而不是春晓岩，有一定的道理。在谢寿球和农超的文章中，同样认为应该是称为敢壮山，春晓岩是地理先生后来改的名字。"敢壮又名春晓岩，这个名字据说是明朝江西的地理先生郭子儒起的。郭子儒为皇帝寻找风水宝地来到田阳，发现敢壮山的奇异景观后赞叹不绝，称为宝地，他给敢壮山改名春晓岩，并题写对子：'旭日初升漫道霞光催燕舞，晓风微动满山花朵伴莺啼。'春晓岩林木葱郁，景色秀丽，是田阳县古代著名的八景之一。"[②] 而在壮族的布洛陀经诗中，则认为敢壮山是祖先布洛陀居住的地方。"公公的家在山上"、"公公的家在岩洞里"、"公公的家在歌圩旁"等，和敢

---

① 新华：《布洛陀与敢壮山的传说》，《西部论丛》2006年第9期。
② 谢寿球、农超：《寻找壮民族的根——壮族始祖布洛陀遗址寻访记》，《田阳文史》第六辑，2002年，第4页。

壮山特征十分吻合。

　　名字对于族群认同来说，有着非同一般的意义。"在我们的现实经验之流里面，林林总总的名字逐波其上，名字的实用价值则于其间起起伏伏。当族群认同处于重新发现、改头换面与自我肯定之际，名字就会以某种方式不断作祟。一个国家、一个个人、一个群体的名字，背负的是它整个过去的资产。在族群认同中，名字虽然不是核心部分，但却可以引导我们找到核心，引导我们深入核心内部的历史、渊源与感情。"[①] 所以，对于人们朝拜的这种圣山，为何存在到底是春晓岩还是敢壮山的名字之争，争论的结果当然是"敢壮山"这个极具壮族语言文化特征的名字获胜，无论是官方，还是媒体的宣传，甚至是大多数具有强烈壮族认同感的壮族学者都使用"敢壮山"这个名字，而不是"春晓岩"。"春晓岩"来源于一个地理先生基于春天早上发现这一风水宝地的传说故事，与壮族没有任何关联，而"敢壮山"三个字的含义被认为是"壮人居住的岩洞山"，承载着壮族"整个过去的资产"。

　　同样，敢壮山周边村落的名字也具有类似的族群认同意义，在这个重新发现或者说肯定和强调壮族认同的时代，其对于凝聚族群共同体具有不可估量的作用。

（二）祭祀圣山：布洛陀文化的展现空间

　　如今的敢壮山已被视为布洛陀遗址，祭祀布洛陀的圣地。据了解，2002年，有关壮学专家和学者来到田阳考察、考证后，认定田阳敢壮山是传说中的壮族创世始祖布洛陀的重要纪念地和精神家园。敢壮山山脚下是一个空旷开阔的祭祀平台，每年的布洛陀祭祀大典在此举行。祭祀广场左边是布洛陀文化陈列馆，该馆是了解和宣传布洛陀文化的一个重要展示场所，展示馆里图文并茂，内容丰富。

　　敢壮山周边的村庄也被认为是与布洛陀有关，村名的由来得以反映布洛陀创造万物的有关表述。那宁村在敢壮山东南约1公里，"宁"在壮语中指"小狗"，"那宁"是养小狗的地方。据传说，布洛陀时代，人口繁衍迅速，小孩越来越多，随处大便，又脏又臭。布洛陀见状，决定安排一种动物吃屎，以消除屎患。恰在此时有人报告：猪和狗在一起耕作时，猪不吭不声，做的很卖力，而狗只叫不

[①] 哈罗德·伊萨克：《族群：集体认同与政治变迁》，邓伯宸译，台北立绪文化事业有限公司，2004年，第112页。

做，还在人面前乱讲猪的坏话。布洛陀听后，便罚狗吃屎，让狗嘴巴臭而羞于启齿。布洛陀又叫人们专门在一个地方养狗。这个地方就是现在的那宁村。由于有了狗，小孩粪便得到及时清除，环境卫生大有改观。

所以，那宁村村名的来历就在于布洛陀教人们在这个地方养狗，从而改变人们居住的环境卫生，为感激和纪念布洛陀的功劳，人们把这个地方取名为"那宁"村。另外，那贯村的村名是人们为铭记布洛陀造溪水来帮助人们灌溉农田的村名，而那瓦则是遵照布洛陀的安排，以种花为主的村名。祭祀时按先来后到的顺序，一般离敢壮山较近的村先到先祭，如那贯、那务、那骂、那宁、那笔、那哒、那米厚（一个字）、那花、那怀、塘汉、塘布等，这些村寨不仅距离敢壮山近，而且传说这些村寨的名称来历都与布洛陀有关。[1]

敢壮山上有母娘岩、祖公庙、望子岩、鸳鸯泉、圣水池、蝗虫洞和封洞岩等祭祀场所或景点。这些名胜古迹都和布洛陀有关。据了解，相传祖公祠是布洛陀居住和给壮族先民消灾解难的地方；母娘岩是姆洛甲居住和教化壮族妇女的地方；将军洞是众神将居住的地方，这些神将负责守护敢壮山，守护布洛陀与姆洛甲；封洞岩是布洛陀将吃稻谷的蝗虫封在那里；通天洞是布洛陀观察天象、接待天神的地方；鸳鸯池是人们来到敢壮山时饮水的地方，相传过去赶歌圩的男女青年只要饮上鸳鸯池里的一口水，就能连续对歌三天三夜，嗓子清凉如初。[2]

因此，敢壮山是传说中布洛陀和姆洛甲的容身之所，其独特而又丰富的文化内涵。许许多多的故事传说以及山脚下每一个与布洛陀有千丝万缕关系的村落，都说明了敢壮山是布洛陀文化的展示和传承空间，更是壮族人心目中无可替代的祭祀布洛陀的圣地。

在田阳敢壮山上，每个月的初一和十五，人们纷纷来到祖公祠和母娘岩前烧香祭拜，缅怀祖公布洛陀和母娘姆洛甲，以求得幸福安康。更令人难忘的是一年一度的布洛陀祭祀大典在此举行，即每年农历三月初七、初八、初九这三天。前来参加的人不仅有田阳人，还有周围百色、田东、德保、巴马、凤山、东兰、隆安、田林等十几个县的群众都络绎不绝地汇聚敢壮山，近年来，还有来自云南、贵州、泰国等自认为是布洛陀后代的子子孙孙们，形成了万把香火敬祖公的壮观

---

[1] 黄桂秋：《朝圣纪略：敢壮山祭祀布洛陀的历史成因及其活动内容》，载覃乃昌主编：《布洛陀寻踪：广西田阳敢壮山布洛陀文化考察与研究》，广西民族出版社，2004年，第62页。

[2] 潘敏文：《布洛陀文化探索》，载《社科通讯》特刊2011年第1期，第203页。

场面。祭祀活动由当地德高望重的壮族麽公主持，各村寨按先来后到的顺序上香祭供，麽公带领众人高声念诵祭词，感谢祖公布洛陀赐给丰收、保佑百姓平安幸福。祭祀完毕，众人上山，一路燃香至祖公庙前还恩许愿，于是，我们看到从山脚到山顶一道烟雾缭绕的香火长龙蔓延而上，宛如仙境。三月初七祭祀仪式结束，便开始举行歌圩活动，歌圩活动连续举行三天，人山人海，三五成群对唱山歌，是广西最大也是最早的歌圩。

仪式过程中，不可避免的要使用语言，但是与口头的讲述相比，仪式中的语言是更加固定化的。以上面的进贡仪式为例，人们在向布洛陀进贡的时候所使用的语言，体现出强烈的模式化特征。各村的贡词，只有村名不同，其他内容基本上是一致的。例如：

那贯村的贡词：

> 从前，造水造在那贯村，祖公造初始，祖母造前世，今天来祭拜祖公，今天猪羊来敬祖公，子孙真心，敬献给祖公，有心给祖公吃。这里，酒茶敬献给祖公，礼品薄，祖公莫见怪，给祖公领去吃，祖公祖母来吃。今天那贯村敬祖公，祖公造水浇进田，旱田可以种稻谷，都是祖公神主来造开头（初始）。

那务村的贡词：

> 从前，造水造在那务村，祖公造初始，祖母造前世，今天来祭拜祖公。今天挑猪来敬祖公，子孙真心，敬献给祖公，有心给祖公吃。这里，酒茶敬献给祖公，礼品薄，祖公莫见怪，给祖公领去吃，祖公祖母来吃。今天那务村敬祖公，祖公造成猪在那里，每月产下九栏与十栏猪仔，都是祖公神主来创造。

笔者于2014年前往敢壮山参加布洛陀祭祀大典，亲眼目睹了这盛大的场面。人头攒动，气氛热烈，我们充分领略到了作为珠江流域人文始祖的布洛陀在壮侗语民族中具有无可比拟的地位。布洛陀形象渗透于壮族文化的诸多领域，如果说田阳壮族物质文化以"那文化"为核心，那么其精神文化就是以"布洛陀文化"为核心。布洛陀已经成为壮侗族群文化的象征符号之一。①

作为壮族文化象征符号的布洛陀对于增强壮族的凝聚力有着非同一般的意义，因为"布洛陀越神圣，地位越崇高，壮族的自信心和认同感便越增强，他们以布洛陀的伟大而自豪，以共同崇敬布洛陀而亲近和团结。布洛陀信仰极大地强化和延续了壮民族血缘的纽带，民族意识由此得到培育，壮族共同体也由此而更加巩固"。② 那么，我们不禁要问，人们在敢壮山上隆重朝拜的布洛陀到底是一个什么样的神话人物呢？他在人们心目中的形象又是怎样的呢？敢壮山是朝拜布洛陀的祭祀空间，作为祭祀主体的布洛陀是我们不可忽略的方面。

二、布洛陀：壮族的人文始祖

2007年3月12日晚间，CCTV-10频道"探索发现"栏目播出了一期节目，名字为"寻找布洛陀"。据介绍，这是一部充满了"爱国主义"情愫的历史探索专题片。这期节目，在广泛的范围内介绍和展示了壮族的布洛陀文化，使更多的人知道布洛陀是一个始祖神，在中国西南地区珠江流域，尤其是在壮族民间，"布洛陀"的地位相当于北方人的黄帝与炎帝。

覃乃昌认为布洛陀是珠江流域原住民族的始祖，是与炎帝、黄帝并列的中华民族三大人文始祖之一。③ 这也是绝大多数壮学学者们公认的观点。

（一）布洛陀释义

"布洛陀"这一极具民族特色的壮语音译名称到底是什么意思，蕴含怎样的涵义？学界和民间一直有不同的解释。据称，这个名字在壮族里有多种读音，且含义不同，如 bouq luegh daeuz，意为"山里的头人"；bouq luegh doz，意为"山里的老人"；bouq loegh daeuz，意为"鸟的首领"；bouq lox doh，意为"无事不知晓的老人"；bouq cauh bwengz，意为"造天地的祖父"；等等。④

---

① 郝时远、任一飞主编：《田阳县壮族卷》，民族出版社，2008年，第290—291页。
② 牟钟鉴：《从宗教学看壮族布洛陀信仰》，《广西民族研究》2005年第2期。
③ 覃乃昌：《布洛陀：珠江流域原住民族的人文始祖》，载覃乃昌主编：《布洛陀寻踪：广西田阳敢壮山布洛陀文化考察与研究》，广西民族出版社，2004年。
④ 李富强：《布洛陀崇拜与壮族认同》，载覃彩銮主编：《布洛陀文化研究——2011年布洛陀文化学术研讨会论文集》，广西民族出版社，2013年，第187页。

覃乃昌提出，布洛陀的含义按壮语有三种解释：一是通晓法术并善于施法的祖神；二是指知道事理最多的祖公；三是身为孤儿的祖公。① "布洛陀"（pau⁵ lo⁴to²）为壮语之汉字音译，在壮语中有几种解释：一是指懂得事理最多的祖公，在神话传说中，称其为无所不晓、无所不能的创世神，这里"布"即祖公，"洛"即通晓，"陀"即全部、足够的意思；二是通晓法术并善于施法的祖神，其中"布"是指地位崇高的祖公；"洛"即通晓、会做，"陀"是"法术"、"施法"；三是身为孤儿的祖公，这里"布"即祖公，"洛"（lwk⁸）即"孩子"，"陀"（tok⁸）即"单独"、"独自"之意。因此，可以说"布洛陀"意为一个知道很多、很会施法的老人或祖公。自20世纪80年代初期，在搜集整理和公开出版的资料中，开始用"布洛陀"一词，以后在出版物中多采用这三个字。② 但覃乃昌提出自己的观点，认为"布洛陀"的解释应是居住在山间场的通晓并会施法术的祖公或居住在岭坡谷地中的通晓并会施法术的祖公。③

田阳布洛陀研究会会长黄明标认为其他学者把布洛陀当成懂得很多事情的祖公的看法是有问题的。他说："很多人解释，布洛陀是懂得很多东西的。这个洛不是懂得的意思，就是山谷，山沟的意思。在山沟里创业的老祖宗就是布洛陀。所以他们自己呢，这些壮学专家呢，自己否定了自己，那些古壮字词典里面有解释。这本古壮字词典里，解释洛就是山沟，就是山谷。在这里又说是懂得，词典又没有。你说是以哪个为准，不能随意。而且在山谷里面也符合他的来历，布洛陀就是农耕时期产生的，农耕早期没有水利条件下，就是在山沟里面才有水。有水才能种东西。这个也不是乱想出来的。跟自然环境也有关系。我这里有这个字的解释。对，已经有解释，洛，就是山谷、坡谷的意思。不能随意的。他是根据现代的音，就往这方面去想，说是懂得。我的解释就是，布洛陀就是在山谷里面创业的老祖公。"

虽然上述几位学者都对布洛陀三个字的解释，收集整理不同的观点，并形成自己的看法，由于壮族读音的多样，导致了不同的解释文本，但是我们认为这些都是人们对于布洛陀这一人文始祖的美好想象，正如黄明标会长所说的那样，按照古壮字词典的翻译，或许把布洛陀译为"在山谷里创业的老祖公"更符合壮文

---

① 覃乃昌：《布洛陀文化体系述论》，《广西民族研究》2003年第3期。
② 郝时远、任一飞主编：《田阳县壮族卷》，民族出版社，2008年，第271页；覃乃昌：《布洛陀文化体系述论》，《广西民族研究》2003年第3期。
③ 覃乃昌：《布洛陀文化体系述论》，《广西民族研究》2003年第3期。

原意，也更能表达壮族先民的生活方式和生存经济模式。但无论是取哪一种解释，绝大多数学者都坚持认为布洛陀就是壮族的人文始祖，对壮族的认同有不可替代的作用。

（二）作为人文始祖的布洛陀

壮族以及南岭地区的壮侗语族甚至是分布在东南亚的一些与壮侗语族同根生的民族都把布洛陀当成本民族的人文始祖。覃乃昌把布洛陀界定为珠江流域原住民族的人文始祖。在他看，"人文始祖是指人们在观念上认同的最早的祖先。他有几个特点：一是他可以是有世系可考的，也可以是无世系可考的。二是认同他的人可以有血缘上的联系，也可以没有血缘上的联系，一般是一个民族，或者是一个族群。三是人文始祖一般是神话人物，或者是一个传说人物，并且传说在历史上为认同他的民族群体作出过重大贡献，特别是在文明和文化创造上的贡献。因此，人文始祖实际上是人们在文化上认同的祖先"。[①] 布洛陀完全具备上述三大特点。因其在壮族人心中，是一个创世神、始祖神、宗教神，这样一个神话人物，在壮族传说中，为壮族做出过重大贡献，壮族人文化上认同的祖先。如今，这一观点已得到壮族精英一致认可，在珠江流域，尤其是右江流域一带深入人心，布洛陀的始祖地位已经不可撼动。

张声震先生作为壮学界的领军人物，他指出布洛陀文化的核心是广西壮学学会、《壮学丛书》对它的三个定性：1.布洛陀是壮族的人文始祖，这是它的民族性。民族是由血缘、文缘、地缘构成的，人文始祖是民族心理、民族认同的标志。2.布洛陀是壮族的创世神，要弘扬布洛陀的创造精神。3.布洛陀是壮族麽教信仰的至高神，是壮族传统宇宙观、人伦观、道德观的规范者。[②]

笔者在田阳调查期间，也访谈了不少长者，他们都认同这一说法。依据上述覃乃昌的解释，能成为人文始祖，必定是对这个民族的文明起源和发展起到举足轻重的推动作用，并被人们视为文化英雄之神话人物。布洛陀就具备如此一系列作为文化英雄的能力和素质。无论是在人们口耳相传中，还是在布洛陀信仰的典籍《布洛陀经诗》中，都有数不胜数的有关布洛陀创造万物的传说和记载。

---

① 覃乃昌：《布洛陀：珠江流域原住民族的人文始祖》，载覃乃昌主编：《布洛陀寻踪：广西田阳敢壮山布洛陀文化考察与研究》，广西民族出版社，2004年，第315—316页。

② 张声震：《2011年田阳布洛陀文化学术研讨会开幕式致辞》，载覃彩銮主编：《布洛陀文化研究——2011年布洛陀文化学术研讨会论文集》，广西民族出版社，2013年，第3—4页。

布洛陀的文化英雄形象深入人心，人们把人类几乎所有创造发明都归之于布洛陀。布洛陀的功绩可以归纳为：1. 开天辟地，创造万物。2. 造火盖房，种养纺织。3. 安排秩序，制定伦理。4. 创造文字，慰藉心灵。①

在《麽经布洛陀》中，布洛陀不仅赋予人类以生命，还发明各种生产工具，教会壮民各种生产技能，带领着他们进行各种各样的劳动创造，从而战胜了强大的自然力量，使壮民族得以生存与繁衍。造火、造田、造稻谷、造牛、造狗、造鸡、造水车、造屋、造干栏、造衣服、造祭仪、造文字，人民把一切的发明创造都归功于布洛陀，并把他神化，从而使布洛陀成为壮族人民心中的文化英雄，"文化英雄为一民族社团之理想的象征"。②

正是因为布洛陀具备了文化英雄和祖先的意涵，因此才被公认为壮族先民的人文始祖，受到壮族人民的顶礼膜拜。人们对布洛陀的信仰和崇拜主要表现在这些方面：1. 建布洛陀庙。2. 在家里设布洛陀神台神位，在门口贴上布洛陀平安符。据说，以前有不少壮族家庭，在家里设置布洛陀神台神位，每逢年过节，家家户户在门前贴上布洛陀平安符。这些习俗，一直保留到解放初期。3. 以布洛陀名字或故事起地名、山名、物名等。如田阳县田州镇东江村有一片古老的田峒叫洛陀峒。这些年来，有些厂家生产的产品用布洛陀名字来命名，如布洛陀酒、布洛陀米、布洛陀香火等。4. 以大榕树作为布洛陀神主的象征。5. 有病有难求布洛陀解除。6. 对布洛陀的虔诚朝拜。在壮族地区，很久以来人们一直朝拜布洛陀，每逢年过节，人们把布洛陀当作最高的神来供祭、来朝拜。如上所述田阳敢壮山布洛陀祭祀大典即是代表。③

在建布洛陀庙上，最著名的要数敢壮山的"祖公祠"。据民间流传，早在唐朝时候，人们就在敢壮山建"祖公祠"，即布洛陀庙，以表示对布洛陀的怀念、敬仰和崇拜。其实，除此之外，在玉凤镇玉凤村亭怀屯、百乐屯，头塘镇百沙村等也建有布洛陀庙。玉凤镇亭怀山有一根圆柱形的岩石，附近的人说那是布洛陀的生殖器。每逢年过节，人们到布洛陀庙去烧香、祭拜、祈祷，以求幸福安康。

笔者于 2016 年 1 月到玉凤镇调查，亲眼见到了位于玉凤镇长寿山的布洛陀庙和位于停怀村的布洛陀文化遗址。地方精英玉凤镇文化站原站长黄告诉我们：

---

① 罗树杰：《布洛陀与壮民族的精神家园》，载覃彩銮主编：《布洛陀文化研究——2011 年布洛陀文化学术研讨会论文集》，广西民族出版社，2013 年。

② 马昌仪：《文化英雄析——印第安神话中的兽人时代》，《民间文学论坛》1987 年第 1 期。

③ 潘敏文：《布洛陀文化探索》，载《社科通讯》特刊 2011 年第 1 期，第 11—12 页。

"停怀有遗址。他那里也是这样,是男人的生殖器,出来很像,别人都去崇拜这个,宣传部有个干部说,中国人对生殖器比较关心。布洛陀造人,所以过去就不给女人经过那里,现在可以。男人经过那里要脱帽子,要下马,要尊重布洛陀。在遗址下面,山下面,有个洞,跟百乐的金矿吻合,而且四面山,每座山都向布洛陀低头,真奇怪,那里的地理位置也很好,就是它前面有座山挡住。所以不能做得像敢壮山那样规模壮大,布洛陀的真正遗址就是百乐、停怀。但是由于场地不够,就把它改在敢壮山。"[1]

他还解释了为什么如今的亭怀村不如敢壮山那样为世人所知。并不是这里没有布洛陀相关遗址和故事传说,而是因为场地太窄的缘故没法聚集这么多人才如此。在他看来,布洛陀的真正遗址是玉凤镇的百乐、停怀两个村。另外位于百乐村的长寿山,其来历也与布洛陀有关,长寿山上建有布洛陀庙,庙里供奉着布洛陀和姆洛甲神像。长寿山的来历如下:

长寿山原名停怀谷,1956年以前归万岗,今巴马县所辖,是前往巴马世界长寿之乡的必经之路,也是长寿之旅的途中驿站,故取名长寿山。

长寿山面积大约300亩左右,到目前为止,人们发现了山中有三奇:一是三泉,金水泉、长寿泉、停怀泉,二是三洞:传说是壮族的创始人布洛陀和姆洛甲专用的沐浴洞、更衣洞、休闲洞;三是三庙,经百乐群众集资60多万元建造的岑氏庙、布洛陀庙、观音庙。长寿山因三泉、三洞、三庙而闻名。

传说很久以前壮族人文始祖布洛陀、姆洛甲在停怀屯造金造银,造牛造马,马造多了,没地方放,布公便到长寿山开辟了一个停怀亭,用于放置牛马。其便住在休闲洞,洗在沐浴洞,穿在更衣洞。当时由于缺水,为了解决人畜饮水问题,布公便将金母投入雨水中,岂知金水流了十里,金水泉因此而得名,如今开采看到百乐金矿充分印证了这一点。布公见人畜饮水均要下山方能喝到,上下山不方便,故又在山顶撒下寿母,造了长寿泉,在沐浴洞内,长寿泉含钙量高,人喝了浑身有劲,还能益寿,长命百岁,因此这里与巴马便成了长寿之乡。

以上现象说明,对布洛陀的祭祀几乎遍及田阳县境,不止是人所共知的敢壮山。其他地方也都以各自的方式在他们的布洛陀庙或布洛陀遗址祭祀和供奉布洛陀。作为人文始祖的布洛陀信仰并非后人打造出来,而是长期以来在民间流传至今,有深厚的信仰土壤。

---

[1] 2016年1月21日,罗彩娟对田阳县玉凤镇文化站原站长黄正才的访谈,地点:玉凤镇黄站长家中。

(三)壮族文化之源:《布洛陀经诗》

从目前调查和收集的资料来看,田阳一带壮族民间流传或保存的有关布洛陀神话传说资料主要有两大类:一类是民间口耳相传的神话故事和风物传说;另一类是由民间麽公、道公或歌师将民间流传的有关布洛陀的神话传说故事收集、加工和整理,汇编成经诗唱本。

目前,将从民间收集到的布洛陀麽经汇编成书的主要有两本(套),一是由张声震任执行主编的《布洛陀经诗译注》,二是由张声震主编的《壮族麽经布洛陀影印译注》(共8册)。这是到目前为止收集布洛陀麽经篇数最多、译注最好的书。从中,我们可以了解布洛陀麽经的主要内容以及麽教的深远内涵。

《布洛陀经诗译注》收入布洛陀麽经28本,《壮族麽经布洛陀影印译注》收入布洛陀麽经29本。这些收集到的麽经内容非常丰富,涉及面广,主要包括布洛陀造天地、造人、造万物、造伦理道德、解除冤孽、消灾解难、祈祷安康,等等。

《布洛陀经诗》以宏大的篇幅和丰富的内容,被誉为壮族的"百科全书"。凡开天辟地、宇宙万象、大地万物、山川草木、禽兽家畜、社会制度、生产生活、衣食住行、神灵信仰、生育寿辰、婚配丧葬、修房建宅……均有述及,可谓应有尽有,堪称全景式、多层面地立体展示了壮族古代社会生活的图景,让我们了解初民们在与大自然进行长期艰苦的斗争中,不断加深对自然的认识。[①]

麽教认为,是神创造了天地,创造了人,创造了万物,创造了伦理道德等。所以《布洛陀经诗译注》中的《造天地》(一)开篇就指出:"三样是三王安置,四样是四王创造。"这里所说的"三样"就是指天、地、海洋,"三王"是指雷王、布洛陀、图额(水神);"四样"是指天、地、海洋、森林,"四王"是指雷王、布洛陀、图额、老虎。在《布洛陀经诗译注》的其它篇中,也反复出现这句话。

在壮族先民心目中,布洛陀是一位无所不知、无所不能的始祖神、创造神、智慧神、宗教神和道德神。《布洛陀经诗·序歌(一)》这么说:"世间万事布洛陀全知晓"、"三十座山坡的树林,也多亏布洛陀的功劳"、"天上照耀二十八座星宿,也全凭布洛陀的功德"、"创造天下军民众百姓,择日建仓起屋有经书,也全

[①] 覃彩銮:《布洛陀神话的文化内涵、社会功能及其价值》,载覃乃昌主编:《布洛陀寻踪:广西田阳敢壮山布洛陀文化考察与研究》,广西民族出版社,2004年,第140页。

凭布洛陀的功德"、"择定葬坟吉日有经书，耕田和种地有经书，也全凭布洛陀的功德"、"架桥和筑坝有经书，打醮和祭祀有经书，也全凭布洛陀的功德"、"人老了又赐予长寿，长寿全凭布洛陀的功德"。因为布洛陀无所不知，无所不能，因而壮族先民有灾有难，就请布洛陀祖神来消灾解难。《布洛陀经诗·序歌（一）》还有一段话这么说："哪家不生男育女，请布洛陀来就儿女满堂；哪家贫苦缺钱财，请布洛陀来就财源滚滚；哪家多灾祸病痛，请布洛陀来就病除消灾；哪一家招惹了灾祸，请布洛陀来就祸消灾散。"足见，布洛陀几乎是个全能的神灵，人们可以向布洛陀寻求各种帮助和庇佑。

此外，布洛陀经诗中还有大量教育后人如何做人，如何孝敬老人、叫人为善等方面有关伦理道德的内容。田阳县布洛陀文化研究会黄明标会长说道：

> 为什么我们不吃牛肉？这个和伦理道德有关系，我们过去远古时候人吃人的，人死了以后周围人就拿刀把死人的肉割下来吃的，后来有个叫董刚的小孩去放牛，看见母牛生小牛很辛苦，他回来就告诉他妈妈：妈，我今天去放牛，看见母牛生崽很辛苦。他妈妈说：孩子啊，母牛生崽很辛苦，妈妈生你们更辛苦，要怀孕九个月才生出你们来，现在还要辛苦做工把你们养大，牛生出来崽它不养的，吃几个月的奶就没事了，但我们还要把你养成人，从小孩子养到大了，才能够放手。于是董刚就想：既然父母亲那么辛苦，那他们死了以后我们怎么能吃他们的肉呢？这个良心过不去啊。后来他就把家里的木板拿来做了棺材留给父母，后来他母亲死了以后就被他放在他自己用板做的棺材里面。一直放到尸体发臭不能吃了，他才去告诉左邻右舍。我们过去报丧不是现在这样，是要去跪人家的，跪了以后才讲我妈怎么样了，不像现在一个电话过去说爸爸要走了，不是这样的。后来，各家各户都去拿碗拿刀准备割肉，董刚说不行，我妈的肉不能吃。然后人们就为这个事去问布洛陀，布洛陀说：父母养育我们很辛苦，我们要有养育之恩，他们死了不能吃他们的肉，要做棺材把他们埋葬。可以杀牛，把牛肉当做母亲的肉，把牛肝当做父亲的肝，就这样吃。后来，就到了一见到牛肉，就好像是见到了自己父母亲的肉，牛肉就不再吃了。所以，红白喜事牛肉是不上桌的。这个典故是这样来的，它是非常感人，非常富有伦理道德的。布洛陀说了，人死了不能吃他的肉，要拿去埋，要守灵，要披麻戴孝，守灵要等

梨花开了，梨花是白色的，它帮你戴孝，等到什么花开了，那个花是红的，等于说是香火，你就可以脱孝了，这就是守孝一年。①

因此，可以说，《布洛陀经诗》实为壮族的创世史诗，几乎每一部都从壮族人文始祖布洛陀开天辟地唱起。关于布洛陀创世，综合所有经诗，可以归结为四句话，就是开天辟地、创造万物、安排秩序、排忧解难。② 这也是壮族精神的高度提炼。《布洛陀经诗》从社会演化、宗教信仰、汉文化影响、伦理道德、古老风俗、朴素哲学观六个方面辨析布洛陀经诗。透过布洛陀经诗，我们可以更深入地把握布洛陀文化的博大精深及其在壮族社会的巨大影响力。

三、族群认同的神力：布洛陀信仰

作为一个人文始祖，作为一个神话人物，布洛陀无疑增强了壮族的族群认同感和促进了族群的凝聚力。李富强强调，布洛陀崇拜是壮族认同的重要标志。他在《布洛陀崇拜与壮族认同》一文中说："布洛陀崇拜是壮族认同的重要标志，田阳布洛陀崇拜的发掘和宣传，对于壮族布洛陀文化复兴发挥了重大作用，而壮族布洛陀崇拜的'全族化'反映了壮族认同和凝聚力的强化。反过来，布洛陀崇拜在壮族'全民族化'，也有助于壮族认同的强化。"③ 然而，学界和民间还是有一些不同的声音，他们更喜欢用编造或重构或重建等字眼来形容这场轰轰烈烈的祭祖盛典和宣传声势。

（一）布洛陀信仰重建或"编造"说

牟钟鉴先生在《从宗教学看壮族布洛陀信仰》中对壮族布洛陀信仰日进行研究的时候总结道："布洛陀信仰的复兴是一种比较典型的民族宗教信仰文化重构的社会现象，反映了传统的复苏、民众的需要和时代的特点。"

对此，时国轻在他的博士论文中将布洛陀信仰的重建归纳为三个阶段："第一阶段是自改革开放以来，敢壮山周边群众对敢壮山神灵世界的恢复和重建。在

---

① 2015年7月24日，罗彩娟对黄明标的访谈，地点：田阳县布洛陀研究会办公室。
② 梁庭望、廖明君等：《布洛陀——百越僚人的始祖图腾》，外文出版社，2010年，第125页。
③ 李富强：《布洛陀崇拜与壮族认同》，载覃彩銮主编：《布洛陀文化研究——2011年布洛陀文化学术研讨会论文集》，广西民族出版社，2013年，第194页。

这一阶段，山上的神灵世界以佛教的观音、弥勒佛和如来佛以及道教的玉皇、八仙和同属佛、道教的关帝等神为主，这一阶段的重建是当地群众对广义布洛陀信仰中创生性部分的重建，是一种自发的重建。第二阶段是2002年古笛先生发现"敢壮山是布洛陀遗址"后，经过文化公司的运作（媒体的宣扬、学者的认证），政府介入布洛陀文化旅游开发……在这一阶段，当地政府和专家学者试图重建的是狭义的布洛陀信仰，而对广义布洛陀信仰中的创生性部分清整和遮蔽，是自觉的重建。第三阶段是"共建"阶段，经政府、学者和当地群众之间的反复"博弈"，政府默许了群众自发重建阶段的神灵——关帝、观音、玉皇和弥勒佛等神的存在，群众也接受了布洛陀、姆洛甲和守护神，并参加对布洛陀像的开光、祭祀等活动。在第三阶段，经过各种力量的反复"协商"，布洛陀信仰重建过程进入新阶段，可以说在当地政府、学者和群众的"无意共谋"和"误解共致"中，广义的布洛陀信仰得到恢复和重建。①

在回顾上述有关壮族布洛陀信仰"重建"的观点之后，何其敏在《认识自我与认识当下——对布洛陀文化在中国社会中位置的思考》一文中，表达了自己的意见，尤其是对于如何解释这类重建现象方面，提出这个信仰体系在社会批判运动连续不断的年代，曾一度销声匿迹，被人们忽略、遗忘、冷落的原因很多，但今天布洛陀文化由衰至盛，出现"复兴"、"重构"、"兴盛"等现象却也不是民间信仰的魅力本身能够解释的。除前述提到的文化"共谋"之外，它能够兴盛的原因应该来源于社会提供的"异化场景"（这个"异化场景"即是他所说的中国的生活结构所发生的变化，个体主义倾向、社会身份认同的"断裂"以及观念和意识形态"碎片化"、生产方式变迁对生产关系的改变等）。在这样一个用碎片化形容的社会里，人们需要找到群体的支撑力量，找到群体行为发展的共同动机与动力。布洛陀文化的重构现象，则是顺应了这样的一个潮流，符合壮族民众增强自我认同的需要，使得布洛陀文化重建达到了将被打碎的碎片再凝聚起来的作用。

何其敏的讨论是非常有意义的，为我们找到这股文化热背后的原因，但是其前提仍然是建立在认同牟钟鉴、时国轻等人的观点基础之上，同样认为布洛陀文化热更多的是人为打造或者说重建起来的现象，而不是自然发展的结果。

同样，在《田阳县壮族卷》一书中，作者也认为，从布洛陀遗址的发现到认定的过程来看，存在一个人类学称之为"民族话语"的创造与"民族运动"的过

---

① 时国轻：《壮族布洛陀信仰研究——以广西田阳县为个案》，宗教文化出版社，2008年，第56—57页。

程。运用考古发掘和人类学田野调查方法来确认神话传说中的文化遗址,把田阳敢壮山作为"壮族的人文始祖"、"壮族文明的发祥地"甚至"珠江文明的发源地",由此得出的结论可能会有争议。[①] 但是作者也认为,布洛陀是否为壮族始祖,田阳是否为布洛陀"故居"抑或壮族文明的发祥地?在今天看来已经不重要,重要的是它能够回答我是谁,我从哪里来。所以,布洛陀是否真的是壮族的始祖,是否有充分证据证明其是珠江流域的人文始祖,都不重要,重要的是人们把它当成了始祖,认同它是始祖。因此,布洛陀已经成为一个符号,一个文化的符号,一个认同的符号。这就如同陕西的"黄帝陵",无论有多少争议,都不妨碍人们将之作为中华民族的始祖来祭拜。

(二)认同内核:布洛陀信仰

与这些观点不同的是壮学界学者和壮族地方精英们发出另一种不容置疑的肯定的声音。如黄明标会长在访谈中,明确地告诉我们,田阳壮族敢壮山布洛陀祭祀大典及相关的崇拜活动,完全是民间自发,是人们心目中长期以来对布洛陀文化的认同的表达。

> 黄:敢壮山布洛陀始祖朝拜不是今天才有,也不是近年才有,历史上就是老百姓祭祀始祖的地方。多少年来,远的不讲,我就讲我小时候,8、9岁的时候我第一次上敢壮山,看到的场景就是烧香朝拜,人们都是络绎不绝上山去。我第一次上敢壮山大概是1956年左右,我跟我姑丈一起去,走路去的。上山去,到姆娘岩那里,山上有一个岩洞,就是姆娘岩,以前都在那里朝拜,烧的香很多,很呛人,都进不去。但是很多人都进里面烧香,我看到的场景整个山都是烧香,山下唱歌,去那里首先都要烧香,老百姓从山脚,那怕是树根草丛,都一直烧,烧到山顶,这是没有什么人布置的。但是也奇怪,从来没有火烧山。
> ……
> 罗:以前是自发来祭祀?
> 黄:都是自发的。这样到了文革期间,尽管发生了文化大革命,79的思潮,但是也没有中断,人们都是偷偷摸摸地,白天不敢,晚上去。

[①] 郝时远、任一飞主编:《田阳县壮族卷》,民族出版社,2008年,第275页。

都不间断，到那个时候肯定去。都这样的。因为山上地方太窄，90年代末期就搬下来了。刚开始是老百姓自己搞一个，大概也就是一个一百多平米的平台吧，像舞台一样。就在那里朝拜。这个一百多两百米解决不了事啊。尽管比山上安全多了，不会跌下来了，但是解决不了事啊，后来逐步扩大。现在这个规模已经是第三第四次重修了。所以就是这样。①

黄会长从自己的亲身经历，他小时候的所见所闻，意在告诉我们对布洛陀的信仰不是今天才有，而是有着很长的历史。他陪同古笛先生到敢壮山考察，也是受古笛先生对布洛陀无比虔诚的崇敬之情所感染，作为一个年逾古稀的老人，古笛不顾身体安危，一定要上山去看看，并在敢壮山感慨地说自己找到了家，认了祖宗。经黄会长的描述，我们似乎能体会到当时古笛先生的那份激动心情，那份对壮族祖先的无比敬仰之心。后来所有的宣传工作也都基于这份认同感和归属感，而不仅仅是他人所说的无端建构和打造出来的造神现象。黄会长一再强调对于布洛陀信仰的发现，不是人为推动，而是基于其有广泛的群众基础。他说：

关于这个布洛陀的发现，不是发现，也不是人为去推动。你不相信，你别的的地方，你去组织看看得不得。必须有群众基础，有这个信仰，有这个基础，没有这个基础你做不来的。……这个你要说从哪一年开始，这是说不出来的。就是很久很久以前，我自己想呢，60年前我已经参加了，那时候我还小，我才8、9岁。我今年68岁，这不是假的，56年那个时候，到58年以后大炼钢铁，那座山也没有人砍，那是圣山啊。大炼钢铁那么厉害，都没有砍。

……

从九几年开始，群众越来越拥护，人越来越多。这几年贵州的，他们不是来观摩的，是拿东西来朝拜的啵。来了好几年了。他们以前自己偷偷摸摸的来的，不是那个节日来。我们不知道，后来他们讲我们才知道，他们来了好几次了。不是那个节日他们已经来好几次了。乐业的也来了。这些不是官方来观摩的，是老百姓自己来拿祭品来祭祀的。我们县内更不用说了，不仅仅是百育，不仅仅是田州，还有两边山区都来，

---

① 2015年7月24日，罗彩娟对黄明标的访谈，地点：田阳县布洛陀研究会办公室。

有些想来,不知道要找谁。不知道要找谁才能去。田东也来了,这是我们县里面的。国外的,泰国,我上个星期刚刚去百色见那个教授,在百色学院,他回去了。去看他,他已经来过好几次敢壮山了,来朝拜的,他回去要组织很多人来。他说他第一次到敢壮山,以后呢,什么话都不讲,有一种找到祖神的那种感觉。他说很激动,泪水都出来了。所以这几年他基本上每年都来,带着他女儿一起来。今年也来了,他在那里不仅这样,还成立一个布洛陀文化研究中心。缅甸也成立了布洛陀研究中心。他们就认同我们的祖宗就是从这里开始的。这是国外的影响,还有老挝。他们原来都懂得,我们的祖先是从北方来的,从那里迁过去的,但是不知道在哪里。他来了就感觉心里有一种感觉,被吸引住了,所以他一来,站在那里泪水就出来了,很不自觉地就跪下来了。这是外国的基本情况。国内的呢,很多,海南、云南、贵州。贵州布依学会会长,连续来了三年了。广东的连山,湖南的也都来过。为什么呢,说明布洛陀的影响范围不仅仅是我们田阳,是整个岭南地区原住民族的大家认同的始祖。现在有些人还不知道,其实像毛南族、布依族、侗族,他们麽公的经书里都有,其实他们没有发现,经书里都有,所以现在贵州布依族跟我们说,跟我们同一个始祖,同一个祖先,所以他们在那边立的布洛陀神像是按照我们这里来搞的。[①]

如今,信仰崇拜布洛陀的人群越来越多,地域也越来越广,不局限于壮族,更不局限于田阳、不局限于广西,甚至跨出了国门。这一切都与寻根热有很密切的关系。坡洪镇文化站的站长在访谈中也表达了类似的观点,即布洛陀信仰并非政府或其他地方精英推动的,而是人们自发的。

梁庭望在对时国轻的专著进行评述时,也认为不宜使用"重建"一词,他说:"如果说《壮族布洛陀信仰研究》有可商榷之处的话,那主要表现在对'重建'一词的理解上。田阳县自 2006 年举办公祭布洛陀仪式以来,参加的人越来越多,2009 年达到 42 万人;2010 年的公祭,云南、贵州都由省级领导(退居二线)率队参加,广东也来了代表团;此外,泰国还有两个府也分别派来了代表团,泰国驻南宁的领事也参加了。过去公祭也就是几百人、千把人,现在达到几十万人,

---

[①] 2015 年 7 月 24 日,罗彩娟对黄明标的访谈,地点:田阳县布洛陀研究会办公室。

可以说是'重建'了。但细想也不完全是'重建'，因为这种祭祀，至少已经有上千年的历史，文化大革命中也没有中断。所以说是'恢复和发展'更准确一些。但不管是'重建'也好，还是'恢复和发展'也好，近几年的实践表明，布洛陀纪念活动对振奋民族的创新精神，促进民族团结进步（每年都有多个民族参加），已经起到很好的作用。"[1]

联系到实际情况，梁庭望教授非常谨慎地提出应用"恢复和发展"更合适。覃彩銮教授也针对网上有关布洛陀编造说的"谬论"加以批驳，见其所著的《拂去历史尘埃重现始祖灵光——壮族始祖布洛陀"编造说"辨证》[2]一文。

笔者更倾向于认为，布洛陀信仰有其深厚的历史积淀和群众基础，正如壮族学者们在《布洛陀寻踪》或其他论著中努力阐明布洛陀文化的内涵、外延以及布洛陀信仰的来龙去脉那样，布洛陀信仰即使是今天的壮族为了各种目的而极力打造出来的文化热活动，也有其深刻的历史记忆和神话传说以及祭祀习俗等作为依据。

马小玉认为，布洛陀文化便是壮族人民内心深处的"神根"，他们的任何行为活动、思想观念及精神信仰都来源于这个"神根"。壮族的民族传统文化正是由这一个"根"衍生出去而逐渐发展形成的独具特色的民族文化。综上所述，壮族在布洛陀文化的指引下茁壮成长，并在我们颇具民族色彩的国度大放异彩，布洛陀文化正是壮族传统文化之根。[3]

而布洛陀文化这一壮族文化之根，在田阳县也得到充分的重视和挖掘。以黄明标为会长的田阳布洛陀文化研究会对布洛陀文化的传承发展做出了不可磨灭的贡献。如今的田阳布洛陀文化研究会，主要是一些退休干部凭着对壮族布洛陀文化的兴趣开展资料收集和研究工作。去年刚引进了一个广西大学毕业的研究生，是专职的研究人员。黄会长向笔者透露了研究会的工作计划和安排，也不无担忧的指出他们需要年轻力量的加入，处处显示出作为布洛陀子孙对这一研究工作的使命感。

---

[1] 梁庭望:《壮族布洛陀文化研究的第一部专著——〈壮族布洛陀信仰研究〉评介》,《中国民族报》2010年5月18日第6版。

[2] 覃彩銮:《拂去历史尘埃重现始祖灵光——壮族始祖布洛陀"编造说"辨证》,载覃彩銮主编:《布洛陀文化研究——2011年布洛陀文化学术研讨会论文集》,广西民族出版社,2013年。

[3] 马小玉:《布洛陀文化——壮族传统文化之根》,载覃彩銮主编:《布洛陀文化研究——2011年布洛陀文化学术研讨会论文集》,广西民族出版社,2013年,第89页。

如前所述，作为壮族传统文化之根的布洛陀文化，在田阳县呈现出异常丰富的文化内涵和自成一体的体系。田阳县既有象征布洛陀文化神圣空间的敢壮山，是壮族群众膜拜的圣地；又有关于布洛陀这一人文始祖的大量的神话传说和以麽公为主要传承人的《布洛陀经诗》藏本，还在日常生活中发挥重要的影响作用；更有一年一度的规模盛大的聚集几十万信众的布洛陀祭祀大典；最后还有一支以研究传承布洛陀文化为己任的布洛陀文化研究会。这一切都在向我们表明布洛陀信仰是凝聚族群、增强壮族族群认同感的核心力量，这也是布洛陀信仰之所以愈演愈烈的神力所在。田阳人也才敢发出"壮族发源地——田阳"和"壮族，从这里走向世界"等声音。

〔罗彩娟：广西民族大学民族学与社会学学院教授〕

布洛陀神话——壮族历史的神秘演绎*

梁庭望

壮族历史上没有专门的历史著作，古壮字虽然产生的历史很早，但没有用于民族历史的记载。那么，壮族的历史记载在哪？在民间文学里。这几乎是民族文字不发达或没有民族文字的民族的共同特征。当然，一般来说，文学不与历史记载简单等同，历史是隐身在文学作品里的，这几乎是南方少数民族的共性。彝族的历史隐身在彝文古籍里，尤其是在毕摩经里；纳西族的历史隐身在东巴经里；藏族的《西藏王统记》《西藏王臣记》也与汉字的《史记》《汉书》不同，其中的藏族历史是隐身在藏传佛教故事传说中的。汉族早期的历史也还没有分离出来，是文史哲不分的。三皇五帝本是传说，到《史记》才变成历史。后来的帝王身上，也都还附着神秘的色彩。与此相似，壮族早期的历史，是隐身在麽教经诗中的，麽教经诗实际是壮族的创世史诗，演绎的是开天辟地、创造万物的神话。但就在这些扑朔迷离的创世史诗里，隐含着生动的民族历史。

一、早期婚制

人类早期的原始社会，普遍经过三个阶段，第一阶段是原始群时期。马克思在《摩尔根〈古代社会〉一书摘要》中指出："最古是：过着群团（Horde）的生活，实行杂乱的性交，没有任何家族；在这里只有母权能够起某些作用。"第二阶段是血缘家族公社时期，这时期由于人口的增加，原始群分化为若干血缘家族公社，

---

* 本文为国家社科基金重点项目"古骆越方国考"阶段性成果，批准号"13AZS019"。

其成员是由一对配偶的子孙繁衍而成的，其婚制排除了不同辈分的婚姻，即排除了父母和子女的两性关系，而同辈的兄弟姐妹仍是夫妻，在他们的范围内实行群婚。而后又排除了血缘公社内部兄弟姐妹之间的同辈婚，进入了普那路亚婚制，即一个群团的男子（群体）与另一群团的女子（群体）互相婚配，氏族公社便从普那路亚中产生。第三阶段是氏族公社时期，血缘家族可以单独存在，但氏族公社必须是两个以上集团并列，因为一个集团（氏族）的所有男子是另一个集团（氏族）所有女子的丈夫，有的还实行环形婚，这被称为族外婚。由族外婚当中产生了对偶婚，母系氏族公社便逐步演化为父系氏族公社，对偶婚随之演化为一夫一妻婚制。

在布洛陀神话里，说的是姆六甲是从花蕊中生出来的，布洛陀是她的儿子，后来变成了她的丈夫。这反映出壮族先民曾经历过血缘家族阶段。布洛陀神话又说，壮族先民时代有三大神，他们是一家子，天神雷公是大哥，地神布洛陀是二弟，水神图额（蛟龙）是三妹。大哥雷公与三妹蛟龙私通，生下了怪胎青蛙。这一方面反映了壮族先民曾经经过血缘家族公社时期，父母与子女的两性关系被排除了，但兄弟姐妹可以互为夫妻。另一方面是这种婚配血缘太近，后裔往往产生畸形，造成"其生不蕃"，引起恐惧，后来被排除了。神话中用"私通"表示对这种近亲婚配已经产生厌恶。神话说布伯是布洛陀的儿子，在神话《布伯》里，当洪水淹没天下，只剩下兄妹俩，为延续人类，兄妹只好结亲，但遭到妹妹的反抗，后来只得通过砍竹再生、剎龟复活等多次卜卦得到神示，才勉强成亲。结果生下一块磨刀石一样的肉团，剎碎化而为人。这说明血缘家族公社时期的兄妹婚已经走到头。在《壮族麽经布洛陀影印译注》（下文简称麽经）里，谴责了"家公与儿媳妇同睡"、"小姑生野种"的行为，经诗中唱道："天下不成样，天与地交合。青蛙与癞蛤蟆交配，家公与儿媳同睡。大伯与弟媳同床，天地压成一块石。"[①]"家有十样坏，家有百样妖。家出现怪异，小姑生野种。"[②] 这表示原始群时期和血缘家族公社时期的两性关系遭到谴责，走到尽头，被排除了，这为一夫一妻制打通了道路。

[①] 张声震主编：《壮族麽经布洛陀影印译注》第一卷《麽请布洛陀》，广西民族出版社，2004年，第19页。
[②] 张声震主编：《壮族麽经布洛陀影印译注》第一卷《麽请布洛陀》，广西民族出版社，2004年，第79页。

二、原始稻作农耕

　　壮族是中国乃至世界上最早发明水稻人工种植的民族之一，原始稻作农耕有一万多年的历史。这在布洛陀经诗中从侧面作了生动的反映。神话学家普遍认为，创世史诗其实是原始农业的回声。布洛陀经诗反映的正是如此。布洛陀率领众人开天辟地，经诗唱道："传告下方两三村，传告上方两三寨。十人十条绳，百人百条链，千人千个网。破石为两半，劈石为两块。"[1] 一块往上升成天空，一块往下降成大地。从中可以隐约感受到壮族地区的喀斯特地形，到处可见扁平的石块，要开辟天地就得搬开石块。

　　天地造成了，但是"下方地无水，下方地无泉"，野生稻如何移栽？于是"雷在天造水，造雨落阵阵。下方出图额（蛟龙），造山谷溪水。造码头河沟，九头龙造泉。造弯曲河流，造水滩深潭"。水是水稻的命脉，所以得先造水。"造水就成水，下面才得吃，上面才得睡。做水车水坝，才开垦田地。才做塘养鱼，才种田吃米。才做酒喝酒，才开田耕地。猪来耕水田，狗来吃米饭。天下才成样，造四季种田。造立春立夏，造立秋立冬。造富贵欢愉，造出水长流。"

　　但耕种水稻并不那么容易，旱灾来了。"媳妇舂米碰着天，公公劈柴碰着云。公公突然叫喊，婆婆突然呼叫。云逃去宽处，云升上高处。三年连连旱，四年日炎炎。石崖蜂做窝，河滩蜂做巢。三年不舂米，四年不筛米。田不长野菜，山薯长不大。篱笆插不入，婴儿无饭喂。年比年更坏，鲭鱼死河沟，竹鱼死溪里。儿媳四河边，婆婆死家里。"连串的灾难，人们不知道怎么办？"村有首领问首领，寨有长老问长老。去问布洛陀，去问姆六甲。布洛陀才讲，姆六甲才说。传告下方两三村，传告上方两三寨。有人走上游，有人走下游。见棵无花树，见蔸大野芋。三河交汇处，四溪交汇处。铁锹噼啪挖，锄头噼啪挖。挖掘三丈深，挖掘七丈宽。才见清泉水，才见水清悠。才见泉清凉，泥鳅来产卵。"有了泉水，才能够灌田种稻。"一群人来就，一帮人来吃。地方人吃够，王才笑哈哈。"这从侧面说明，发明了水稻人工栽培有个艰难的历程，历经大旱等天灾，但人们顽强地找到了方法。之后，原始农业逐步代替了狩猎采集，人们的生活提高了。

---

[1] 张声震主编：《壮族麽经布洛陀影印译注》第一卷《麽请布洛陀》，广西民族出版社，2004年，第21页。

三、不断创造

但人类的需要是多方面的，衣食住行哪一方面也不能够缺少，这就需要不断创造，现在叫作创新。只有不断创新，人类才能够不断前进。壮族发展到今天，人口居全国少数民族之首，就得益于先民和祖先的创新。就拿居住来说，原先是住在山洞里的，就连布洛陀都住在山洞里："祖公家住在岩洞，得到岩洞去请他。"经诗唱道："前世无干栏，山屋王来造。"造出来的干栏怎么样？经诗说"若楼若四角"（yo laeuz yo siq gak），意思是盖的干栏要四角方方正正。山屋因为发明了干栏，得到王的称号。这说明，壮族有自己的"有巢氏"。

对人的生活影响最大的还有造火，这可是重大发明。麽经中对造火用浓墨来渲染："前世未造火，前世未制火。吃生肉如（乌）鸦，吃生鱼如（水）獭。吃谷子如猴，吃红肉如虎。得肉无法炒，得鱼无法烤。王地冷如水，王地冻如冰。王想到不对，王感到不好。有首领的地方问首领，有长老的地方问长老。叫问布洛陀，去问姆六甲。布洛陀就讲，姆六甲就说。造火有何难，会造就容易。草根下能造，无花果下造。你割木成段，你砍木成节。两人拉摩擦，两人放艾花。下面垫一木，上面压一木。木拉去拉来，木擦去擦来。出一粒火星，萤火虫带走。出二粒火星，让蜈蚣拿去。往上变雷火，往下变龙火。出三粒火星，火苗高过膝（盖）。拿艾花来捂，拿草把来吹。造火就成火，制火就得火。"但人们还不知道怎样用火，怎样保护火使之延续，"拿去放畬地，怕火烧畬地。放到田中间，怕烧皇帝田"。后来又得到布洛陀和姆六甲指点："你锯木为段，你割木为节。要七根做公，要九根做母。拿去围四周，拿去围火种。放到屋中间，安在模架上。安在火灶口，拿红泥来打，拿白泥来舂。做火灶烧火，王地火兴旺。"造火的过程曲曲折折，还付出了生命的代价，经诗说因为保护不力，造成了火灾，烧了干栏，把布洛陀的儿子敢卡也烧死了，他后来成了火神。可见发明一样东西不容易，得付出代价。

但最让人感动的还有造文字，一个民族有了文字，就可以进入文明时代，有很大的进步。经诗唱道："前世未造书，无道理遵循。未有皇帝书，无皇帝历书。皇历尚未造，古代书未造。没有皇帝书，就没有甲子。时辰好坏都不懂，干栏遇禄存凶星。死只留下干栏木条竹片，嫁女遇着大答凶星。死只剩连担（礼物），娶妇碰凶星（破军）。死只剩衣裙。王才悟不对，王预测不妙。王种粳稻地，王种籼稻田。螟虫来吃禾，蚜虫吃庄稼。吃敢卡畬地，吃皇帝田禾。王肝苦连连，王胆苦凄凄。拿螟虫上枷，抓蚜虫上夹。螟虫不愿枷，蚜虫不愿夹。从前虫会讲，从前虫懂话。'你莫割我命，你别把我杀。我有一本事，我有一宝贝。'王才喋喋问，王才滔滔讲。你有何本事，你有何宝贝？虫听闻这话，虫才说叽叽。虫才讲喳喳。你拿手来捞，你要纸来包。七早王才看，九天王才瞧。虫爬来爬去，成大字在上，成小字在下，成笔墨写样。成官书王书，虫造书给王。"壮族先民是从虫爬的痕迹里领悟到造字，这在文字产生的历史上是一个创造的特例，很有意义。这也让我们领悟到，壮族先民早就产生了自己的"仓颉"。从现在得到的信息来看，壮族有过四种文字，即虫纹字、刻画文、古壮字、壮文。虫纹字属于表形文字，个别的还残留在刻画文里；刻画文属于表意文字，在平果甘桑有重大发现，尚待破解。古壮字为表意与表音结合；壮文属于表音文字。

经诗反映壮族先民的创造还很多，如雷公造水、九首蛟龙造河沟造泉、神农婆造谷米、仙女婆造闺房、备放王造水车、天鹅王造谷仓、他业王造渔网、落腊王造绳子、感路王造道路、敢卡王造火、陆荷造禳解，等等。

四、私有制产生

稻作农业的发展，多种发明的成功，促进了生产力的发展，生产有了剩余，于是私有制应运而生。这时壮族先民已经进入父系氏族社会中后期，产生了财产继承权的激烈争斗。商代初期，壮族先民向商王朝进贡的侯国当中，有一个损子国，其后裔叫作乌浒。所谓损子，源于当时族外婚还在盛行，父亲怀疑长子血缘有异，即认为不是自己的骨肉，往往杀掉，让幼子继承财产，实行幼子继承制，故称"损子"。其后裔乌浒继承了这个习俗，据《后汉书》卷116《南蛮传》载："其西有噉人国，生首子辄解而食之，谓之宜弟。……今乌浒人是也。"直到解放初期在壮族中还有残留，如那时武鸣两江镇一带，不能称呼男子为"大哥"，当地人认为，"大哥"与"私生子"同义，称为"大哥"是侮辱人，要拳脚相向。在《壮族麽经布洛陀影印译注》第七卷里，用整整《汉皇一科》《麽汉皇祖王一科》两部经诗叙述幼子祖王如何害大哥天鹅王（原译文为汉皇），引起兄弟死活争斗的过程，与《后汉书》遥相呼应。"汉皇"是 hanqvuengz 的汉字音译，实际是天鹅王，也就是天鹅部首领。由于祖王屡屡谋害天鹅王，抢夺他仅有的一点财产，天鹅王大怒飞回天上，制造了一系列灾难，祖王无奈，只得请求乌鸦和老鹰到天上向天鹅王赔罪，请他回到人间，还其财产，这场争斗最终以天鹅王胜利告终，宣告幼子继承制失败，让位给了长子。《汉皇一科》《麼汉皇祖王一科》很长，达到16开的250页。《汉皇一科》的篇目是后母进家、汉王受欺、出逃被害、伸冤报仇、解冤和好等五部分；《麼汉皇祖王一科》篇目是父王再娶、兄弟相争、汉王被害、伸冤报仇、解冤和好，也是五部分。《麼汉皇祖王一科》中这样描绘财产分配的不公：分给天鹅王"分锅分小锅，分给烂谷仓。分碗烂缺口，分鹅给小鹅。分塘给塌塘，分奴给跛脚。分村给荒寨，分田水冲田。畲地在猴路，一半不得吃"。最要命的是"四方印不分，天下四方不分，保州县铜鼓部分，斑鸠钮印部分"。憨王没有权。不分的还有"玛瑙帽部分，大水田不分，长峒田不分，大铜刀不分，四耳锅不分，连槽马不分，红姑娘部分，连鞍马不分，櫍木柱干栏不分，百灵鸟印钮不分，父辈钱不分，水鸟印钮不分，父辈财不分，好镜子不分，古罗盘不分，整样的不分，好东西不分，都得留给弟"。祖王进一步迫害天鹅王："汉王造的塘，祖王就吃鱼。汉王种的田，祖王吃稻谷。汉王造水坝，祖王挖开坝。汉王娶妻子，祖王跟她睡。汉王打得柴，祖王拿去烧。汉王打的水，祖王拿去喝。汉王生有儿，祖王抓做奴。"终于引起一场恶斗："黑雾下漫漫，每日都三次。公水牛就是公水牛，昂头犄角互相撞。互相骂是贼，低头角相撞。一个打一个，一个砍一个。身脸全是血，几变断头鬼。"私有制引起的争斗，就这么残酷。天鹅王逃无处逃，躲无处躲，怒而飞回天上，制造了一系列灾难。不仅制造旱涝，最怕的是疾病横行："做三年麻疹，做七年天花，独仔麻疹死，幺儿天花亡。死幼小婴儿，死女儿成鳏，死大儿当前。"引起祖王恐慌，连忙派鹞鹰和乌鸦上天赔罪求情，但天鹅王不谅解，它们赶快飞回人间报告："鹞退左脚回，鸦退右脚回。鹞鹰回匆匆，乌鸦回速速。速飞下蓝天，快到云下面。飞下落马槽，飞旋栖楼阁。祖王喋喋问，祖王问句话。你两个说啥？兄长说什么？鹞鹰讲喋喋，乌鸦讲喳喳。天鹅王嘱咐，天鹅王说话。他不回茅屋，不回干栏房。回茅屋会死，回干栏会烂。引鲭鱼进网，弟要我死亡。""祖王连连跪求，祖王连连求情。"鹞鹰和乌鸦二次上天，说"王印退给王，天下退兄长"。天鹅王这才谅解。这意味着长子继承权成功，私有制得以发展。

由于财产占有的纷争，引起的矛盾不光是天鹅王和祖王兄弟之间的矛盾，还引发了父子之间、婆媳之间的家庭成员矛盾。所以经诗中有专门的《解父子冤经》《解婆媳冤经》。在《解父子冤经》里，父亲痛骂儿子懒惰，说你这么懒惰将来怎么继承家产。在《解婆媳冤经》里说："媳妇拿布去刷，婆婆拿裤去洗"，因为错拿了对方的东西，侵占了个人私产，引发了矛盾。

五、奴隶制产生

私有制发展，壮族祖先进入奴隶社会。这种奴隶制和古希腊罗马严酷对立的典型奴隶制不同，它属于马克思所说的东方奴隶制。按照壮学学者的叫法，称为家长奴隶制。但根据笔者的研究，称为家族奴隶制或宗族奴隶制更恰当一些。从上文的"汉王生有儿，祖王抓做奴"里，我们就知道祖王是奴隶主，但他是汉王儿子的叔叔，故他的身份也可以说是家长。但他管理的不是一个家，连兄弟的儿子都是她的奴隶，所以他的身份实际是家族长或宗族长，这种奴隶制应当是家族奴隶制或宗族奴隶制。他又是一个王，管理的不是一个家，甚至不是一个家族。应当是一个大范围的奴隶主。但他以族长、宗族长的面目出现，用的是家族法规或习惯法管理奴隶，故而阶级矛盾相对缓和，历史上没有听说壮族地区发生过奴隶暴动。这就是马克思之所以称这类奴隶制为东方奴隶制的原因。

《壮族麽经布洛陀影印译注》的29部长诗，保留有奴隶制印记，这就是语言。虽然从整个氛围来看，属于原始社会末期到阶级社会初期，但人们的第一人称"我"有时叫作 gu，有时又叫作奴隶，壮语为 hoiq，汉语音近"灰"。例如《壮族麽经布洛陀影印译注》第一卷的《麽请布洛陀》，一人希望麽公引导他也成为麽公，他唱到："只求麽公引，我定成麽公。引奴成八哥，在枫树滩头，多谢得吃鱼。奴啄木鸟种，与豹在树梢。奴是麽公种，多谢吃麽袋。"麽袋指的是给人家做法事时，装主家酬劳的鸡鸭和米。在这里，求做麽公者既自称 gu，但更多的是自称 hoiq。第一卷的《吆兵全卷》："请祖公进门，请祖公入座。祖公入座奴讲，祖公入座奴说。"在这里，对布洛陀尊称为 Baeuq，这是对德高望重者的尊称，恭请布洛陀临坛的主家，只能谦称为"奴"、"奴隶"（hoiq），有地位的第一人称才敢称 gu。麽经每一章的末尾，常常有两行分段，唱的是："奴砍断这章，奴还有新章。"可见 hoiq（奴隶）一词使用之频繁，它透露出壮族曾经历过奴隶制。

奴隶社会的一个特点是掠奴，麽经中唱道："父王去攻贼，听到不吉话。攻官贼不赢，冲城墙不垮。打官贼赶不逃，打交贼不散。粮绝打不胜，王空手回家。王母来驱邪，茫仙来作法。打官贼又赢，冲城墙又垮。打贼得母牛，攻弄得牡大。得白脸男女，得红脸女奴。大祖公得牛，小祖公得奴。"抢劫财产和奴隶，直抢到交趾。奴隶价值高于牛，小祖公分得奴，说明幼子继承制还在起作用。

六、国家政权出现

恩格斯在《家庭、私有制和国家的起源》中有一段名言:"国家是社会在一定发展阶段上的产物;国家是表示:这个社会陷入了不可解决的自我矛盾,分裂为不可调和的对立面而又无力摆脱这些对立面。而为了这些对立面,这些经济利益互相冲突的阶级,不致在无谓的斗争中把自己和社会消灭,就需要有一种表面上驾于社会上的力量,这种力量应当缓和冲突,把冲突保持在'秩序'的范围以内;这种从社会中产生但又自居于社会之上并且日益同社会脱离的力量,就是国家。"① 壮族地方政权的产生,与恩格斯的名言高度吻合,使人引以为奇。

《壮族麽经布洛陀影印译注》卷一的《麽请布洛陀》唱道:"篱笆若无桩,篱笆会歪倒。""天下无人管,天下必紊乱。出事无人理,麻烦无人管。反常事频出,恶帮人强悍。强悍必乱行,乱吃地方人。地方大吃小,每天相打斗。弱者被吃光,打斗为吃穿。天下无人管,地方不成样。因为有神仙,才开天立地。造月亮星星,王才造太阳。造一人做主,造一人当皇。造首领掌印,土司管地方。皇帝管国家,天下十二国,全国归他管。他管全天下,全天下听他。造做官做府,造做州做县。天下才有主,全部有人管。出事有人说,麻烦有人理。反常事不见,打杀事没有。无强蛮恶人,无搞乱地方。每天无打斗,没有人相捶,无吃儿孙辈。恶人上枷锁,强蛮抓来绑。"这虽然有天下完全平安无事的理想主义,但国家产生于治乱之需说得很明白。这也从侧面反映了壮族传统的平安观,与全国其他地方相比,壮族地区是比较平稳的,这也是壮族成为人口最多的少数民族的重要原因。

上段说的是国家产生的客观需要,下段说的是地方国家政权产生的过程。经诗唱道:"老君造天地,盘古置阳间。老君巡万部,造成十二部。天上十二姓,地上十二部。云下十二官,村子十二王。天下十二部,部与部不同。一部水牛声,一部马蜂纹。一部声如蛙,一部音似羊。一部蛟龙吼,其他部不讲。我不讲缘由,奴要唱新章。"这里所说的部即部落或部落联盟,壮侗语族民族建立的骆越方国就是以十二部落或部落联盟为基础建立起来的,所以"十二"在壮侗语族民族当中十分神秘,也十分神圣。十二部在不同的地方稍有差别,上面所说的十二部,只列有水牛部、马蜂部、蛙部、羊部、图额(蛟龙)部。从民间神话中还清理出花部、雷部、天鹅部、蛇部、竹部、黄牛部、虎部。在田阳搜集到的麽教挂图

---

① 《马克思恩格斯选集》第四卷,人民出版社,1972年。

中，十二部又不同，各部以图腾为标志，分别为人身兽首像、人身鸡像、人身鹅像、人身鹰像、人身水牛像、人身黄牛像、人身马像、人身猪像、人身狗像、人身羊像、人身图额像、人身首像（可能是雷首）。在神话《布伯》里，雷公被布伯抓住后，为了脱身，先后变为鸡、猪、马和水牛，暗示雷部落联盟包括鸡部、马部、野猪部、水牛部。以此推论，十二部当是十二个部落联盟。

壮族早期曾经建立过西瓯方国、骆越方国、句町方国，还参与建立夜郎国，这些方国都是由若干小国或部落、部落联盟互相兼并做大形成的。商初给商王朝进贡时，骆越方国地域进贡的小侯国有桂国、路、损子、产里、九菌等。到了战国时，它们都不见了，变成了骆越国。这种兼并，在另一个版本的《麽兵布洛陀》里有所透露，其中唱道："蠓麦奉雷旨，划分十二国。天上十二姓，地上十二国。人间十二官，天下十二国。生出十二王，各国不相同。一国蛟变牛，一国马蜂纹；一国声如蛙，一国音似羊。一国鱼变蛟，其他国不讲。"这里透露出蛟龙部兼并了鱼部，蛟龙部又被水牛部兼并。国家就这样在部落或部落联盟的兼并当中产生了。

以上仅从麽经创世史诗中破解出六个方面的历史，实际远不止这些。例如习惯法的起源，民族风俗的肇端，南海的开发，壮汉的历史，道教的影响，都可以从中找到反映。鉴于经诗是宗教经典，它是在阐发教义时包含有民族历史的，故而从中提炼出历史并不容易。本文主要采取的破解方法，第一种是参照法，即人类历史的共性，如婚姻制度的演化，各民族大体是一致的，对照经文中的相关段落，就可以提炼出壮族先民的婚制演变。第二种是对照法，即将经诗中的某个方面的描绘，与壮族以及壮侗语族民族现实社会中的残留对照，如十二大部，壮族有其遗留的雷图腾、蛙图腾、竹图腾、蛇图腾、鸟图腾等等的民俗遗存；布依族有长诗《十二层天、十二层海》；傣族有十二千田（西双版纳），可以对照。第三种是印证法，即将历史记载与经文互相印证。例如《解兄弟冤》中对长子汉王的迫害，既可以与《前汉书》中关于乌浒人生首子辄解而食之以宜弟的记载相印证。第四是语言破解法，例如奴隶制的产生，经诗中屡屡出现的 hoiq，可以帮助破解。通过这些破解，可以使人认识到麽经重要的历史价值，是壮民族早期社会的百科全书，从中可以感受到民族的历史脚步，感受到我们的先人筚路蓝缕开发岭南和南海的艰辛和顽强的毅力，感受到民族的脚步是在不断创新当中前行。民族的许多优秀历史文化都浓缩在不长的经诗里。因此对布洛陀经文应当给予充分的肯定，单纯把它视为说神论鬼就浅薄了。

〔梁庭望：中央民族大学原副校长、教授、博士生导师〕

布洛陀神话中的文化创造母题及其比较

李斯颖

一、布洛陀神话中的文化创造母题

文化是人类智慧的创造，不同民族的文化风格不一、内容相异。壮族布洛陀神话中有一类文化创造母题，它们再现了壮族先民开创自己独特文化的历史与心路历程。在这类神话母题中，文字隶书的创造被赋予了神奇色彩，是昆虫为族群写下了"天书"；而各种各样的麽教经书都是布洛陀所造，通过吟诵经书的仪式求得安宁和平；社会的管理制度、人类语言的出现也离不开布洛陀。除此之外，其他文化和社会秩序的形成，如人类会说话、学会造房子、会捕鱼、姓名的出现等等，都与布洛陀有着密切的关系。从这个意义上说，布洛陀同时也是一位文化英雄（蒋明智，2008），是一个具有高度智慧的凝练形象。所谓文化英雄，是"一种具有神性的人物，他为人类获取或首先制作了各种文化器物，例如火的使用、植物栽培、工具发明等等；他消灭了横行大地的妖魔鬼怪；教人以各种生活技艺，为人类制定社会组织、婚丧习俗、礼仪节令等等；有时还参与世界的创造与自然秩序的制定；他是初民集体力量的集中体现，是人类原始文化成果的集中代表"。[①] 布洛陀神话涵盖了该定义所提及的诸多内容，在此选择其中最主要的6个文化创造母题进行探讨。

---

① 陈建宪：《神祇与英雄》，三联书店，1995年，第143—144页。

（一）造文字与历书

　　布洛陀史诗中说布洛陀造出了黑色的根源书、做干栏用的书、种田种地的书、安葬的书、架桥筑坝的书、做麽仪式的经书等等。[①] 还有更具为奇幻的叙述，说文字是虫子爬出来的：前世未有文字历书，人们做事不知道择吉避凶，造成灾难。甚至种田时都遭虫害，螟虫吃掉敢卡王地里的庄稼，吃掉皇帝田里的禾苗。王大为恼怒，于是捉螟虫来上夹。螟虫乞求饶命，让王要纸包上螟虫，过九天打开来看，只见螟虫爬来爬去，纸上变成笔画字样，造成了一行行大字、小字。王将这些画满字的纸订成本子，就成了历书，制定了年月，定出了凶日吉日，按照历书来管理国家。敢卡王和皇帝送书给百姓，以历书通天下。人们起房子、娶媳妇选择吉日，葬坟择定方向，有病等等都按书诊断。历书从此世代相传。[②]

　　文字记录人类语言，使思想得以更快更远更久地传播，它对人类社会发展的的重要性不言而喻。它的出现也被视为一个民族迈入文明社会的标志。壮族的文字发展经过三个阶段，首先是刻画文字时期，其次是始于唐宋的古壮字时期，最后是中华人民共和国成立后的新壮文时期。布洛陀神话中描写了壮族先民在上古时期就已经使用了刻画文，称其为 Sawgoek（根源书）或 Sawva（花纹书）。目前发现最早的刻画文出现在广西钦州市大寺镇那葛村马敬坡出土的商代石磬上。桂林平乐银山战国墓出土的陶器上也有刻画符号40余个，其中的10余个更是多次出现。武鸣马头安等战国墓葬也出土了有刻画符号的陶器，形制与平乐银山发现的十分相似，但字数仅有20个。此外，岑溪县花果山的战国墓中也曾发现类似刻画符号11个。[③] 1980年在象州县罗秀乡征集到的3件陶器上有3个刻画符号。隆安县岩洞里出土的玉锛，其柄上也刻有3个符号。

　　在广西南宁市大明山天坪山上，也曾发现一些被誉为"天书"的符号。它们大部分是直线条的几何形符号，圆形、曲线形的较少。多数符号虽看似随意刻画，难以断定含义，但有少数带着图画状的象形符号，如蛇鸟组合符号、弓箭符号、剑戟形符号，可被视为象形文字的雏形。据考证，这些刻画文应为生活在这一带的骆越国（商代中期—秦朝初期）居民的文字雏形。正因为有了统一的骆越

[①] 张声震主编：《壮族麽经布洛陀影印译注》第三卷，广西民族出版社2003年，第255—256页。
[②] 张声震主编：《壮族麽经布洛陀影印译注》第一卷，广西民族出版社2003年，第40—49页。
[③] 郑超雄、覃芳：《壮族历史文化的考古学研究》，民族出版社，2006年，第340—341页。

政权，作为文明象征的刻画文字才有了发展的契机。①

近年来，在广西百色市平果县发现的感桑石刻又为寻找壮族先民早期的刻画文提供了新的证据。感桑石刻得名于其发现地"感桑"，也常被写为"甘桑"。感（甘）为壮语"岩洞"（gamj）的汉字记音，桑则为"高"（sang）之意，地点位于平果县城西北约十公里的右江北岸。当地出土了大小不一的石板，上面刻有各种字符。目前统计各处石板上的字符约为1万个。② 文物专家认为，甘桑石刻字符应为古骆越民族方国时期创造的文字。其中少数文字已得到初步破译，内容涉及雨水、水田、巫师仪式、王权等，据推断有可能是骆越方国统治者或祭司举行仪式时吟唱的祭词。③

刻画文传承在中原汉文化进入岭西地区后发生了断裂，壮族先民在中原政权的统治下逐步使用经过统一的汉字。尽管如此，各地壮族先民仍然留下了诸多刻画文的遗留，有待专家学者日后继续破解。它们的存在至少表明了壮族先民曾迈入了新文明时期，创造了一定数量的文字符号，拥有了自己的文字雏形。这与布洛陀神话中对文字出现的描述遥相呼应。

在中原汉文化进入岭南之后，壮族先民又参照汉字的偏旁部首，创造了可以表达壮语读音与意思的古壮字。古壮字在唐朝就已被使用，广西南宁市上林县的唐碑上，刻有目前发现最早的古壮字。整合了布洛陀神话的布洛陀麽经经文，更是以古壮字写就并流传至今。这两次创造文字的尝试都是壮民族为了寻求自身文化发展、民族进步而做出的多方努力。他们对文字的重视深深隐藏在这则古老的布洛陀神话之中。

（二）造麽及其仪规

经诗抄本《麽请布洛陀》中说，从前未有禳解仪规时，王家出现怪异事象乱如麻，出现各类不祥之兆。布洛陀和麽渌甲（即姆洛甲，笔者注）为人类创制麽教，编订消灾解难的经书，把孤儿培养成布麽。当出现邪妖怪影时，人们只要及时延请布麽，设置神龛和禳解神坛，做法事进行禳解梳理、供猪头、编竹笆摆放钵头、将茅草相交打结，就可以祈除凶解难。这些禳解法事仪规传到全天下，传

---

① 梁庭望主编：《古骆越方国研究》"第十八章古骆越方国的语言文字"之"骆越古国的文字"，待出版。
② 数据由甘桑石刻收藏家与研究者、百色学院中文系教师李志强提供。
③ 张天韵：《揭开甘桑石刻字符的面纱》，《广西日报》2013年2月19日。

给那些聪灵的人，传给后世人遵循，才能世代平安美满。[①]

神话学家麦克·维策尔曾推断神话的最初讲述者为主持各种巫术仪式的萨满（巫师）。[②] 在前科学时代，巫术仪式及其信仰体系是人们维系日常生活和社会运行的一种方式和有效手段。《西太平洋的航海者》一书也以特罗布里恩德岛居民为例，指出了巫术在民众生活中曾具有的重要作用，詹姆斯·G·弗雷泽在该书序言中说："（特罗布里恩德岛的）人们相信巫术是所有劳作中绝对核心的要素，与机械性操作——例如，独木舟的堵缝、髹漆和下水、园圃的栽种、捕鱼装置的设置——同样必要。马凌诺斯基博士说道：'对于巫术的信仰是一种导致特罗布里恩德岛经济活动组织化和系统化的重要心理力量。'"[③] 对于前科学时代的人类群体而言，巫术的重要性不言而喻。在壮族先民的世界中，布麽的前身——越巫为维系民众精神世界的安宁有序、信仰与道德的规范起到了无法估量的作用。麽和禳解仪规的出现，是壮族先民文明秩序的一种象征，无需使用现代科学的观点去对其进行批判和解读。布洛陀韵体神话中对麽文化的叙述，是对壮族先民早期精神世界的再现，是对其重要性的强调。这类文化起源神话侧重于归纳人类精神世界的创造和再现，与物之起源相对应，构成了一个精神与物质世界相生共存的文化整体。

布洛陀神话母题"造麽和禳解仪规"的内容也展示了巫术与政治力量的结合。张光直曾指出："研究古代中国的学者都认为：帝王自己就是巫的首领。"[④] 在岭西地区，壮族先民的社会最初也表现出精神领袖——越巫与社会实际领导层相重合的情形。麽经经文中多次提及布麽为王进行占卜，王自己也可祷问布洛陀、姆洛甲，祈求祛病消灾。而一般只有巫教神职人员才可祷问，故王也带有"巫"的成分。[⑤] 如麽经《造禳解》中说："从前未懂造禳解，王家乱如麻，王家歪如簾，王家倾如篱，王家掉如网。王家散如网，王独子生病，王婴孩患疾，病倒一个个，得瘀一个个，王才想不对，王才知不好，去问布洛陀，去问麽渌甲……"正如郑超雄先生所言，"巫是（壮族先民——笔者注）方国内的精神领袖，巫术思想是人们的行为准则。方国王权集团是靠巫术思想来统治。就某种意义而言，方国内的

[①] 张声震主编：《壮族麽经布洛陀影印译注》第一卷，广西民族出版社，2003年，第5页。
[②] Michael Witzel, *The Origins of the World's Mythologies*, NewYork: OxfordUniversityPress2012, P.422.
[③] [英] 马林诺夫斯基：《西太平洋的航海者》序，梁永佳、李绍明译，华夏出版社，2001年。
[④] 张光直：《美术、神话与祭祀》，郭净译，民族出版社，1999年，第33页。
[⑤] 张声震主编：《壮族麽经布洛陀影印译注》第一卷，广西民族出版社，2003年，第78—79页。

王权集团，除开人的本性外，他们的外表就是一群巫集团……"① 越巫控制着早期壮族先民社会的精神世界，同时也控制着它的实际运作。

（三）造领导者

经诗手抄本里叙述，从前村寨无篱笆桩无寨门，天下无官无主，人们互相打斗，地方混乱不堪。布洛陀造出了土司、皇帝，造官府做州县，天下人才有主，地方才软像糍粑，人人听从土司管理，向土司交粮纳税，不敢造反打架。即使是自家兄弟相争，父子翻脸，也有土司来理顺，有布麽来化解。②

布洛陀韵体神话中提及了皇帝、王、土司、土官等等，是历代社会政治体制的叠加反映。壮族先民所建立古国，有历史文献记载的最早是苍梧古国③。在桂西南一带与其同时期的古国为古骆越国，以石铲文化为代表。这个时期的领导者主要是具有部落时期酋长性质的"领袖"，不能揽权独裁，重大事情还得由长老会议研究决定。④ 进入方国时期，岭南地区主要的大方国包括西瓯、骆越以及句町等。在广西那坡感驮岩曾出土最早的牙璋，武鸣县陆斡镇出土石戈、玉戈，都与王权有关。牙璋是祭祀的礼器以及王权号令的器物，石戈作为兵器也是王权的象征。方国初期采取以石器为主的锄耕经济，铸铜开始出现后，方国进入青铜文明时期；兴盛阶段则出现了铁制农具。⑤ 方国时候的阶级分化日益明显，贵族阶层占据了统治地位，方国的王权日益集中。初期的方国有苍梧、瓯、骆、桂国、损子、产里等，是曾被记录在《逸周书·王会解》中的国名。根据史书材料，后来西瓯、骆越逐渐兼并了其他方国，实力日益增强，他们的主体是今日操北壮、南壮方言的壮族祖先。在秦始皇进入岭南之后，方国都被统一在秦汉大帝国之内，社会制度与结构发生了重大调整。⑥

从用词上看，"昭"（召、朱、周）、"侎"和"郎"是壮语中最早代表"君王"

---

① 郑超雄：《壮族文明起源研究》，广西人民出版社，2005年，第201页。
② 张声震主编：《壮族麽经布洛陀影印译注》第三卷，广西民族出版社，2003年，第939页。
③ 郑超雄将壮族先民早期的社会形态发展分成尧舜时期的古国、商代的方国阶段，参见郑超雄：《壮族文明起源研究》，广西人民出版社，2005年，第61页。
④ 郑超雄：《壮族文明起源研究》，广西人民出版社，2005年，第102—103页。
⑤ 郑超雄：《壮族文明起源研究》，广西人民出版社，2005年，第158—169页。
⑥ 郑超雄：《壮族文明起源研究》，广西人民出版社，2005年，《绪论》第5—10页。

涵义的词。① 春秋战国时东、西部的百越首领名为"周章"、"周繇"、"朱句"等，百越传统无姓名且中心词前置，故首字应为"首领"、"王"之意。② 宋代时"郎火"则既是首领又是巫师。③ 秦始皇在岭南设立郡县之后，王、皇帝、土司、土官等汉语词汇才逐渐随着统治者的使用而传入，在麽经中被广泛使用。而首领和巫师的职责也日益分开，形成了两套系统。神话也同时通过强调"君权神授"，为统治者正名。

（四）安名定姓

流传在广西巴马一带的口述神话《布洛陀》④ 里描绘了布洛陀为世间万物安名定姓的内容：

天地造好了，可是天地间的花草树木、鸟兽鱼虫、任何畜类等都无名无姓，不知如何称呼，也不知如何传宗接代。布洛陀一一给他们安名定姓。

安名定姓体现的是壮族先民对世界万物认识的深入，他们开始将周边动植物、包括自己分出不同的群体，并进行归类。分类中包含着人们认识事物、归纳事物的能力，展示了他们早期的哲学思想。广西东兰县流传的姆洛甲神话中也讲述了姆洛甲为天底下子女取名的过程，这类安名定姓的内容则较为具体，仅限于人类的姓氏。⑤

（五）教人捕鱼

流传在广西河池、云南文山一带的散体神话《布洛陀和女米洛甲》描述了布洛陀教人捕鱼的过程⑥：

人们找东西吃很难，因为每次打猎经常和野兽拼搏，经常要受伤，于是布洛陀教大家捕鱼，这样就安全多了。

开始，河里海里鱼很多，人到旁边也不跑，用手一抓就能抓到，后来抓的人多了，鱼也学乖了，见人就远远躲开。

---

① 郑超雄：《壮族文明起源研究》，广西人民出版社，2005年，第144页。
② 李锦芳：《侗台语言与文化》，民族出版社，2002年，第159页。
③ 宋·周去非《岭外代答》卷十。
④ 农冠品编注：《壮族神话集成》，广西民族出版社，2007年，第35页。
⑤ 农冠品编注：《壮族神话集成》，广西民族出版社，2007年，第23页。
⑥ 农冠品编注：《壮族神话集成》，广西民族出版社，2007年，第51页。

人们去问布洛陀,布洛陀说:"你们去找竹子来编成鱼梁和鱼帘。"

人们把鱼梁和鱼帘编成了,鱼梁放到河里去,鱼帘放在流水的地方架起来拦着。真的,鱼穿进鱼梁就被抓住了,鱼跳进鱼帘也被抓住了,人们得到很多很多的鱼,甚至还得到鳞子像脸盆、胡子像麻绳、肋骨像耙齿那样的大鱼。

……

这个神话描绘的主要是早期的渔猎生活。壮族先民因稻作生产而定居下来之后,稻田、水塘之中都可以养鱼,这在很大程度上满足了人体的蛋白质需求,使得人们的生活日益安定,生活质量愈加提高。壮族先民从动荡、激烈的渔猎、采集为主的生产方式转换到了农耕捕鱼为主的生产方式。这则神话隐含着社会经济生产模式的一种改变。工具的使用则使人们能够更迅速、高效地达成自己的目标,是提高生产效率、生活质量的有效动力。

(六)造房子

广西巴马一带流传的《布洛陀》散体神话,叙述了布洛陀教人们盖房子的过程:

鸟有巢,蜂有窝,可是古代的壮人没有屋。他们不像现在的人这样会造房子。他们像猴子一样住在山洞中。那时候,他们来到坪坝上耕田种地,往返都要爬山,收得谷子也要往山上搬,非常辛苦。他们对爬悬崖、住山洞越来越厌烦了,但是总想不出什么办法来解决。后来布洛陀用木头在树兜间搭起了三脚架,架上了横条,上面盖上树叶、茅草,便成了房子。日晒不着,雨淋不着,热天凉快,冬天温和。后来大家都学布洛陀,到平地上来盖房子,不再住岩洞了。这种房子虽好,但不牢靠,不耐久,遇到狂风暴雨,屋顶上的茅草常被卷走,有时还会崩塌。布洛陀看到这种情景,就想办法建造更好的房屋。他很快造出了许多漂亮的木屋,使周围的人都住上了新房。因为他一直忙着替别人造屋建房,自己的反倒没有时间造,仍旧住在原来那个山洞中。人们听说他会造新式的房屋,到处都请他去帮忙。布洛陀有求必应,忙着替大家造新房。

布洛陀造房子还有个讲究。他说:"春不伐木,秋冬砍树。"造屋以前,先晒米谷,舂好了三四箩,拿一箩煮饭,拿两三箩酿酒。动土那一天,大人进大山,小孩进小林,大孩子拿斧头砍大树做柱子,小孩拿砍刀砍小树做桁条。曲的、直的都砍下搬回来,直的做柱子、桁条,曲的围屋边。材料备好了,布洛陀就择吉日发墨。发墨的第一天,刨好了所有的主柱;发墨的第二天,刨好了所有的边柱;柱子上面下面都凿好,上面的用来安桁条,下面的用来架横梁,中间的用来架横担；发墨的第三天，屋架合起来了；发墨的第四天，合成了所有的屏风；发墨的第五天，木屋架成了。这一天，大人小孩都来看，人人喜气洋洋，个个欢天喜地。布洛陀的手艺高强，个个都争着请他造屋。布洛陀一天忙到晚，一天忙到头，造了一座又一座的房子，建了一个又一个壮村，不幸有一天晚上，他回到自己的岩洞里，睡到三更半夜，一块大岩石裂开落下来，正压在他身上。布洛陀就这样死了。但壮人永远也忘不了他，把他的事编成故事，世世代代流传下来。[1]

  岭南壮族先民不会造房子之前，一般都居住在能够遮风躲雨的岩洞之中。久而久之，岩洞作为人类的庇护所，对他们而言具有了特殊意义。他们对于岩洞的特殊情感表现在一系列的岩洞崇拜之中。至今，壮族人多认为山洞是祖先灵魂的居所，人死后将要回归的发祥地。悬棺崖葬、二次葬等都是对穴居记忆的一种追溯和心理认同。桂中一带流传有"短尾蛇"特倔（Daeg Gued）葬母之说，特倔将母亲葬入山顶的石洞里，是集体深层记忆中对早期生活原始本真的一种回归。洞穴又和女性生殖器官有意象上的关联，被赋予了更丰富的文化色彩。在姆洛甲神话中，姆洛甲的生殖器也成了人们栖身的地方："雨下来了，鸟兽和人都没有地方躲雨。姚（姆）洛甲张开双脚坐下来，变成一个岩洞。从此，人和鸟兽就到岩洞里避风躲雨。"[2] 可见，岩洞被壮族先民类同于庇护所，人们脱离母体呱呱落地，死后回归山洞安息，在紧急的情况下还可以在山洞中寻求安全和保护，获得暂时的栖息。

  房屋的出现对于壮族先民而言意义非凡。有了房子，他们可以更安定地生活，不必寄居黑暗的山洞之中。出于稳固耐用、安全性能等诸多因素的综合考虑，对制造房屋技术的要求自然不低。汉族有木匠祖师爷鲁班，壮族人民心目中的布洛陀就相当于木匠的祖师爷了。在桂西至云南文山，都流传着布洛陀忙于为大家盖房子，最后弄得自己没有好地方或好时辰盖房子的神话。[3] 布洛陀为人们盖的房子还是"本土化"、壮族特色的干栏房。[4]

  除了以上这些神话母题，各地还流传着与人类发明创造、文明进步、习俗形成等种种文化现状相关的布洛陀神话叙事，如布洛陀让人会说话、疏通红水河、规定动物生育的数量、造桥等等。这些神话叙事，展示了壮族先民文明社会逐渐

---

[1] 农冠品编注：《壮族神话集成》，广西民族出版社，2007年，第39页。
[2] 农冠品编注：《壮族神话集成》，广西民族出版社，2007年，第21页。
[3] 农冠品编注：《壮族神话集成》，广西民族出版社，2007年，第35—66页。
[4] 农冠品编注：《壮族神话集成》，广西民族出版社，2007年，第45页。

形成的过程，文化和秩序日益从无到有、从模糊到清晰。以上列举的6点文化创造与安排，是社会相对稳定与和谐的重要因素，对社会的进步有着特殊贡献。这也体现出壮族先民在发展自身文化上的努力与抉择。人类的聪明才智被映射在布洛陀的身上，得到了集中展示。布洛陀不但创造了世界，他还是壮族人心目中的文化英雄。

二、侗台语其他民族的相关神话母题

比较神话学依然是神话学研究的一个重要分支，通过对比不同民族、地域、时代的神话材料，学者能够形成更具有学理性的判断。侗台语民族其他后裔中也不乏上述关于文化创造与秩序建立的神话叙事，内容上呈现出多样化的发展趋势，但依然可看出，这些民族与壮族的先民在社会发展过程中仍延续着一些共同的文化关注点。

布依族麽经神话《造年造月》也叙述了人间时令秩序的由来：大地上有了人烟后，由于没有分出年月和季节，人们无事做，到处乱纷纷、闹嚷嚷，太阳、月亮又找到布灵，请他分出季节来。布灵伸出手掌，根据手指和手指关节，分出了年、月和季节。于是，大地上又有了时间、季节和相应的气候特征。[①] 麽教专职人员布麽敬奉报陆夺为开山祖师。报陆夺创立了麽教，制作了很多经书。他精于卜算，料事如神。后来，他帮助七仙女的儿子认母，仙女认为报陆夺泄露了天机，欲惩罚，嘱其子带一壶"酒"去"答谢"报陆夺。谁知壶中装的不是酒竟是火，火苗窜出烧掉了他不少经书，所以后代弟子都不及他会卜算了。[②] 报陆夺还教王接灶神，祭祀灶神，家中万事才顺意。[③]

罗平布依族的《动物为什么不说人话》中说，开天辟地时，动物都会说话，后来，天神怕不好管，就在食物里放药，连人都要弄哑，幸亏沾了仙气的癞蛤蟆及时告知了人，人才没哑，其它动物都因吃了药而变哑，只能叫一声同类才懂的声音。[④]

傣族文字的出现，与放高升（火箭）的习俗联系在了一起，说远古时，人间

[①] 周国茂：《一种特殊的文化典籍——布依族摩经研究》，贵州人民出版社，2006年，第192—193页。
[②] 周国茂：《一种特殊的文化典籍——布依族摩经研究》，贵州人民出版社，2006年，第9页。
[③] 周国茂：《一种特殊的文化典籍——布依族摩经研究》，贵州人民出版社，2006年，第87—89页。
[④] 刘建国：《罗平布依族民间文学的神性意识》，《曲靖师范学院学报》2003年第2期。

没有文字，只有天国有文字。叭汪背上了三块大石板飞到天国去抄写文字却因劳累过度而死去。管大地的叭武告诉百姓，做高升发射上天，让叭汪安心。从此每逢傣历新年傣族人都要放高升，并把新年第一天称为"叭汪玛"（意为"叭汪回来了"）。[①] 傣族史诗《巴塔麻嘎捧尚罗》里叙述，玛哈捧让管理日月星辰的捧麻远冉去制定年月日，把季节划分。他带领三个助手，在高空中画出轨道，设定了"黄道十二宫"，分出十二个月，从此"一年有十二个月／一年有三百六十天／不分大小月／月月天数相等"。此后，捧腊哈纳罗又得到了玛哈捧的支持，分出冷、热、雨三季和一天十二个时辰，并确定了傣历新年。[②] 这其中既有佛教的影响，也融合了傣族先民本身的生活智慧。

虽然受到佛教的深刻影响，依然能在傣族民间找到一位创立原始宗教之"神王"——桑木底。桑木底为人们创造了神圣的寨神和勐神，用一些石头和树根分别代表各种寨神和勐神，他还宣布寨神勐神的规矩，宣布万物都有魂有鬼。一切鬼、魂服从于寨神勐神。傣族神歌谣中还描述始祖神桑木底辅助巫师驱鬼驱邪，与布洛陀所肩负的指导、辅助布麽的职责十分相似。[③] 如《撵鬼词》中唱道："叭桑木底附在我身上／他给我力量去战胜你们／昨天他送给我一把宝刀／今天他送给我一张弓箭／他委任我做捉鬼的首领／他委任我做杀鬼的人王……"世上人太多了之后一个地方住不下，桑木底"就传下旨意／把'乃勐'叫来／委任他们当首领／让他们率领部下／迁徙到别的洲／去开劈新寨／去开劈新勐／寻求生存地／把大勐建立／／帕雅桑木底／威望镇天下／他说出的话／天下人都听／各勐新首领／率领自己的部落／在同一个时间里／迁徙到别洲居住／再不回宗补森林／从此人类啊／就分出一百零一伙／有一百零一个帕雅／产生一百零一种民族／说着一百零一种话。"桑木底也被视为盖房建寨的创始者。《抬木头歌》叙述了大家抬木头建房的情形："地基平好了／柱洞挖好了／草排打好了／篾条破好了／只差房柱和房梁／火塘架已抬来／楼梯昨日才劈好／今天还得进大山／去把两棵中柱抬回来"，"日偏西山头／抬木往回走／人多力气大／十人抬一根／树粗肩难扛／办法有的是／桑木底教给／用野藤捆住／穿上长扁担／扁担再拴藤／藤上加扁担／柱端再加一根老鼠尾"，建造楼梯时，"桑木底／走下来／楼梯台数九块板／块块梯板一样齐／宽窄

---

① http://www.douban.com/note/312875947/。
② 西双版纳州民委编：《巴塔麻嘎捧尚罗》，岩温扁译，云南人民出版社，1989年，第264—270、339—347页。
③ 西双版纳州民委编：《巴塔麻嘎捧尚罗》，岩温扁译，云南人民出版社，1989年，第430—431页。

要相等/象牙齿一样",最后,"楼梯斗好了/房柱立起来/安上梁/扎床条/只等上草排/只等架火塘/明早房篱就围好/后天就到贺新房/等着吧/要闹它个三晚上"。① 出于生产需要,人类还给动物取了名字,在神的指导下学会了养鱼:"神说要堵塘/鱼放塘里养/人就照着做/用石堵住沟/用土筑成堤/做了养鱼场。"②

傣族神话描绘了文字、历法等精神文化的出现,也涉及各类物质生产和生活资料的出现,比如动物犁田、养鱼、建造房屋等。此外,神话还专门讲述了族群的迁徙与扩大,这在壮族、布依族等土著民族神话中较少见到。

侗族神话《四也挑歌传侗乡》里说,侗族祖先松恩、松桑的妈妈死了以后,埋在河坎上。那里长出一棵树,绿油油的树叶上长出密密麻麻的侗歌字纹,这种字纹,只有丢归神雀能看见、能识别。神雀把树枝上的侗歌都教给四也。识汉字的先生把这些侗歌用汉字把侗音记载下来。四也便挑着这些歌书到处传歌。③ 这则神话把树叶上的纹路说成最早的侗族文字,与壮族"花纹"之书异曲同工,或是对侗台语民族早期文字雏形的记忆。《起源之歌》中把孔子视为创造书籍的人,认为是洪王首创巫师,关巩及妻子谋麻造鬼,匠章则设立了土地神让人们供奉。④ 歌谣"款"里唱到章良、章妹才教人们制侗款管理侗寨。⑤ 侗族的史诗篇章《房屋之原》讲述了木匠盖房的过程:"四请蜂王去接木匠来造屋,他到半路高高兴兴就回还;走到半路遇荫丹,请他建造房间无数间。蜂王建房造楼下,荫丹建房造楼上;楼上楼下都齐全,男女老幼喜开颜。"⑥ 史诗《鼓楼之原》里讲述了鼓楼的来源:"咱请王朝来立鼓楼,王朝立了鼓楼接萨来。"⑦《创立人间三百六十姓》说:"创得人间三百六十四姓。姓姓有州,姓姓有县,姓姓有村寨。三百个好姓给汉家,留下的坏姓留给咱侗人。"⑧《侗理传万代》把侗理说成是人类始祖章良章妹教导的结果⑨。史诗《嘎茫莽道时嘉》中说,一开始世间混乱,萨天巴就要

---

① 岩温扁、岩林译:《傣族古歌谣》,中国民间文艺出版社,1981年,第37—42页。
② 西双版纳州民委编:《巴塔麻嘎捧尚罗》,岩温扁译,云南人民出版社,1989年,第411—415页。
③ 姚宝瑄主编:《中国各民族神话:土家族·毛南族·侗族·瑶族》,山西出版传媒集团·书海出版社,2014年,第119页。
④ 杨权、郑国乔整理译注:《侗族史诗——起源之歌》上,辽宁人民出版社,1988年,第50—60页。
⑤ 杨权编著:《侗族民间文学史》,中央民族学院出版社,1988年,第128页。
⑥ 杨权、郑国乔整理译注:《侗族史诗——起源之歌》上,辽宁人民出版社,1988年,第217—219页。
⑦ 杨权、郑国乔整理译注:《侗族史诗——起源之歌》上,辽宁人民出版社,1988年,第252页。
⑧ 杨权、郑国乔整理译注:《侗族史诗——起源之歌》上,辽宁人民出版社,1988年,第144页。
⑨ 杨权、郑国乔整理译注:《侗族史诗——起源之歌》下,辽宁人民出版社,1988年,第67页。

造人管理世界。铜罗、萨可学蜘蛛结网，用来捕鱼捉兽做食粮。洪水过后姜良、姜妹让水獭到龙宫取歌本，答应水獭今后可以随便到水塘吃鱼。姜良姜妹开亲，生下肉团，剁碎了成为三百六十种姓氏。仙鹤教侗族六十姓捕鱼捞虾、拆树铺草筑窝房；而侗族新族长的产生主要是依靠民意推举，如王素族长等。[①]

水族人民传说，水族文字是水族的先祖拱陆铎（公六夺）创造的。他花了六年时间创制文字。后天皇用计烧了拱陆铎的书。拱陆铎生怕再遭天皇算计，此后全凭记忆来记住文字，谁也偷不走。从此，水族只剩下这靠口传心记的几百个文字了。[②] 水书包括天干、地支、八卦、天象、时令节气、鸟兽鱼虫、身体五官、率属称谓、数目方位等，有自己独特的"水历"。拱陆铎是水书先生的祖师爷。另，在贵州省独山县水岩乡水东村，当地的水族人仍在用水语吟唱一首古老的民谣，翻译成汉语是这样的："有个老人叫陆铎，四季居住山洞中。青石板上造文字，造得文字测吉凶。所有良辰全送人，等到自己造房时，书上已无好日子，无奈只好住洞中。若问深洞在哪里，就在水岩和水东。"讲的也是拱陆铎创造水书的神话内容。

水族古歌中也有描述拱陆铎在岜虽山上教大家起房造屋、改善生活条件的内容："陆铎最聪明，教用石头做柴刀；陆铎最伶俐，教拿石头当斧头。学用柴刀和斧头，教人起房又造屋。"[③] 荔波县岜鲜的水族人说，仙家叫水族、苗族、布依族、汉族一起学说话，但他们却学会了互不相通的语言。[④]

仡佬族的祖先阿利最先造出了房子："阿利没有地方住，阿利没有落脚处，挖高处来填矮处，矮处填得宽宽的，挖平沟儿铲窄处，铲高处来填矮处，矮处填得宽宽的，阿利要往箐林去，斧头拿来狠狠磨。阿利砍树作柱头，最先要砍是什么？最先要砍下中柱。然后要砍是什么？然后再砍下檐柱。"他又砍出椽角、草檩，请来木匠一起盖房子，"藤子牢牢捆面榨，茅草密密盖屋顶。造房子来是房子，修居室来得居室"。[⑤]

黎族神话《雅丹公主》中有这样一段有关船形屋来历的描写："雅丹公主因触

---

① 杨保愿翻译整理：《嘎茫莽道时嘉》，中国民间文艺出版社，1986年，第1—178页。
② 邓章应：《水族文字起源神话研究》，《贵州民族学院学报》2012年第1期。
③ 潘朝霖、韦宗林主编：《中国水族文化研究》，贵州人民出版社，2004年，第457页。
④ 吕大吉、何耀华主编：《中国各民族原始宗教资料集成·苗族卷、水族卷》，中国社会科学出版社，2013年，第700页。
⑤ 罗懿群、吴启禄编译：《仡佬族古歌：叙根由》，贵州民族出版社，2009年，第59—72页。

犯家规受到惩治，被父王置于一条船上，顺水河流到了一个孤岛。公主为了躲避风雨，防御野兽，上山砍来几根木桩，竖立在海滩上，然后把小船拉上岸，底朝天放到木桩上做屋顶，又割来茅草遮住四周，白日外出，夜晚睡于船形屋中。后来船板烂了，她割来茅草盖顶，这就是如今黎族船形屋的来历。"① 民间神话中也有老先和荷发用椰叶和椰树盖大房子的说法。《黎母山传说》里说，为了纪念祖先黎母，才把高山叫做黎母山，后代成为黎人。②

泰国泰族的神话中说，布桑嘎西、雅桑嘎赛叫太阳神和月亮神向世界放射光芒，并围绕宇宙行走，于是整个宇宙都可以得到阳光和月光的照耀，就有了黄道十二宫，有了三个季节和历法。③《恬神创造世界》里提到人类的君主是恬神（帕雅恬）派下来的，一开始是坤库神和坤框神，但是他们每天只顾喝酒，不关心人民的疾苦，后来恬神又把他们叫回天上了，再派下来坤坤木统治人类。④ 老挝的老族人说，天使把葫芦里出来的三批人分别称为老听、老龙和老宋，天使还教人们盖房子。而天使中的布·兰森教人们建筑房屋。⑤《偷天火者的后裔》则说，为人间偷来天火的后裔卡拉萨特上天学习之后，把知识和智慧带回人间，教人们结渔网打鱼、盖房子。⑥

泰国的黑泰人为了纪念牛，所以把屋角造成牛角的形状。⑦ 老挝的黑泰人则认为君主、贵族是天神派下凡间来统治他们的，神圣不可侵犯，普通人则不过是从葫芦里生出来的庶民。天神还派下34位祖先来打理世间的所有事务，每一位祖先分别打理一种事务。山川河流、森林等等也都受各自的"皮"（即神灵）控制，故人要敬畏和祭祀这些神鬼。⑧ 在越南山箩搜集的黑泰神话还说是天神把各类书装进葫芦里带到了地面："那还有书，巫师的书，萨满的书，历法的书，算命的书。芭蕉叶上记载的古老传统，12村落的习俗，王国的24条法规，第二个月和

---

① 傅治平：《原生态文化中孑遗的黎族记忆》，《琼州学院学报》2012年第3期。
② 姚宝瑄主编：《中国各民族神话·高山族黎族京族》，山西出版传媒集团·书海出版社，2014年，第55、63页。
③ 刀承华编译：《泰国民间故事选译》，民族出版社，2007年，第2页。
④ 刀承华编译：《泰国民间故事选译》，民族出版社，2007年，第3页。
⑤ 张玉安主编：《东方神话传说》第六卷上，北京大学出版社，1999年，第111—115页。
⑥ 罗长山、张宝贵、张民良译：《老挝民间故事》，云南人民出版社，1990年，第29—39页。
⑦ 2015年5月6日采访，泰国清刊（Chiang Kham）Napanard村 VS（男，64岁）讲述，屈永仙翻译。
⑧ 卢建家：《中国黑衣壮与老挝黑泰原始信仰比较研究》，广西民族大学硕士学位论文，2008年，第20—21页。

新年节日的规矩,都已齐全。"①

三、稻作文化模式影响下的侗台语民族神话母题

如上所述,壮族布洛陀神话6个主要的文化创造母题,在侗台语各族群中也较为常见。侗台语民族中相似的文化创造母题,是他们在早期共同的稻作文化模式下的精神产物,也是他们在独立发展自己文化之时都曾遇到相似困难、曾关注和致力于解决生活生产中这些关键问题的结果。李锦芳先生曾经在归纳出侗台语民族文化的共同文化特征,包括先进的稻作文化、干栏文化、滨水文化、金属冶炼、木棉葛麻纺织、有肩石器和几何印纹陶、天和雷神崇拜、饰齿、不落夫家婚俗等11项②。相对发达、稳定的稻作生产生活,使人们能够有更多的时间与精力,更好地发展自身的文明,进行文化创造。稻作农业社会的发展,使历法变得尤其重要,根据历法安排农事活动成为一种必然。文字创造则是社会交流的有力工具,故而在稻作农业社会中得到重视。稳定的稻作农业社会需要强有力的秩序保障者和管理者。房屋的出现则是相对稳定生活的特征,如壮、傣、侗等民族神话都描述了对人类从岩洞走向树屋、最终建造房屋的历史过程。这些母题彼此呼应,在侗台语族群整体文化下对其进行观照,可以看到它们依然保留着稻作农业民族的共同记忆,其中房子起源、学会捕鱼等高度一致的母题,在族群分化前或许就已存在。

侗台语各族群本具有血缘与地域的共同起源,在发展过程中虽然受到不同文化的影响,但他们依然保持了早期侗台语民族的一些文化传统,继承并发展了一些或许早就存在的神话母题,他们共同的稻作文化模式,是这些传统与早期历史文化信息得以维持的强大力量。正如露丝·本尼迪克特所述:"生理上所遗传下来的行为只占很小一部分,而文化上的传统的接力过程却起着极大的作用。"③ 在神话母题传承上也是如此。

〔李斯颖:中国社会科学院民族文学研究所助理研究员、文学博士〕

---

① John F. Hartmann: *Computations on a Tai Dam Origin Myth*, Anthropological Linguistics, Vol.23, No.5 (May, 1981), pp.183-202.
② 李锦芳:《侗台语言与文化》,民族出版社,2002年,第16—17页。
③ [美]露丝·本尼迪克特:《文化模式》,王炜等译,社会科学文献出版社,2009年,第10页。

《麽经布洛陀》中的法学内涵初探

潘敏文

壮族先民没有"法学"这个概念，但从布洛陀麽经内容中也看到法学的一些内涵和雏形。下面从两个方面来谈谈这个问题。

一、以麽教规范人的思想和行为

在远古的时候，壮族区域没有法律法规，布洛陀麽经（也叫经诗）可以说是最高的法规。《布洛陀经诗·序歌（一）》有一段话（译文，以下引文均如此）这样说道："世间万事布洛陀全知晓，哪个王（地方首领）懂得最多，样样都要向他请教，样样都得向王求问，发生什么灾祸就念什么经，发生哪件事就诵那段经文。"可见，布洛陀麽经是规范壮族先民思想和行为的金科玉律。从法学的角度来说，布洛陀麽经从以下几个方面规范壮族先民的思想和行为。

（一）提倡皇帝、土司管理社会

这一点，《布洛陀经诗·造土官皇帝》充分地体现出来了。此篇经诗指出："那时篱笆无桩又无门，那时天下没有首领和土司，篱笆无桩又无门，篱笆就会歪斜。天下没有首领和土司，没有土司来作主，没有皇帝管天下，世间就乱纷纷，出了坏事无人理，有了好事无人赞，这样才不断出乱子。"正因为如此，在这篇经诗中才提倡："造一个人来做主，造一个人做君王，造一个人来掌印，造出土司管江山，造出皇帝管国家，统管一万二千个山谷国，治理十七处地方，全天下听从他管理，众人全听他作主。造了官又造府，造了州又建县，天下从此才有主，众人的事才有人来管，出了事有人来治理，好事有人来夸赞。"从这段话看出，布洛陀麽经提倡皇帝管理国家、土司管理地方事务，反对"天下无人管理，天下不成章法"这种现象。用现在的话来说，就是提倡行政管理，提倡做事要有章法，反对"无政府主义"，反对做事没有规章制度。从这一点来看，布洛陀麽经是有进步意义的。

（二）用正义重罚邪恶

这一点，在布洛陀麽经中有所叙说。《布洛陀经诗·造土官皇帝》对于那些"蛮人与强人结成伙，到处乱抢又乱吃，到处乱吃又乱抢，蛮强欺压弱小"的社会现象，主张"（把）恶人拿来上枷锁，（把）坏人拿来捆绑，整个地方都服从土司，土司管得整个地方，纳官税和官粮"。并提出只有用正义惩罚邪恶，"天下才同享太平"，黎民百姓才能安然，才能过上美好幸福生活。《布洛陀经诗·赎谷魂经》叙说了这么一个神话故事：远古时候，大地发生洪水，淹没了稻田，人们没有稻种，便派小鸟和老鼠到州眉坳那地方去取稻种，可是老鼠和小鸟取回稻种后，不交出来给人们，而是"鼠得谷子自己藏，鸟得谷子自己藏，老鼠窜进丛林居住，鸟到野外去栖身"。布洛陀知道后，便教人们"做三十个铁猫"去铗住老鼠，"做七十张拦网"去套住小鸟。后来，老鼠被铁猫铗住了，小鸟被拦网套住了，人们便撬开老鼠和小鸟的嘴，强迫它们交出稻种。这虽然是神话故事，但说明对私藏稻种之类的行为，必须用强制手段使对方交出私藏之物。用现在的法学观点看，这也属于法律的强制性。《壮族麽经布洛陀影印译注》中的《麽使虫郎甲科》有这么一个故事：从前有个木匠在树梢上画符，画出来的符放在地面上，地面上的符变成蜈蚣相绞，蜈蚣又变成妖怪来扰乱人，对此，人们便请布洛陀拿来铜刀将妖怪赶走。这也是正义惩罚邪恶的表现。

（三）提倡和谐

在布洛陀麽经中，将不和谐变为和谐的内容很多，归纳起来有这么几类：1. 提倡自然界和谐。《布洛陀经诗·造天地》指出：过去没有天和地之分，"那时庙宇没有盖，那时不懂月头和月尾，不知黎明和傍晚，不懂高与低，不知横和直"。一句话，那时的自然界是不和谐的。后来，两只蜾蜂和两只螗螂咬破大石块，大石块破裂后形成了天、地、海洋，"造成装雷公的天，造成相连的云，造出了天和地，造出了闪烁的繁星，造出了凶煞的雷公，一片往下沉，造成装蛟龙的地（海洋）"，使不和谐的宇宙变为和谐的宇宙。《布洛陀经诗·造房屋园子鱼网经》有一段话这么说："古时候还没有造鱼，那时地上没有水，那时地下没有泉。天上有神仙保佑，才会造出雷公，地上有神来保佑，才会造出蛟龙。雷公在天上造水，雷公造风又造云，造出青云和黑云，造成团团黑雾，造出闪电和雷鸣，雷公在天上造水，造成漫天大雨，降大雨才有水里蛟龙，才有地上溪流和涧水。蛟龙造渡口和河流，造成沙滩和深潭，造出莫六鱼和鲤鱼，造出鲮鱼和鲢鱼。"从这里可以看出，自然界是从不和谐变为和谐的，这里也隐藏了法学理论的道理。2.提倡生活和谐。《布洛陀经诗·造火经》讲世间还没有火时，人们生活很不和谐，"人像乌鸦一样吃生肉，人像水獭一样吃生鱼，人像猴子一样吃谷子，人像老虎一样吃滴血的肉，有肉没有火煮，有鱼没有火烤，天下冷如冰，天下冻如雪"；有火后，人们生活变得和谐了，"从此得到生肉有火煮，从此得到生鱼有火烤，老阿公笑眯眯，老阿公乐滋滋"。可见，将生活的不和谐变为和谐，是布洛陀麽经中一种期望。3.提倡人际关系的和谐。《布洛陀经诗·唱罕王》讲了弟弟祖王欺负兄长罕王的事，由此产生兄弟俩决裂，"（兄弟）这才嘟嘟嚷嚷地相骂，才顶撞吵架，兄弟才结成冤家"。后来弟弟祖王向兄长罕王认罪，并将霸占罕王的东西一一退回，最后兄弟俩和好如初。布洛陀麽经提倡尊老爱幼，提倡搞好兄弟姐妹之间的关系、媳妇与家公家婆之间的关系、子女与父母亲之间的关系、本地人与外地人之间的关系。用现在的话来说，就是提倡人与人之间的和谐。4.提倡社会和谐。在《布洛陀经诗·造土官皇帝》中，提倡皇帝管理国家、土司管理地方的事，提倡天下要有人管理，要有章法，"出了事有人来治理，好事有人来夸赞"，以便实现"专搞坏事的人没有了，互相打斗残杀的人没有了，坏人和横蛮的人没有了，到处乱抢乱吃的人没有了，天天互相打斗的人没有了，互相斗殴的人没有了，欺负孤苦弱小的人没有了"。用现在的话来说，就是要实现和谐社会。

（四）确定家庭财产继承权

在布洛陀麽经中，明确地提出家庭财产继承权为儿子，女儿出嫁后不再享有家庭财产继承权。《布洛陀经诗·解母女冤经》讲了这么一件事：女儿出嫁后，"回来争着要这要那，争要大母牛，争要手腕上的银镯，争要父母的钱财，争要大垌田，争要父母强壮的奴婢，争要大公鸡，争要栏里猪"。对此，父母亲视女儿为异端，这样骂着女儿："你若是男儿，笼里大鸡任你抓；你若是男儿，铜柄宝刀给你接；你若是男儿，良田好地给你耕，全部家产你继承，锅头火灶给你接，父母地盘给你管。"从这里看出，嫁出去的女儿不能回娘家争分财产，家庭财产继承权为儿子，女儿不能继承。当然，用现在的眼光看，这是重男轻女，是不平等的。但从当时来说，布洛陀麽经也很难走出数千年封建思想的圈子。

二、以麽公为神的代言人处理民间事项

麽公也叫"布麽"，是布洛陀麽经的主要传承人，在壮族先民中享有很高的地位。《布洛陀经诗·序歌（一）》这样描述麽公："布洛陀的经诗给我（指麽公，下同）读，布洛陀的宝刀我来接，我嘴巴会念巫（麽）经，我心里记住经诗的教导，天地成全了我，天地的事我全懂得，神灵点化让我会修身，布洛陀让我会诵经养命，上边的人都来请（去做法事），远处的人赶来找我（去念诵经诗），请我去念经做巫（麽）。"可见，麽公既是布洛陀麽经的传承人，又是神的代言人。作为神的代言人，麽公主要处理以下之事。

（一）处理人与人之间矛盾之事

布洛陀经诗中的《解婆媳冤经》《解父子冤经》《解母女冤经》等属于处理人与人之间矛盾之事。《解婆媳冤经》处理了媳妇与家婆矛盾之事，提倡媳妇要尊敬、孝顺家婆，不能打骂家婆，化解了婆媳之间的矛盾，从而"创造幸福给这一辈人，造福给后代人"。《解父子冤经》指斥了儿子打骂父亲的行为，借布洛陀的话来说明儿子打骂父亲是没有道德，是祖宗神灵所不容许的，从而提倡儿子要注重"修行"，要孝顺父亲。《解母女冤经》也是由麽公借布洛陀的话来强调要搞好母女关系这些道理，以"永远消灾又除难"。

（二）处理祭祀祈祷之事

《布洛陀经诗·祈祷还愿》也是麽公借布洛陀的话来向人们说明遇到不好的预兆要向神祈祷，如"屋脊倒塌我们都来祈祷，仓库塌架我们来祈祷"等。还劝告人们要懂得"杀大猪祭奉祖宗三代，斟酒祭敬有功的男神，斟酒祭敬多神的女神，这样祭供布洛陀的神灵，这样祭供麽渌甲的神灵"。正因为相传麽公是神的代言人，所以古时候壮族区域的祭庙活动，还有其他大的祭祀活动，一般由麽公来主持。

（三）处理丧葬之事

过去，壮族人家谁家的老人死了，一般都要请麽公来做道场行法事。《壮族麽经布洛陀影印译注》中的《麽送方》，就有请麽公给死者做道场行法事的记载。在这篇麽经中，对于麽公如何请神，如何超度亡灵，死者家属应该做哪些事等，都说得清清楚楚。因此，麽公成为丧事仪式的主持人。

（四）处理病灾之事

在布洛陀麽经中，麽公为人们消灾解难的篇章较多，人们有病有难，一般都要请麽公来禳解。如《壮族麽经布洛陀影印译注》中的《九狼叭》叙述了这么一件事：有一户人家的主人几个月来身体不适，病痛不断，便去请麽公，麽公便教他约束言语，遵守神规家规，并念经祈祷，保佑其病痛消失。这当然属于精神治疗，但在当时缺医少药的情况下，精神治疗显得特别重要。

（五）处理畜禽瘟疫之事

在过去没有畜牧兽医的情况下，畜禽发生瘟疫往往叫麽公来禳解。如《布洛陀经诗·赎猪魂经》叙述：一户人家发生猪瘟，便请来麽公，麽公做法事时请来布洛陀祖神，然后按布洛陀的说法杀鸡杀鸭进行祭供，请猪魂回来。像这样的例子，在布洛陀麽经中还有不少。

（六）处理社会不稳定之事

前面说过，布洛陀麽经提倡由皇帝管理国家，由土司管理地方之事，以避免"蛮强欺压弱小，天天互相打斗，孤单弱小被侵吞，互相打斗为生存，天下无人管，天下不成章法"的现象。《壮族麽经布洛陀影印译注》中的《麽兵全卷》也提倡以麽公为神的代言人，由土官掌印管事，治理天下，调节人际关系，以保障社会秩序。

（七）处理不守规矩之事

《壮族麽经布洛陀影印译注》中的《呼社布洛陀》，以麽公为神的代言人，说出了做事的规矩：当着长辈的面不能争吵，在家神位前不能问话，在客人面前不能吵架，所有儿女兄弟酒肉平分，说话忌冷淡尖刻。这些规矩，是很有道理的，就是用于现在也适合。《壮族麽经布洛陀影印译注》中的《本麽叭》篇，以麽公为神的代言人说了这么一段话:"话讲辣似姜,我要姜来洗;话讲红(辣)似野姜,我要野姜来洗;说话粗语(利似)口斧头,我要斧头来洗;说话粗言(尖像)口凿子,我要凿子来洗。(把恶语)丢下塘,(把毒话)放下河,丢下河(让)水流走。"这就是麽公借布洛陀的话劝告人们不能以粗言恶语相对,劝告人们遵守规矩,互相尊重,从而和睦相处,减少矛盾纠纷。

以上可见,布洛陀麽经与法学内容有一定关系,这种关系在一定程度上规范了古代壮族社会秩序,规范了壮族先民的思想和行为。

〔潘敏文:田阳县社会科学界联合会研究人员〕

利用新媒体推广布洛陀文化的策略分析

周伊辰

布洛陀是壮族人民公认的始祖神，在壮族神话传说中，他无所不知，无所不能，是壮族人民的智慧祖神。自古以来，壮族人民把布洛陀尊崇为始祖神，他就像一座超越时空的丰碑屹立在壮族民间。在广西右江河谷一带，以敢壮山为中心，流传着许多有关布洛陀的神话和风物传说。民间还流传着许多唱颂布洛陀的歌谣，布洛陀形象浸透于壮族百姓生活的许多领域，形成了独特的文化现象。

近年来，国家对保护民族传统文化工作越发重视，文化是民族的血脉，是人民的精神家园。随着文化建设的推进，布洛陀文化的整理、挖掘和研究也得以深入开展。从 2002 年 6 月开始，不断有专家学者到田阳县百育镇六联村的敢壮山考察。为推进布洛陀文化的保护和开发工作，2003 年 2 月，广西壮学学会还与田阳县布洛陀文化旅游开发领导小组办公室联合组织了一批从事民族学、人类学、考古学、语言文化学、古籍整理等方面的专家对布洛陀文化进行系统调查。

布洛陀文化是中华民族传统文化的重要组成部分，也是田阳县一项宝贵财富。开发、利用布洛陀文化，有利于当地的经济文化发展，同时对提高壮族的民族自信心和自豪感，增强民族凝聚力，激发壮族人民开拓进取等方面具有重要的意义。

一、信息孤岛的产生以及网络资源整合的定义

经过各级专家学者近十年的研究与发展，取得了一系列的布洛陀文化研究成果，包括出版各种有关布洛陀文化的著作，出刊各类论文，制作相关电视节目等

等。但是，经过笔者的调查发现，布洛陀文化的发展并不尽如人意，除去客观存在的因素，由于不擅用互联网进行文化资源共享导致的信息孤岛现象，是造成布洛陀文化发展困顿局面的因素之一。

1. 何为信息孤岛？

从技术层面的定义来看，信息孤岛是指相互之间在功能上不关联互助、信息不共享互换以及信息与业务流程和应用相互脱节的计算机应用系统。简单来说，尽管布洛陀文化已经形成一个比较全面的体系，但是由于存在各种信息鸿沟，导致与外部没有进行信息的交换，因此形成了一座孤岛。

消除信息孤岛是发展布洛陀文化的必要环节，这就要求我们对布洛陀文化的网络信息资源进行整合。区别于传统语境，网络语境下的传统文化传播有其独特性，所以，我们必须重新审视、研究网络环境下信息资源的情况，并对其进行积极有效的整合，只有这样才能真正实现信息资源的有序化，实现信息资源共享效用的最优化，否则，必然会使用户陷入不得门径而入的困惑境地，影响信息资源的有效利用。

2. 网络信息资源的整合

网络信息资源是指以电子数据的形式将文字、图像、声音、动画等多种形式的信息存放在光磁等非印刷型的载体中，并通过网络通信、计算机或终端方式再现出来的信息资源。网络资源因其数量巨大、类型多样，形式丰富，内容广泛且使用方便备受用户喜爱，但由于其无序性、开放性、多样性等特点及使用条件与环境的限制，造成网络资源重复、闲置。要想更好地利用网上信息资源为用户服务，网络信息资源整合成为大势所趋。

所谓整合，辞海的解释为"整理、组合"。即从整体角度依据一定的目的需要或者理念设计等，把不同实践要素（如事物、现象、过程、属性、关系、信息、能量等）按合理的活动程序，配置比例，将各种片断或者分散的对象或单元再重新建构，使之具有可以发挥强大功能的总体性能，其实质就在于它能涵盖整合后系统内部的功能和各要素之间的关系。[①]

信息资源整合，就是依据一定的需要和要求，通过中间技术（如信息资源无缝链接整合软件系统）把不同来源、不同通信协议的信息完全融合，使不同类

---

① 郝淑东：《网络环境下信息资源整合研究》，百度文库 http://wenku.baidu.com/view/70dbd02bcfc789eb172dc8d8.htm。

型、格式的信息资源实现无缝链接，通过整合的信息资源系统具有集成的检索功能，是一种跨平台，跨数据库，跨不同内容的新型信息资源体系。

为什么必须要进行网络信息资源整合？简单来说主要有以下几个方面的原因：

（1）完成由分散的网络信息资源整合为知识的转变

网络信息内容整体来说存在系统性不强、整体质量不高的现状。网络信息资源整合可以解决信息资源分散性与用户信息系统需求综合性的矛盾，将零散的、大量重复的信息进行整合，筛除那些使用价值不高的信息，让用户在检索过程中，获得真正需要的信息。

（2）有效提高网络信息资源的利用率

网络信息资源整合可以加强网络信息资源的过滤，减少信息污染，提高信息资源的利用效率。由于网络的特性，信息的生产者、传播者和接受者可以是任何人，所以不可避免地会出现一些杂乱无章、无用甚至是有害的信息，所以要对这些信息进行过滤，去粗取精，提高网络信息资源的利用效率。

（3）实现网络信息资源的数据共享

网络信息资源整合可以完善网络信息资源的检索技术，实现最大程度的资源共享。目前获取网络信息资源主要是靠检索技术，杂乱的信息资源会增加检索的难度，限制网络资源的共享。而网络信息资源整合能够建立网络信息资源的协调化、集成化体系，将不同类型的信息资源整合到统一检索平台，最终实现网络息资源共享。

二、布洛陀文化网络信息资源的特点——以百度搜索为例

如前所述，目前用户获取网络信息的主要技术手段是检索，而在我国的互联网用户当中，使用人数最多、最普遍的检索方式是百度搜索引擎，因此本文选取百度搜索为例，综合概括出布洛陀文化的大致资源分布特点，从而提出一些切实可行的资源整合优化策略。

以"布洛陀文化"为关键字进行搜索，网页的数量约为327000个，新闻约为1840篇，贴吧数量为0，知道的结果为32107条，学术的结果共361个，图片4742张。

1. 信息分布——散而杂

为了对搜索结果有一个直观的认识，本文将搜索结果的前10页的网站类型

进行归纳。根据归纳结果，前10页的网页搜索结果当中，来自于新闻网站的有25个，旅游网站17个，政府、行业网站15个，学术网站17个，论坛10个，视频网站2个，购物网站1个，其他网站5个。

从搜索中可以发现，由于目前还没有布洛陀文化的专门网站，关于布洛陀文化的网页搜索结果非常零散且杂乱无章，受众在检索过程当中，如果要获取所需信息，就不得不增加关键字的输入或者花更多的时间在结果中进行筛选。

2. 内容——单调重复

内容方面，本文的选取对象是以"布洛陀文化"为关键字的百度新闻搜索结果，以2016年4月27日9:50的实时数据为准。在第一页的20篇新闻中，除了前2篇是对贵州省兴义市黔西南州布洛陀文化座谈会的报道外，其余大部分是围绕2016年田阳县布洛陀文化旅游节的报道。在对这些报道进行逐条阅读后，总结归纳出以下几个特点：

（1）内容重复

在阅读过程中不难发现，关于"布洛陀文化"的大部分新闻是以布洛陀民俗文化旅游节的活动为主题。在这些报道当中，无论是新华网、人民网等中央级媒体，还是广西新闻网、百色新闻网等当地媒体，报道的角度都大同小异，几乎都是围绕布洛陀文化学术座谈会以及始祖布洛陀祭祀大典公祭展开。造成这种情况的原因，除了活动本身变化不大以外，更重要的是媒体从业人员没有对布洛陀文化形成比较全面的认识，因此每一年的新闻点总是落在相同的地方。

（2）信息量少

由于上一个特点，大量内容的重复，必然导致了有关于布洛陀文化的信息量相对较少。难能可贵的是，在这些大量重复的信息当中，搜狐公众平台一篇题为《壮族文化壮族布洛陀取火传说》的趣味神话显得标新立异。布洛陀文化是一个完整的体系，它包括布洛陀神话文化、布洛陀史诗文化、布洛陀民间宗教文化、布洛陀人文始祖文化、布洛陀歌谣文化等。[①] 而这些内容，如果能稍微进行加工整理，依托旅游节这个活动平台进行宣传推广，那么关于布洛陀文化旅游节的报道就不至于那么单调而重复。

（3）缺乏趣味性

体裁的单一导致了信息的单调乏味。布洛陀文化涵盖了壮民族生活的方方面

---

① 覃乃昌：《布洛陀文化体系论述》，《广西民族研究》2003年第3期。

面，而目前呈现出来的信息大部分集中于旅游节的各种活动，对于布洛陀文化的内涵和外延鲜有挖掘。而实际上，布洛陀文化当中有许多值得传承和发扬的内容。如上文提到的《壮族文化壮族布洛陀取火传说》一文中，就详细讲述了布洛陀取火种的故事。文中这样叙述："远古时期没有火，相传远古时期，由于没有火，人们猎取得来的动物都像乌鸦一样吃生肉，像水獭一样吃生鱼……在离敢壮山不远的一座山丘上，一棵大树在震耳欲聋的雷声中被闪电拦腰劈倒，那一道道刺目的白光过后，轰然倒下的大树顿时燃起冲天大火。火在噼噼剥剥地燃烧着，布洛陀好奇地站在火边，他觉得这种奇怪的东西比太阳还热，布洛陀灵机一动，人如果有了这东西，冬天来临就再不怕冷了，人们就再也不会被冻死……"[①] 这些是《布洛陀经诗·造火》篇中的记载，这篇文章将古文翻译成简单易懂的现代文，增强文章的可读性和趣味性。

布洛陀是壮族人民尊崇的人文始祖，在壮族神话传说中，他无所不知，无所不能，壮族学者梁庭望教授将布洛陀文化的精神高度概括为"开天辟地、创造万物、安排秩序、排忧解难"这16个字，而在这16个字的背后，蕴含着丰富的文化宝库，如果不能将这些宝贵的财富借由现代化技术手段进行传承，不得不说是一种遗憾。

3. 缺少互动反馈环节

营销大师艾·里斯在《定位》一书中提到："在互联网上，互动性是主宰。""互动性的绝佳比喻，是病人和医生、学生和老师之间的关系。"这和传播学上的"使用—满足"理论异曲同工。也就是说，仅有浏览是不够的，须有"必需性互动"，有"病人药方"，才能造就互联网"用户"、"消费"，成就"品牌"。[②]

当然，布洛陀文化的推广并不完全等同于品牌的营销，但从传播的角度考虑，要使布洛陀文化得到传承与发展，必然要树立起"品牌"意识。所以，我们可以想象，当有受众为了了解布洛陀文化而进行信息检索的时候，如果能增加更多的问答环节，取得的效果会比单纯浏览要好得多。但可惜的是，关于布洛陀文化的论坛，包括贴吧、微博、公众号等等都还没有建立。

---

① 搜狐网，壮族文化，《壮族布洛陀取火传说》，http://mt.soho.com/20160415/n444324816.shtml。
② 参见艾·里斯、杰克·特劳特：《定位》，机械工业出版社，2013年。

三、布洛陀文化网络信息资源整合优化策略

布洛陀文化是一座巨大的宝库，然而目前人们对这个体系的了解还太少，太浅，既不利于文化的传承与发展，也是我国少数民族传统文化的一大损失。保护和传承布洛陀文化的任务迫在眉睫，因此，必须合理利用互联网，提高信息的使用效率，打通布洛陀文化自身与外部环境的屏障，使互联网成为有效的沟通桥梁。

1. 载体——建立专门网站

如何将散落在网络汪洋中的布洛陀文化零碎片段集中起来，答案有很多种，但目前最亟需的，是建立布洛陀文化专门网站。

互联网是集文字、声音、图片、视频等多种媒介为一体的平台，在这个平台上，布洛陀将以一种全面的、立体的形象出现。谁是布洛陀？布洛陀做了什么？布洛陀为何成为壮民族尊崇的始祖……这些问题，都可以通过一个个板块的设置，通过文字、图像、视频等多媒体进行解答。

随着互联网技术的发展，许多少数民族地区借助互联网平台成功打响了本民族的品牌，树立起了立体的民族形象，例如藏族的《格萨尔王传》、蒙古族的《江格尔》以及柯尔克孜族的《玛纳斯》，通过网络传播，让世人了解并认识到了这些民族的文化，塑造了民族文化的品牌效应，有利于民族文化的传承与发展。[①]

2007年，有学者对《格萨尔王传》进行研究，当时的个人网站"遗失的传说——英雄史诗《格萨尔》"，将《格萨尔王传》当中有关于格萨尔王的所有资料囊括其中，还包括说唱的录音和游客可参与的留言板，以及关于格萨尔的其他链接等等。在近十年前作出这样的尝试，可谓是巨大的进步。网站的开通也让更多人了解了格萨尔，了解到更多的藏族文化。

2. 内容——对文化的再加工

尼葛洛·庞蒂在《数字化生存》一书中提到："数字化高速公路将使已经完成，不可更改的艺术作品的说法成为过去。在互联网上，我们将能看到许多从在'据说已经完成'的各种作品上，进行各种数字化的操作，将作品改头换面。"[②] 少数

---

① 参见陈峻俊、邹慧霞：《论网络媒介语境下少数民族文化的传播》，《新闻爱好者》2012年第16期。
② 陈峻俊：《浅析网络时代少数民族文化传播的新特点》，《中南民族大学学报》（人文社会科学版）2007年第2期。

民族文化中有许多的经典，这些古老而经典的民间故事是网站内容的最重要组成部分。在网络语境下，讲述者和听众之间可以实现互相交流，讲述的方式从单向线性传播转向双向循环传播，听众通过网络的互动来达到对作品的理解，这就是对内容的再加工。

《麽经布洛陀》是壮民族的大百科全书，是壮族文化的经典之作，记录了人类从蒙昧时期走向文明社会的历史变迁，展现了壮族语言文字体系的原本风貌和源远流长的文学根基。但是，这部由古壮字记录的手抄本，鲜有人看懂。2004年，张声震主编的《壮族麽经布洛陀影印译注》出版，在这部鸿篇巨著中，首次采用了古壮字、国际音标、汉语直译、汉语意译等几种方式进行对照翻译，大大增加了《麽经布洛陀》的可读性。尽管如此，还是存在许多艰深晦涩的地方，因此，用简单易懂的网络语言对内容进行再次加工，是布洛陀文化网络信息资源整合的必要手段。

布洛陀文化的表现形式丰富多彩，堪称壮族先民人生礼仪的"教科书"和劳动智慧的资料库。在《布洛陀经诗》中，布洛陀造天造地、布洛陀取火种、布洛陀发明房屋、布洛陀解婆媳冤经、布洛陀解父子冤经……这些内容不仅涉及天地的形成，人的产生，以及从原始社会向农耕社会的转型，而且更是细化到各种微小的领域，如布洛陀教老百姓如何养牲畜家禽，人与人相处时应遵循的伦理道德，以及布洛陀制定的各种行为规范等等。一个个鲜活的例子，如果能用生动的语言描述出来，并加以归纳整合，将更容易加深人们对布洛陀文化的理解，从而促进文化的传承。

3. 配套——学界与政府的联合

信息资源整合牵涉到许多方面的要素，包括人力要素、技术要素和各种设备要素等。尽管上文对内容部分进行了较为详细的分析，但终归来说，这些策略的实施需要具体的人才去落实，因此，人力要素成为重中之重。

首先，学界应重视本民族文化人才的培养，强化大众传播的文化引导功能，逐步实现布洛陀文化变迁与转型的目标。同时，注重和高校的科研合作，不仅可以为文化的研究与发展储备后续力量，也可以利用高校完备的技术设备补充本民族地区特别是农村地区的不足。

其次，应充分发挥政府职能。措施的有效执行需要政府的主导，打造文化知名度与品牌效应更是需要政府行为的参与。当地政府应主动搭建布洛陀文化的宣传平台，建设布洛陀文化传承专业性品牌网站，打造具有浓郁壮民族特色的网络。另外，还需要改善本地区的网络基础设施，通过多种途径和手段，设法扩大网络媒介受众群体，增加本地区网站中民族文化的比例。

四、结语

布洛陀文化是壮民族文化的瑰宝，更是壮民族的"始祖文化"。这一文化现象的出现，使人们对于整个壮民族有了更进一步的了解和认识。若一个民族少了"始祖文化"，将变成无根无底、知叶不知根的民族，其文化也将是散乱不成形的文化"碎片"。所以，我们有责任也有义务将这种文化传承和发扬，只有这样，才能保住本民族的根基和源流。

〔周伊辰：广西田阳县布洛陀文化研究所干事〕

麽经布洛陀与麽教文化研究

田阳"俌麽"

罗汉田

麽教是在最近一段时间里被壮学界命名的一种原始宗教,这种被命名为"麽教"的原始宗教,比较集中流行于广西壮族自治区西部的壮族民间。

2003年4月至2006年4月这四年间,我有机会多次回到家乡田阳县,对流行于田阳县境内的麽教进行实地考察。其中,麽教的宗教人员麽公,是考察的重点对象之一。

一、巫、道、麽三种宗教活动职业人员

在过去,田阳一带地方壮族民间从事宗教活动的职业人员有三种,田阳壮语分别称为"Boux gimq"、"Boux dauh"、"Boux mo";不很准确的汉字记音,可分别记为"俌金"、"俌道"、"俌麽";翻译为汉语,可译为"做金的人"、"做道的人"、"做麽的人"。

"做金的人"一般来说都是有一定年纪的成年女性,因此,田阳一带的壮族群众多称之为"Yah gimq",不很准确的汉字记音可记为"娅金",翻译为汉语多译为"巫婆"。"做道的人"和"做麽的人",一般来说都是有一定年纪的成年男性,因此,田阳一带的壮族群众多称之为"Baeuq dauh"和"Baeuq mo",不很准确的汉字记音,可分别记为"俌道"和"俌麽",翻译为汉语,多分别译为"道公"和"麽公"。

在田阳壮语里,确实有"Gimq daeg"(金特)这样一个壮语名词,这个名词里的"daeg"(特),与之对应的汉语词汇是"雄",雄性的"雄","gimq"(金)与之对应的汉语词汇是"巫","gimq"(金)和"daeg"(特)组成的壮语名词"Gimq daeg"（金特），其意即"男巫"，即人们通常所说的"巫公"。不过，在田阳我访问过不少不同年龄、不同层次的人，均没有哪一位受访者能够说得出某位巫公的真实姓名和具体住址，也没有哪一位受访者能够说得出他亲眼见过的哪一位还在世的或者已离世的巫公。因而我对"Gimq daeg"（金特）这种人的实际存在——当然指的是在田阳一带地方的实际存在——持怀疑态度。

1. 巫婆

一般来说，田阳一带的巫婆，绝大多数都是半职业性质。头塘镇新山村练山屯一位姓黄的巫婆她本身就是农民，只在有人来找她"做巫"的时候，她的身份才由"农民"转变为"巫婆"。田州镇中山街一位名叫黄妈秉昌的巫婆，前些年就兼做一点小买卖，只是最近几年她在"巫"这方面"名气"越来越大、"生意"越来越兴隆，因而才将更多的时间和精力投入到"巫"这方面来。百育镇新民村花茶屯巫婆刘妈明球也是农民，包产到户以后，因为农活不多，加上年纪也大了，农活做不动了，她才逐步由"业余"转变为"专业"，成为专职的巫婆。

虽然是半职业性质，可是，在巫婆的家里，一般都设有专门进行巫仪活动的空间。黄妈秉昌的家是一栋上下四层的楼房，一层的前半部分是堂屋，后半部分是厨房，二层和三层是她和她的家人的卧室，四楼的一小半是阳台，另一大半就是她进行巫仪活动专用的房间。刘妈明球有四个子女，四个子女早已经成家立业并且起有新的楼房，但她却一个人单独住在原来的老屋里，这间不很宽敞而且低矮的老屋，实际上也就是她进行巫仪活动的专用房间。

专供巫婆进行巫仪活动的房间，一般都布置得相当花哨。黄妈秉昌进行巫仪活动的那个房间，就相当令人炫目，四处都装饰有五颜六色的纸花、绢花和塑料花，案桌上摆放的两个花瓶，更是插满了不同颜色的鲜花，大红的桌围和椅围也绣有精致的花纹图案，靠墙的一张木床上，也摆有一溜色彩鲜艳的塑料盆花，被香烟熏得发黄的墙上，悬挂有虔诚信女们赠送的枣红色的金丝绒锦旗，让人一踏进来即感到进入一处颇具神秘色彩的花的世界之中。

与花哨的房间形成反差的是，巫婆进行巫仪活动时，一般来说，其衣着却比较朴素，没有红红绿绿的专门的服装，但一般都会换上新洗干净的衣服，穿上一双自己缝制的或者是信女赠送的绣花布鞋，并且把头发梳理整齐利落，有的还在发髻插上一两朵玉兰、茉莉之类的小花，淡淡地抹一点腮红，显得相当整洁。黄妈秉昌有两件显然是从戏剧服装商店购买的缎面绣花戏服，她说是两位信女送给她让她进行巫仪活动时穿的，但她从来没有穿过，一直压在箱底当作镇箱之宝。

巫婆进行巫仪活动使用的道具有三样，一张手帕，一把纸扇，一副"高星"。方巾多系巫婆自己亲手制作，用料为绸缎或者金丝绒，形状多为正方形，也有的是八角形，颜色为朱红色或枣红色，周边镶绣金丝花纹，上面点缀少许"金片"。有的方巾四角吊有铃铛，进行巫仪活动时随着巫婆身体抖动而像马铃作响，除此之外没有其他响器。纸扇大都是从市场购买，做工相当精致，显得相当高雅。"高星"为两片质地坚硬的木头，形状和大小跟羊蹄一般，一片代表"阴"，一片代表"阳"，用于占卜。

　　一般来说，巫婆进行巫仪活动时，自始至终都是巫婆自己一个人在唱"独角戏"，旁边只有一位中年的或者老年的女帮手。这位女帮手，或者是巫婆的忠实信徒，或者是巫婆的至亲好友，但是，她们与巫婆两者之间并不存在师徒关系，其工作，一个是在巫仪活动开始时负责燃香点烛，在一些特定的节点上焚烧纸钱，另一个是接过求巫者递上来诸如衣裤鞋帽之类的占卜物转交给巫婆，再一个是事主如果对巫婆所说的话有不明白、不清楚的地方，代替巫婆做解释或者说明。

　　巫婆进行巫仪活动时，基本上都是双臂曲肘埋头蒙脸伏在案台上以歌代言，所有唱词均为临机自撰，随口编唱，既没有固定唱本，也没有任何经籍。仪式结束"下坛"之后，问她刚才所唱的唱词，回答的都是"一句也记不得了"，说只有在"上坛"的时候——即进入状态之后的这个时间段里才"脱口而出"。唱词多为五言联句，押"腰脚韵"，其旋律基本上是当地的民歌曲调。例如，黄妈秉昌进行巫仪活动时，使用的是田阳壮话，唱的就是田阳的田州、古美等地民歌曲调和巴马、都安、田林、凌云等地的民歌曲调。

　　巫婆进行巫仪活动房间里的案台上，大都挂有或者贴有"福"、"禄"、"寿"三星的彩画镜屏或者彩印画像。问她们"福"、"禄"、"寿"三星是不是她们心目中所崇敬的祖师或巫仪中所崇奉的主神，她们皆一脸茫然。在她们进入虚幻状态之后临机自撰、随口编唱、脱口而出的唱词当中，听得出有"岑大老爷"、"白马将军"、"天蓬元帅"之类大量的神灵，问这些神灵与她们是什么关系，都回答说是她们的"兵马"。由此可知，对于巫婆来说，并没有崇敬的祖师或者崇奉的主神。

　　巫婆大都声称自己是无师自通，并且都有"大病一场——不医自愈——愈后成巫"的一个"神奇故事"。例如，头塘镇新山村练山屯巫婆黄妈友成就说她年轻的时候曾经生过一场大病，连续五天高烧不止人事不省，第六天一大早不知道是怎么一回事自己就盘腿坐在村边的竹梢上，后来不知道什么时候又从竹梢上下来回到了家里，自此以后，她就发现自己有即将"成巫"的一种征兆，于是便请一位道公为她"安案",经道公"若"(扶助)之后她即成为能够知晓神旨、行走阴阳的巫婆。

相信巫婆具有知晓神旨、行走阴阳非凡能力的人,多是文化程度较低、迷信思想较浓的妇女。因而,这些妇女也就是巫婆的主要服务对象。服务内容包括阴阳两界、生死之间,皆可以根据事主需要提供服务。例如,进入阴间为事主寻找去世多年的亲人,了解此人目前境况、遭受苦难以及解脱办法;替事主求"花"(生命的象征),解决事主生儿育女、婴幼安康之大事;帮事主找到目前发生的问题、遭遇的灾难、承受的痛苦原因之所在,为事主指点消除困扰、解脱痛苦的办法,等等。

平日里,巫婆在饮食方面一般是荤素不忌,但是非常忌吃牛、马、狗三种有"毒"的肉类。她们认为,吃牛、马、狗这三种有"毒"的肉类,身体就有一股特殊的气味。神灵嗅到这种气味,就不会附体。神灵不附体,占卜就不灵验,也失去行走阴阳的能力。

2. 道公

田阳壮话里"Baeux dauh"(道公)的"dauh"(道),是一个汉语借词。从这个汉语借词可以知道,目前仍流行于右江河谷田阳一带的道教,是从外面传播进来而不是本土产生的一种宗教。这种原产于中原汉族地区的宗教传播到右江河谷壮族地区以后,已经不是原产于中原汉族地区的那种严格意义上的"道教",而是一种与壮族地区原始信仰、原始宗教融合之后所形成的一种"再生形"、"复合形"的,具有显著地域特征和地方特色的、已经简便化和世俗化的"道教"。

和其他壮族地区一样,20世纪50年代以前,道教在田阳一带也非常流行。但凡超度亡魂、打醮酬神、赶鬼驱邪、安龙奠土等等,均少不了"道"。20世纪50年代初期,全国掀起轰轰烈烈的"打击反动会道门"运动,田阳的"道"也遭受非常严厉的打击,及至60年代、70年代文化大革命运动期间,田阳一带的"道",可以说是已经销声匿迹,不见踪影。文化大革命运动结束不久、经济改革国门开放以后,田阳一带的"道",又死灰复燃并且大有蔓延之势。

田阳一带的道公,均不是无师自通、先天生成。一个普通的人要成为一个道公,必须具备一个基本的、也是先决的条件,即这个人的命(属相八字)必须是适合于学道做道公。具备这个基本条件的人,经过拜师受戒和经历抄写经书、背诵经文以及跟随师父练习设道场、做法事、熟悉道法科仪等过程之后,方可出师,成为道公。

拜师学道的年龄,没有什么严格的限制,有些人是中年之后才拜师学道,有些人是少年时期就开始投师学习。田阳县田州镇东江村下屯有一位名叫黄祖升的道公，据说他少年时期就练功习武，十五、六岁就拜师学道，二十出头就受戒出师，四十多岁就已经远近闻名。我一位初中时期的同学陆志标，20世纪70年代我在巴马县文艺队工作时，他还是百育公社六联大队（今百育镇六联村）的一位小学民办老师，2002年9月初我应邀回田阳参加"敢壮山布洛陀文化遗址研讨会"见到他时，知道他已经成了一名小有名气的道公。我问他是什么时候开始学道做道的，他说是"前两年第一批被清退以后就开始学做了"。根据国办发〔1997〕32号文件《国务院办公厅关于解决民办教师问题的通知》，全国中小学民办教师的清退工作开始于1997年，通知要求"1997年民办教师占全国中小学教师的比例要从1996年的17%减少到12%，1998年比例减少到7%，1999年比例减少到3%，2000年基本解决民办教师问题"。由此可知，陆志标被清退以后开始学道做道，时间应该是1997年，而此时他的年龄已经是55岁。

设立道场、超度亡魂和打醮、酬神、驱鬼、消灾、祛邪、除秽、安龙、奠土、祝寿、祈福等等，是道公的主要职能，也是道公的业务范围和日常工作。田阳一带的道公应邀到事主家里为去世老人设立道场主持葬礼超度亡灵，或者应邀到某个村屯去设坛打醮酬神驱鬼消灾祓邪除秽，一般都是以"堂"的形式行动。一般来说，一"堂"少的由4～5个人组成，多的由7～8个人组成，最多的人数可达14～16个。这些人大多是临时组成，但一般都是经常组合、彼此熟悉、比较默契的基本成员。他们之间，有的可能是亲戚关系，有的可能是师徒关系，但没有什么级别之分，其中，以一位具有一定声望、拥有一定法力的道公为首领。这位领头的道公，人们多称之为"Laux lae"，不很准确的汉字记音，可记为"老岁"，意即"老师"、"师傅"。

在道场上，田阳一带的道公使用的响器，有大鼓、小鼓、大锣、小锣、大钹、小钹、大铙、小铙和铜铃、铜磬等。乐器只有竹笛一样，除此之外别无其他。道具有笏板、令木、龙罗、星笞、法印等。穿有专门的服装，但服装样式不很统一，让人有"僧不像僧、道不像道"的感觉。但是领头的"师傅"，其服装一般都要稍微出众。我记得我小的时候，田州街上一户有钱人家老人过世，出殡时，就见到"祖升师傅"头戴僧帽，身着道袍，外披袈裟，手执禅杖，俨然一个地藏菩萨的形象，好不威严地站在十六人抬、多人执绋的棺椁前头。

田阳一带的道公设坛做道场，在服装上虽然着意把自己打扮像僧人模样，但是他们供奉的大多数是三元、三界、社王、三清、真武、张天师、文昌帝君、北斗天尊、太上老君、玉皇大帝等等道教神祇和"花王圣母"、"本境感应大灵王诸神"之类的地方神祇，佛教神祇只有释迦牟尼、如来佛祖、观音大士、地藏菩萨等少数几位。道公家里的神龛，除了像平常人家那样供奉历代祖宗，另外还供奉"治下香火千千神将万万吏兵"、"正一邓赵马关四大元帅"、"南无大慈大悲灵感观音菩萨"、"持奉香火诸佛帝师"、"北极镇天真武玄天上帝"、"本使公郝游天得道三界将军"、"九天应元雷声普化天尊"等"七路神仙"，据说，这"七路神仙"是暗中帮助道公布道施法的"神兵天将"。玉凤乡华彰村巴令屯老道公罗汉儒家里的神龛，除了本家本姓的"三代九玄七祖诸神"，就还有在红纸上用黑字密密麻麻罗列的这一整套神灵。

除了一整套的神灵，田阳一带的道公，还拥有自己成套的经书。经书以科仪本为主，同时有相应的秘旨类经书，用以解释每个科仪为什么要这么做和应该怎么做。这种经书，田阳壮话称为"Saw dauh"（字道），翻译为汉语，可直译为"道书"或者"道经"。"道经"多用汉文抄写，但其中夹杂有不少用汉字记录壮语语音的"土俗字"，吟诵亦用汉语，其中也夹杂有不少的本地壮话。

和拥有自己的成套经书一样，田阳一带的道公还有自己的成套禁忌。例如，学道期间和受戒之前的四个月之内，不干农活，不行房事，禁杀禽畜，忌吃狗肉牛肉，每逢出门须戴斗笠，忌从干栏楼房、晒衣竹篙底下横穿而过。受戒出师成为道公以后，但凡有人来请去做法事，皆不可借口推脱，否则会有损于所修阴德。此外，还有相当明确的"五戒"，即一不得杀生，二不得偷盗，三不得邪淫，四不得妄语，五不得忤逆。

3. 麽公

田阳一带地方的麽公，大多数都是家住农村，以农为业，有事为麽，无事为农，也是一种"半农半麽"的半职业宗教人员。

虽然是一种"半农半麽"的半职业宗教人员，但是，要成为一位严格意义上的麽公并且得到人们的认可，却也像道公一样必须经过相当长时间的学习过程，而不像巫婆那样经历一场大病之后一夜之间即无师自通而成为麽公。这个长时间的学习过程，包括几个方面的主要内容，首先是抄写经书，其次是认读经文，再次是麽仪操作。

在田阳，一个普通人要成为一位麽公，必须拥有自己的一套经书。这套经书的拥有，首先要拜认一位老麽公为师父，从师父那里借来他所保存的经书，一字不漏、一句不差地照样抄写。然后，利用闲暇时间去向师父请教，向师父学习，一字一句地认读，一章一节地背诵，并透彻理解每一个字、每一句话的意思和内涵，掌握吟诵的声腔、韵律和节奏。同时，还要向师父学习历算、择日、算命、合字（合生辰八字）等相关的基础知识。此外，还要尽可能多地参与师父主持的麽仪活动，在实践当中认真学习、基本掌握麽仪的程序和礼仪。我一个小的时候就眼瞎的堂兄，原来是以帮人家磨玉米粉为生，后来他也想做麽公，于是拜田州镇东江村一位同样也是瞎子的老麽公为师父。尽管瞎子堂兄什么也看不见，但是，他还是从他那位同样也是什么也看不见的师父那里借来一套边角已经磨损成弧形的经书，再请人帮他一字不漏、一句不差地照样抄写。以后每次到师父那里去学习，他都用一块已经发黄但洗得干净的白布把经书包裹好挟在腋下才拄着拐杖出门。在师父那里学习，什么也看不见的师徒两人也一本正经地各自把经书摊开，师父一字一句地教，徒弟一字一句地学。其实，他们两人之间的"教"和"学"，完全是一种不借助于书本的"口授心传"，而发生在这师徒间的这种"口授心传"，却也真实、生动地说明，一个平常的人要成为一个麽公，必须通过学习这条途径，必须经历学习这个过程。因此，在麽公身上，一般来说都不存在类似巫婆那样经历一场大病之后"一夜成'巫'"的充满神奇色彩的"成麽"传说。

没有"成麽"神奇传说的麽公，其服务对象比较广泛，并不像巫婆那样多限于妇女。而且，麽公的服务，一般都是"有求必应"、"上门服务"。很可能是"上门服务"的原因，因此，麽公的家里，一般都不像巫婆家里那样设立有专供麽公进行麽仪活动的房间和安置有专供麽公进行麽仪活动的案台。不过，虽然没有设立专供麽公进行麽仪活动的案台，但在麽公家堂屋里的神台上，在祖先牌位的一侧，一般都单独设立有一个牌位和安置有一个香炉，这个只是一方红纸其上并没写有文字的牌位，就是麽公所崇奉的祖师布洛陀之神位。

麽公家里的堂屋，神台上虽然安置有祖师布洛陀的牌位和香炉，但是整个堂屋并不是麽公进行麽仪活动的专门场所。不过，由于神台上设有祖师的神位，安置有供奉祖师的香炉，因此，在麽公的心目中，这间神台上设有祖师神位、安置有供奉祖师香炉的堂屋，就是他进行麽仪的一处场所，如果他需要在家里吟诵经书或者教授徒弟学习经书，就必须在这里而不能在别的地方进行。

这样的情况，早在 20 多年前我就曾经有过一次经历。

我还在巴马县文艺队工作时，1979 年 10 月，一个名为"广西民间文学抢救小组"的几个人来到巴马，任务之一是到所略公社福乡大队（今所略乡福乡村）去找年近 80 岁的周朝珍老人，搜集他保存的布洛陀经书。具体负责这个任务的是抢救小组成员何承文，县文化局派我做何承文的陪同兼向导。我们两人三进福乡，但周朝珍老人一直坚持说"经书早已被没收，现在一句也记不住了"。后来，很可能是他已经弄清楚我们真的"不是公安局来的"，不是给他带来麻烦、拉他去批斗的人，第四次再去福乡时，他才勉强地答应唱给我们听，让我们记录。唱和录的地点，是在周朝珍老人家的堂屋，因为没有录音机，记录只能用笔记，何承文听不懂当地壮语，记录由我来执笔。屋里光线很昏暗，记录很困难，于是我多次向他老人家提出换一个地方到比较明亮的晾台去的请求，周朝珍老人既不答应也不反对，但依然坐在原来的地方以原来的状态一字一句不紧不慢地吟诵。有一天工作结束后我们在晾台上闲聊，我问周朝珍老人，除了"布洛陀经书"，还会不会唱"梁尚与英台"、"文隆与肖尼"之类的"唐皇"（壮族民间长诗），他不加思索即回答说会唱，并且很随意地开口就唱"闲着没有什么论／咱唱文龙来解闷／论到唐朝初始时／有一秀才叫文龙／他娘单生他独崽／出外帅气过别人／手脚白嫩像官童／脸红唇粉似佛仙／进家父母很中意／出外个个都赞扬"一段给我们听。由此可知，周朝珍老人家的堂屋虽然不是他老人进行麽仪的专用空间，但是，在他老人家的心目中，这里就是他进行麽仪的一处场所。因此，作为布洛陀的代言人，他吟诵"布洛陀经书"给我们听，让我们记录，只能在这里而不能在别的地方。"梁尚与英台"、"文隆与肖尼"之类唱给人听的民间长诗，吟诵的地方却没有什么规定性，因而在晾台上他就可以唱给我们听。

除了类似周朝珍家的堂屋这样的一种相对来说具有一定规定性意义的场所之外，麽公进行麽仪活动时，其场所大多是在事主的家里，具体地点则根据麽仪的内容由麽公具体选择而不具有规定性，诸如门口、灶头、床脚、田头、地尾、泉边，或者猪栏旁、牛栏边、大树脚等等。而麽公应事主的请求去到事主家里主持麽仪，主要是为事主自己或者事主家人甚至是事主家的牛、马、猪、狗、鸡、鸭等等消灾、祈福、解冤、赎魂。去的时候，一般只是麽公自己一个人，如果有徒弟，最多也是一个徒弟跟随，而且不需要（其实也没有）穿戴什么专门的服装，也不需要（其实也用不着）带上什么道具。但是，一套麽经和一面小铜锣（麽公自己称之为"手锣"），却绝对不可或缺。

"麽经"田阳壮话称之为"Saw mo"，不很准确的汉字记音可以记为"字麽"。田阳一带的麽经，皆为毛笔手抄的抄本。不论是北部的土坡地区、中部的河谷地区和南部的石山地区，在田阳县境内，都有麽经抄本的分布和流传，广泛流传的这些抄本，分别保存于麽公个人手中。抄本的材料，均为出产于大化瑶族自治县贡川乡手工作坊制作的棉纸，这种纸，田阳人称之为"沙纸"。抄写经书所使用的文字，是范成大在《桂海虞衡志》和周去非在《岭外代答》里所称的"土俗字"，现在壮学界的专家学者们多称之为"古壮字"或者"方块壮字"。麽公吟诵时，使用的是田阳壮语。

平日里，麽公在饮食方面没有太多的忌口，荤素均可食用。和巫婆一样，麽公也忌吃牛肉、马肉和狗肉此三种有"毒"肉类，认为吃牛肉、马肉和狗肉这三种有"毒"的肉类，麽仪就不灵验，以至消灾灾不去、祈福福不来、解冤冤不断、赎魂魂不归。此外，还忌吃与自己以及自己亲生父母生肖属相相同的动物的肉，认为吃这些与自己以及自己亲生父母生肖属相相同的动物的肉，即等于吃自己和自己亲生父母的肉，这样将会损阴功、折年寿。

二、巫、道、麽、三者之间的关系

长期以来，田阳一带的麽公、道公和巫婆虽然是"各干各的活，各吃各的饭"，但是，三者之间还是存在着一定的微妙关系。

田阳一带的巫婆，基本上都只专做巫而不兼做道，也不兼做麽；做道的道公和做麽的麽公，也都只做道或者只做麽而不兼做巫。但是，做道的道公，有的却既做道同时又兼做麽；做麽的麽公，也有的既做麽同时又兼做道。例如，玉凤乡华彰村巴令屯的罗汉儒，他就是既做道又兼做麽，是方圆数十里闻名的道公，同时也是这一带地方颇有声望的麽公。又例如，玉凤镇玉凤村亭怀屯的覃安业，他在学麽的同时也学道，现在，有人请他去做麽，他就是麽公，有人请他去做道，他就是道公；坡洪镇百合村岩下屯今年60岁的周天益从1986年起开始学道做道，同时也学麽做麽；那满镇露美村布露屯今年76岁的罗少兴，也是既做麽的麽公，又是兼做道的道公。再例如，黄达佳他的父亲是麽公，耳濡目染，他年轻时就学会做麽，可以称得上是一位麽公，后来他又拜玉凤镇巴庙村的黄道玄为师，跟他学道，并于1997年受戒成为道公，法号称"黄玄补"。当然，在麽公和道公当中，也有的只做麽而不兼做道，或者只做道而不兼做麽。例如，上面提到的师徒俩瞎子麽公，就始终只做麽而一直不兼做道；又例如，坡洪镇琴华村央律屯的周仕常，至今为止也只专门做麽而从来不兼做道，而且是从他的曾祖父传到他的祖父再传到他的伯父又传到他，已经传了四代人。前面提到的田州镇东江村已故老道公黄祖升，则是一辈子只做道而不兼做麽的实例。还有的是自己只专做道而不兼做麽，但其弟子却有的既做道同时又兼做麽。例如，坡洪镇天安村驮兰屯已故道公黄绍升，他一辈子就专做道而不兼做麽，而他的弟子黄显良、黄显良的弟子包建荣，他们两人则既做道同时又兼做麽。

很可能是这种身份交叉的原因，因而连罗汉儒老人这样的圈内之人，也说不清自己到底是道公或者是麽公。在田阳，民间也有将麽公和道公联称为"俌麽俌道"（麽公道公）的习惯，从而导致一些壮学专家和传播媒体把麽和道、把麽公和道公混淆在一起，不分泾渭，认为麽即道，道即麽，道与麽为同一系统。其实，麽和道、麽公和道公两者之间，还是存在着相当明显的区别。这种区别，最主要的是表现在于两者的不同功能这一方面。

关于麽和道、麽公和道公的不同功能，罗汉儒老人曾用这么一句话来概括："Boux dauh ndaej biengj fangz, Boux mo mo din lag."这句壮话用汉字来记音，可以记为"俌道内便房，俌麽麽定拉"，翻译为汉语，可直译为"道公可以装殓送鬼，麽公篱笆脚下做麽"，整句话的意思是"道公具有无边法力可以为去世的老人做道场超度亡灵，麽公法力小只会设坛做一些赎魂解冤之类的小法事"。既做道又兼做麽、既是道公又是麽公的罗汉儒老人的这一句话，基本上道明了道和麽两者功能的不同，同时也分清了道公和麽公两者身份的区别。也就是说，道的功能，最主要是超度亡灵，麽的功能，最主要是解冤赎魂；超度亡灵，是道公的主要工作，解冤赎魂，是麽公的主要业务。

罗汉儒老人所说的"Boux dauh ndaej biengj fangz, Boux mo mo din lag"（俌道内便房，俌麽麽定拉）这句话，我还在家乡上学时就见到这样的一个事实：1955年田阳合作粉店成立不久，店里一位名叫周碧莲的女职工与店里一个名叫黄品恒（有妇之夫）的男职工相好，后来不知道是什么原因，男的趁女的推磨磨米粉时把她刺杀死了。杀人偿命这是常理，后来那男的理所当然被判了死刑。那女的因为是属于"凶死"，因此她的丧事不能在家里而只能在荒郊办，具体地点就在我们家后面池塘对岸比较远的的一处空地上。那一夜，她家请来的一班道公通宵达旦地敲敲打打念念唱唱为她超度，天将亮时就把她的棺木抬走送上山去埋葬。随后，一位不知道是从哪里请来的老麽公即设了一个祭坛，翻开经书敲打小锣念诵经文，为她断冤、赎魂。"已经出殡了为什么还要请麽公来断冤赎魂"，2000年我回老家过春节时，曾就这个问题问过我那位瞎子堂兄。瞎子堂兄是这样解释：像她这样"凶死"的人，她的灵魂是回不到祖宗灵魂聚居的那个地方去的，只能去到专门管理殇死鬼之魂魄的大神王曹那里，在那里她无衣无食，饥寒交迫，四处游荡，经常回家作祟，因此必须由麽公把她的阴魂从王曹那里赎出来送到祖宗灵魂聚居的那个地方，同时又剪断她生前所有的冤怨纠葛，这样她才不回家作祟损害家人。

瞎子堂兄的这番解释，我认为基本上说清楚了田阳一带地方道和麽两者功能的不同以及道公和麽公两者身份的区别。同时，从中也可以看得出在道和麽、道公和麽公两者之间的一种相互的依赖关系。这种关系，即田阳民间流行的一句壮话："Boux gimq gyo boux dauh / Boux dauh gyo boux mo。"这句壮话用不很准确的汉字来记音，可以记为"俌金坐俌道 / 俌道坐甫么"，翻译为汉语，可译为"巫婆依赖道公 / 道公依赖麽公"。

关于巫婆、道公、麽公三者之间的这种相互依赖关系，玉凤镇玉凤村亭怀屯既做道又兼做麽的覃安业用一个比喻给我做这样的解释：一个小孩高烧不止，他的父母心急如焚，于是就去问巫。巫婆占卜之后，认定是某个恶鬼作祟。作祟恶鬼既被确定，家人就去请道公前来驱赶。道公设坛施法把恶鬼驱逐之后，家人又请来麽公为小孩赎魂，把被恶鬼惊吓离散的魂魄赎迎回来。经过这样一番"综合治理"，小孩的病就痊愈了。

覃安业的这种解释，我们完全可以做出这样的理解："小孩高烧不止"是一种非正常现象，这种"现象"的出现，其原因是恶鬼"作祟"的结果，而这一结果的判断，必须经过巫婆"占卜"之后方可得出。结果虽然得出，但巫婆却无能力对作祟的恶鬼进行处置，因而必须依赖法力无边的道公施法才得以"驱逐"。作祟的恶鬼虽然已被道公驱逐，但是小孩被恶鬼惊吓而离散的魂魄，又必须依赖麽公"赎魂"，原因是道公虽然具有驱鬼的法力，但缺乏赎魂的能力，而麽公虽然不具有驱鬼的法力，但是"赎魂"却正是他们的擅长。经过这么一番"综合处理"，小孩的病方可痊愈，而这一番"综合处理"，也正是"巫婆依赖道公 / 道公依赖麽公"这种相互依赖关系的具体表现。

在过去，田阳一带的壮族群众普遍认为，人以及世界上所有的动物和植物都各有自己的魂魄，一旦遭受外部力量侵扰，魂魄就会惊吓失散，魂魄一旦失散，就将产生严重后果，因而，一旦魂魄失散，就必须请麽公赎魂，方能转危为安逆转命途。因为存在着这样的一种传统观念，一旦出现鸡瘟牛病、谷物歉收、事故多发、人畜不安之类的事情发生，人们都会延请麽公前来赎魂。也正因为这样，在田阳一带地方，尤其是与巴马瑶族自治县毗邻的北部土坡地区玉凤、坤平一带地方，同一个村一般都会有二、三位或者三、五位麽公。例如，玉凤镇的华彰、玉凤、巴庙、能带等4个村，可以数得出来的麽公就有20多个，其中，仅华彰村就有罗汉儒、罗汉良、罗汉朝、零恩正、黄合年、梁少兵、梁少东、梁正忠、罗保光、马贵绿、黄玉山等11个麽公。今天的玉凤镇，其前身为"那么区"、"那么乡"，现如今虽早已改为"玉凤镇"，但是玉凤镇镇政府所在的这个地方仍称"那么街"，镇政府附近的林场，至今仍称"那么林场"。"那么"为汉字记音的壮语地名，翻译为汉语，意即"麽公稻田"，由此也可窥见"那么"这个地名与麽公的众多两者之间的关系。

三、麽公内部、道麽之间没有等级区别

这众多的麽公，在年龄方面，有幼长的不同，在声望方面，有高低的差别，而在其内部是否存在像一些专家学者所说的那样，划分有"玄"、"文"、"道"、"天"、"善"五个等级呢？关于这个问题，2004年4月我在玉凤镇玉凤村亭怀屯考察时，专门作为一个问题请教过既做道也兼做麽的覃安业、覃安猷两兄弟。覃安业说："声望是有高有低的，你麽做得好，很灵验，信你的人就多啦嘛，请你的人也就多啦嘛，这样，你的声望也就高啦。你做得不好，不灵验，信你的人就少，请你的人也少，就证明你做的还不如我，你的声望也就不如我的啦。但是，说我们麽公也有等级，这个我就从来没有听说过，我自己就不知道我自己是什么等级。"说到这里，他问我："你说的那个等级，是不是就像你们的教授副教授那样？"我说："相类似吧。"他又问："如果是这样，这个等级又是由哪个单位负责给我们评定的？评定的条件是什么？这些条件又是由哪个给制定的呢？"我说："评定职称这种事情，按说应该是科技局管的吧？要不就是宗教局或者民政局。"这时，我初中时期的同学覃安猷插话说："什么宗教局民政局？他不打倒我们就算好的了，还给我们评什么等级？过去他们总是说我们是'封建迷信'，现在才喊我们做'民间艺人'的啦，他什么时候给我们评过等级？"

回到县城，就"麽公是否划分有五个等级"这个问题，我又请教了田阳县博物馆副馆长、道公兼麽公罗汉儒的儿子罗志柏。罗志柏说："和道公一个样，麽公历来也都是分散的，各做各的，互相之间并不相统属，也没有一个组织或者单位。如果说有等级，那就得有负责等级评定工作的单位以及评定的标准啦，要发给盖有单位公章的等级证书啦。我家几代做道也兼做麽，但是我从来没有见过我家有过什么等级证书。执照嘛，倒是有一张，那是发给道公的，是国民党那时恩隆县（光绪元年[1875年]设置，治所初议设于今巴马瑶族自治县燕洞乡燕洞村，

后更定于今田东县平马镇，民国二十三年[1934年]更名为田东县）政府发给我公公罗占贤的，目的只是为了收税，不是给你定个什么级别。听我公公说，光是这张执照，他就花了一块光洋。前两年黄明标馆长去搜集文物，我父亲心软，听他几句劝说，就把那张执照交给他了，现在收藏在县博物馆里，如果你要看，明天我带你到馆里去看。"他又说："你说你是什么等级什么等级，你没有那个等级证书，哪个又相信你？人家主要是看你做得好不好，做得灵不灵的啦。你做得好，做得灵，信你的人就多，请你的人也多，近的也请，远的也请，你就远近闻名啦，你就有声望啦，哪个又问你是什么等级才来请你？我父亲他就是这样，以前来请他的人可多了，到处都有人来请他，忙都忙不过来。现在来请他的人少了，原因是他膝盖痛，走路都困难，哪里都去不了，很少有人来请他了，来请他他也去不了啦。但是，去不了并不等于他就没有声望了呀。"

从覃安猷、覃安业两兄弟和田阳县博物馆副馆长罗志柏所说的话可以推断，至少是在田阳县这一带地方，麽公并没有自己的行业组织，更没有自己的行业主管机构；麽公内部并没有实行等级评定制度，之间并不存在等级高低区分，也不存在等级升迁问题。当然，仅凭有限的两三个人的访谈是不能以管窥天、以偏概全就贸然下结论，但是，关于"麽公分为五个等级，依次是玄、文、道、天、善"和"随着资历的积累可以逐步晋升"的这种说法，我个人以为可以考虑暂时存疑。

在田阳，我也知道有"Daoh ningq"（道咛）这样的一种称谓。壮语"Daoh ningq"的"ningq"，翻译为汉语，意为"幼"、"小"，例如，"幼儿"就称为"Lwg ningq"（勒咛），"小狗"就称为"Ma ningq"（犸咛），"Daoh ningq"翻译为汉语，其意即"小道"。很可能是因为有"小道"这一称谓的原因，因而广西的一些壮学专家认为"麽公与道公的关系是一种级别的关系，道公是比较高级的麽公"。事实是否如此，就这个问题，我也请教过不少道公和麽公。

家住坡洪镇琴华村央律屯今年66岁的周仕常，是琴华这一带地方相当闻名的一位只专做麽而不兼做道的麽公。他4岁丧母，6岁丧父，是他的伯父一手把他养育成人。他的伯父以及伯父的上两代人，都是麽公，周仕常是他们周家可知的第四代传人。2006年1月10日和15日我与中央民族大学哲学系在读博士生时国轻、中国社会科学院民族文学研究所助理研究员李斯颖到他家里去访问他时，就"道公是高级的麽公、麽公是低级的道公"这个问题请教于他，他肯定地说"这是乱说"。他说："你道公和道公自己和自己比，可以比得出哪个厉害哪个不厉害，哪个法力高哪个法力低，你道公来和我麽公比，怎么比？你有考（县民族宗教局领我们去访问的干部黄有考)开小车,我老周开手扶(拖拉机),不一样的嘛,这怎么比?也不能说你开小车是高级的、我开手扶就是低级的呀,各有各的用处嘛。"黄有考也支持周仕常的意见,他说:"老周说的也对,小车和小车比,手扶和手扶比,开小车的和开小车的比,开手扶的和开手扶的比,才能比出高低来。你说手扶低级小车高级,开小车的高级开手扶的低级,你开到水田里去试试,看是你小车开得动还是我手扶开得动?当然,在公路上手扶肯定跑不过小车。这就是不同的东西在不同的场合各有不同的功能啦,这中间,怎么能说什么是什么的高级、什么是什么的低级呢?"

在这之前,关于"道公是比较高级的麽公"这个问题,我与我的老同学陆志标也曾经有过这样的对话。我问他什么时候开始做道,他说:"清退回来不久就开始了,还没有清退之前就已经做麽,清退回来以后才又学做道。"我问他:"那么,你现在算是什么公呢?"他说:"应该算是道公吧,现在基本上已经不做麽了。"我问他:"为什么现在又不做麽了呢?"他说:"现在来请去做麽的人越来越少了。"我又问他:"少有人来请你去做麽,是不是因为你做麽的水平不怎么样?"他说:"这个水平嘛,就看你怎么说了。反正,这一带地方的人,有事总喜欢来找我。"我说:"那么说,你做麽的水平,还是相当的嘛。"他说:"就看你怎么说了。"我又问他:"是不是你做麽有相当高的水平,这样就提升为道公了?"他说:"什么提升?我这是改的,是从做麽改为做道的。"我再问他:"不是说麽公做麽达到了一定的水平之后,就可以升级为道公的吗?"他说:"升级?不知道,没听说过。"过了一会,他又说:"你以为是从民办转公办呀?你水平高考试及格了就给你转呀?首先,你说的这个水平,是什么标准?这个标准是哪个制定?制定了又由哪个来考你?都没有呀。有哪个来给我们麽公考试的?再说啦,你民办要考公办,你是教师队伍人家才让你考呀?你是别的什么单位合同工临时工的,人家也不让你考呀,及格了人家也不要你呀,不是同一个系统嘛。"又说:"我当道公是经过'要尺'(受戒)的,你不拜师、不学习、不'要尺',你一辈子都当不了道公,不是说你麽公水平高了就有人把你提级,也没有提级的这种说法。没有过,从来没有过。"

对这个问题,罗志柏也是这样认为:"打个比方来说吧,我们两个人,你呢是医师,我呢是老师,我们两个都是师,但师不同师,你是治病救人的医师,我是教育学生的老师,大家都有自己的一套本事,大家都靠自己的本事吃饭,大家都是一样地位平等,只是专业不同分工不同而已啦嘛,哪里有哪个比哪个高、哪个比哪个低的？再说，你医师水平再高，也只能提为主治医师而不可能提为高级教师的呀，同样的道理，我老师水平再高，也只能提为高级教师而不可能提为主治医师的呀。而主治医师和高级教师，哪里又有哪个比哪个高、哪个比哪个低的呢？"

坡洪镇百合村岩下屯道公周天益也有与罗志柏大致相同的看法，他也认为："我们做道场的时候，人数比较多，场面比较大，敲锣打鼓的，又唱又跳的，比较有气势，而他们做麽的呢，只是一个人一个小锣，坐在那里小声的麽，又没有什么动作，这样他就显得比较单薄了，所以就有人叫我们做'道老'（大道），叫他们做'道咛'（小道）啦。其实这只是相对于场面而言，并不说明道公麽公两者之间级别不同，也不说明道公是高级的麽公、麽公是低级的道公。"又说："罗馆长他说的有一定道理，你麽公再厉害，你声望再高，做麽做的再灵验，来请你的人再多，你不投师学道，你不受戒出师，你到头还是麽公，永远成不了道公。没有说你麽公做麽厉害了水平高了就可以升级当道公的，当然也没有因为你水平不够道公被降级为麽公的。因此，说道公是高级的麽公，或者说麽公是低级的道公，我觉得都是不合适的。"

麽公周仕常、道公陆志标和周天益，以及县博物馆罗志柏、县民族宗教局黄有考这几个人的这些看法，我认为应该也算是对"麽公与道公的关系是一种级别的关系，道公是比较高级的麽公"这种意见的一种回应。

最近几年，由于麽公所崇奉的祖神布洛陀成为"壮族人文始祖"以至"珠江流域人文始祖"，并且被升格为"始祖神"、"创世神"、"宗教神"、"道德神"而受到媒体、学界、政府的重视，崇奉布洛陀为祖神的壮族原始宗教信仰被媒体、学界命名为"麽教"而受到政府相关部门的保护，以及麽公由"封建迷信"转变成为"民间艺人"地位的提高，一些能说会道的巫婆也见风使舵牵强附会，利用汉字"巫"和"麽"读音相近的可利用条件，混淆视听说自己"也是麽教"，信口开河胡诌自己"夜里经常梦见师父布洛陀"，说"布洛陀教她怎么怎么做"，否认自己是"巫"而强调自己是"麽"，在与一些媒体记者、一些专家学者交谈时，总把自己说成是"麽公"而忌讳说自己是"巫婆"，以至一些媒体记者、一些专家学者错误地把她们也列入"麽公"的行列之中，在一些文章和著作里，错误地把她们当成"俌麽"加以介绍，我以为这是一种误导。

〔罗汉田：中国社会科学院民族文学研究所研究员〕

从布洛陀经诗看骆越青铜文化的起源发展*

谢崇安

根据古籍的记载，广西红水河沿线以南的环北部湾地区，是上古骆越集团分布的历史民族区，先秦两汉以来，这里产生过光辉灿烂的青铜文明，但是这些青铜文明是如何起源发展的？青铜文化的创造者与骆越人及其后裔——壮泰民族的关系如何？这还存在着许多学术待解之谜。因此，本文试图从壮族史诗《布洛陀经诗》的记载，结合考古发现，对上述问题作出一些历史的复原，以求教于方家学人。

一、骆越青铜文化起源于山区丘陵地带

笔者认为，东亚南部历史上的骆越集团从文化上看具有二元结构，偏内陆地区属于山地丘陵文化，偏东的滨海地区则属于海洋文化。

从《布洛陀经诗》的记载可以看出，上古骆越族的青铜文化是起源于山居族群地区。

例如，《布洛陀经诗》载：始祖神"布洛陀的家在岩洞里，布洛陀的村子在石山脚下"。[①]《麽经布洛陀·铜源歌》又说："铜从哪里来？铜在山坡三峰，铜在山坡九重天。雨下铜才露，水冲铜才出……驮脊梁后背它回来，要来放在里院井……挖中间山坡做炉……去砍树做空洞，去剜木做风箱……风箱拉去拉回

---

* 本文系2015年度国家社会科学基金特别委托项目（批准号：15@ZH002）阶段成果之一。
① 张声震主编：《布洛陀经诗译注》，广西人民出版社，1991年，第30页。

来……水铜沸腾花花花，铸做铜铃口花纹……铸做铜铃问神吃祭品……"①

这些史诗中的族群追忆，完全可以同考古发现相印证。

迄今为止，中、越考古学家在桂西、桂南、越南北部各地都发现了不少石器时代至青铜时代的古人类的洞穴、岩厦遗址和河岸丘陵遗址，著名的有来宾麒麟山、都安九楞山及武鸣邕马山、敢猪岩等遗址，遗址出土的人骨，经体质人类学家鉴定，这些古人类都属于蒙古人种南亚类型，最接近现代壮侗语族的体质特征。② 这些岩洞遗址墓葬出土的人骨与旧石器晚期的柳江人、新石器时代的桂林甑皮岩人、南宁邕宁顶狮山人都表现为一脉相承的关系。因此，广西考古学者认为这些岩洞葬遗存的族属就是古骆越人。③

武鸣邕马山、敢猪岩诸墓葬出土了广西地区较早的青铜器遗存。此外，广西那坡感驮岩、平南石脚山、灵川新岩以及越北冯原文化诸遗址都出土有铸铜器的石铸范。这些遗存的碳14年代大约在距今3200年左右。广西考古学者认为武鸣邕马山、敢猪岩遗址的年代可能处于商代中晚期至西周早期。武鸣马头敢猪岩出土有商周式直内无胡铜戈，武鸣马头勉岭坡出有商式兽面纹青铜卣、仿商式直内长援折胡戈，蒋廷瑜先生认为这几件青铜器的年代当在商末周初。④

从红水河左岸的忻城矮山岩洞葬的出土铜器可看出，当时的青铜器铸造尚处于初创阶段，出土铜器较简单，仅见有各式铜铃，而且有的铜铃明显是仿自殷周式铜钟。比证《布洛陀经诗》的记载，这些铜铃应当是骆越巫师的法器。考古学者认为矮山岩洞葬的时代当在商周时期。骆越人早期青铜文化遗存的发现表明，青铜器最先是掌握在巫师手中，作为法器，铜铃也是青铜礼制文明产生的一种标志。

从岭南各地发现的早期青铜器来看，其时代都晚于中原内地的夏商文化，从器形和铜器制作工艺来说，也明显受到中原文化的影响。充当中原青铜文明传播中介的就是发现于江西清江地区的吴城文化，学者认为，吴城文化是江南地区越族与华夏族文化融合产生的商代中晚期青铜文化。

过去有一些学者认为，两广地区迄今为止发现的青铜文化，年代上限都不早于战国晚期。针对这种观点，李伯谦先生研究后指出，粤东饶平"浮滨文化"已

---

① 张声震主编：《壮族麽经布洛陀影印译注》第八卷，广西民族出版社，2004年，第2796—2800页。
② 彭书琳：《壮族地区岩洞葬人骨研究》，《广西博物馆文集》，广西人民出版社，1991年，第82—85页。
③ 广西文物考古研究所等编著：《广西先秦岩洞葬》，科学出版社，2007年，第170—171页。
④ 蒋廷瑜、彭书琳：《文明的曙光——广西史前考古发掘手记》，广西人民出版社，2006年，116—117页。

经出现了商式铜戈，属浮滨文化的闽南漳州虎林山墓葬也出土了相似的铜戈、铜矛、铜铃，确凿证明浮滨文化是受到商文明影响的青铜文化。此外，浮滨文化的系列遗址还出土有直内无胡的铜戈和大量的直内无胡的石戈，而这种兵器本地史前文化从未出现，表明它们是来自于中原商文化，这种直内无胡铜戈是商代早中期的流行物，其向南传播的中介是江西清江吴城文化，吴城文化除了有直内无胡铜戈和石戈，还出有既与浮滨类型又与商文化相似的大口尊、折肩凹底罐等陶器，说明吴城文化是中原商文明向岭南传播的中介。多种遗址、墓葬的地层资料也证明，岭南先民铸造青铜器的时间不会晚于商末周初，也早于岭南青铜时代的夔纹陶文化。[1]

李先生的岭南青铜器断代及其比较研究对笔者深有启发。我们不难发现，在岭南各地出土的早期直内无胡铜戈、直内无胡石戈（武鸣敢猪岩、邕马山、大新丽江等地），[2] 以及广西那坡感驮岩、香港与越北冯原文化出现的夏商式礼器牙璋，[3] 归根到底也是夏商青铜文明传播影响的产物。此外，岭南与越北地区出土的早期铜器石铸范，时代都晚于吴城文化和湖南石门皂市商代中期遗存，后两者不仅产生了十分成熟的青铜文化，会用泥陶范制作大型青铜礼器，而且也存在铸造小件铜器和铜工具的石范。[4]

《麽经布洛陀·铜源歌》说："挖中间山坡做炉……去砍树做空洞，去剜木做风箱……风箱拉去拉回来……水铜沸腾花花花，铸做铜铃口花纹……"这是描述在山中造炉炼铜的过程。目前考古学家在桂东南的北流铜石岭就发现了大规模的汉代采矿冶铜遗址。今天的铜石岭在古地志、县志中被称为"铜山"、"铜石山"，这里发现多处采铜料的矿井，表明这里是古代的铜矿藏。在铜石岭的大小山坡上到处散布有炉渣、残炉壁、残断鼓风管、铜锭、铜矿石、陶片等。考古学者在遗址中曾发掘出 14 座炼炉。[5] 当地是出产著名的两汉北流型"铜鼓王"的故乡，这种高超精湛的铜鼓铸造工艺非朝夕之功，应当要追溯到先秦骆越人对青铜礼乐器的仿造。

目前，在骆越地区发现的较早的青铜冶铸遗址，有越南北部铜豆文化的成觅

---

[1] 李伯谦：《关于岭南地区何时开始铸造青铜器的再讨论》，《考古》2008 年第 8 期。
[2] 蒋廷瑜：《岭南出土石戈探微》，《桂岭考古论文集》，科学出版社，2009 年。
[3] [越] 韩文宽：《松仁-蒙德遗址考古：冯原文化研究的重要途径》，《越南考古学》2007 年第 3 期。
[4] 高至喜：《商周青铜器与楚文化研究》，岳麓书社，2000 年，第 1 页。
[5] 姚舜安、万辅彬、蒋廷瑜：《北流型铜鼓探秘》，广西人民出版社，1990 年，93—96 页。

遗址，该遗址出土了冶炼铜的坩埚、冶炼的半成品铜块、石铸范，被认为是骆越先民早期的"铸铜中心"。①笔者认为可与越北铜豆文化对比的就是发现于桂南武鸣大明山东南麓的马头文化。马头文化遗存的 30 余件残石铸范是出自墓葬群，可铸造的器形见有斜刃钺、双斜刃钺、扇形钺、斧、镦、镞、圆形器、钗形器等，青铜遗存的发现比越北铜豆文化稍为丰富。②两者时代相近，当代表骆越集团的两个不同的青铜文化地方类型。两者的相似之处在于，皆处在青铜文化的发展阶段，尚未达到成熟繁荣阶段，当时只能生产一些比较容易制造的生产工具和兵器，如铜钺、斧、刀、矛、针锥、箭镞、鱼钩等，采用合范即可铸造，还未见有能够制造大型青铜容器的现象。马头文化遗存中还伴出有一件西周早期铜卣和一件西周中晚期的铜盘，风格是典型的殷周式铜礼器，可能是古越人通过远距离交换获得。

通过《布洛陀经诗》与骆越历史民族区的考古发现互证，可得到两点认识：首先，壮族史诗《麽经布洛陀》虽然经历代后人传抄增删或改写，但其中的骆越先民的族群记忆，还保留了许多历史的真实。上述骆越青铜文化的起源就可以追溯到商周之际。当时的骆越先民居住在山地丘陵的岩洞、岩厦及河岸高地，从事农业，也学会了冶铸青铜器。其次，骆越青铜文化的起源应当是在中原夏商周文明的不断传播影响下发展起来的。

所谓"扬汉之南，百越之际"，③"自交趾至会稽七八千里，百越杂处，各有种姓，不得尽云少康之后也"。④事实上，这种在夏商周文明推移作用下的百越族群的迁徙杂处，在岭南早期青铜文化的起源发展过程中已经表现得十分明显。

二、青铜文化起源发展与骆越酋邦方国文明的形成同步

壮族史诗《麽经布洛陀》还透露了青铜时代骆越酋邦方国文明形成的重要信息。如出自云南文山地区的《麽经布洛陀·造铜》篇抄本载：

铸第一瓢铜水，铸做印管天下。铸第二瓢铜水，铸做钟管国家。铸

---

① [越]何文蓬：《铜豆文化各发展阶段》，《越南考古学》1980 年第 2 期。
② 广西文物工作队等：《广西武鸣马头元龙坡墓葬发掘简报》，《文物》1988 年第 12 期。
③ 《吕氏春秋·恃君》，上海古籍出版社，1989 年，第 177 页。
④ 《汉书·地理志下》注引臣瓒曰，中华书局，1962 年，第 1669 页。

第三瓢铜水，铸做嘴喇叭。铸第四瓢铜水，铸做唢呐。铸第五瓢铜水，铸做盘古锣。铸第六瓢铜水，铸做钵洗脚。铸第七瓢铜水，铸成盆洗脸。铸第八瓢铜水，铸做巫师的铃。铸第九瓢铜水，铸做皇帝钱。铸第十瓢铜水，铸做四方印。铸第十一瓢铜水，铸做头人文钱。铸第十二瓢铜水，铸做开口的铜刀。①

广西西林县也有布洛陀造铜鼓的传说：其云先是始祖神布洛陀出于为部众驱邪避害，就教众人造铜鼓，挖泥做鼓模范，用青枫木炭烧炼孔雀石成溶铜浆，把铜水灌进泥模里，造成了铜鼓。从此人们敲打铜鼓可以驱恶避邪获得福佑，于是产生了赞颂神器的铜鼓歌："天上星星多，地上铜鼓多，星星和铜鼓，给我们安乐！"②

可以说，上述麽经"造铜歌"的追忆，基本上都可以得到骆越历史民族区先秦两汉考古发现的印证。"铸第一瓢铜水，铸做印管天下。"以铜印鉴作为权威信物，已经见于中原商周文化的铜印。在桂南武鸣马头勉岭和桂东北兴安出土的兽面纹铜卣上都见有图徽文字，勉岭卣中有"天"字徽号，此徽号后来也见于汉代的北流型铜鼓的鼓面纹饰和灵山型铜鼓纹饰。兴安卣有"天父乙"徽号，是典型的晚商器。商周族徽既是部族的标识，也是权威印信，它往往镌刻在神圣的青铜礼器上，礼器与印信都掌握在祭师豪酋长老的手上，都是行政施礼的道具和法印。由此可见，骆越青铜文化的起源，一开始就受到了中原商周文明的影响。

"铸第二瓢铜水，铸做（铜）钟管国家。"此载与考古发现也极为吻合。中国夏商周青铜文明也被称为"礼乐文明"，在三代国家与贵族社会中，所谓"国之大事，在祀与戎"，"钟鸣鼎食"的社会生活描述，这也是对国家社会施礼行政运作的高度概括，其中，礼乐器的编钟使用必不可少，铜编钟礼乐器在商周时期也传入了岭南地区。

广西灌阳仁江出土的铜铙钟，饰圈带纹，具有西周早期作风，是从北方湖南传来。忻城大塘也出有西周中期的铜甬钟。桂南横县那桑出土的铜钟，器身饰西周窃曲纹，窃曲纹上附以浮雕"似螭纹"，别处不见，应当是本地越人仿制的殷周式铜钟，时代为西周晚期。

广西东兰县桥龙山曾出土一件大铜釜和一件铜甬钟。其中的铜甬钟属于中原

---

① 转引自郑超雄：《壮族文明起源研究》，广西人民出版社，2005年，第172—173页。
② 转引自覃乃昌：《布洛陀：珠江流域原住民族的人文始祖》，《广西民族研究》2004年第2期。

东周式甬钟的改进型，器身饰云纹图案，鼓部饰卷蛇纹，卷蛇纹及枚的四周遍饰网纹，这种类型的铜甬钟是首次出土，①应当是桂西的骆越人对中原东周式甬钟的仿制和改进。铜釜是贵州夜郎文化和云南滇文化的典型器，广西较少见。贵州夜郎文化的铜釜中见有双虎耳的大铜釜，显然是豪酋方国首领的权威象征物，多数学者认为云南地区春秋中晚期出现的最早铜鼓——万家坝型铜鼓就是由铜釜演变而来。桂西东兰县桥龙山两件铜器的发现，说明骆越青铜文化也受到了夜郎文化和中原文化的双重影响。耐人寻味的是，在古越人的后裔——壮族的《布洛陀诗经》中，先民也是把传说时代父权制社会祖先展开王权争夺的权威标志物叫"四耳锅"，②这与古夜郎人以四耳铜釜（锅）作为最贵重的礼器是有着对应的关系。

目前，最早的铜鼓是出自云南楚雄万家坝，其后滇系万家坝型铜鼓向东传播到桂西田东等地，时代大约在春秋战国之际，这也印证了桂西西林县流传的布洛陀造铜鼓的传说。

"铸第三瓢铜水，铸做嘴喇叭。铸第四瓢铜水，铸做唢呐。铸第五瓢铜水，铸做盘古锣。"这是说壮族先民学会用铜料铸作吹奏礼乐器。1983年笔者和刘文同事在柳州市五里卡废旧物回收仓库捡选到一件铜牛角，传说出自武宣，现藏柳州市博物馆。该铜牛角器身大部饰阴线的商周式云雷纹，这表明铜牛角是越人早期制品，年代当不晚于西周中期至春秋早期。从民族志来看，牛角杯是饮酒器，也是宗教祭祀仪式中的法器。今天的桂西壮族、瑶族在节祀中也习用牛角吹号，因此，先秦时代广西越人可能已经开始制作铜吹角。不过，制作唢呐尚未见有考古的证据。从骆越人的铜鼓纹饰，也可看出至迟在西汉时期，骆越人已经制作了铜锣乐器，在汉代的云南文山开化铜鼓、越南北部的玉镂铜鼓上已经出现了编锣乐器的图像纹饰，正如《宋史·蛮夷传》所说："但击铜鼓沙锣以祀鬼神。"

"铸第六瓢铜水，铸做钵洗脚。铸第七瓢铜水，铸成盆洗脸。"以考古发现印证《麽经布洛陀》的记载，铜器作为日用器具，最常见的还是秦汉时代，这说明早期青铜器的产生是礼制文明的标志象征物，极为神圣，所以早期罕见铜质日用器具。春秋晚期至战国时期，广西恭城、宾阳各地已经出现了较多轻薄粗简化的越式鼎，形似鼎锅，表明铜器有日用化的趋势，汉代的岭南，铜器日用品、工艺品已经十分常见，而且制作精美。

---

① 蒋廷瑜：《广西考古通论》，广西科学技术出版社，2012年，第148—157页。
② 郑超雄：《壮族文明起源研究》，广西人民出版社，2005年，第103—105页。

"铸第八瓢铜水，铸做巫师的铃。"可以说，在骆越人的早期青铜器中，最常见的就是巫师的法器——各式铜铃，其中还应当包括羊角钮铜钟，后者形近带钮铜铃，应当是由时代更早的铜铃演变而来。骆越青铜文化在起源发展的过程中，因地处西南，最容易接触上古西南夷各民族，这些民族的上古青铜文化遗存中，铜铃最常见，它们各具特点，也存在不少共性，如其中形似铜钟的扁圆中空的带钮铜铃各地都有。再如，骆越集团的羊角钮铜钟，不仅见于贵县罗泊湾西汉早期墓、左江流域的宁明花山岩画，也见于越南东山文化、贵州夜郎文化、云南滇文化，其中年代最早的是云南楚雄出土的羊角钮铜钟，而且与最早的万家坝型铜鼓伴出，时代为春秋中晚期。这再次表明，骆越青铜文化在起源发展的过程中也是不断受到云南滇族文化的影响。

"铸第九瓢铜水，铸做皇帝钱。铸第十瓢铜水，铸做四方印。"这段麽经"造铜歌"的追忆，实际上也是描述了骆越先民青铜文化起源发展的真实过程。战国时代，岭南骆越地区已经形成了较多的酋邦方国，据古史传说，大约在战国中期，巴蜀的蜀王子泮率三万大军东南下，征服了交趾地区的雒（骆）王、雒侯、雒将，在骆越地建立了安阳王国。古史传说又云："交趾昔未有郡县之时……县多为雒（骆）将，雒将铜印青绶。"① 至秦汉时期，中原王朝又先后征服统一了骆越地区，在当地设立了郡县制度实施管辖，且"以其故俗治"（见《汉书·食货志》）。考古发现均可为此提供佐证，如广西合浦堂排西汉墓出有"劳邑执刲"印章。蒋廷瑜诸先生认为，"执刲"（亦作"执圭"）是春秋战国楚人高级爵名，"劳"通"骆"，"劳邑"即"骆邑"，这种蛇钮印章形制与中原汉官印有所区别，或可能就是南越国时期骆越地区封邑的越人豪酋的印章，此可印证"雒将铜印青绶"的记载。此外，海南岛也出土过汉代的"朱庐执刲"印章。②

先秦时期，岭南骆越地区的酋邦方国是否使用过铜钱货币，学者没有找到可靠的证据。从考古发现来说，秦汉时期，秦朝的半两铜线、两汉的五铢铜钱在岭南和越南北部都有发现，桂东南的汉代北流型铜鼓还见有用五铢钱纹作器表装饰。这些骆越青铜文化起源发展的考古例证，都可以印证麽经"造铜歌"叙事的真实性。

---

① （北魏）郦道元著，陈桥驿校证：《水经注校证》，中华书局，2007年，第861页。
② 蒋廷瑜、彭书琳：《历史的足迹——广西历史时期考古手记》，广西人民出版社，2006年，第99—101页。

总之，将壮族史诗《麽经布洛陀》的"铜源歌"与考古发现相印证，表明骆越青铜文化起源和发展的过程，就是骆越酋邦方国文明起源发展的过程。大约在中原内地的商周时期，在中原青铜文化的传播影响下，骆越地区的先民也开始因地制宜仿制殷周青铜器，并在此基础上发展出具有地方特色的骆越青铜文化。

三、骆越青铜礼乐器中所见的布洛陀神符

"国之大事，在祀与戎。"与中原三代文明一样，越族青铜文明也称得上是"礼乐文明"，青铜礼乐器既是神圣祭祀中巫师必用的道具和法器，也是祭祀的对象凭籍。从《麽经布洛陀》可知，越族先民报恩求福祭祀的主要对象是三界的神灵。骆越人原始宗教信仰中的造万物之神是"盘古"，祖神"布洛陀"也具有造万物的神力。如《麽经布洛陀·造铜》篇说："铸第五瓢铜水，铸做盘古锣。"这是以造铜之神命名铜锣。经诗又说道："天上照耀二十八座星宿，也全凭布洛陀的功德"；"耕田和种地有经书，也全凭布洛陀的功德……做鼓声音也响亮"；"皇上赐予磬鼓，也全凭布洛陀的功德"。[①]

那么，祭祀盘古和布洛陀在骆越青铜器中是否有迹可寻呢？笔者的回答是肯定的。证据就是在先秦两汉的骆越青铜礼乐器的装饰中，都见有"天"字纹神符。

例如，广西兴安《天父乙卣》（图一：1-2），其中的"天"字，即象髡头神人正面而立之形，较为具象。武鸣马头勉岭《天卣》（图一：3-4），是在卣盖内镌刻一"天"字铭文，神人形象较为简括抽象。这种形似人像的"天"字铭文图徽，也见于桂东南两汉时期的北流型铜鼓（图一：5）、灵山型铜鼓、羊角钮铜钟（图一：6）之上。[②]

▲ 图一　骆越青铜礼乐器装饰

1. 广西兴安铜卣；2. 兴安卣"天父乙"铭文；3. 广西武鸣兽面纹卣；4. 武鸣卣"天"字铭文；5. 广西北流型铜鼓"天"字铭文；6. 广西浦北"天"字铭文羊角钮钟（浦北博物馆藏）

---

① 张声震主编：《布洛陀经诗译注》，广西人民出版社，1991年，第276—306页。
② 姚舜安、万辅彬、蒋廷瑜：《北流型铜鼓探秘》，广西人民出版社，1990年，第55—57页。

广西兴安《天父乙卣》是典型晚商器，武鸣马头勉岭晚商器《天卣》是阴刻的"天"字铭文，表明用青铜礼器对天神祭祀的观念，随殷周式青铜礼器传入骆越地区，华夏族与越族的宗教崇拜观一拍即合，而且在骆越地区一直得到传承。

为什么说"天"就是先民祭祀的神灵呢？甲骨文学者认为，在古文字中，"天"、"大"相通。"天"、"大"二字在甲骨文、金文中有多种写法，"大"系"天"之本字，像人正面而立之形，[1] 故甲骨卜辞中，商人祭祀的高祖王成汤叫"天乙"或"大乙"。[2] 兴安《天父乙卣》即是祭祀祖神"天父乙"而作的礼器，武鸣马头勉岭《天卣》即是祭祀"天"神而做的礼器。同理，镌刻有"天"字纹装饰的骆越铜鼓、钟也是祭祀"天"神而做的礼器。

《说文》云："大，天大、地大、人亦大，故大象人形。"《说文释例》云："此谓天地之大，无由象之以作字，故象人之形以作大字，非谓大字即是人也。""天"又引伸为天神、自然界的主宰者、君王、人伦中的尊者，如《鹖冠子·度万》云："天者，神也。"《尔雅·释诂》云："天，君也。"《诗经·鄘风·柏舟》云："母也天只，不谅人只。"《毛传》："天，谓父也。"

汉-台语各族古先民的原始宗教信仰，都可以说是"天地人神"三位一体崇拜的信仰，故先民将三界神灵拟人化，其次是以人神（祖先）崇拜为主要形式，这都可以用《布洛陀经诗》和早期青铜礼器铭文互证得到说明。"天"字纹出现在广西出土的早期青铜礼器上，意味着越族地区商周时期青铜器的铸造之初期，就与先民的宗教祭礼相伴随，先民祭祀的"天神"、"天父"，既是祭名和造物之神，也是人之祖神。经过漫长岁月，先秦的"天（人）"字徽铭仍然保留在汉代骆越铜礼器表面装饰的显要位置上，这就足证骆越地区的青铜器铸造及其相关礼俗有着一脉相承的源流关系。

笔者认为，既然铜礼器的"天（人）"字徽铭与神、君王、尊者有对应关系，是骆越先民宗教崇拜观的反映，那么，"天（人）"字纹也应当与骆越祖先崇拜中的始祖神"布洛陀"有对应关系，如西林的布洛陀经诗传本就说布洛陀是造铜鼓的始祖神。与壮族《布洛陀经诗》述说不同的是，布依族传说中铸造铜鼓的开山始祖叫"文王"。[3] 依笔者之见，从铜鼓的"天"字纹符号来看，"文王"当为"天

---

[1] 徐中舒主编：《甲骨文字典》，四川辞书出版社，1988年，第1140页。
[2] 陈梦家：《殷墟卜辞综述》，中华书局，1988年，第368—371页。
[3] 杨路塔：《布依族铜鼓文化考略》；马启忠：《略论布依族是古老的铜鼓民族》，载《布依学研究》（九），贵州民族出版社，2008年，第252、263页。

（大）王"。过去姚舜安诸先生曾把北流型铜鼓的"天"字纹装饰主题叫"文"字纹。[1] 在古象形文字中，"大（天）"与"文"字相似，只是"文"字是正面站立的人形胸上刻划有花纹，表示文身之人。[2] 笔者认为将"文"字纹改定为"天（大）"字纹，这样更符合神器装饰的本意。

总之，以布洛陀经诗与骆越地区发现的青铜礼乐器的"天"字神符互证，先民所祭祀的天神，其地位非古骆越人崇拜的造物神"盘古"或"布洛陀"莫属。布洛陀作为始祖神，其原型就是骆越社会中的部族尊崇的首领长老，也是部族的祭师先知，死后被尊为祖神，也受到祭祀。明确这一点，证实上古骆越青铜器及其最神圣的礼器铜鼓、钟是祭祀"布洛陀"的圣器，这应当说也是很有意义的发现。"天（人）"可训为神之意，以此推论，桂东南两汉墓出土的人面纹、"天（人）"字纹羊角钮铜钟，也可以确定为上古骆越人的神器。

四、结语

综上所述，通过对《布洛陀经诗》与上古骆越青铜文化考古发现的互证，表明《布洛陀经诗》的确是保留了许多上古骆越人造铜起源的真实记忆，经诗的相关记载也可对先秦两汉骆越人青铜文化的考古发现作出形象的阐释。通过这种互证，证明了骆越青铜文化是在中原三代青铜文明的不断影响下由山地丘陵的族群最先创造发展起来的南方早期青铜文明，岭南越族青铜礼乐文明与中原华夏文明的同质性，表明骆越青铜文明是东亚大陆青铜礼制文明的次生形态。骆越地区发现的早期青铜器，不仅是骆越礼制文明与酋邦方国形成的标志，而且与骆越集团的宗教神灵信仰祭祀及其布洛陀始祖神的崇拜也有对应的关系。

〔谢崇安：广西民族大学民族学与社会学学院教授〕

---

[1] 姚舜安、万辅彬、蒋廷瑜：《北流型铜鼓探秘》，广西人民出版社，1990年，第55页。
[2] 徐中舒主编：《甲骨文字典》，四川辞书出版社，1988年，第996页。

浅谈《布洛陀经诗》中的"主体间性"思想

罗志发

由"物我不分"到突出主体性再到重视主体间性，这是西方哲学历史发展的基本过程。西方古代哲学被认为是主客不分、天地混沌的本体论哲学；近代主体性哲学（以主客对立为范式）的"理性万能论"、"人类中心论"导致了战争频发、生态恶化等全球性问题；主体间性（intersub jectivity）哲学是对主体性哲学的积极扬弃，它探讨主体与主体之间的相互关系，包括人与人、物与物、人与物、集团与集团、国家与国家、民族与民族等的共在性、差异性、交互性。主体间性范畴具有重要的时代意义。中国古代哲学虽然没有完成主客的分化，但由于侧重探讨"人事"、共性等，因而包含着主体间性思想的萌芽。[1]《布洛陀经诗》（或《壮族麽经布洛陀影印译注》，后者为全本）是壮族民间宗教的经典，为麽公举行法事仪式时祷祝喃诵的经诗。"其旨在祷请祖神布洛陀辨明事理，通过古事秘诀训导和调解人与自然、人与人、人与社会的矛盾和纷争，祈求禳解降福，以达其所愿。"[2] 正因为如此，《布洛陀经诗》也蕴含着丰富的"主体间性"哲学思想。

一、创世主体之间的"共在"关系

古代本体论哲学认为，世界上一切事物的存在都具有本质规定性，而这种本质规定性是由"终极存在"所创造和赋予的。在西方传统哲学里，创世主体基本

---

[1] 参见康伟：《中国传统文化中的主体间性思想之批判》，《北方论丛》2007年第2期。
[2] 潘其旭：《〈麽经布洛陀〉的文化价值》，《广西民族研究》2003年第4期。

采取主客二分模式，主体与客体之间是认识与被认识、征服与被征服的不平等关系。主体间性理论则认为，万物生存不是在主客二分基础上进行的主体构造和客体征服，而是主体间的共在，是自我主体与对象主体间的交往、对话。主体间性作为本体论的规定是对主客对立现实的超越。谁是造物主、万物来源的问题，人类从鸿蒙时代起就进行探索，《布洛陀经诗》对此也做了较多阐释，并且对创世主体之间的"共在"关系给予明确的宣示。

《布洛陀经诗》中包含有多种造天地之说，而且各种造天地主体之间保持着"共在"的关系。比如有布洛陀、姆六甲造天地说，又有螟蛉子和屎壳郎造天地说，还有盘古造天地说、罗贵造天地说、老君造天地说、霹雳造天地说、混沌造天地说等。当然，布洛陀、姆六甲是造天造地的两个重要主体。比如《造天地（二）》有云：原来宇宙就像一块大磐石，布洛陀和姆六甲先造出螟蛉子和屎壳郎，让它们用锯齿咬破石头，其中一片飞升而上形成天，一片降落而下形成水，一片停留中间形成地。实际上，这就是壮族的"三界"宇宙说，其中"伯乜"因素的决定作用一目了然。《造人（一）》则说：布洛陀传令授印让四脚王来到地上造人；《造天地（三）》还说：布洛陀传令授印让盘古去造地、造石头、造月亮和星星，又派天王氏把天造得又宽又高，并规范太阳、月亮和星星的运行。众所周知，巫教是一种由多神教向一神教过渡的宗教形态，所以在布洛陀的创世过程中必然有姆六甲的共同作用，也必然伴有"多神创世"的历史残留，但它走向"一神"的统治地位是一个必然趋势。正如《序歌（一）》所说："三样三王制，四样四王造；提到布洛陀，讲到姆六甲，双合在天下。"《序歌（二）》也说："敬请布洛陀，恳请姆六甲，你们是神王。……古时先来到，造天地人间，我们永不忘。"《造房屋园子渔网经》还说：世界万物都是"布洛陀来造，姆六甲来造"。另外，经诗几乎每一篇都有这样的训导："去问布洛陀，去问姆六甲；布洛陀就讲，姆六甲就说。"由此我们可以说，布洛陀、姆六甲就是壮族两位伟大的始祖神和创造神。

《布洛陀经诗》在描述造人时把首功归于布洛陀，但强调"四脚王"、"四脸王"前来帮忙，尤其强调是在姆六甲配合下布洛陀才完成造人工程的。如《造人歌》所云："遍地有人住，根在布洛陀，源是姆六甲。"《布洛陀经诗》还反复介绍创造天地人间秩序的"三王"和"四王"的相互关联情况。比如《序歌（一）》经常提到："三样三王制，四样四王造。"从相关注释和有关材料来看，三王是指雷王、布洛陀和蛟龙，四王是三王加上森林之王的老虎。按照壮族的民间传说，布洛陀的兄弟，"老大是雷王，老二是蛟龙，老三是老虎"。[1] 其中，雷王为天神，布洛陀为始祖神，而蛟龙和老虎便是图腾神。他们管辖区域、所起作用各不相同，各自为政，但又经常有交互、交往直至争斗的关系。"它们之间没有完全隔绝，没有不可逾越的界限。天上的神可以开一条路通往人间，天王氏、地王氏、盘古等创始者经常被派到地上来造万物，甚至人间、天界是一家，罕王的外婆就住在天上，雷王、布洛陀、图额是兄弟。"[2]

二、社会主体之间的"依生"关系

西方近代以来的"理性万能论"使得科学理性逐渐成为另一个至高无上的上帝，导致个人生动直观的对象化本质和伙伴关系逐渐丧失，功利主义、物质主义日益占据支配地位，道德虚无主义不断蔓延，社会成员难以达成共识、形成一致行动。在主体间性理论中，本原与派生、支配与从属等对立范畴都失去了意义，各个社会成员从"自我"走向"他人"，从单数的"我"走向复数的"我们"。对于社会主体之间的相互依存及伙伴关系，《布洛陀经诗》也做了较多设计、引导和憧憬。

《布洛陀经诗》非常重视天地、社会秩序的作用，并突出创造和管理这些秩序的各方人物的协同作用。经诗第四章《造土官皇帝》这样叙述："三样是三王安置，四样是四王创造。古时篱笆无桩无门，从前天下无首领和土司；篱笆无桩会倒会散，天下无主无官会紊乱，有事找不到人倾诉，出事找不到人管理，反逆就出现，有相斗相杀，恶人与强人，抢夺吃天下，强人吃弱人，大群吃小群，无人来管理，天下千繁万乱，不成天不成地。因为有祖神，才开天辟地造天堂，造出了月亮星星，王造出了太阳，造出了一个人来作主，造一个人做君主，造一个人来掌印，造出土司管江山，造出皇帝管国家，统管一万二千个山谷国，治理十七处地方，全地方听从他管辖，全天下服从他管理。"结合经诗其他方面的描述可以看到，创造和管理天地、社会秩序的人物主要有布洛陀（姆六甲）、皇帝、王、土官等，他们各司其职却又关系密切。王受布洛陀指引创造、掌握着现实世界秩序，但他的地位低于皇帝，高于土官。另外，寨老也是管理社会秩序的重要人物，《布洛陀经诗》的很多地方在提到"去问布洛陀，去问姆六甲，布洛陀就说，

---

[1] 覃乃昌：《布洛陀寻踪》，广西民族出版社，2004年，第396页。
[2] 徐赣丽：《壮族〈布洛陀经诗〉的哲学意蕴初探》，《广西民族研究》1998年第2期。

姆六甲就讲"之前，经常有"村寨有长老就去问长老，地方有王就去问王"等表达，可见寨老的作用是不容忽视的。

《布洛陀经诗》同样看到人民群众在安排和维持社会秩序中的应有作用。如经诗在描述造天地的过程中，尽管突出了布洛陀等的作用，但也不乏"十人拿十条绳，百人拿百条链，千人拉一张网，把大石破成两边"等赞誉之词。经诗还注意到普通百姓对皇帝、土官等的基础和制约作用。如第四章《造土官皇帝》说道："整个地方都服从土司，土司管得整个地方，纳官税和官粮，天下才同享受太平，黎民百姓才像土司一样享福，做土司的才成为土司，当皇帝的才成为皇帝。"没有老百姓的幸福和太平生活，皇帝和土司的执政地位就没有合法性。值得一提的是，经诗也没有回避老百姓和土官矛盾激化的情况，并明确指出"根源在地盘官人，根源在南宁"，因此对土民反抗持有赞赏之情。如经诗中有这样的描述：土官通过祈请布洛陀与土民"在田峒中相交相献"，使土官与土民之间的"冤仇"得以调和而化解。[①]

三、家庭成员之间的"和谐"关系

西方近代以来的"理性万能论"以及人与人之间伙伴关系的丧失，首先就表现在"男性中心主义"格局的形成，"男人是理性的、女人是感性的"等观点的盛行以及男女两性之间伙伴关系的丧失。主体间性理论解构本原与派生、支配与从属等对立范畴，意味着"男性中心主义"格局也失去了存在的必然性、合法性，女性在经济社会各个舞台上必然更多地"出场"、"在场"，男女两性之间必须由对立关系变成伙伴关系。男女关系是家庭成员之间的主要关系。对于男女两性之间的相互依存及伙伴关系或者说相对平等关系，《布洛陀经诗》也做了较多描述和倡导。

《布洛陀经诗》对女性家庭权利给予某种承认。比如，《解母女冤经》提到：某家的女儿赌着气"出去成家"，并且一走就是九年，从不回来看望爹娘，直到落魄时才空着手回来，"来争大母牛，争要手中镯，争要父母钱；争要大峒田，要强壮奴婢；争要大公鸡，争要栏里猪"。不少研究者都认为，这一段叙述是对远古时代里妇女享有较高财产权的反映，此说应该毋庸置疑；也许还可以说，从

[①] 参见张声震主编：《麽经布洛陀影印译注》第四卷第二章《狼麽再冤》，广西民族出版社，2004年。

该女子对娘家的强硬态度，以及在争财产时的"理直气壮"来看，这种现象在当时并非偶然，或者说是以女性拥有较高的社会地位为基础的。当然，这种对女性有利的传统已面临冲击，所以这个女儿的行为受到了谴责和诅咒，并要举行仪式来"绥"（Coih，即修正）。而在《唱罕王》中也有隐喻"母权"的叙述：那位再嫁的寡妇来到王家没多久，就把与前夫生的儿子接来继承家业，同时处处排挤王与前妻生的儿子，可是王却装聋作哑、不敢制止："晚窃窃私语，早不断教唆。田埂遭水泡，田间跟遭殃；狠心后母来，父也变后父。"如果剔除经文中对这位再嫁寡妇自私自利行为的谴责，就不难看到她确实拥有相当的财产支配力。这些都是对现实中壮族妇女"当家作主"情况的真实写照。"在漫长的封建社会，壮族的家庭也是以男子为中心建立的。但壮族的男权是一种不彻底的男权，妇女有一定的地位。一家祖父掌权，祖父死后祖母也可掌权。在壮乡，夫妇正当年而妻子掌权的家庭也不是个别的。"[①]

《布洛陀经诗》对夫妻和睦相敬也作了一些强调。比如，作为"大家长"的布洛陀和姆六甲，自始至终都是以"夫唱妇随"的形象出现在人们面前；而在有关"缟"（Gweu，即聚拢）的思想中，更直接包含有夫妻同心同德的祈愿。经诗《祝寿经》说："锣钹配唢呐，星星绕月亮，公羊守母羊；父亲陪母亲，相伴成新婚，密似蜂进窝，亲如榫进洞，勤像鱼下簖，绞成对鸳鸯，如青春男女。"当然矛盾无所不在，关键在于男女有了冲突之时要及时、合理地进行解决。对于夫妻之间的不和谐，顺着巫教的阐释模式，《布洛陀经书》认为在于"冤怪"的作祟。比如《造火经》说："西方妖怪来，夫妻就相骂。"《唱罕王》也说："西边冤怪来，夫妻就离心。"既然夫妻矛盾的原因来自于超自然力量的作用，因此解决的办法也只能是做仪式来"解冤"。

《布洛陀经诗》也相当重视其他家庭成员之间的和谐关系。比如，经诗中有七章的内容直接涉及家庭矛盾的解决问题，其中《祝寿经》涉及父母爱护子女问题，《唱童灵》《解父子冤经》《解母女怨冤经》和《献酒经》涉及子女孝顺父母问题，《解婆媳冤经》涉及儿媳要孝敬公婆问题，《唱罕王》涉及兄弟团结问题。当然，矛盾无所不在，家庭成员之间也是如此。《布洛陀经诗》认为家庭矛盾的主要表现是："兄弟错在反目，父子错在相打，婆媳错在争吵，妯娌错在相骂，碗在厨柜相撞，夫妻因穷相争，为农事相斗气，为吃而相争斗。"这些家庭矛盾会

[①] 梁庭望：《壮族文化概论》，广西教育出版社，2000年，第335页。

引来冤怪作祟，引来灾祸发生、人畜不安、家境不宁、财气不旺等，因此，必须"去问布洛陀，去问姆六甲"，最后才会找到家庭和谐的办法。

四、生态要素之间的"交融"关系

在西方近代哲学的主客二分模式里，主体与客体是认识与被认识、征服与被征服的不平等关系。这种以"我"为中心的哲学模式最显而易见的弊端就是导向神秘主义或"人类中心论"，导致"人为自然立法"、"征服自然"等思想和行为的泛滥，最终导致人与自然之间的紧张关系、自然资源匮乏、生态平衡危机。主体间性理论就是反思人与自然之间紧张关系的产物，其中的"去中心"、"让在去在"和"呵护天命"等呼吁就是要强调自然也是有生命灵性的存在，人们依靠自然才能生存和发展，人们必须用敬畏的心态对待自然等。人与自然的相互交融、交互依存，也是《布洛陀经诗》中最丰富的思想和最多倡导的原则。

《布洛陀经诗》具有丰富的"物我合一"的生命观。经诗中很多章节都包含着这样的意蕴：自然界和其他动植物在外形上虽然与人不同，但与人具有同一个造物主，也有灵魂、有生命，是充满灵性的存在。比如，《造天地（二）》认为原来宇宙就像一块大磐石，布洛陀和姆六甲先造出螟蛉子和屎壳郎，让它们用锯齿咬破石头，其中一片飞升而上形成天，一片降落而下形成水，一片停留中间形成地。这一神话传说告诉人们：世界、人都是从石头产生的，天人共祖、人类源于自然物。又如，《壮族麽经布洛陀影印译注》第八卷有关"洪水淹天地"的章节中描述道：灾后余生的姑侄俩不得不耦合并生下一个怪胎肉团，受布洛陀教导他们将肉团砍成肉粒并丢到野外，丢下河的变成鱼，丢下田里的变成稻谷，丢到高山洼地平原的变成马、鹿、猴子、青蛙和人类等。如此，人类重新繁衍起来，世界恢复了生机。在这里，人类和其他自然物同源的思想十分突出。

《布洛陀经诗》也具有较多敬畏自然、保护自然的淳朴思想。《壮族麽经布洛陀影印译注》第三卷叙说道：为了避免稻谷等作物被野猪、黄猄等糟蹋，有人就放狗到田地里并驱逐、咬死了很多野兽，但人们却也招致灾厄、一个接一个地病倒了。后来在布洛陀的指点下，采取措施与野兽和谐相处，家业才慢慢兴旺起来。从这些彰显布洛陀丰功伟绩的叙说中，我们也能发现它所蕴含的人与自然物相互依存的生态思想。《壮族麽经布洛陀影印译注》第一卷也明确指出：人类的不合理行为必然引起大自然的感应甚至报复：人们拿木棍去捅潭水，遭到死儿子等报应；人们拿木棍去捅河滩，遭到丧偶等报应。《壮族麽经布洛陀影印译注》第四卷中有一段关于"禁忌"的描述，可以被看作是保护自然的宣言："正月不得铲林坡种地，二月不得铲坟地坡做田，三月不得拿纸贴差送客，四月不得晾晒被子蚊帐在廊檐，五月不得弯腰过窗下，六月不得砍大路的竹笋，七月不得砍入节的大竹，八月不得砍山林里面的嫩树，九月不得砍辣椒的枝茎，十月不得砍晒台的柱子，十一月不得放书在下面做垫，十二月不得舀水来拿笔磨墨。"总之，"在壮族的自然与社会的交往观中，自然界绝不是单纯的物，也决不仅仅是实践关系的终点和栖息地，是与另外一极主体关系的起点，因而是主体际交往关系的纽带，他实践着多极主体间交往实践关系的功能"。[①]

〔罗志发：百色学院文学院院长、教授〕

[①] 翟鹏玉：《"那"生态文化圈与主体际交往实践》，《楚雄师范学院学报》2004年第2期。

壮族《麽经》与《圣经》洪水遗民神话比较及其认知价值

潘其旭

世界文明史表明,在上古时代,宗教与神话是不可分割的统一体,而神话即是用语言(或文字)讲述的宗教。因此宗教经典,往往就是神话的宝库。文化史家 E·克洛特在谈到古代各民族"圣殿里"和"心灵中"的经典著作时说道:"一切'圣书'含有许多寓言、神话、故事,以及关于上帝的各种观念。耶稣教的《圣经》和其他古代的书籍没有离得开这种种东西。因为在作成这种书籍的时候没有其他种种观念。"希伯莱人的《圣经·旧约》作为举世闻名的宗教经典,也是古代神话集成之作。它包括创世、人类起源、种族产生、社会分工缘起的种种神话,并通过基督教的传播,给欧洲人的精神世界历史发展产生了深刻的影响。洪水遗民神话,是以洪水毁灭人类和人类再生为基本主题的世界性神话,对它的研究一直是国际学术界的热门话题。提到这类神话,最为人们耳熟能详的便是《圣经·创世纪》中诺亚方舟的故事。而这个故事是两河流域洪水神话的演化,其中强调了洪水发生的原因,即由于人类充满罪恶,上帝决心用洪水灭世加以惩罚,但又让诺亚一家留存下来,从事耕作,繁衍子孙。

《麽经》是中国壮族民间宗教麽教经典与古代神话专集。壮语称《司麽》(壮文:Sawmo)。"司"即"书","麽"含喃颂经诗、通神祈禳;"司麽"意为"麽教经书",简称《麽经》。已出版的《麽经布洛陀影印译注》(8卷),就是集民间流传的29种《麽经》抄本之大成的典籍;还有根据民间抄本《麽经》整理编译的《布洛陀经诗》和《布洛陀史诗》(壮、汉、英对照)两种简本。麽教崇奉布洛陀为教祖。所谓"布洛陀"(Baeuqloxdoh),意为无所不知、无所不能的智慧祖神。其虽仍带有原始宗教的性征，然而，《麽经》是壮族先民自上古的生活实践中，对有关世界形成的幻化演绎、自身生存与繁衍的意欲所求，集合理的想象和精神上的寄托，通过讲述"召贯"（Ciuhgonq）即"前代古事"来宣规明理，反映了壮族原生态的信仰观念、生活哲理、伦理道德、文化心理、感情体验、行为方式和功利追求，折射壮族先民从蒙昧野蛮时代进入文明时代、由晚期原始社会过渡到阶级化、秩序化社会的漫长历程和生动图景，它在壮族人民的心目中占有崇高的地位。因此，在一定意义上可以说，《麽经》的主题理念、内容样式、特性功能，体现了民族精神及对民族文化的影响，与世界许多古代民族的著名"圣书"，如埃及的《亡灵书》、印度的《吠陀本集》和《往世书》、希伯来人的《旧约》等所凝聚的系列神话一样，具有相类互通的功能和异曲同工的效果。尤其是洪水遗民神话结构的"创世—洪水灭世—再造人创世"的思维模式，《麽经》与《圣经》有着明显的同一性和对应性。笔者认为，通过对两者的比较分析，琢磨它所透露出的信息，可从新角度和深层次上探寻其历史文化内涵及认知价值。如《麽经》所述：洪水遗民葫芦兄妹婚后生出像磨刀石一样的肉团，经砍碎而变成新人的独特故事情节，对神话有关人类为何要经历洪水劫难后"再造"才能得以繁衍的原因，会起到寓意性暗示和折射的诠释作用。从而为研究洪水遗民神话的世界性及其结构普同性的意义拓展新的思路，以祈在认知上取得更多的共识。同时，对神话学、宗教学、历史学、人类学、民族学、文艺学等学科研究，也会有一定的参考价值和促进作用。

一、《麽经》与《圣经》创世内容性征的异同分析

壮族《麽经》与《圣经·旧约》一样，既是记载神话传说的典籍，更是宗教教义的汇编，其中两者有关崇奉神祇及创世过程的主体内容、情节结构、信仰教义、道德观念及认知思维等，具有同中有异、异中有同的文化性征，主要表现在如下几个方面。

（一）《圣经》塑造以上帝"耶和华"为独尊的一神宗教；《麽经》树立以祖神"布洛陀"为中心的多神信仰

从宗教崇拜对象和神格性征来看，《圣经》尊崇"耶和华"上帝为唯一真神；《麽经》树立以祖神布洛陀为中心的多神信仰。

在《圣经·旧约》中，洪水的起因是人类违背上帝意志，上帝看见人间充满罪恶而发洪水灭世，又教义人诺亚制造方舟，使其一家躲过灾难，最后上帝与人类立约，使之不再遭受灭顶之灾。由此可见，诺亚方舟神话贯穿着上帝的意志，是决定一切的主线。对唯一真神的坚信不疑，是始终支配《圣经·旧约》的根本精神。《圣经·旧约》把上帝塑造成具有绝对权威的宇宙主宰者，因此其神话的宗教意义尤为突显。而希伯来民族自古把上帝奉为一切之"主"有其渊源，公元前6世纪的"巴比伦之囚"使他们历尽劫难，惨痛的民族历史在希伯来人的心灵中酿成了带有强烈排他性质的民族情绪和渴望团结统一的愿望，反映在宗教上，就是对唯一真神的尊崇。希伯来人在其亡国灭种的危急之际，创立了一神教——耶稣教（基督教）的思想体系，用信仰来统一和维系本民族的精神意志，以祈团结人心，抵制异族文化的同化。

　　在长期的历史发展过程中，壮族先民面对自然力的惊恐和急于主宰自然的强烈愿望，在万物有灵观念的支配下，祈求借助神力来保护自身的物质生产及生存繁衍，从而形成了自己的原始宗教信仰——"麽教"。麽教源于壮族先民岭南越人的越巫。大约自东汉至唐宋时期，在道教、佛教的影响下，壮族先民把创世神、始祖神布洛陀奉为教祖，由神职人员"布麽"（Baeuxmo，译称"麽公"，即巫师、祭司）举行法事仪式喃诵《麽经》，仪式必先祷请布洛陀降临主神位，女祖神乜渌甲（Mehloeggyap）作陪神，《麽经》各章开篇必有"去问布洛陀，去问乜渌甲；布洛陀就说，乜渌甲就讲"的解难祈福训导。人们只要遵从布洛陀的旨意行事，即可应验化解，摆脱厄运，达其所愿。布洛陀成为人们托付自己生存发展保护者的至尊神明的形象。在创造世界万物之后，布洛陀察觉人类乱伦，便命"四脸王"泛洪灾灭世，有一对兄妹（或姑侄）躲藏在葫芦里得以幸存，布洛陀让他们婚配繁衍人类，却生出像磨刀石的肉团。布洛陀示其砍碎抛向四方，变成各种各样的人，世界又重新恢复生机。可见在洪水神话中，《麽经》布洛陀与《圣经》耶和华（上帝）的主宰地位及其意志作用，有着相同之处。

　　壮族将自己的至上神称之为"布"（Baeuq），含有长老、元老、族祖、始祖、氏族酋长以至大部落首领之尊义。在《麽经》中，布洛陀并非是远离人间的"上帝"、"天神"，而是一位隐居深山岩洞备受尊崇的神秘老人，只要"布麽"祷请，他便背起装有《麽经》和法具的布袋，手持拐杖应时而至，大显神威，为百姓禳灾佑福，俨然是一个完全人性化的至高神圣形象。麽教中的女神乜渌甲，则是男主神布洛陀的副神，折射了母系社会与父系社会的交替。整个社会已由男主神主宰，布洛陀作为父系社会上升的代表，统领一百多位创世的工神，造出万物，安置社会。这诚如马克思所指出的，在古代社会中，"每个氏族都是起源于某一个神，而部落酋长的氏族甚至起源于一个更显赫的神"。这也表明，布洛陀被塑造为创造世界的万能之神、人文始祖和麽教教主，显然是在壮族地区父权制社会确立并出现大部落联盟之际，为增强族群内部的集体意识，强化神权统治和社会有序化的历史背景下的精神产物。同时神话还说到，在创造天地之后，世界形成了天、地、水"三界"，天上由天神"雷王"管理，地面由祖神布洛陀管理，水域由水神"图额"管理。由此可见，壮族麽教是在自然崇拜基础上由多神信仰原始宗教向人为宗教过渡的一种特殊形态，由于历史的原因，麽教及《麽经》也只是作为一种民族传统信俗文化形态在民间的有限范围中流传。

（二）《圣经》"七日创世"——上帝旨意造化；《麽经》"创造天地"——祖神模拟构造

世界万物是怎样形成的？人从哪里来？这是人类从蒙昧时代就开始思考、探索的奥秘和思维活动的基本主题。因此，世界许多古老民族神话往往以"创造天地万物"为开篇；但由于生活环境、生产方式、历史背景、思维模式和信仰观念的差别，东西方神话对宇宙万物构成的总体看法有着不同的解释和演绎。在《圣经》"创世纪"与《麽经》"造天地"的开篇中，各自都体现并贯穿了上帝、布洛陀的主导作用，但在创世过程的描述和事物生成的观念上，各有不同侧重而富有特色，我们从中可窥见东西方的生活理念和哲学思维的差异。

《圣经》"创世纪"里讲述了上帝用七天时间创造天地万物的故事：

第一日，上帝说："要有光！"便有了光。将光与暗分开，光为昼，暗为夜。第二日，上帝说："诸水之间要有空气分开。"便造了空气，称为天。第三日，上帝说："普天之下的水要聚在一处，使旱地露出来。"于是，水和旱地便分开。旱地为大陆，水聚积之处为海洋。上帝又吩咐，地上要长出青草和各种各样的植物果树。第四日，上帝说："天上要有光体，可以分管昼夜，定节令、日子、年岁，并要发光普照全地。"于是造就了两个光体，给它们分工，让大的那个（太阳）管理昼，小的那个（月亮）管理夜。又造就了无数的星斗，把它们嵌列在天幕中。第五日，上帝说，"水要多多滋生有生命之物，要有雀鸟在地面天空中飞翔。"就造出水中各种鱼类，又造出各样的飞鸟，让它们滋生繁衍。第六日，上帝说："地要生出活物来：牲畜、昆虫、野兽各种各类。"于是造出了各类的生灵，世界便照上帝的话成就了。上帝看到这一切就兴地说:"我要照着我的形象,按着我的样子造人,派他们管理海里的鱼、空中的鸟、地上的牲畜和爬行的昆虫。"上帝就照着自己的形象捏泥造了人。对他们说:"要生养众多,遍满地面,治理一切。"第七日,天地万物都造齐了,上帝完成了创世之功。在这一天里,他歇息了,并赐福给第七天,圣化那一天为特别的日子。因为他在那一天完成了创造,歇工休息。这样,星期日也就成为人类休息的日子。

显然在创世过程中,《圣经》反复强调了神创造天地的独特方式:神是以话语来创造的,万物生成皆源于神的话语和命令,是神的意志的显现。而《圣经》"七日创世"之说,则是古代西亚两河流域的祭祀星神周期的演化和变异。公元前7至前6世纪,亚述帝国和新巴比伦王国时期以7天为一星期的制度,是因为巴比伦人有祭祀日、月、火、水、木、金、土7星神的宗教仪规,他们把一个太阴月分为4周,每周有7天,即为一个星期。巴比伦人认为这7个星神是轮流值日的,各主管一天,他们每一天祭祀一个神,7天一个周期,每一天都以一个星神的名字命名,"星期"就是"星的日期"的意思。7天星期制形成定律后,便随着伊斯兰教传播开来。希伯来民族把上帝奉为唯一真神而创立了犹太教,既将两河流域的洪水神话移植到《圣经·创世纪》中,又把祭星神的"7天星期制"变成了上帝"7天创世"的神话。星期天是上帝完成了创世之功的特别日子,为教徒参拜上帝的宗教仪式周期的圣化日,叫礼拜天。由此可见,《圣经》的上帝"七日创世",凸显神圣的旨意造化,是典型的一神宗教观念体系。

壮族《麽经》"造天地",保持着一种稚朴纯真的原始思维特征,通过类比模拟构造世界各种物象,表现出富于创造的民族精神。壮族《麽经》多种抄本的开篇,都开宗明义唱颂祖神布洛陀开天辟地的功绩:"世界天地水是祖王安置,天地水三样是祖神制造;造了白天造黑夜,又造了天地万物。"并唱述了"造"天地山川万物的过程:远古时天和地未分开,紧密相叠合似一块巍然屹立的大磐石。布洛陀造出两只大螺蜂和两只大拱屎虫(屎壳郎),它们用锯齿利牙咬磐石,经好多岁月巨石终于开裂破成三片,一片飞升上方造成天,一片降落造成地,一片沉下变成水域。天上有雷雨,由雷王管理;地上住着人,由布洛陀管理;水域有"图额"即水神管理。还有一说是:"从前石头会翻动,从前人会变",磐石变成两块,一块升到上方变成雷雨,一块降落下方变成大地。另一说是原来天低矮,春米杵杆碰着天,劈柴斧头碰着云,人们纷纷埋怨,经布洛陀和乜渌甲指点,用撑杆把天升高。又说由于先造天后造地,天盖地不全,布洛陀便抓地皮往里缩,拱起的地方成山坡，凹下的地方成山谷。"图额"（水神）造出河沟，大神牛（犀牛）用脚踩出水井，用嘴拱出深潭，用牛尾甩出道路连接相通。古时刚造出的天空像有漏洞的斗笠，住天上的神怕崩塌，便用锡去补、用铜去焊变云彩，并造出太阳、月亮、星星，天下始有白天黑夜，有年有月。"造了八百年"，终于把天地造好了。布洛陀和乜渌甲捏泥造人，又为人类造火、造田地、种稻谷，造干栏、造牛马、造鸡鸭，造鱼荃，样样都齐全，把世界安置好，让人们安居乐业。

从《麽经》关于天地万物的起源、自然物质的运动变化来看，虽然充满着虚幻的神话色彩，但与《圣经》"创世纪"唯上帝意念的"七日造就"不同，而是描述了"八百年创造"的过程，以模拟实物来想象构造。如天地的形成，是表明以"磐石"这一事物的客观存在为前提，同时"石也会变"——裂变成天、地、水"三种自然物体"而构成了人类赖以生存的世界。这实际上是通过类比思维方式，反映了世界的物质性和物质的相互联系和不断变化发展的原哲学思想和宇宙观。在壮族的神话传说《天地分家》中也有类似的解释世界来源的描述。说天地万物产生于大气团，从前天地还没有分家，先是有一团旋转的大气体，转来转去变成一个类似三黄蛋的圆物，后来爆开分为三片，一片飞到上边成为天空，一片沉到地下成为河海，中间一片成为中界大地。这天、地、水"三样自然界物体"，形成了富有民族特色的"三界"说宇宙结构观念。再就是关于雨水和江河湖海的成因，《麽经》要比《圣经》说得更为具体生动和直观实际：造出天地形成后，雷公自天上造风造云，造出雷声震天，造出水自天来，造出一阵阵雨，下界才有"图额"造出谷水溪流，造出泉水沟渠，造出深潭水塘，造出江河湖泊。于是"十沟汇成溪，十溪汇成河，十河汇成江，十江汇成海，十海汇成洋"。其中除附会于雷公"造风造云"外，这毕竟是壮族先民经长期观察，对"造水"自然现象从非理性到理性的形象化诠释和初始认识，亦是原始崇拜强大而神秘的自然力的表现，反映了朴素的世界物质观。

总之，关于世界万物、天地山川的来源，《圣经》的"创世纪"表现出唯上帝旨意而应验造就，渲染一神宗教的教义信念；《麽经》的"造天地"，则表现为凭祖神据物运作而变化拟构的世界图式，带有智性思维的特征，因此祖神布洛陀也就显现出近乎文化英雄的品格。

(三)《圣经》"诺亚方舟":"洪水灭世"根源——"人类罪恶";《麽经》"葫芦兄妹":"洪水灭世"主因——"人间乱伦"

"诺亚方舟"是《圣经·创世纪》中著名的故事。说上帝按照自己的形象用尘土造人,在泥坯的鼻中吹入生命的气息,造出了有灵性的活人叫"亚当";上帝又取亚当身上的肋骨造成一个女人叫"夏娃",让二人相伴住在伊甸园里。由于他们违背上帝的意志偷食了禁果,亚当夏娃被逐出伊甸园,成为人类的祖先,后代子孙遍布整个大地。后来因人类互相残杀充满罪恶,上帝便决意用洪水毁灭天下,只让"义人"诺亚一家保存下来。上帝和诺亚立约,要他造一只方舟,带上妻儿和畜类躲避洪灾,繁衍新一代生灵。

"葫芦兄妹"是壮族民间广泛流传的神话故事,有多种版本并自成体系。如壮族民间宗教巫教长篇唱词《水淹天下》、麽教经书《造天地》的"造人"篇、师(公)教《布伯》唱本,均以洪灾余生的"葫芦兄妹"再造人类为中心内容。在《麽经》"造人"篇中说:祖神布洛陀造了天地山川后,派"四脚王"到大地来造人。"采来坡上茅草柴,用火烧制泥巴人。"变成了男女老少,普天之下皆众生。(又一说是布洛陀与女祖神乜渌甲一起捏泥造人)因那时"未立规矩",不仅杀人吃肉,而且人间乱伦,"家公媳妇共枕睡,女婿岳母同床眠"。布洛陀洞察这一切,便令"四脸王"造出十二个太阳,使天下大旱三年,黎民死了一半;接着又制造洪水淹天下灭世,只有躲藏在葫芦里的两兄妹(另一说是姑侄)得以幸存。布洛陀让他们结成夫妻,却"生下婴儿像磨刀石"。兄妹向祖神祈祷获训导:"你们兄妹同母生,杀牛祭祖求赦免。"随之遵从举祭获解救,那"像磨刀石肉团婴儿"长出了头颅身躯四肢,"霎时变成千万人"。又一说是兄妹遵从布洛陀旨意,砍碎肉团抛向四方,变成了各种各样的人,世界又恢复了生机。

由此可见,《圣经》"诺亚方舟"与《麽经》"葫芦兄妹"为表现"再生"或"再传"人类主题的同一类型的神话故事,但两者在内容情节上各有侧重,具有个性差异的文化性征。大的共同点是:1.至上神创造天地后,捏泥土造了人。2.因人类"罪过"而触怒神圣发洪水灭世。3.洪灾遗民均为一男一女,他们共同重新繁衍人类。4.故事贯穿惩恶扬善的教义主旨。主要不同点是:1.遭洪水灭世的主因不同。《圣经》中只说是人类互相残杀充满罪恶;《麽经》里特别指明是人类不分辈分乱伦。2.躲避洪灾工具不同。《圣经》是诺亚制造方舟;《麽经》是兄妹躲进大葫芦。3.洪灾遗民身份不同。《圣经》是诺亚夫妻;《麽经》是兄妹(或姑侄)。4.重新繁衍人类方式不同。《圣经》是"优选再传",被上帝视为"义人"的诺亚夫妻带着儿孙们走出方舟继续嗣传;《麽经》是"重育再造",兄妹婚生"像磨刀石肉团",经砍碎而变众多新人,让世界重新充满生机。5.故事内容详略、情节取舍各有差异。如《圣经》中关于诺亚制造方舟的大小尺寸要求,洪水淹没大地,方舟在汪洋漂泊,见雨止水退放鸽子探陆地,最后诺亚一家和禽兽走出方舟,叙述尤其详尽,而对"优选"繁衍情节就很简略;《麽经》关于兄妹躲藏葫芦里避洪灾过程交代较简单,而对兄妹婚后从怀孕到生育及祭祖解救使"怪胎"变新人的各个细节则描写得非常具体。6.上帝与诺亚签约为《圣经》所独有;《麽经》中是布洛陀通过古事秘诀来宣规明理,约束人们的道德行为,通过祭仪禳解或招魂赎魂达到自我解救。这些不同之点,显然是各自的信仰观念、生活理念和民族精神文化上存在差异的表现。

总之,《圣经》的"诺亚方舟"和《麽经》的"葫芦兄妹"与世界许多民族的洪水灭世神话一样,不管情节如何曲折,细节如何不同,它们的思维方式和结构模式则具有普遍的同一性,反映了"洪水灭世与人类再生"的共同主题。

二、"洪水灭世与人类再生"神话内涵的文化解读

鉴于"洪水灭世和人类再生"是具有世界性的神话,历来引起国际上学界的兴趣和关注,开展了卓有成效的研究;近年来国内学者对有关中国和西方洪水神话的比较研究也相当活跃,成果显著。而其中,关于洪水神话产生及相似性的缘由,世界性的"大洪水"是自然史实还是一种精神文化现象,便是研究热点和主要论题。笔者仅从《圣经》"诺亚方舟"和《麽经》"葫芦兄妹"的个案专题比较中,就神话内涵试作如下文化解读。

(一)人类历史相同发展阶段构成神话模式的相似性

洪水遗民神话是对古代条件下的自然界和社会形成的不自觉的艺术加工,尽管神话的内容神奇怪诞,但其产生的基础是现实的,故事结构模式具有普同性,这与人类起源和历史发展阶段相同有密切关系。人类学研究表明,从猿到人的进化过程中,人类经历了直立行走、制造工具、创造语言、婚姻家庭、社会组织等几个质变性的关键环节和主要发展阶段。美国民族学家、人类学家摩尔根在《古代社会》中,全面地提出了社会进化的理论,阐述了人类经过蒙昧时代、野蛮时

代到文明时代的发展过程。他在《古代社会》序言中说:"人类一切部落,在野蛮社会以前都曾有过蒙昧社会,正如我们知道在文明社会以前有过野蛮社会一样。人类历史的起源相同,经验相同,进步相同。""加以比较,就可以看出人类出于同源,在同一发展阶段中人类有类似的需要,并可看出在相似的社会状态中人类有同样的心理作用。"正因如此,对世界性的"洪水灭世和人类再生"神话的产生及其具有相同结构的缘由,我们也就不难理解了。

首先,人类的基本社会实践是从事两种生产,即物质资料的生产和人类自身的"种"的生产,以达到生存与繁衍的目的需求。而对于原始初民来说,物质资料的生产,不论采集的果实还是打来的猎物都是天生的,似乎与他们关系不大;由于第二种生产是直接关联到人类自身的生存和繁衍,那就尤其重要而特别关心了。因此,洪水毁灭神话总是与人类再生或再传的神话联系在一起,洪水中幸存的遗民往往是人类的新始祖。

再就是神话是互渗混融性的文化现象。自古人类都经历过各种灾异现象,如地震、洪灾、旱灾、蝗灾、野兽袭击等,都曾威胁过人类生存,从而在人类潜意识中激起种种恐惧感、神秘感,这些都自然地渗入到神话中。在上古时代,各个族群是在狭窄的地域里活动生息,他们所感触到的"世界"范围也是十分有限的,不可能像现代人所指的人类居住的整个地球。那时的原始人类,无论是居住在沿海地区、江河沿岸或是山区谷地的族群,都受过洪水的深重灾害。当摧枯拉朽的大洪水——山洪暴发、江河泛滥、海啸海浸给当地造成毁灭性灾难,那里的人们就会产生惊恐心理,感到整个"世界"被淹没了,犹如人类灭顶之灾的来临。原生形态的洪水神话,自然有对这些灾变的"记忆";而所谓"洪水灭世"故事,则并非是曾发生过淹没整个大陆的自然灾害,或是对客观事实的描摹,其开宗明义是"天神"的旨意,惩罚人类"罪恶"所为。通过幻想将自然洪灾加以夸张,对恐洪的心理大加渲染,让人们对神的警世惩戒畏惧遵从,以达到宣扬"灾难"、"救世"教义的目的。也就是说,对洪水灭世神话的起因问题,由于它已不单纯是解释自然现象,而是融合了人类思想的产物,明显渗透着宗教观念。犹如希伯来《圣经》的"诺亚方舟"、中国壮族《麽经》的"葫芦兄妹",虽然产生的地域相隔遥远,文化背景迥异,但他们的洪水神话都反映出人类社会同一发展阶段中有着类似的需求,其心理作用和精神面貌是一脉相通的。如若从历史考古或地质变迁上去探究两者相类互通的"实证"依据,那也是难于切实释义的。

(二)折射人类社会婚姻制度的历史嬗变

《圣经》"诺亚方舟"和《麽经》"葫芦兄妹"反映了"洪水灭世与人类再生"的共同主题。在这当中，前者主要是通过亚当夏娃被逐出伊甸园后繁衍的后代子孙诺亚一家来体现，后者主要是通过兄妹结合的情节来体现，这就要从人类婚姻家庭历史上进一步追根溯源，分析亚当夏娃与葫芦兄妹在婚姻形态上的性质特征，揭示其深层的文化内涵。

关于人类社会婚姻制度的起源及历史发展，摩尔根在《古代社会》中作了全面阐述。恩格斯在《家庭、私有制和国家的起源》中详细考察了婚姻家庭的历史嬗变：婚姻家庭从人类原始群中起源，从群婚到个体婚，经历了血缘群婚家庭、普那路亚族外群婚家庭、对偶婚家庭、父权家庭、一夫一妻专偶婚家庭，指出这一历史嬗变是以建立在排除血缘关系的婚姻为前提条件的。笔者认为，《圣经》"诺亚方舟"和《麽经》"葫芦兄妹"神话，即是借助"洪水惩罚"来"清除"血缘关系的婚姻为宗旨，从不同侧面折射人类社会婚姻制度的历史嬗变。

显然，《麽经》的"葫芦兄妹"是壮族地区历史上存在过血缘婚史实的产物；我们再来看《圣经》中上帝"造出"的第一对男女——亚当和夏娃，又何尝不是血亲配偶呢？而以往对亚当和夏娃身份关系的研究，仅从社会关系角度来论述，认为夏娃出自亚当身上的"肋骨"，处于从属地位，反映了父权制社会妇女地位的低微，加之夏娃又怂恿亚当"偷吃禁果"终被赶出伊甸园，故社会视女人为"罪魁祸首"而深受歧视。个中固然有一定的道理，然而，亚当和夏娃是"骨中骨、肉中肉"的血亲关系，其实原本就是来自同一母体的孪生兄妹。亚当的含义是"人"，夏娃的含义是"生命之母"。他们是中东和西方人传说中人类生命之初的父亲和母亲，是人类的始祖。同样，《麽经》中的葫芦兄妹（或姑侄）结合，"两人成为生命源，两人成为人间母"。壮族视其为再造人类的祖先。由此可见，亚当夏娃与葫芦兄妹的血亲关系及人类祖先的性征大体相同。这就意味着亚当和夏娃组成的是一种"血缘群婚家庭"，他们繁衍的后代以诺亚一家为代表的子子孙孙，是同一血统的氏族部落社会组织结构状态。可想而知，故事所说的人类"罪恶"，亦当包含婚姻关系上的乱伦和族内婚造成的恶果。由此可见，亚当与夏娃的人物形象，实际上是有血亲关系的婚配，他们繁衍的子孙后代诺亚家族，则是血缘氏族家庭的缩影。亚当夏娃与葫芦兄妹一样，是血缘婚阶段的艺术典型。

血缘婚理论是摩尔根最著名的婚姻家庭进化理论。在人类的最初阶段盛行群婚制，即男女实行不分辈分和不受限制的杂乱性交关系，进而逐步发展为第一个阶段上的婚姻状态——血缘婚制，指在嫡亲的和旁系的兄弟姐妹之间形成的一种互相婚配的婚姻关系，即血亲关系的兄妹婚。这是对不同辈分的两性关系上最初的限制。在比较中我们看到，壮族《麽经》中指明"人间乱伦"为"洪水灭世"的主因，就是要清除杂乱性交的群婚制；而让洪水余生的兄妹成婚，正是反映了壮族在历史上也经历了血缘婚及血缘家庭这一发展阶段。然而兄妹婚后却生下"像磨刀石"模样的肉团，这是现实生活中近亲血缘婚出现类似各种怪胎的寓意：它会导致人类退化甚至濒临灭绝。达尔文曾经说过："近亲之间连续若干代的近亲交配，在同样的生活条件下，几乎永远导致身体的缩小、衰弱或不育。"同时，古人在生活实践中对不同婚姻关系的正常生育状况又有了新的发现和启示。正如摩尔根在《古代社会》中所指出："因为无血缘关系的人之间的通婚的好处，通过在氏族外进行婚姻的实践而渐渐为人所发现，便逐渐认识到实行族外婚姻、严禁氏族内部结婚的必要性。"壮族的洪水神话人文特征十分突出，关注人自身的生存与繁衍。而古代人的婚姻制度，是直接关系到族群延续繁衍的根本问题。《麽经》的"葫芦兄妹"故事，既道出了不分辈分的原始杂交的"罪恶"，又反映了从原始群婚阶段如何发展到血缘婚阶段的"必要性"演绎。然而，"葫芦兄妹"婚后却生出"像磨刀石一样的肉团"，这是唯独壮族神话特有的情节，有其丰富深层的文化内涵。在历史上壮族对磨刀石十分珍重，视之为重要的生产工具和家族的传世财产，在广西平乐银山岭的汉墓中，就发现有许多陪葬砺石（磨刀石）；而葫芦又是原始的盛水和泅渡工具，这反映壮族先民自新石器时代以来对生产工具砺石和葫芦的深厚情结。磨刀石（砺石）形似男根、葫芦形似孕妇，壮族先民为求繁衍而崇拜外，其主旨是通过寓喻性的故事，让人们认识到实行族外婚姻、严禁氏族内部结婚的必要性，具有原始性和原生性的文化特征。我们还可通过壮族传统《婚源歌》唱述祖神布洛陀要各族群"宗亲分姓"、"兄弟（姐妹）分家"来解决男女"婚配"的古老故事，作为诠释并加以印证，从中可探察到"分姓婚配"——沿自原始氏族部落时期实行不同氏族间的男女互相婚配即族外婚的制度，彻底改变亲族血缘婚的历史踪影。"男女分行戏打球"（抛绣球），"清歌互答自成亲"。壮族地区自古盛行的歌圩风俗，就是上古时代"以氏族为界限"的族外群婚制即对偶婚制的遗风。

(三)"洪水"是人类文明时代与野蛮时代的分水岭

在世界各民族的洪水神话中,都有一条"创世—灭世—再创世"的主线。研究成果表明:初次创世,使世界摆脱一种混沌的状态;再次创世,则成为文明的开始。在这两者之间,毁灭世界的普遍方式"洪水"无疑占有重要地位,它与人类灭绝、再生联系在一起,以破坏者的面目出现,承担的却是秩序重建者的使命。显然这就不仅仅是一般的对往古"灾变"的"集体记忆",而是还有着更深层的含义,在社会生活及精神文化史上暗示着一个大变革,即大洪水把人类的原始生活一分为二,意味着对混沌蒙昧的一次"大清洗",使之成为跨向文明门槛的"新人"。由此可见,《圣经》和《麽经》创世故事的核心内容是创造"新人",洪水遗民神话实质上是对人类来源和进步阶段的自我审视和自觉认知。

人类是自然界的产物,是具有高度智慧——创造语言而认识世界,制造工具而改造世界的生灵物种。人之所以为人,也许就在于能够形成思考和想象的自觉。如前所述,人从哪里来,万物是怎样形成的,这是原始人探索的起点。然而,因为原始人身处蒙昧野蛮的状态中,生产能力十分低下,生活经验贫乏,致使他们在探索的过程中显得更加艰难曲折,但是仍然进行丰富的想象和揣测,对自身的来源产生了各种各样的解释,经历了从幻想到认知的过程。根据人类学研究成果,归纳起来有三说:图腾祖先—"兽祖说",捏泥造人—"神造说",男女生育—"人育说"。分析如下。

图腾祖先。由于原始人尚未把自身与自然界区别开来,对人类的生育繁衍更是感到非常神秘。他们往往把某一专门的自然物象与自己的祖先、氏族作为"亲缘"联系起来。正如马克思在《摩尔根〈古代社会〉一书摘要》所说:"原始人认为,自己的民族都源于某一种动物、植物或自然物,并以之为图腾。图腾是神化了的祖先,是民族的保护者。"由此而产生图腾崇拜,又因图腾的对象多为兽类,故有的把"图腾祖先"称为"兽祖说"。如在我国原始时期的三大部族中,传说他们的先妣因分别受禽兽"神物"的"感应"而生子。如西方的周族以熊为图腾,姜嫄"履大人(熊)迹而生后稷"(《史记·周本纪》);中原的夏族以龙(蛇)为图腾,安登"感神龙而生炎帝(神农)"(《史记·补三皇本纪》);东方的商族以玄鸟(燕子)为图腾,"天命玄鸟,降而生商(契)"(《诗经·商颂·玄鸟》)。此类的感生之说,就是以某一图腾视为神祖加以崇拜,作为同一血统的氏族部落的标志。壮族先民骆越部族崇拜蛙图腾,广西左江岩画的群体立蛙造型狂舞场面,就是蛙图腾部落入社仪式的艺术再现；红水河流域壮族传统蛙婆节为原始蛙图腾祭典的遗存。作为原始宗教形态的图腾崇拜，是人类从蒙昧至野蛮时期处于狩猎采集阶段的产物，有关图腾神话传说，就是氏族社会生活的反映。在《圣经》和《麽经》的"创世造人"故事中，图腾"兽祖说"已经成为过去，而"捏泥造人"仍是一种图腾观念的延续体现。

捏泥造人。神创造了天地后，又用泥土造人，即"神造说"。希伯来人的《圣经》、壮族的《麽经》及世界许多古老民族神话，都有天神捏泥造人的故事情节。如中国的女娲捏泥造人；古希腊的宙斯捏泥造人；美洲玛雅人的天神捏泥造人等。这类观念产生于农耕时代，表现人对土地的崇拜感。在先民的意识里，大地生长万物，土地哺育了人民，人也有可能是由泥土变化而来，对土地也就产生了神的幻想，遂而以推源论演绎出"捏泥造人"的神话来。由于古人视"土地是生命之本"，以致在亚当和夏娃因偷食禁果被逐出伊甸园时，上帝发出警世训诫："因为你是从土里创造出来的，你本是尘土，仍要归于尘土。"靠耕种土地生存，最终归宿于泥土。与之相仿，在壮族的传统观念里，称田地神灵为"博那乜那"，即"田父田母"，自称为"勒那"即"田地之子"。同时，壮族还崇拜花图腾。传说女始祖神乜禄甲是从花中诞生的。"娅花"即"花祖母"，译称"花婆"，是人类司生育的大神。信俗认为，人是花婆神管理的花园中的花朵，女子是红花，男子是白花，世间由花婆赐花而生育，求嗣叫"求花"，而人死后又回归到花婆的花园中去。这与《圣经》所宣扬的人类"出于尘土而复归于尘土"的理念同出一辙，其折射着人的生存与物质生产的关系。世界是物质构成的，人离不开自然，离不开生活资源。将泥土及大地长养的植物花卉作为人类生命之本源，人与土或人与花的生存形态处在相互转化变换之中，可视为神话哲学的"物我合一"生命观，其来自自然而回归于自然。

男女生育。洪水神话与创世再生神话紧密联结，即洪水的"结果"，都必定有人类的男女"遗民"，他们结合繁育人类，即"人育说"。这是古人认识到人类的真正起源——经过男女婚媾生殖道理后的产物，在神话中就有直接描述或间接暗示。如在希腊神话中，普罗米修斯用泥土制造了人类遭洪水毁灭，丢卡利翁及其妻子在洪水过后向女神祈求人类再造的方法，他们获得启示便分别向身后掷石头，丈夫抛的变男人，妻子抛的变女人，实为男女生育的暗示折射。《圣经》"造人"故事说：上帝用尘土造了亚当，然后又取出亚当的一根肋骨造一个女人夏娃作配偶。亚当和夏娃成为人类的始祖生儿养女，子子孙孙繁殖布满了大地。诺亚一家即是亚当和夏娃的后裔。《麽经》说祖神布洛陀要洪水余生的兄妹结婚，阿妹婚后九个月到期要分娩，"咬牙憋气生出儿，生出的儿子像磨刀石"。经祭祖砍碎抛向四方变各种"新人"。这些情节，即使是"抛石"暗示或"生石"隐喻，都是由夫妻或兄妹即男女结合生育的投影。

我们从对各种洪水神话的类比中，发现有这样的突出现象：有些洪水神话是原生形态的，有些显然是文明时代才出现的，但单纯讲洪水毁灭，不讲人类再生的神话似乎没有。（按：中国著名的"鲧、禹治水"是历史化的英雄神话，属另一种类型。）那么洪水灭世与人类再生又是什么样的关系呢？

古人从生活实践中观察到，水中生物鱼类蛙龟卵生繁殖，雨水滋润大地作物生长结子，人类婴儿也是在胎盘羊膜破裂时从最初的"洪水"（"羊水"）中诞生的，于是对水与生命关系的问题，有了感性认识并由此产生了推源思考。正如普列汉诺夫所说："神话是人对现象之间的因果联系的意识的最初表现。"它是尚处于自身同自然的现象和力量结合一体的"人类童年时代"的产物。遂而以神话式的原始思维作了形象性的演绎。这是人类由不自觉到自觉来观照、审视自身来源的一种共同认知表现，亦是世界性洪水灭世再生神话产生的观念基础所在。与"水能载舟，亦可覆舟"的哲理一样，"甘雨是福，洪水是祸"，而洪灾可毁灭生灵，经涤荡后又会产生出新的生命来。《管子》云："水者，何也？万物之本原也。"显然，"诺亚方舟"与"葫芦兄妹"神话是一种心理隐喻和变形投射，反映的就是初民对"水是生命之源"这一古老哲学命题的感悟并加以艺术演化。

综上所述，诚如马克思指出："要知道，宗教本身是没有内容的，它的根源不是在天上，而是在人间……"古人从经验中得知性的事实，性既是一种很神秘的事物，也是对生殖和生命存在最现成的解释，希冀以男女相配为夫妻交媾的方式来繁衍自身的种类。我们揭开《圣经》"诺亚方舟"和《麽经》"葫芦兄妹"罩上宗教的灵光和神话的迷雾，就可感悟到洪水灭世神话的外显层是惩罚人类"罪恶"；内隐层则是改变和禁止族内血缘婚制度，以祈"再造"人类即正常的生育繁衍。实质上是古人以幻化的艺术形象，在探索人类自身来源当中的自我审视和自觉认知的历程。从图腾祖先的"兽祖说"，到捏泥造人的"神造说"，再到男女婚配的"人育说"，犹近乎"否定之否定"规律的演绎。如《圣经》中只提到"照上帝的形象捏泥造人"，《麽经》中也仅讲到祖神布洛陀让四脸王"捏泥造人"，就已经是跨越了原先初民的图腾祖先即"兽祖说"并以示对其的否定；而按神的旨意"洪水灭世"，又是因神对自己所造的人"罪恶深重"而"感到后悔"，即是对神"捏泥造人"的自我否定；上帝加重夏娃怀孕生育的痛苦，亦是确认"人育"事实并以示对"泥造"假托的彻底否定。总之，通过洪水遗民的"优选再传"和"人育再造"，揭示了人类的真正来源——男女婚媾生殖的产物，也是对"优胜劣汰"自然法则的朴素认知。这是人类通过自身的反复实践、认识，再实践、再认识，从不自觉到自觉、从无知迈向真知的不断进步和发展升华过程。由此可见，洪水灭世遗民神话，是对人类社会婚姻制度的历史嬗变的自觉反思和认知感悟，也就成为人类婚姻发展史上禁止血缘婚制的警世戒律，使人们对神权神威产生敬畏而自觉遵从，加速了由族内血缘婚制向族外群婚制——普那路亚婚制即对偶婚制的转化发展进程，最终过渡到实行单偶婚制即一夫一妻制的先进婚姻阶段。总而言之，神话以洪水为分水岭，反映了人类走出混沌过渡到理性的婚姻生活历程，也就成为人类跨入文明时代的关键步骤和重要标志之一。

参考文献

[1] 张声震主编：《麽经布洛陀影印译注》，广西民族出版社，2004年。

[2]《布洛陀经诗》，广西民族出版社，1989年。

[3] 韩家权、潘其旭等译著：《布洛陀史诗》（壮汉英对照），广西人民出版社，2012年。

[4]《圣经·旧约·创世纪》。

[5] E·克洛特：《人类幼稚时代》，商务印书馆，1932年。

[6] 谢选骏：《神话与民族精神》，山东文艺出版社，1986年。

[7] 摩尔根：《古代社会》，杨东莼等译，商务印书馆，1977年。

[8] 农冠品、曹廷伟编：《壮族民间故事选》第一集，广西人民出版社，1982年。

[9]《马克思恩格斯文集资料汇编》第9卷，人民出版社，2011年。

[10] 农冠品主编：《中国歌谣集成·广西卷》（上），中国社会科学出版社，1992年。

[11]《普列汉诺夫哲学著作选》第3卷，北京三联书店，1984年。

[12]《马克思恩格斯全集》第12、27卷，人民出版社，1956—1986年。

〔潘其旭：广西社会科学院壮学研究中心研究员〕

试谈布洛陀与壮族麽经

黄明标

壮族是一个有着 1700 多万人口的民族，在中华民族大家庭中，壮族人口仅次于汉族，成为人口第二大民族。壮族不仅人口多，广泛分布于岭南地区，而且和汉族及其他兄弟民族一样，也有自己的语言文字、风俗习惯、宗教信仰，有着光辉灿烂的民族文化。被称为"壮族创世史诗"、"大百科全书"的"壮族麽经布洛陀"就是壮族文化中的经典。那么，"壮族麽经"又是什么样的文献古籍而被称之为壮族文化的经典，它在壮族的社会文化中具有什么价值，与布洛陀有什么关系？本文将就此作粗浅的探析，供学界参考。

一

布洛陀，这是我国岭南地区原住民族中广泛流传、推崇的创世始祖神化人物。"布洛陀"三个字，为当代学人给予的壮音汉译文。在浩瀚的民间传世手抄本《麽经布洛陀》中，其原文字形并不统一，因为历史上壮族没有统一的文字。在各种不同的抄本中，"布洛陀"分别写成"񖉆渌㐷"、"񖉆渌㐷"、"񖉆渌㐷"、"布渌途"、"布峹途"、"布渌㐷"、"布渌㐷"、"布六㐷"、"佈洛托"、"布洛陀"、"布洛途"、"唏洛陀"、"布弄㐷"、"布㒥㐷"。"布"、"񖉆"、"佈"、"唏"不是今天意义上的姓氏，传统上壮人没有姓氏。壮族的姓氏是随着汉武帝大兵南下，统一岭南以后壮汉的同化才出现的。传统上，壮人之间的互相称谓是把辈分称放在第一位，这里的"布"、"唏"、"佈"、"񖉆"，壮语读"baeuq"，有两层意思，狭义指"公公"、"祖父"，广义指某一村屯、某地、某宗族中有权威、德高望重的长老，所有人都尊称这位长老为"布"、"峬"。"洛、渌、淥、崃、六"，壮语均读"lueg"。《古壮字字典》第 296 页对"洛、渌、淥、崃、六"这个条目的解释，指土山或丘陵地带的"山谷"、"坡谷"；"弄、崒"，该字典 434 页条目解释为"山区场或村落"，念"lˇungn"。"途、托、陀"，壮语"doz[to²]"，直译为"挣钱"的"挣"，意译为"寻找"、"创造"、"谋生"。生活中，壮人将干活谋生叫"托丒"（doz[to²]cienz[ci：n²]）、"托财"（doz[to²]caiz[a：i²]），创家立业为"托窂"（doz[to²]lˇanz）[ra：n²]或"叾窂"（gun[ku⁶]lˇanz[ra：n²]）。"布洛陀"三个字整体意译即"在山谷中创业的祖公"或"在山谷里创造财富的祖公"。这个解释也符合布洛陀开创农耕、创造万物的历史背景。但是，近年来社会上竟然有一些心态不太正常的人，根据自己"丰富的想象力"，故意把"布洛陀"歪曲为"布沈酹"（Gwn laeuj doz），即"喝酒醉的老头"。这种恶意的歪曲，应该是酒鬼们醉后的胡言乱语，应该纠正。

　　布洛陀是壮族及其岭南地区同根同源民族的人文始祖，麽渌甲是布洛陀形影不离的伴侣，在壮族麽经经文中经常并列出现。"麽渌甲"，有时又写成"麽六甲"。"渌"和"六"均为古壮字同音异体字，均为同一个神化人物名字。"麽"不是姓氏，也不是人的辈分称，而是麽公在做法事活动时轻声喃诵经文时发出的喃喃声，为象声词。生活中，"麽六甲"的"麽"不念"mo"，而叫"meh[me⁶]"，意为母亲；"渌"、"六"与"布渌陀"、"布六陀"的"渌"、"六"一样，汉译只有一种解释："山谷"、"坡谷"；"甲"，《古壮字字典》的解释有两个条目：第 178 页与"狭、夻、押、甲及咖为一个条目，念"gap[ka：p⁷]"，解释为"合"、"合伙"、"交"、"结"；第 393 页与"坬、埠、荚、梜、唊"为一个条目，念"nyap[na：p⁷]"，解释为"杂草"、"垃圾"。根据广西田阳县坡洪镇麽公农吉勤收藏的传世手抄本麽经《麽叭冷鬼》中记载的"祖故布六圌，付故麽六甲，斗合会忈霄"（汉译："我祖公布洛陀，我祖婆姆六甲，来天下结合"）这段经文，这里的"甲"是结交的意思。"麽渌甲"三个字的整体解释应该是："喃诵在山谷中与布洛陀结合的祖婆。"但是，也有人将"麽渌甲"中的"渌"，解释为"剥离"、"剥开"；"甲"解释为"殃怪"。这种解释不符合历史背景，也没有根据。首先，《古壮字字典》中找不到"渌"、"六"是"剥离"、"剥开"，"甲"为"殃怪"的解释条文；其次，同样一个"渌"、"六"，布洛陀与姆六甲同时代来到天下结合，为什么布洛陀的"渌"、"六"为"山谷"、"坡谷"，而同字同音的麽渌甲的"渌"、"六"，又另外解释成"剥离"、"剥开"？这种解释应该是带有主观随意性，不符合规律。

二

布洛陀与姆六甲来到天下结合,在敢壮山定居,开天辟地,创造万物,排忧解难,繁衍子孙后代,使敢壮山成为万人倾仰的布洛陀圣山。敢壮山位于广西田阳县百育镇六联村那贯屯。"敢壮山"这个名字,是壮音汉译名。古壮字"㟖岜僮",壮语 bo[po^1]gamj[ka:m^3]cuengh[suiy^6];"㟖",汉译"山";"岜",汉译是岩洞;"僮",即僮人。田阳县田州、百育一带的壮人,壮语叫"甫僮"(boux[pou^4]cuengh[suiy^6])。"㟖岜僮",直译"山岩洞壮",意译"壮人居住的岩洞山",简称"敢壮山"。早几年,外地学者前来考察敢壮山,对"敢壮山"的"壮"字翻译有口误。由于各地壮语方言发音的差异,他们没有办法将田阳方言"僮"(cuengh[suiy^6])读准,这个"僮"往往被念成"cougn[so:y^6]",即"山洞、洞穴"。这一来,"敢壮山"的直译就变成"岩洞(敢)洞穴(壮)山"。为了避开语法上的重叠,后来省去"僮"为洞穴,"敢壮山"变成没有"壮",只有岩洞的"岩洞山"。

实际上,"敢壮山"这个山名语法结构相当严密:"敢"是山的形状特征标志,"壮"是这座山名的主要成分,自报家门回答这是谁的山。因为这一带的人都叫"甫僮",所以敢壮山叫"㟖岜僮",是"壮人的岩洞山";山下的村子那贯叫"僮贯",是壮人的村子。

布洛陀和姆洛甲来到敢壮山,他们每天到外面开山造田造地。每开出一片田地,布洛陀就派他的儿孙去耕种,开辟新的天地。例如,布洛陀在敢壮山西头开出一片田峒,布洛陀就派他的大儿子去种植水稻,这片田峒后人称之为"洛陀峒"(今属田阳县田州镇东江村);右江水源丰富,土地肥沃,适宜耕种,布洛陀就叫大女儿到远离敢壮山,今田阳县头塘镇二塘村的右江边开垦农田,首先移栽水稻和种菜,后来这里形成了以种田为生的村子,这个村子就叫"那㮮",种菜的村子就叫"那芘",布洛陀的大女儿也被大家拥立为"奵王"。"奵王"死后,那㮮村的先民就在村头建起"王庙"供奉至今,几千年香火不断。类似这种以农耕为背景的"那"、"渌"、"六"字头的地名村名,在田阳就有几百个。而敢壮山下就有"那贯"(㞢水灌田)、"那了"(田地瘦)、"那宁"(养小狗)、"那务"(养猪)、"那怀"(养水牛)、"那笔"(养鸭)、"那咩"(养羊)、"那苣"(种芋头)、"那㽫"(养鱼)、"那骂"(养狗)、"峒芒"(芒果峒),等等。这些以"那"字冠名的村名地名,是农耕早期人们以聚居点为单位,从事种养的社会化分工的历史活化石。人们在这些聚居点中共同生活、共同劳作，产生了共同的语言，共同的经济利益和共同的文化习俗，从而出现了部落联盟。这些部落联盟围绕在敢壮山四周，以敢壮山为圣山，推崇布洛陀为创世始祖和至上王。布洛陀为了有效管理各个部落联盟，免于内战，他着手安排社会秩序，倡导伦理道德，创设官吏管理社会。为了规范人们的社会行为，约束人们的思想行动，布洛陀又创编了"麽教经书"来管束人们的思想意识形态。人与人之间有什么纠纷，有什么疑难问题，都去请教布洛陀和姆六甲。布洛陀和姆六甲就叫大家请麽公来做"麽"禳解。于是，在敢壮山北部的山区里，就有了一个专门做"麽事活动"的村子叫"那麽"（今广西田阳县玉凤镇玉凤村旧称）。20世纪80年代，那麽共收集到35本壮族麽经，其中有10本被收录进张声震主编的八大卷《壮族麽经布洛陀影印译注》，占了八大卷中的1/3，誉为麽经书库。而在南边的广西田阳县坡洪镇陇升村偏僻的山窝窝里，也有一个叫"个强"的小屯子，全屯十几户人，男人几乎人人做麽，是名副其实的麽公屯，做麽已经有400多年。这些麽公家族珍藏有一批珍贵的历史文化遗产——"麽经布洛陀"。

三

"麽经布洛陀"是壮语汉译名，意为布洛陀创编的壮族麽教经书。壮族麽教起源于古代的越巫，在经历了漫长的氏族社会以后，到了汉代开始向人为宗教发展而形成麽教。麽教执法人员叫"布麽"。"布麽"，这是壮音汉译名，直译为"人麽"，意为"做麽人"。"布麽"的最高教祖是布洛陀，每次做法事活动时，"布麽"都要先请布洛陀降临神台坐中间，姆六甲坐在次位。这时，布洛陀已经被人们供奉为最高神祇，姆六甲成为他的陪神。请来了布洛陀和姆六甲，"布麽"才喃诵经文，请布洛陀、姆六甲为世人消灾解难。这些喃诵的经书，"布麽"一致认为是布洛陀创编的，所以叫"司麽布洛陀"（saw[aw^1]mo[mo^1]baeuq[pau^5]lueg[luak^8]doa[to^2]），意译即"麽经布洛陀"，简称"麽经"。"麽经"首先以口头方式，由老一代向下一代传授。后来出现了方块古壮字以后，又以手抄本的形式在民间广泛流传。目前广西所收集到的壮族麽经手抄本，最早的是田阳县坡洪镇陇升村个强屯农氏麽公世家、13代传人农吉勤收藏的传世手抄本《咘洛陀造麽叭科》。这个抄本由一世祖农布秋于明万历四十四年（1616年）正月十五日抄，除了这个抄本，目前发现的抄本均为清嘉庆以后，最晚的是民国年间抄本。这些麽经抄本涉及内容广泛，上至天文地理，下至平民凡事，无所不有，形成了自己的布洛陀文化体系，从而被誉为壮民族的大百科全书。这批难得的少数民族文献古籍，其内容和特点，大体上分为三个方面。

（一）开天辟地，创造万物。这是布洛陀文化体系中的重要内容之一，无论哪个抄本，开头首句即是"三盖三皇至，四盖四皇造，皇造立造连，皇造天造地"。除了在开场白中进行点题，点出宇宙间天、地、水三界都是王者布洛陀制造之外，许多麽经抄本中还有一些章节，具体描述布洛陀造天造地造万物的故事。

例如，在《造天地》的篇章中讲述，过去天地是一块大石盘连在一起，不能分开。布洛陀就派爪子像利剑一样的螺蜂和蜈螂去咬磐石，整整啃了三年七载，终于咬开大磐石成两片，一片上升成天，另一片成地。这种造天造地造万物的神化传说故事，大多出现在右江以北的广西田阳县玉凤镇和巴马瑶族自治县燕洞乡一带的抄本中。而右江南部抄本讲述的更具体、更形象化。例如造人，以往的抄本在讲述造人时都比较虚无和神化，听者没有直观感。田阳县坡洪镇农吉勤收藏的传世抄本涉及造天地造万物的内容很多，主要有《咘洛陀造麽叭科》《造万样》《麽兵哨宿科》《麽兵麽叭共卷》《麽麽懷麽叭祖宗共卷》等。在讲到造人时，《造万样》打破俗套，指出造人首先造女人；然后造男人，造男人生殖器；再次是造男女结合："造榜造迷母，九久造网，贯未造妹逼提赖，闫罗造奴，分的班不亮；贯未造甫在更畏，召娄造妹逼提赖，分的班造亮，分的榜不度；造甫在更畏，造网造巾邑，分的榜造度。"意思是："造天下先造女人，九头婆造情网。从前未造女人够多，闫罗婆分到各村刚够，全天下来分不够；从前未造男人生殖器，我们这代造了女人够多，分到各村刚够，全天下来分不够；造了男人生殖器，造男女结合在山上，女人够分到天下。"在谈到造鸡鸭时，具体到"敬楼丑必鸡"（编竹笼关鸡鸭）；"多斛丑怀叩"（造围栏关水牛），"造国怀江杷"（造水牛在山坡）。牛放养在水草丰富的山坡溪谷旁，牛又怎么造出来呢？《麽麽懷麽叭祖宗共卷》作了形象的描述："欧笼兔郭朣，欧芘萌郭使，欧后礼郭犁，淋苜陋郭泗，欧埔五郭危，模柱郭心头，欧模惧郭乳，危模岩郭眈……"这段话的意思是："要马蜂巢做牛肚，要空心菜做肠，要河砾石做蹄，枫树水做血，黄黏土做骨髓，九层皮果做心脏，无花果做乳头，龙眼核做眼珠……"水牛造出来了，布洛陀又教人们用竹签穿鼻绳，走路时人牵牛绳走在前，犁田耙地时人拉绳子在牛后。

除了上述提到的抄本，麽经中涉及"开天辟地，创造万物"的篇章还有《创造天地》《造雷雨》《造火》《造天地万物》《造做麽》《麽造兵》《造田种谷》《造干栏》,等等。

（二）倡导伦理道德，推进社会文明。倡导伦理道德是布洛陀文化的又一个重要内容。壮族的麽经抄本中，许多抄本都涉及了伦理道德方面的内容，其表现形式：第一是应用母性十月怀胎的艰辛，为天下母亲歌功颂德，教育后人别忘了父母的养育之恩。有关十月怀胎内容的主要有《目连经土语卷》和《皇曹麽请土地》等。第二是运用婆媳关系，教育晚辈要孝敬老人，晚辈不孝就会天诛地灭，断子绝孙。类似这方面内容的主要有《呗洛陀造麽叺科》《麽麽懷麽叺祖宗共卷》《麽叺啟始》。第三是教育人们，人与人之间要以礼相待，和睦相处。人和人之间的关系，好比天上的云彩和太阳，河里的鱼和水，房柱和房架，骏马和马鞍，都是互相依靠，互相依存，谁也离不开谁。人与人之间要学会互相原谅，互助互让，不要互相搬弄是非，不说挖苦、刻薄的话，这样才能和和好好。有关这方面内容的麽经主要有《麽兵麽叺共卷》《麽麽懷麽叺祖宗共卷》。

（三）驱妖祛邪，消灾解难，这是壮族麽经布洛陀做法事活动中的一项重要内容。驱妖祛邪，消灾解难包括祈福、禳灾和超度亡灵三种形式。其中，属于祈福禳灾的麽经主要有：《呗洛陀造麽叺科》《麽兵咟宿科》《麽兵麽叺共卷》《麽麽懷麽叺祖宗共卷》《麽叺啟始》《麽尽除》《麽六部下元》《麽叺冷鬼》《麽全》等。属于超度亡灵类型的麽经主要有：《皇曹麽请土地》《目连经土语卷》《麽塘降一卷》。其中，《皇曹麽请土地》《麽塘降一卷》既有祈福禳灾，又有超度亡灵的内容。

四

壮族麽经以手抄本的形式出现在民间，散落在广大的壮族乡村。一个小小的抄本，从山间流出，汇成麽经的汪洋大海，记录了从"从前没有犁，要山石锄地，要石头耕田"，到"造文字历书，造土官皇帝"的漫长历史过程。这个过程既有波澜壮阔的"开天辟地，创造万物"，也有和声细语、推心置腹的伦理道德教育。这对于我们了解社会发展史，了解壮族社会、研究壮族历史和壮族文化、壮民族特性，提供了十分珍贵的历史文献资料。壮族麽经不仅具有民族史学、宗教学、哲学、民俗学、语言学、文学和伦理道德等方面的研究价值，而且还具有重要的地方史料研究价值、壮族古文字研究价值、壮族民歌艺术研究价值、社会稳定研究价值，意义非常重要。

（一）具有地方史料研究价值。张声震主编的《壮族麽经布洛陀影印译注》以及已经收集到尚未整理出版的其他麽经中，有不少篇章都记载了从天文地理、国家建设、社会管理到经济文化建设等方面的内容。这些内容，佐证了壮族社会的发展历程，很有文献史料价值。

例如，在造天造地方面，《造万样》在开篇阐明了"从前未曾分昼夜，从前未曾有天地"之后，就以问答的方式，描述了谁造天地，在哪里造天地的问题："黑夜谁人造，集良（致乐）人先造"；"谁人先造天地，那濑人造天地"。那濑是古人类遗址，位于右江南岸山脉前沿三级阶地上，面积约 5 平方公里。这是广西目前发现的最大旧石器时代遗址。

2003 年以来，美国、韩国、德国等外国和中科院古脊所的专家多次前来那濑考察，在看到了地表上散布的众多打制石器制品以及出土的旧石器时代代表性器物手斧 15 件和手镐之后，有专家惊呼："那濑简直就是百色古人类的首都。"那濑的考古发现和专家的肯定，与麽经中关于"那濑人先造天地"的经文互相印证，充实了地方史料。后来，在《麽麽懷麽叭祖宗共卷》中，关于"甫安落造怀，甫个来（濑同音）造灰"的经文，又把以敢壮山为中心，右江地区社会发展从原始社会的"开天辟地"，推进到农耕时期的饲养耕牛，再到奴隶社会的使用奴隶制度。这些描述，绘出了一幅壮族的社会发展史，是正史的最好补充，具有非常重要的地方史料研究价值。

（二）具有重要的壮族古文字研究价值。语言文字是民族文化的重要组成部分，没有文字的民族，是没有真正意义的民族。长期以来，许多人认为壮族是一个没有文字的民族，就是到了被誉为大百科全书和创世史诗的八大卷《壮族麽经布洛陀影印译注》出版以后，仍然有人认为麽经中的文字，只能算是古代壮族知识分子利用汉字偏旁部首拼凑的文字，算不上真正的壮族古文字。这种说法实际上是缺乏对壮族古文字发展历史的了解，是片面的。在《壮族麽经布洛陀影印译注》中，就有专门的章节《造文字历书》，讲述壮族古文字产生的过程。而手抄本《皇曹麽请土地·请师保身护命麽一卷》，在讲到"谁先造天下，谁造天地先"时，就有"布六畾造字，贫字诗滕殿，咘讲噔咘唙；贫十字得坦，咘讲噔咘唙"（汉意"布洛陀造文字，造成文字上殿堂，嘱咐话语不忘记；造成文字刻山崖，前人留话不忘记"）。可见，我们的祖先早在开天辟地的年代，已经意识到创造文字记录历史的重要性，开始创造文字。而且，这个抄本还告诉我们，壮族先民创造文字的最早平台，是刻在山崖上的，这与宁明花山壁画的出现是多么吻合。而宁明花山的壁画，与近年发现的云南省富宁县壮族坡芽歌书一样，事实上就是壮族最早的图画文字。

壮族古文字的产生，可以追溯到农耕时期。农耕时期，由于农业生产属于技术性工作，需要记住农时以及栽培管理技术环节。而要记住这些复杂的技术，光靠脑子是不行的，于是便产生了文字。壮族古文字的产生，经历了从"虫文字"到图符文字、象形文字、古壮字的漫长过程。所谓"虫文字"，是指草创时期像虫爬行一样的朦胧文字。

图符文字即以绘图的方式，以图画符号记事，这就是壮族的早期文字。云南省富宁县剥隘镇偏僻的壮族小山村——坡芽村，就保存了一幅这样的图符文字。这幅图画文字是村民农丽英的祖上一代传承下来的，共有81个图符，一个图符代表一首山歌，所以叫"坡芽歌书"。

"坡芽歌书"画在白布上，☾月亮、✧星星、⊓裤、⚘茅草、𓀀人、👁眼睛、💧眼泪、😊笑、⚏裙子、👕上衣、🐟鱼、⌂房子……除了富宁，邻近的广南县最近也发现并收集到这种图符文字1000多个。图符文字后来发展成象形文字，像歌书中的"☾"月亮、"𓀀"人、"👕"上衣、"⌂"房子，已经由图符兼顾到了象形。到了秦朝时期，由于秦王朝强力推行文字统一，壮族古文字和其他地方少数民族文字一样被封杀，不能公开使用，继续发展。尽管如此，壮族的古文字仍然在边远的地方继续使用。因为不能公开流通使用，这就造成各地自行其是，最终酿成整个民族没有统一的古文字。但是，壮族的古文字还是传承下来了。壮族麽经布洛陀的各个手抄本，就是传承壮族古文字的重要载体。

麽经布洛陀通篇以方块古壮字誊抄，广泛流传于壮族农村，其字形结构与方块汉字同属一种文字结构类型。但是，我们不能说因为同属一种结构类型，就认定方块古壮字就是借由汉字来拼凑的文字。壮族方块字自有自己发育发展的过程。从壮族麽经中看到的象形文字，就可以看到壮族古文字发展的经过。例如田阳县坡洪镇陇升村农吉勤收藏的各个抄本，开头的"三个三皇记"，而不是像先前所看到的"三盖三皇至"。这里的区别在于"个"和"盖"。"个"（ga[ka¹]），汉译为"脚"、"足"、"支"、"支柱"等；"盖"则为"界"。显然"个"要比"盖"更古朴得多。更重要的是"个"是象形古壮字，它的来源是图符文字"⌂"。图符文字"⌂"为房子，人类早期的房子很简单，只有四根柱子。现在去掉了三根，只剩下中间一根，这就成了"个"。而这个"个"，绝对不是20世纪50年代才推出的简化汉字"个"。这个"个"字最早出现在400年前抄写的《唝洛陀造麽叭科》。

400年前的"个"是象形文字,由图符文字"伞"演变而成;400年后的"个",是由繁体汉字"個"简化而成。除了这个"个",麽经中还有好些象形古壮字。例如:"丁"(棚),田头盖的凉棚;"犭"(钱),其造形是"贝壳",即贝币;"j"(怀),把孩子抱在怀里;"丕"(ga[ka¹]),夹压小腿的酷刑;"冂",意为"半边"……这些象形古壮字,除了"丁"可以在方块汉字中找到相同字形之外,其余的与汉字都没有关系。这就说明,古壮字与汉字虽属同源,同属方块字,但古壮字自成体系,是有自己产生和发育成形的过程的。壮族麽经具有重要的壮族古文字研究价值。

(三)具有壮族民歌艺术研究价值。壮族是一个歌唱的民族。过去,人们在生产劳动和社会活动中,常常以歌会友,以歌会客,以歌择偶。民歌已经渗透到壮族社会的方方面面,成为壮族文化的主体元素,影响至深。壮族麽经的艺术创造,同样也受到了壮族民歌的影响,这种影响主要表现在几个方面。

首先是句式结构方面的影响。右江河谷一带壮族民歌的句式结构,总体上是五言体,押腰脚韵,偶有头脚韵。例如田阳壮族民歌《问路》,歌的句式和韵脚是这样:

  婀居悢墙桑(哥你爬高山)
  晗你光肝廖(今晚哥来玩)
  跳轿鲁跺跨(坐轿或走路)
  兴光讲温温(哥声音温柔)

第一句尾字"桑"为脚韵,押第二句的腰韵"光";第二句的尾韵是"廖",押第三句腰韵"轿";第三句尾韵为"跨",根据内容需要改押头韵"兴",变为"头脚韵"。壮族麽经基本上也是五言体句式结构,以腰脚韵为主,偶变为头脚韵。例如《咘洛陀造麽叭科》,开头四句是:

  三个三皇记(天地水三界王制造)
  己个皇己少(自然各界王制造)
  皇造立造连(王造天黑天亮)
  皇造天造地(王造天造地)

《咘洛陀造麽叭科》开头这几句,其句式结构和押韵方法,基本上与田阳壮族民歌是一样的。后面的各个段落、各个抄本，基本上都是五言体句式，押腰脚韵，与壮族民歌结构相同。

除了五言体句式，壮族麽经中的各个抄本，还具有壮族排歌的结构形式。壮族排歌流行于田阳、田东、右江区一带，这一带正是右江地区政治、经济、文化中心古田州的核心辖区范围，所以叫"田州排歌"。田州壮族排歌的主要功能是叙事，其行数和句式根据叙事内容需要可长可短。最短的歌只有十几20行，最长的几百行甚至1000多行。其句子最少的只有一个字，最长的有十几20个字。例如田州排歌《问巾》，当男方问女方要毛巾时，女方这样回答：

　　买了光（爱呀哥）
　　茶彼亦欧巾（如哥想要巾）
　　巾徍幼茄字斋桑（妹巾挂在天边角）
　　巾妹幼甲立勁睰（妹巾挂在星星旁）
　　幼恩字晧昙（挂在太阳角）
　　同亦欧是掂（哥想要就挑）
　　掂不礼是品（挑不了就攀）
　　盖勒欧磧扡（别用石头射）

类似这样的排歌句式结构，壮族麽经的各个抄本，基本上都是叙事排歌的句式结构。例如《唭洛陀造麼叭科》一文的主人翁——媳妇，她不忠不孝，经常藏饭菜不让家公家婆吃，不仅如此，还无端讽刺、挖苦、谩骂老人。经过布洛陀批评教育之后，媳妇认错，表示道歉，请求老人原谅：

　　会可里以不鲁颜（我还年轻不懂事）
　　讲犯德父母（说话冒犯父母）
　　会可里以不鲁天（我还年幼不明事理）
　　讲了德布虾个赖（讲笑对公婆真的）

从上面的例子说明，在壮族社会中酝酿产生的壮族麽经，与壮族民歌在句式结构和韵脚上是一致的。

其次是创作手法上的影响。壮族民歌创作艺术的特点，是采用比喻、夸张、浪漫的描写手法来渲染、烘托气氛。在麽经的许多抄本中，有大量运用这种比喻、夸张的艺术创作手法，来增强其艺术感染力。例如《造万样》开头部分，就运用了20几个"未造"的排比句，像连珠炮似的来数落世界之初的萧条：

  贯未造枯尊（从前未造檀香树）
  咟党丁未弄（大门钉未下）
  桐栏怀未造（牛栏柱未造）
  三宝王未寄（三宝神未托付）
  庙土地未亮（土地庙未筹建）
  未造谷国界（未曾挖基础）
  未造怀国计（未造牛耕田）
  ……

  罗列了世界什么都没有做，什么生灵都不存在以后，布洛陀横空出世，开天辟地，创造万物，成了世界的救世主、创世英雄神。可以说，这20几个"未造"以及紧接着一连串"普虑造（谁人造）"，为渲染、塑造布洛陀的创世神形象做了非常好的、足够的铺垫。这就是壮族山歌排比句的艺术功劳。
  除了直截了当地运用20几个"未造"和一连串的反问句"谁人造"，《造万样》中还成功地运用了比喻的手法来大量渲染气氛，最后达到保人人长寿、社会安定、天下太平的目的。这个比喻主要运用了三个字："初"、"旧"、"绞"。"初"（yo），汉意"扶助"的"扶"；"旧"（Gyaeu），汉意"寿延"的"寿"；"绞"（gveuj），汉意"纠缠"的"缠"。首先说"扶"，扶什么？"四柱水车初水车，六柱楼梯初楼梯，四柱谷仓初谷仓……"连续使用了16个"初"，这个"初"，是借助生活中物与物之间的依存关系来隐喻人与人、人与物之间的依存关系。弄清楚了这个关系，就能"保主人成丈夫，保主人成父亲，保主人一辈子安康"。在做足了"扶"的文章以后，话锋一转，"娄到麽瑯墓"（我们来讲新一段）——讲长寿。讲到"旧"又连续使用了十几个"旧"的比喻："长寿（旧）像松柏，长寿（旧）似榕树，长寿（旧）似河砾石……"最后是"旧成三宝神，会老不会死，千年一个样；旧像江河水，千年不干涸"。这是比喻万物世界造好了，对人的祝福，对美好世界的祝福。而"绞"也是形象的比喻，从"百灵鸟缠谷"、"小孩缠母亲"、"船舶缠江河"、"大路缠行人"，等等，最后缠成"鸳鸯成对"、"马缠鞍"、"情人成双"的美好结局,缠他"十代柏树"、"百代棕榈树"。我们通过"初"、"旧"、"绞"这三个字的艺术创作,可以看到壮族先辈们民歌功底的深厚,其比喻手法的运用已经到了炉火纯青的地步。

夸张是壮族民歌的主要创作手法之一,这种创作手法在壮族麽经中得到了充分运用。其中运用得最成功,给人印象至深的要数《麽叭冷鬼》。《麽叭冷鬼》篇幅很短,这是麽公为被恶鬼厉魔附身的人做驱赶禳除法事时使用的经文。"冷鬼",即"很厉害的鬼"之意。对付这种厉鬼,只有高级别的布麽才能赶走它。所以经文开头就指出:"别人送厉鬼不过坳,别人送厉鬼不过田垌",说明这种厉鬼的厉害,一般人赶也赶不动。于是请出"我祖布洛陀,祖婆姆六甲,来天下结合",作为麽公"我"的靠山。有了布洛陀附身,"我"壮了胆,敢于"故谨房滕礼"(我能生吃死鬼)、"故谨房滕畐"(死鬼我能整个吃),"我"盐巴一次吃十斤,中餐吃硬铁,餐餐吃烧烙铁,一餐吃十把锉刀、五把犁头,回头还要吃新一把;"我"两手抓两马蜂窝,两膝盖窝挂两窝黄蜂……这个夸张在这里得到了充分展示,非常活灵活现,完全把麽公"我"的形象树了起来,令魔鬼望而生畏。接着"我"又连续下了12道符令,严厉地把厉鬼驱赶出阳间。把这种夸张、比喻的民歌创作手法,运用到宗教经书创作中,这在壮族麽经的各个抄本中是常见的,而且运用得很成功,有自己的独到之处。可以说,壮族麽经的每一个抄本,既是一本麽教经书,也是一部非常成功的壮族排歌,是宗教经文与壮族民歌艺术相结合的典型。壮族麽经不但具有宗教价值,也具有重要的壮族民歌艺术研究价值。

(四)对维护国家社会稳定具有重要的理论研究价值。壮族是一个热情好客、讲文明礼貌、酷爱社会和谐、有优良传统的民族。在维护壮族古代社会的和谐稳定方面,"麽经布洛陀"以宗教活动做麽的形式,把这种社会和谐理念灌输给广大的壮族及其源头民族骆越民族,使人们的思想观念潜移默化,慢慢从各种陋习的原始社会进入有序的文明社会。主要表现在三个方面。

首先,"麽经布洛陀"提出了创立国家政权的理论,并付以实施。文明社会早期,正是人类开创农耕社会的早期。这个时期,人们刚刚从原始社会的游猎生活,来到山坡河谷从事农耕,形成了一个个新的定居点。但是,这时候的古人还没有摆脱原始社会的野性陋习,人与人之间、定居点与定居点之间经常出现"蛮人与强人结成伙,到处乱抢乱吃,孤单弱小被侵吞,天天互相打斗"的现象,社会纷乱繁杂,动荡不安。这种状况,完全是社会处于"无政府状态","天下没有首领和土官,没有皇帝管天下"的结果。在这种"无政府主义"盛行的状况下,被推崇为壮族以及岭南地区同根同源民族创世始祖的布洛陀，在其创编的麽经中，指出"天下无人管理不行"，"必须造个人来掌印，造出土官管江山，造个皇帝管国家"，首次提出"国家"的概念。布洛陀把分散在岭南地区大山之中从事农耕的各个定居点，分成一万二千个"山谷国"统管起来。实际上，这些分散在各个山沟中的"山谷国"，就是古人早期的村落。为了方便管理，后来这一万二千个"山谷国"又被缩小逐步划分为宝塔式的"七千二"、"三百六十"、"七十六"个管理区域，最后形成"十二个方国"，这就是史书上所说的"骆越方国"。

骆越方国分布在今天的我国南方和越南北方。越南北方的方国叫"交趾"，我国广西境内有"交化"（今广西靖西市化峒镇）、"交燕"（今广西德保县燕峒乡）以及武鸣县境内的方国。这些骆越方国的国君，都听命于至上王布洛陀。这是历史上首次出现的国家政权的雏形。有了国家机器，"天下才有主，众人的事才有人管，地方都服从土官，天下才没有了恶人"。

其次，创立规章制度，安排社会秩序。农耕早期，岭南地区虽然创立了壮族先民的骆越方国，地方有了土官，但是由于"古时候还没有奉道，皇帝还没有历书"，没有古规古律来约束人们的行为，土官也不知道如何管理社会，社会才不动乱。布洛陀创编的麽经，在主张创立国家政权的同时，在《造文字历书》中首次提出"造一本历书"来建章立法，然后"把书发下来，王把书送下来，发给天下百姓"。让王制定的"历书流行天下"，地方土官和百姓按书来行事。这是壮族历史上主张创立规章制度来管理社会，建立和谐有序社会的最早理论根据。

最后，倡导文明礼貌，讲究伦理道德。壮族是一个讲文明、有礼貌、有道德的民族，首先得益于布洛陀始祖创编的"麽经"。"麽经布洛陀"的许多篇章，都以相当的篇幅论述了对人们伦理道德的教育，特别是在《唱童灵》《唱罕王》《解父子冤经》《解婆媳冤经》《解母女冤经》等抄本中，都专门阐述了晚辈对前辈孝敬的重要性。如果子女不孝，就会受到老天爷的惩罚，天打雷劈不得好死；如果儿媳不孝就会断子绝后，死无葬身之地。倡导人与人之间以礼相待，"有酒一起喝，有吃大家一块吃"，客人来了要请进屋喝粥喝酒，见面要互相打招呼，晚辈不能直呼长辈名字，已婚育之人忌直呼其名，等等。这些传统的伦理道德，推进了社会的文明和谐。

综上所述，"麽经布洛陀"不仅具有宗教经书价值，同时也具维护社会稳定的理论研究价值。

结　语

　　布洛陀是我国岭南地区珠江流域壮族以及同根同源民族认同的人文始祖，也是壮族族源民族骆越民族的创世始祖。"麽经布洛陀"是布洛陀创编的壮族麽教经书。它以大量的篇幅，通过叙述布洛陀"开天辟地，创造万物，消灾解难，安排秩序，伦理道德"等方面的内容，把布洛陀奉崇为创造世界万物的始祖神、创世神，无所不知、无所不能的智慧神，讲文明礼貌、倡导伦理道德的道德神，为民排忧解难、法力无边的宗教神、至上神。"麽经布洛陀"记录了人类从蒙昧时期走向文明社会的历史变迁，展现了壮族语言文字体系的原本风貌和源远流长的文学根基，反映了壮族麽教从自然宗教向人为宗教过渡的演化过程，具有多学科的文化价值。"麽经布洛陀"是壮族原生态文化的经典，是壮族的一部创世史诗和大百科全书。

参考文献

[1] 张声震主编：《布洛陀经诗译注》，广西人民出版社，1991年。

[2] 张声震主编：《壮族麽经布洛陀影印译注》，广西民族出版社，2004年。

[3] 覃乃昌主编：《布洛陀寻踪》，广西民族出版社，2004年。

[4] 农吉勤收藏手抄本《麽叭冷鬼》《唭洛陀造麽叭科》《造万样》《麽叭唔宿科》。

〔黄明标：广西田阳县布洛陀文化研究会会长、研究馆员〕

《麽经布洛陀》版本研究方法梳理

黄南津　蒋艳萍

一、汉文文献版本研究方法述略

版本研究内容决定版本研究方法。虽然学界关于版本学的研究范围目前还未能达成共识，但多数人认为版本学主要研究以下几个方面的内容："一，研究各种图书版本发生和发展的历史，如雕版源流的演变和抄本源流等。二，研究各种图书版本的异同优劣，加以鉴别以判定时代，品评优劣，指明特点。并从直接和间接经验中总结和概括出规律性的东西。三，研究版刻、印刷、装帧各方面的技术和它演变发展与成就，如印刷墨色、版式行款、字体刀法、藏书印记、装帧样式等，为版本的鉴定提供技术条件。"[①]

（一）版本源流考订方法

版本源流是指同一部图书各种版本的发生、发展过程及其相互之间的渊源递嬗关系，对于确定某一版本在同书各种版本中的地位及其版本价值，有着十分重要的作用。对于版本源流的考证，综合起来有以下几种主要的考辨方法：

1.通过划分版本系统来考订："版本系统的划分和分析是弄清一书的版本源流，准确判定版本系统中任一版本的地位、版本价值、版本优劣的有效方法。一般来说，一书的各个版本之间必然存在某种关系，并分别具有某种相同或相似的特征，这些有某种相同或相似特征的版本即可划归于同一版本系统。版本系统即

[①] 严佐之:《古籍版本学概论》，华东师范大学出版社，2008年，第4—5页。

是对同书不同版本的进一步划分，主要适用于一书拥有众多版本且各本之间有较大内容差异的情况。"①

2. 通过目录资料，找出研究对象的版本说明及版本现存情况。

3. 通过序跋记载来考订："古书序跋是记载版刻源流最重要可信的文献资料。若一种版本的序跋叙述源流不够清楚、完整，则可参考其他版本的序跋。"②

4. 通过牌记题识来考订：刻本牌记、题识的文字内容以记录刊刻时代、地点和刊刻者为主，或也略微反映与其他版本的关系，可用作考订版本源流参考。

5. 通过版本的版式特征来考订：古代的重刻、翻刻本常常在版式、行款上因循沿袭原本，故可根据版式，行款及其他特征的相同考证某些版本之间的关系，划分版本系统。除版式行款外，其他如讳字、字体等，都可以作为考辨各本之间关系源流的依据。

6. 通过版本的内容文字来考订：如果说，"构成源流关系的版本之间在版刻形式上还不一定有联系的话，那么它们在内容文字上的联系却是必定的。因此，在缺乏文献资料的情况下，比较版本文字也是考订其源流的一种方法"。③

7. 通过前人的研究成果来考订：很多古籍的版本源流问题，前人早有考订，通过研读前人的研究成果总结版本考证门径。

在充分收集各种目录、资料和各种版本的情况基础上，采用比较、综合、分析、归纳和划分版本系统的方法，总结出版本源流；并可以图表式、提要式、论文式、专著式等方式呈现版本源流考订结果。

（二）版本鉴定的基本方法

版本鉴定是版本研究的基础工作，是考订版本源流、比较版本优劣的前提。姚伯岳在其《版本学》专著中总结了5种常见版本鉴定方法，④ 对雕版印本和非雕版印本的鉴别具有普遍适用性：

1. 检查考证法。即根据版本特征、版本本身的各种记载，各种工具书以及文献资料中的相关记载来鉴定版本；特别要注重对版本目录书的利用，它是版本鉴别的重要参考工具。

---

① 姚伯岳：《版本学》，北京大学出版社，1993年，第211页。
② 姚伯岳：《版本学》，北京大学出版社，1993年，第168页。
③ 严佐之：《古籍版本学概论》，华东师范大学出版社，2008年，第170页。
④ 姚伯岳：《版本学》，北京大学出版社，1993年，第163—181页。

2.经验判断法。运用在长期版本实践中总结出的丰富的版本判断经验,来对版本情况进行直觉判别。

3.对勘比较法。即通过对一书各本的相互比较,考订版本源流、鉴定版本优劣、辨别版本真伪。

4.实验观察法。即运用现代科学技术对某些版本形式特征如墨色、纸张进行实验观察,以鉴别版本的产生年代和地点。

5.计量分析法。即采用计量分析的方法,对某一在形式或内容上的特征如版本、行款、语言风格等进行统计,加以分析后得出结论,辅助版本鉴别。

关于抄本的鉴定,主要有以下几种鉴定方法:

1.根据各个时代的书法风格特征鉴定抄本。一般而言,宋代抄本现存极其罕见,现存元抄本字多古致。明代抄本字体飘逸,书写自然,但多用俗体字,且抄字水平一般,甚至极差,只有书法家钱谷的抄本字写得好;清初抄本,字体古拙,与明抄本风格相似,乾隆以后,字体工整秀丽,起落顿笔,风格规矩、严谨。同时,我国字体又经历了从甲骨文→金文→篆书→隶书→草书→行楷并行的字体演变阶段,明清时期,楷体已成为抄本的常用字体。

2.查证抄家的室名、堂号和图章印记鉴定抄本。明清两代名家抄本多在版心下方或栏外标记室名、堂号,或钤盖自家图章印记。查证相关工具书,即可确定抄家姓名,及相关背景情况。

3.辨认各抄家习用的格纸。明抄本多用黑格、蓝格、红格、无格四类。嘉靖之前,除了《永乐大典》用朱画界格外,一般多用黑格、蓝格、无格;正德至嘉靖年间,多用无格;万历之后,多用蓝格和红格。清代盛行绿格纸,但也有黑格、蓝格、无格。清末民初时,又盛行用红格纸。

4.根据用纸情况鉴定抄本年代。我国古代用纸大致可分为麻纸、皮纸、竹纸三类。分类使用情况如下表:

古代主要用纸使用情况[①]

纸质类型及分类	纸质特点	产生年代	盛行时期	备注
麻纸	纸质坚韧、粗糙,不易起毛,有白麻纸和黄麻纸之分。我国用量最多的纸。	汉代	隋唐五代	宋元开始衰落,明清时期罕见

---

① 刘仁庆:《中国古纸谱》,知识产权出版社,2009年,第4—250页。

续表

纸质类型及分类		纸质特点	产生年代	盛行时期	备注
皮纸	皮纸/棉纸	皮纸在北方又称棉纸，分黑白两色。白棉纸，色白而质柔，纤维多，韧性强。黑棉纸色黑黄，韧性差。	宋代	宋元明清	明清使用棉纸量多
	宣纸	纸质洁白，绵软而有韧性，吸水性好，多用于书画。	唐初		沿用至今
	桑皮纸	质地坚实，纤维细而纸面发亮，易起毛；多用于印书。	晋代	宋元明初	明嘉靖后开始衰落
竹纸	毛边纸	纸色呈米黄，韧性较差	明代	乾隆以后	沿用至今
	毛太纸	纸色呈米黄，韧性较差，有帘纹	明代	清同治到光绪年间	
	连史纸	纸洁白匀净、细腻、吸水性佳	清初	清代	
	太史连纸	纸面平润，背面粗涩，韧性好吸墨性佳	明代	清代	
	官堆纸	比毛边纸略厚，色淡黄，质地软薄，多用作状纸、公文纸及官方印书。	清代	清末	
	洋粉连纸	色灰白，纸面平润，背面涩滞，薄面且脆。	明代	清末民初	
	开化纸/桃花纸	色洁白，柔软薄面韧性强，雅致美观；多用于书画、拓碑、印刷。	明代	清康熙至乾隆年间	日本沿用至今

从表中可知，麻纸主要产生于汉代，盛行于隋唐五代，至宋初开始衰落，明清时罕见；皮纸得名于晋代，盛行于宋代，至明初开始衰落；竹纸产生于明代，盛行于明嘉靖至清末。

5.通过落款题识鉴定抄本。有些抄本的卷末会有抄书者的落款题识，记录抄本版本源流情况及抄写年月、地点和抄写者姓名，是鉴定抄本的最直接而可靠的文献材料。

6.通过避讳来鉴定抄本。一般情况，通过考查牌记、序跋、封面基本可以鉴定抄本，但在没有它们的情况下，考查书中的避讳情况，能帮助版本鉴定。避讳是中国古代社会的一种常见现象，始于周朝，秦汉之后，在古籍中常通过缺笔、改字、空字法等进行避讳。熟悉历代王朝讳字和避讳方式，有利于版本鉴定。

7. 根据文字内容鉴定抄本。当难以从抄本特征鉴定版本时，可以考查抄本内容，因为任何抄本都是时代的产物，会烙下时代的印记；因此可试图从抄本中梳理出如地名、人名、官职等具有时代特征的词进行版本鉴定。

二、民族手抄文献版本研究方法梳理

少数民族文献是中华民族文化的重要组成部分，因此民族文献研究亦如同汉文文献研究一样是文献学的重要研究内容之一。版本学经过两千多年的发展，已经取得了丰富的版本研究经验。但民族文献因整理时间较晚，尚未形成成熟的版本研究理论。因此，本节将重点对比分析传统版本研究对民族文献版本研究的借鉴意义，找出民族手抄文献版本研究方法。

（一）传统版本研究对民族手抄文献版本研究的借鉴意义

通过对汉文文献版本研究方法的梳理，得知研究文献版本一般从考订版本源流和版本鉴定两个方面进行，综合起来大概有 20 来种版本研究方法。民族文献包含三方面的内容，除了部分满文刻本、彝文刻本和西夏刻本外，大部分民族文字文献基本以手抄本的方式存在，散存于民间，因此民族手抄文献缺乏很多类似汉文文献的版本研究材料。下面以《麽经布洛陀》为参照，对比传统文献版本研究方法，找出汉文文献中可以借鉴的版本研究方法。

传统版本研究方法是否适合民族手抄文献版本研究一览表

传统版本研究方法	是否适合	版本
版本系统划分	是	《麽经布洛陀》版本家族庞大，流传地域广阔，版本系统的划分有助于把握整体，便于考订版本优劣和源流
著录	否	《麽经布洛陀》为壮族麽教唱本，传抄于民间，无版本著录
序跋	否	《麽经布洛陀》为壮族麽教唱本，只有经文，无序跋
题跋识语	否	《麽经布洛陀》为壮族麽教唱本，传抄范围有限，藏书家少；又因麽公文化水平低，无藏书题跋识语
落款题识	是	部分《麽经布洛陀》抄本在封面或者封底写有抄写时间和抄写者人名
木记（牌记）	否	《麽经布洛陀》多在封面写有抄本名，但无牌记、木记等标识

续表

传统版本研究方法	是否适合	版本
版式特征	是	《麽经布洛陀》在排版上分为两类，①分上下两栏，A、B双面从右到左竖写排版；②分上中下三栏，A、B双面从右到左竖写排版。行款也有差别，分为：半页7行14句，8行16句，9行18句，6行12句，6行1句
书体及抄本风格	否	《麽经布洛陀》均以墨笔楷书书写，仅有一篇为行书，但行楷时间分界不明显。同时，经文均为五言诗体，杂有三言或七言，极少部分抄本杂散文体，区分不明显
室名、堂号和章印	否	《麽经布洛陀》为麽教唱本，无室名、堂号，只有抄本14《萍戬苏一苤》有印章，刻有抄写者的名字，但抄写者难以考证
纸质格纸	是	《麽经布洛陀》中26个抄本均用纱纸，只有2个抄本用牛皮纸，1个抄本用复印纸。格纸都是无格纸
讳字	否	《麽经布洛陀》为麽教唱本，记载的内容多为超度亡灵、解冤经，布洛陀创世、造火、造栏杆、赎魂经等，与帝王、贤者相关不大，难以出现避讳现象
衔名、尊称、谥号	否	理由同"讳字"
版本对勘	是	抄本对勘是发现《麽经布洛陀》抄本异同的最直接方法
书名、冠词称谓	否	《麽经布洛陀》29个抄本，只有少数抄本有书名，多数抄本题名为整理者根据抄本文意所拟定，书名多以方块壮字书写，无"大明"、"大清"等冠词称谓
抄本、文字内容	是	《麽经布洛陀》虽为壮族民间麽教唱本，但抄本一定程度载录了壮族的一些特殊历史现象，抄本中会有一些如"土官"、"田州"等有时代烙印的特殊词汇及历史情境。因此，根据原书文字内容，查阅《广西通志》《广西壮族地名选集》等关于地理建制沿革、职官变迁的工具书及方志进行版本鉴定

从一览表可以看出，鉴定版本的方法虽然有很多种，但是适合《麽经布洛陀》等少数民族手抄文献版本研究的方法却非常有限。版本著录、序跋、题跋识语、室名、堂号、藏书印、避讳字、书名冠词称谓等对少数民族手抄文献版本研究均不能用。只有版本系统划分、落款题识、版本对勘、部分版式特征、部分抄本纸质和抄本文字内容可用于版本鉴定。

（二）《麽经布洛陀》版本研究的方法

近年来少数民族文献逐渐成为研究热点，但大部分的研究主要着重在文学、民俗、民族、语言文字等方面，从文献版本角度进行的专门研究非常有限，黄润华、史金波合著的《少数民族古籍版本》一书，也只是介绍了各民族文献的基本情况和版本特征，并未总结版本研究方法；只有巴伊的《史诗〈江格尔〉形成年代考》、付晓霞硕士学位论文《〈麽经布洛陀影印译注〉版本考》、何思源的《〈麽经布洛陀影印译注〉所收录抄本年代上限考》从文本内容出发考证了版本年代。

版本研究是以理清版本源流、鉴定版本为任务，其中考订版本年代是理清版本源流及鉴定版本的重要组成部分。通过以上分析，我们认为可以采用以下方法，探索性地进行《麽经布洛陀》版本研究。

1. 版本系统划分法。版本系统划分是汉文文献版本研究的常规方法，且主要适用于一书众本的情况，且各本之间内容相差较大。《麽经布洛陀》一书拥有29个抄本，抄本系统庞大，抄本讲述的内容也存在较大的差异性。因此，可以尝试根据《麽经布洛陀》的版式特征和内容进行版本系统划分，为版本源流考证奠定基础。

2. 利用落款题识鉴定版本。《麽经布洛陀》少数抄本在封面或封底署有抄写年月，如果材料为真，这是进行版本鉴定的最直接而具体材料。但是由于《麽经布洛陀》是民间手抄文献，在用字上因地域和方言的不同，存在较大的差异性，因此即便在了解了抄本抄写年代的时间后，也还是很难根据已有抄写年代的抄本去推测未知抄写时间的抄本。

3. 版本对勘法。版本对勘是把握各本之间关系，正确评价各本优劣、价值，进行版本鉴定的最直接而真实的方法。虽然《麽经布洛陀》各抄本在表现形式上，由于方块壮字不同而表现出较大的差异性，但是版本对勘仍是发现《麽经布洛陀》各版本间内容相同与否的最有效方法，是复杂纷乱的系统中，爬梳版本关系最直接的方法。

4. 版式特征。《麽经布洛陀》在版式特征上存在差异，用纸和装订上也有少量版本与众本不同，因此也可以尝试从版式特征方面去鉴定版本。

5. 语音分析法。《麽经布洛陀》版本研究虽然可以尝试运用以上四种传统文献版本研究方法进行版本研究，但从《麽经布洛陀》文本的实际来看，还是远远不够的，难以鉴别版本产生年代和传承关系。但是版本无论产生何时，都会烙下时代的印记，《麽经布洛陀》流传区域主要受平话、西南官话、白话等广西汉语方言的影响，因此可以尝试对比各抄本受各方言层次影响的比重，借助平话、西南官话、白话进入壮语区域的时间，大致推测抄本传承关系。再根据全借方块壮字的声韵系统，与《广韵》进行对比，推断抄本产生年代的上限。但是在语音分析的过程中，由于壮语方言研究可以用的成果较少，因此在语料收集和分析的过程中，会存在较大的难度。

6. 文字、特殊词汇分析法。版本内容除了语音会有年限特征外，文字、特殊词汇也是留下时代印记的产物。方块壮字属于借源文字，通过分析方块壮字中带有时代特征的全借字以及借汉字部件，分析抄本产生的大致年代；进行文字分析时，可以重点利用工具书查阅俗字、繁简字、特殊构型部件，推断抄本产生的年限。同样，也可利用具有时代特征词汇如地名、职官等特殊词汇，进行版本年代考证。但是由于我们面对的材料是壮族手抄文献，在对字形、特殊构型部件的利用上，也是非常有难度的。

7. 数据库计算机手段。语音库的建立与统计，都离不开数据的处理，掌握数据库手段，再结合具体版本问题，以便版本系统和语音对比分析的进行。

但是以上方法在具体使用时，都因《麽经布洛陀》为壮族民间手抄文献，各有难度。首先，因为《麽经布洛陀》内容繁杂，除了有几类内容大体上接近外，其他类抄本多为布麽为主家做法事，禳解灾害、凶兆的经文，内容庞杂而琐碎，系统性差。因此，在利用版本系统划分法时，是很难从严格意义上对应汉文文献版本系统划分定义的，只能把主体内容相近的版本归为一类。其次，利用版本特征和落款题识鉴定版本时，也只能粗略地了解版本形态和抄写时间，但很难利用它们鉴定出底本年代及传承关系。最后，在利用语言内证手段上，由于《麽经布洛陀》是壮族手抄文献，在语音材料的选用和文字分析上都非常难以把握。因此，《麽经布洛陀》版本鉴定是一项复杂的探索性的过程，在版本鉴定时应根据实际情况，综合利用以上版本鉴定方法，尝试着解决版本研究问题。

参考文献

[1] 包和平、何丽：《中国少数民族古籍管理学概论》，民族出版社，2006年。

[2] 包和平、李晓菲、李杰等：《中国少数民族文献学概论》，民族出版社，2004年。

[3] 黄润华、史金波：《少数民族古籍版本》，江苏古籍出版社，2002年。

[4] 黄永年：《古籍版本学》，江苏教育出版社，2006年。

[5] 李致忠：《古书版本学概论》，书目文献出版社，1990年。

[6] 姚伯岳：《版本学》，北京大学出版社，1993年。

[7] 刘仁庆：《中国古纸谱》，知识产权出版社，2009年。

[8] 曹之:《中国古籍版本学》,武汉大学出版社,1992年。

[9] 严佐之:《古籍版本学概论》,华东师范大学出版社,2008年。

[10] 付晓霞:《〈壮族麽经布洛陀影印译注〉部分版本考》,广西大学硕士学位论文,2007年。

[11] 高魏:《〈麽经布洛陀〉方块壮字统计分析与整理研究》,广西大学硕士学位论文,2013年。

[12] 何思源:《壮族麽经布洛陀语言文化研究》,中央民族大学博士学位论文,2007年。

〔黄南津、蒋艳萍:广西大学文学院教授〕

布洛陀造字与甘桑石刻文

李志强

甘桑石刻文,因发现于壮族文化腹地平果县甘桑古城而得名。这些文字被刻在一些石片之上,由简单的线条和图案组成,被认为是一种被新发现的"表意的古壮侗文"。[①] 甘桑石刻文中多处有类似左江崖壁画正身人的形象,与广西各地、西江流域发现的陶文、青铜器铭文亦有相似之处。随着考古和研究工作的推进,该文字被认为来源于古骆越文化。经过考古样本检验,甘桑石刻文所用的石块已有 3000 年左右的历史,但学界对于该文字产生的时间则尚存争议,故而阻碍了进一步的探索工作。

根据笔者统计,现已发现的甘桑石刻文约有字符达 1 万个左右,平果县博物馆收藏和出土的字符数约有 2000 个左右,在民间收藏的新旧石器上有字符 2000 个左右。此外,笔者收藏的石块上有 6000 多个字符,其中最大一块有 2400 多个字符,经过多位专家分析,该块石刻文已经具备长篇记叙文的特征。[②] 甘桑石刻文与甲骨文、水书、彝文存在相似的字符。水书专家三都水族自治县档案局周泽亮曾对甘桑 3 块约 300 个石刻文字符号进行了研究和释读,认为 3 块石刻中的文字约有 30% 与水书文字一致。[③] 彝文专家中国民族语文翻译局的覃忠群认为"甘桑石刻文有彝文的影子"。[④] 此外,类似甲骨文的"王"字,在笔者收集的每块石刻文中都有出现。虽然有相同之处,但用水书、彝文、甲骨文的拼读规则又无法

---

① 班弨、肖荣钦:《甘桑石刻文初步研究》,《文化遗产》2013 年第 5 期。
② 笔者的收藏大都是甘桑石刻文的发现者潘荣冠的友情赠送,特此表示感谢。
③ 三都县档案信息网,2012-08-27。
④ 南方都市网,2013-01-29。

完全释读甘桑石刻文，需要我们另辟蹊径，进一步研究它的文字结构和叙事内容。

甘桑石刻文字有前后两个阶段的风格差异，前期的石刻文字笔画较少，结构也较简单，后期的文字则与甲骨文更相似，通过偏旁来构建文字。从整体来看，甘桑石刻文已经基本脱离象形字阶段，只有个别的象形字，但还没有发展到用形声字阶段，大部分是指事字，有部分属于会意字。这类文字的存在，说明文字的创造者已超越了单纯使用图案来表达某个具体事物的早期创造阶段，而迈向了使用更为复杂的图案与线条组合，来表达更为复杂的思想。这使甘桑石刻文的文字图案具有了更突出鲜明的图像叙事特征。

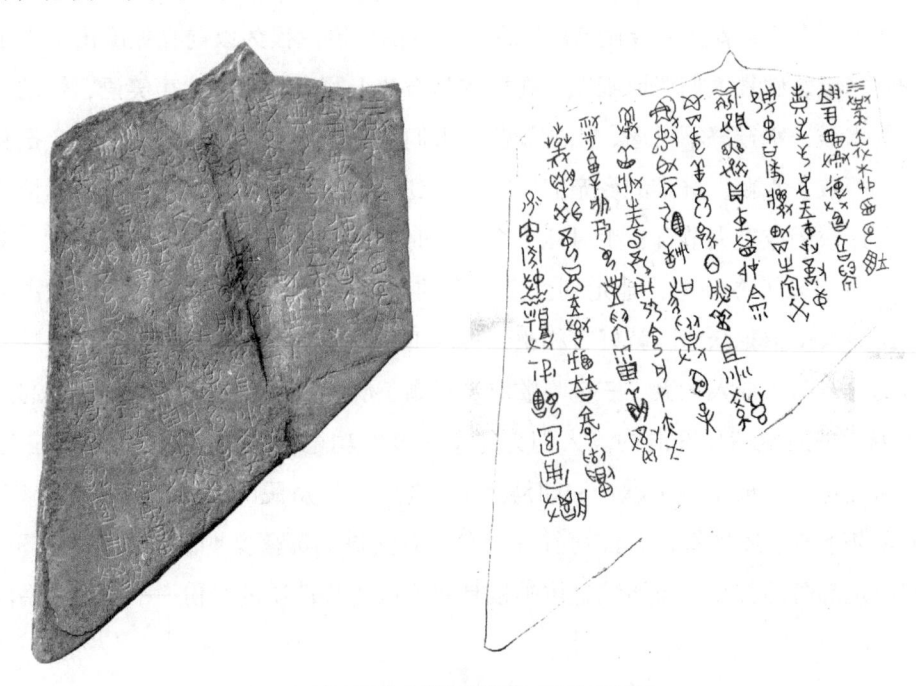

笔者搜集的其中一块石块（下图QC018），图片中有字符126个，其中与甲骨文相似或借用偏旁的字符约60个，组成的文字是一种表意文字。其中，⊛是由甲骨文"爪"和"目"组成，是合体字、会意字，手掌放眼睛上方，可推测其为"瞭望、观看"之意，因南方阳光强烈，隔山相望常用手掌放于眼睛上方遮阳，并有助于集中视线，易于观察。又如，⊛由甲骨文"舟"和"王"组成，可推测其意为"王者之舟"，在壮族先民生活的岭南地区，江河纵横，舟楫为常用的交通工具，在社会已产生阶级分化的情况下，用专有词来记录这一事件在情理之中。⊛则由甲骨文"田"垒起来，推测其意为"梯田"。岭南壮族先民是传统的稻作族群，他们不但是世界上最早种植水稻的民族之一，也很早就掌握了稻田灌溉的有

▲ 李志强个人博物馆收藏，编号QC018

效方法。这使他们能够在广西的山区中开辟梯田，提高稻米产量，解决温饱问题。"㤅"左边由甲骨文的上下两个"力"组成，中间上是甲骨文的"火"，下是甲骨文的"言"，右边是甲骨文的"舟"。虽然目前难以猜测此字的意思，但该文字图像反映的内容，与壮族先民的祭祀文化密切相关，舟楫是壮族先民日常的交通工具，其中的"言"或与巫师预言有关，在骆越铜鼓上，多见舟楫祭祀之图，船上搭载巫师及各类士兵、祭祀之物，铜鼓中间的芒星也代表着太阳与火。在壮族的神话中，天底下最先出现的四个火苗，有天火、图额（壮族水神）之火，森林之火以及人类之火，在使用舟楫祭祀的语境下，此字中的"火"则可能与太阳或水中之图额有关。由此可见，甘桑石刻文虽然借用了甲骨文的偏旁符号，但其所表示的意义与甲骨文完全不同。

甘桑石刻文在后期字体上显示出更多甲骨文书写手法的影响，它的创造者同样处于将文字逐步抽象化的过程，这使得它的文字具有了更多图像叙事的内容，力图通过一个简单的文字图案，表达一个更抽象、更完整的涵义。文字中对于舟楫、田地、种植的强调，使它透露出浓厚的壮族先民——骆越文化的色彩。

甘桑石刻文的出现，凸显了壮族地区较为深厚的书写传统。壮族先民借用汉族偏旁部首创造的古壮字，成为当地民歌——嘹歌的重要载体。对文字的重视也体现在当地丰富的造字传说之中。

如关于"三宝造文字传授嘹歌"的古老传说。传说很久以前在蛇摩山上来了个仙女三宝，她教人们谈诗唱歌，在树皮与石片上写字。一片欢声笑语，惊动了山下的水猴，水猴怒不可遏，想方设法把人们赶尽杀绝，在危难时刻，三宝挺身而出，打败了水猴，逃难的乡亲们又得以回到家园安居乐业，重新与三宝纵情歌唱。每逢农闲或重大节日，少时几十个，多时上百个青年男女聚在一起唱歌，动听的歌声引来了岑顺王，他走到三宝传歌的洞口，看见三宝容貌端庄。欲占为妾，但碍人多怕犯众怒，就好言相邀到他的王宫。三宝提出对歌定终身。岑顺王嘶哑的嗓音引来众人大笑，三宝唱歌取笑岑顺王麻脸，岑顺王恼羞成怒，抓起三把黄泥，把三宝堵死在洞内。人们为纪念三宝之功德，在山上修建了一座三宝庙，从此这里形成了一个歌圩和朝拜三宝的地方。[①] 从民间神话传说和《壮族麽经布洛陀》的描述来看，右江河谷一带存在着先进的部落文明，被称为鸟部落，布洛陀是部落的首领。布洛陀这位神祇具有氏族酋长性质的身份——他是父系氏

[①] 2013年7月14日由都阳三板屯都阳土司黄流的后代、村党支部书记黄宪群讲述。

族社会时代壮族先民部落联盟的领袖,一方面,他兼有祭司的职能,已成为麼教信仰中的主神,具有至高无上的尊崇地位;另一方面,他同时也是行政首领、军事首领。在他身上,体现了本氏族部落的兴衰过程。在《壮族麼经布洛陀》的第六篇《造文字历书》中是这样解释文字起源:"古时候没有书,人们做什么都是盲目的;到后来,吃禾苗的蝗虫和螟虫在纸上爬来爬去,爬成了文字,并成为皇书和官书。从此土官皇帝照书治理。"这是古骆越民族对文字起源生动形象的解释,但比三宝造字的传说显然晚了许多。

造字口传叙事记载了古骆越民族对天地万物起源的认识,记录了古骆越民族古老的历史文化,同时活态化地传承着古骆越民族的民俗、农事、教化等方面的内容。

通过上述的口头传统可以看出,壮族先民所采用的早期文字,以刻画文为主。接受汉族文化之后,则采用古壮字书写为主。至今,在右江流域,仍保持了古壮字的书写传统。右江流域流传的布洛陀经诗,全部使用古壮字书写。

平果县的师公、道公也保留有大量的古壮字经书,每年应约举办各种道场仪式。这些仪式也承载着丰富的文化密码,不同的道场喃唱不同的经书,光是一个丧场的经书就有十多本,要喃唱三天三夜。在丧葬仪式上,道公所颂的经文为传承手抄本,又称"金书"。如平果凤梧镇韦锦利师公的经书包括这样几类:(1)丧葬用书。这些经书主要唱述各个神的故事。(2)打斋用书。这类经书主要是祭祀、驱鬼治病。(3)受戒用书。各类经书不下百本。

甘桑石刻文是一种起源于先秦的古文字,具有丰富的表意功能,有基本成熟的象形、指事等造字方法,文字产生年代与甲骨文基本并行,从其中一些石块上可以读出少量的类似甲骨文的文字符号。刻画的年代约为从旧石器时代至新石器时代,因为文字最初是刻在随处可得的石片上,到后来逐渐刻在磨制得非常规则的精美石铲和石锛等石器上,推测刻画文字的部落中有来自中原地区的族群,他们逐渐融入古骆越族群之中。甘桑石刻文是古骆越民族共同的母语文字。

平果甘桑遗址或许是骆越方国最早的祭祀、文献保存中心,花山壁画是该部落的祭祀欢庆艺术中心。骆越方国的始祖是鸟部落的布洛陀和姆洛甲。活态化的西畴古歌是保存最古老的部落口传文学。用古壮字记录的《麼经布洛陀》和《嘹歌》是活态化的口传文学和书面文学。麼公和师公传唱的经文是古骆越祭祀文化的活态呈现。古骆越民族的文化传播路线主要是往云南方向,右江流域的云南文山和百色为古骆越文化的主要积存地。

参考文献

[1] 梁庭望:《甘桑刻画文——古骆越文字光照千秋》,《壮族土俗字习俗学术研讨会论文集》,2013 年。

[2] 李锦芳、刘轶:《新发现甘桑石刻文的初步分析》,《百色学院学报》2014 年第 7 期。

[3] 班玄:《甘桑石刻文与甲骨文之对比研究》,《语文学刊》2014 年第 9 期。

[4] 史先建:《少数民族文字新发现——〈甘桑石刻文摹片及字符集〉出版》,《民族论坛》2015 年第 9 期。

〔李志强:百色学院文传学院教授〕

壮族《麽经布洛陀》中和谐价值观探析

李凤玉

《麽经布洛陀》是壮族麽教神职人员麽公做法事时喃诵的经文。内容涉及造天地、造人、造万物、造秩序（伦理道德）以及禳解等，可以说是壮族的"大百科全书"，"折射着壮族先民由野蛮时代进入文明时代，由母系制进入父系制，由氏族部落社会进入阶级社会的历程"。[①] "集中地表现了壮族麽教体系中精神信仰、思想观念、感情体验、行为活动、生产方式、社会制度等的历史轨迹和丰富内容。"[②]《麽教布洛陀》围绕着人与人、人与自然、人与社会的冲突和矛盾，以"禳解"为主线，以"善"为基点，蕴含着壮族先民"柔水、融合"的和谐价值追求。

一、《麽经布洛陀》中"柔水、融合"的和谐价值观

壮族先民在生存与发展的历史长河中，在艰苦的自然环境、稻作生产和生活实践中，对人与人、人与自然、人与社会的矛盾中进行探索和理解，形成了"柔"、"水"、"融合"的观念，追求"柔和"的社会，蕴含着鲜明的壮族特色和地域性特点。

（一）尊"和"的人伦观念

人伦指人文社会所规定的人与人之间的关系，是中国儒家思想的基本概念之

---

① 张声震主编：《壮族麽经布洛陀影印译注》第一卷《总序》，广西人民出版社，2004年，第14页。
② 张声震主编：《壮族麽经布洛陀影印译注》第一卷《前言》，广西人民出版社，2004年，第35页。

一。《管子·八观》："背人伦而禽兽行，十年而灭。"宋周密《齐东野语·巴陵本末》："人伦睦，则天道顺。"壮族优秀传统文化中，蕴含着"和"的人伦价值观念。

　　强调男女"合德"。壮族强调生产、生活及家庭中的"阴阳合德"和男女平衡，认为人及动物分公母，自然界万物也分公母，"世界万物都区分'波乜'（po⁶me⁶，意为公母），两性类别互相对立又互相联系，万物的变化都是依照'波乜'（po⁶me⁶意为公母）相配的规律进行"。① 在壮族民间宗教经文《麽经布洛陀》中贯穿"波乜"（也称"伯乜"，壮语，意为公母，衍生为夫妻、父母）的观念。"布洛陀、姆六甲作为创造宇宙万物的'伯乜'，实际上起着'阴阳'的功能作用。"② 在《麽经布洛陀》《序歌》（一）中有着更为直接的表述："三样三王制，四样四王造：提到布洛陀，讲到姆六甲，双合在天下。"在《造房屋园子渔网经》中也有类似的表述：世界万物都是"布洛陀来造，姆六甲来造"。③《麽经布洛陀》之《麽荷泰》中，诸神出场也是"波乜"相随，"请括天保旦（请天上卜卦的人），请括嘀保旦（请地上卜卦的人），请括博先肉（请切肉的祖公），请括乜先肉（请切肉的祖婆），请括博洪交（请创世的父王），请括乜洪交（请创世的母王）"。④ "波乜"观念说明壮族先民在本体的诉求上，强化了阴阳、男女相"和"的人伦观念。《麽经布洛陀》第一卷《麽兵布洛陀》中叙述古时"娅神农造糇（婆神农造谷米），娅仙女造渌（婆仙女造闺房）"。⑤ "娅王母"、"娅王茫"造"兵"（禳解）、"耍"（梳理）。人们在种植稻谷、打猎、养鱼中碰到凶兆，谷物绝收，鱼逃跑，打不到猎物，就请"娅王母马兵（婆王母来禳除），娅王茫斗耍（婆王茫来梳理）"。⑥ 最后，谷满仓，鱼满塘，打猎收获丰硕。

　　如果说男性代表着"阳"、"刚"，女性代表着"阴"、"柔"，壮族《麽经布洛陀》中，"布洛陀"、"姆六甲"以及诸神的"公"、"婆"（夫妻）相随，造世界、禳解灾祸的叙述，其实折射出壮族先人"柔"、"水"的和谐价值观，并把人类男女性别相合延伸到生产中，诠释人类"阴阳相合"、"男女平衡"的人伦观念。

---

① 覃乃昌等：《盘古国与盘古神话》，民族出版社，2007年，第321页。
② 罗志发：《壮族的性别平等》，黑龙江人民出版社，2007年，第232页。
③ 罗志发：《壮族的性别平等》，黑龙江人民出版社，2007年，第179页。
④ 张声震主编：《壮族麽经布洛陀影印译注》第八卷，广西人民出版社，2004年，第2788页。"博先肉""乜先肉"原意为切肉团的祖公和祖婆，在麽经中指人类的祖先神。
⑤ 张声震主编：《壮族麽经布洛陀影印译注》第一卷，广西人民出版社，2004年，第231页。
⑥ 张声震主编：《壮族麽经布洛陀影印译注》第一卷，广西人民出版社，2004年，第231页。

推崇友善人伦关系。人与人的友善、互助是我们倡导的核心价值观。在《麽经布洛陀》"造万物"、"伦理道德"、"解父子冤"、"解婆媳冤"、"解母女冤"、"解兄弟冤"等篇中，叙述父子矛盾，儿子拳脚对父亲，儿媳咒骂婆婆，女儿出嫁后回娘家骂父母，兄弟抢财产等，最后导致恶果。"王有女就死，王有儿就绝……当真养小鸡不大，当真养孤儿不长，当真无儿女绕膝，当真无儿（女）之父。"① 最后，去问布洛陀、姆六甲，"布洛陀就讲，姆六甲就说，……你做禳解神龛，你做禳解神台，（拿）猪四拳来杀，（拿）猪五拳来（禳）解，酒三盏来梳理，猪放高祭桌，猪下巴放祭桌（禳）解，猪供公一郎，鸡供官二代，供到社庙和神龛，供到君火灶，供到布洛陀，供到姆六甲"。② 于是，"王"全部照做，"请麽公来喃，请道公来诵"，"奈（讲）好话给三祖，奈（讲）好话给五代，苦（伤人）话丢下河，丢下河（给）鱼吃"，③ 消除各种灾祸。经诗中以"杀猪"祭祀各种"神"和"布洛陀"、"姆六甲"，其实隐含着壮族先人的做人要"善待他人"、有矛盾通过柔和的方式——"疏理"、"禳解"进而实现和谐的思想观念，劝喻人们要遵守伦理道德，相亲相爱，折射着壮族具有崇尚友善的人伦道德传统。

（二）尚"合"的人与自然思想

敬畏自然的禁忌观念。壮族是以稻作农业为主的民族，稻作生产对土地、节气、水分、阳光等自然条件依赖性强，土地肥瘦、气候好坏等因素都影响着收成。风调雨顺可以获得好收成，反之则歉收甚至绝收。由于对大自然认识的不充分，壮族先民在思考人与自然的关系时，将自然及自然现象赋予灵魂，认为有神灵主宰一切，进而产生敬畏自然的观念，产生了自然崇拜、图腾崇拜、动物崇拜等，不得冒犯神灵，也不得过度开发。由此，壮族先民在生产生活中，确定了人与自然关系的行为、语言等禁忌。如在有神树的地方不得打猎、开荒、耕种、破坏山体，村庄周围大树不得砍伐，禁止在泉水、龙潭洗脸洗脚、拉屎撒尿，否则会带来灾祸。"由此，南方民族普遍珍视自然环境，不准随便砍伐森林、捕捉动物，很多山区特别是'圣山'、'圣林'常常是树木葱茏，禽兽成群，充满了勃勃

---

① 张声震主编：《壮族麽经布洛陀影印译注》第一卷《解父子冤》，广西人民出版社，2004年，第136页。
② 张声震主编：《壮族麽经布洛陀影印译注》第一卷《解父子冤》，广西人民出版社，2004年，第138—141页。
③ 张声震主编：《壮族麽经布洛陀影印译注》第一卷《解父子冤》，广西人民出版社，2004年，第147页。

生机。"① 通过禁忌规范和神灵来激起人们对自然的敬畏，反映壮族先民已经认识到，人必须顺应大自然规律，不可逆势而行的人与自然共存的价值观。覃彩銮先生认为，壮族盘古神话中盘古兄妹成婚以及布伯与雷神斗争的传说，"既反映了壮族先民为了生存和发展，不断与大自然和困难做斗争，在斗争中从自然王国走向必然王国，同时也寓意人类若违背了自然规律，必将会受到大自然惩罚的恶果（天下大旱或洪水淹天），反映了壮族及其先民顺应自然规律，追求与自然和谐共存的自然观"。②

趋利避害的思维方式。在《麽叭布洛陀》中，叙述"以前不懂造禳除"，导致山坡不长树，田地不长草，房屋无人住，村寨变荒凉，做什么不成，种什么不长，谷米不够吃，打猎没有收获，自然界还存在各种反常现象，如"鸭生双胞，狗长两头，鹅长猫毛，老鼠打架"。于是，布洛陀、姆六甲教人们祭祀天地、神灵和祖宗，请"婆王母来叭（禳解），婆王茫来耍（整治）"，鱼又回塘里来，谷又满仓，打猎有收获，家庭兴旺。麽经中的各种"禳解"，其实就是告诫人们，对人与自然的矛盾，要用柔软的方式来禳解。如若（jo^1，扶持、扶助），罪（$co:i^6$，修理、整治），耍（so^1，梳理、通顺）等，反映了壮族先民把人与自然作为主体看待，把对自己、对别人的态度、观念延伸到了自然。《麽经布洛陀》中，在《赎魂糇麽》中，麽请稻魂回来保丰收，将稻魂拟人化，赞主家"克栏你时利（独这家心好），利栏你合温（惟这家喉咙软）"，③求稻魂不要去别村或别家，要回到主家来。在生产生活中遇不顺之事要禳解，以求得到平安的思想，折射出壮族先民在思考人与自然的关系中，把人的思想感情及诉求延展于自然界，反思人类的过失进而修正、禳解，实为趋利避害、善待自然的思维方式的具体表现。

（三）崇"柔"的治理方式

追求柔和有序的社会。《麽经布洛陀》第一卷《麽请布洛陀》的"造皇帝土官"对有序的社会及心想事成的美好社会进行了描述："全天下才有主。全部人才有管。出事有人说。出麻烦有人管。土司管得全地方，纳银粮银赋，天下才软如糍粑，天下才好如土司。造做土司成土司，造做皇帝成皇帝。"④ 壮族先民用"软如

---

① 刘亚虎：《布洛陀文化的典型意义与独特价值》，《广西民族研究》2005年第2期，第93页。
② 覃彩銮：《盘古文化探源：壮族盘古文化的民族学考察》，广西人民出版社，2008年，第199页。
③ 张声震主编：《壮族麽经布洛陀影印译注》第四卷，广西人民出版社，2004年，第1405页。
④ 张声震主编：《壮族麽经布洛陀影印译注》第一卷，广西人民出版社，2004年，第36—37页。

糍粑"① 比喻美好的生活和理想的社会，隐喻着壮族先民对美好、和谐社会的理解，即柔软、融合、有序，生活如意、顺心。

以禳解方式调整矛盾。《布洛陀经诗》记录的壮族传统社会，无论是人与自然、人际关系以及社会管理的不和谐现象，如各种反常逆规、说错话、做错事或父子、兄弟相斗等，都要"修整"、"梳理"。"布洛陀来扶持，姆六甲来修正。"②《麽经布洛陀》中的"解父母冤"、"解婆媳冤"、"解母女冤"、"解兄弟冤"，以家庭伦理道德的善恶行为矛盾冲突及其因果效应为主线，以前代人生活中所遇到的"福"与"祸"的经历和感悟的"古事"、"古规"作为训导，通过禳解仪式，规劝人们"比照"修正自己违背道德的意志和行为，以消解各种灾祸。同时，借因果报应和神灵的威力，为人们立下人与人、人与社会、人与自然的道德规范，体现了壮族先民崇尚通过道德规范及个人践行道德行为来调整人与人的关系，把人的情感和行为指向"和睦"的中心，以柔和、消解的方式处理矛盾和纠纷的理念，体现壮族人"柔"、"水"、"融合"的价值追求。这种思想至今在壮族地区仍然流传并起一定的作用。

二、《麽经布洛陀》中和谐价值观与核心价值观的契合

（一）善待万物：人与自然之"和谐"思维方式

在生产力水平低下、对自然界尤其是引水灌溉能力缺乏的条件下，稻作耕种对自然界尤其是雨水依赖性很强。长期的生产生活实践，壮族先民产生了自然崇拜的思想观念，把自然界拟人化，认为一山一石、一草一木都有神灵，引发自然灾害的原因除了自然之外，人为的破坏或者人心的险恶贪婪，也会引起自然秩序的混乱，人与自然的关系出现不和谐、不平衡，导致"神"的惩罚。因此，要"禳解"，给动植物"赎魂"，向大自然谢罪，善待自然界万物，以自然崇拜之力来探索顺应自然之道，借神灵之威来规范人与自然的行为。这些思想观念，剥开其唯心的、神秘的外壳，实质是壮族先民对人与自然关系的思考和认识，隐含着壮族先民对人与自然"和"、"谐"、"制约"的观念，认为人类必须以恭敬之心，"有

---

① 笔者注："糍粑"是壮族一种传统的食品，具体做法：把糯米用水浸泡、蒸熟，倒入石臼舂糅合为饼状，柔软有韧性，壮族麽经中用"软如糍粑"比喻天下民心归顺，人民服从管理。
② 张声震主编：《壮族麽经布洛陀影印译注》第三卷，广西人民出版社，2004年，第866页。

度"地利用和开发自然,包括遵循自然法则,适度开发,合理利用,与自然相亲相依存,保持人与自然的融合,维持生态平衡。只有认同自然、归顺自然,才能解决人与自然的矛盾,达到"合"、"顺"的思想观念。

在生态平衡日趋严重的今天,壮族在人与自然关系上的"万物有灵,人与物相生相亲、相互依存"的思维具有一定的意义。近代以来,在人类实践中强调人在自然界面前的"主体性",强调人类对自然界的征服和改造作用,把自然界的事物作为满足人的需要的对象,可任意索取的原料仓库,毫无顾忌地对大自然进行掠夺开发,改变了天、地、人之间的平等和谐关系。对自然资源的过度开发,造成了污染,又反过来毒害人类自身,破坏了自然界的平衡及人与自然的和谐。温室效应、厄尔尼诺现象、旱灾、水灾和大规模传染病等反常的自然现象,不断向人类警示。因此,汲取壮族传统文化的人与自然"融合"的思维方式,以"善待万物"的理念、"有度开发"的理性来处理人与自然的关系,实现人与自然的和谐共生共存具有积极意义。

(二)和睦尚德:人与人之"和谐"行为模式

《麽经布洛陀》记载,壮族的创世之神布洛陀在完成创世伟业的同时,还针对家庭成员矛盾、邻里矛盾,通过相应的"解冤"予以调和化解,并以"勤勉和睦"作为家庭伦理的主要规范,规定日常劳动、生活中处理人与人关系的行为规范,使壮族社会得以稳定、和谐。在壮族地区,村人有矛盾纠纷,互相谦让,解决不了的由老人裁决。如果家庭内部出现矛盾,家庭内部老人使出来调解,有时亲友也远道而来调解,以"古规"、"古事"相关的道德观念和规范进行调解。

壮族"和睦尚德"的和谐人际关系行为规范和模式,是维系壮族民间道德、整合民族凝聚力的重要规范和精神力量。在市场经济带来的利己主义、拜物主义、人情淡薄等负面影响的背景下,壮族特有的互助优秀文化传统,人际间"和睦尚德"的道德行为模式,体现了社会主义核心价值观之人与人和谐相处的价值追求,进一步充实、弘扬、改进这一优秀传统文化内涵和形式,使和谐价值追求更加理性、更加文明。

(三)柔和有序:人与社会之"和谐"价值追求

"壮族神话把宇宙分为'天、地、水',天界为雷神主管,地界为布洛陀主管,水界为图额(蛟龙)主管。雷神功能在行云造雨,蛟龙掌管江河水情。都与稻田灌溉相关。壮族先民，傍水而居，水稻种植是壮族社会的经济命脉，稻米是民众的主食，所以水就成为民间最受关注的自然资源。"[1] 长期的稻作养成了壮人"水"的温和性格，喜欢宁静、安宁、平和。壮族的多神崇拜观念也说明了壮族具有内心温和、包容的民族性格特征，把"水"、"柔"、"融合"作为其价值取向。在处理人与社会的关系中，更乐于采取平和、温婉、有序、包容的方式。自古以来，壮族内部虽然有各种矛盾，但鲜有宗族、家族、村寨的纠纷和械斗，对于外来的民族，壮族人也以温和包容的心态接纳。"壮族和相邻民族的和睦相处，历史上中原的几次战乱，如魏晋南北朝十六国、唐末五代纠纷、明末永历朱由榔之奔逃于桂林肇庆之间，中原人民纷纷逃难到岭南来，壮人都十分同情和关照，没有发生过群起驱赶追杀结仇结怨的现象。……壮人这种宽容的民族性格，使岭南成为中国民族矛盾最少的地方。"[2] 壮族人解决矛盾，鲜诉讼而用调解、和解的方式，《镇安府志》中记载壮人"郡属鲜讼狱，少奸究，畏官敬法，闻驺唱声必起立。风俗俭朴，勤耕作。丰年未尝侈食用，凡耕获，皆通力合作。有古风，绅士衣冠，皆有法度"。当今，社会治理过程中的矛盾和利益纠葛，不是简单的非"黑"即"白"、非"此"即"彼"的两面，通过司法途径的方式可以快速排解纠纷，但是，不一定能够取得很好的社会效果。因此，以柔和、温婉的方式，融合各方利益矛盾求同存异而达到有序状态，更能够调和、化解矛盾，更契合和谐社会的价值追求。

壮族先人通过神灵监督、禳解的方式和各种禁忌文化以规范人们的行为，促使人们确立道德规范和道德义务，假手于天灾人祸来惩罚恶行，对反道德行为的监督和惩戒，以激起人们"敬畏"心理而进行的心理调适方式，来劝导、警示人们，以柔和、隐形渗透的方式强化人们向善的内聚力。这种"柔"、"和"的价值思想，具有以"德"治国、"以人为本"的社会治理方式的内涵。运用壮族传统文化中的"柔"、"水"之道，消解建设和谐社会过程中的各种矛盾和利益冲突，对协调各种关系，实现人际和谐，达到社会"融合"，保持安定和谐，具有重要的借鉴价值。

---

[1] 牟钟鉴：《从宗教学看壮族布洛陀信仰》，载《壮学第四次学术研讨会论文集》，广西人民出版社，2008年，第78页。

[2] 梁庭望：《布洛陀文化——壮族价值观的摇篮》，载《壮学第四次学术研讨会论文集》，广西人民出版社，2008年，第99页。

三、壮族和谐价值思想之传承

社会主义核心价值观因有优秀传统文化涵蕴，才有深厚的群众基础和强大的生命力。习近平总书记指出："中华文明绵延数千年，有其独特的价值体系。中华优秀传统文化已经成为中华民族的基因，植根在中国人内心，潜移默化影响着中国人的思想方式和行为方式。今天，我们提倡和弘扬社会主义核心价值观，必须从中汲取丰富营养，否则就不会有生命力和影响力。"以科学的态度和正确的方法，传承壮族优秀的传统文化，推动并升华其"柔"、"水"、"融合"和谐价值观的时代内涵，使其得到发扬光大。

（一）做好壮族优秀传统文化的阐释和研究

优秀文化的传承和涵蕴，是以人们对其了解、接纳并内化于心为基础。壮族的优秀文化多以麽经、壮戏、山歌等为载体，目前系统地对其中的和谐价值思想进行系统甄别、阐释和研究、挖掘和提炼的工作不够深入。因此，对壮族优秀和谐传统文化的阐释，尤其对其与社会主义核心价值观的传承关系、涵蕴作用以及现代转换等进行深入研究，是传统文化涵养和培育社会主义核心价值观进而认知、内化、外化的基础。

（二）创新壮族传统文化话语体系

壮族民间的文学艺术如山歌、壮戏、说唱等深受壮族人民的喜爱，但目前在壮族地区进行文学艺术创作的多以汉语文进行，人们不太欣赏，尤其是在壮族聚居的乡镇基层。壮族地区的学校在进行社会主义核心价值观教育中，多以概念和理论讲解为主要形式，较少考虑壮族地区学生的民族文化背景，不在学生的话语体系内，效果自然差强人意。因此，创新话语体系，实现官方话语向民间话语、学生话语的转化，使壮族优秀传统文化与社会主义核心价值观兼容对接，才能激起情感共鸣，打造社会主义核心价值观教育的话语体系。

（三）创新教育渠道构筑传承和涵蕴的立交桥

壮族人民在长期的生产生活中，以日常行为教育、生产技能教育、为人处事教育以及各种仪式的渗透方式，使人们习得良好品质。因此，在传承壮族"柔"、

"水"、"融合"的优秀传统文化涵蕴社会主义核心价值观过程中，必须在创新教育渠道下功夫。

第一，开设壮族传统文化课程。在民族院校开设壮族优秀传统文化的课程，实现壮族的历史、文化、道德规范、礼仪等进课堂、进教材、进头脑。

第二，以校园文化活动为载体。挖掘壮族特有的节日文化内涵，如三月三、插秧节、礼田节、牛魂节、中元节、霜降节、重阳节、尝新节等节日，以校园文化活动为载体，将壮族优秀传统文化延伸、细化到节日仪式和文化活动中。

第三，打造社区文化教育平台。在社区公共场所，以对歌、壮戏表演、传说故事说唱等方式，开展壮族传统的道德教育、劳动观念教育、生产生活知识教育以及交际能力教育等，使社区文化教育成为学校教育和家庭教育的延伸，提高教育的实效性。

〔李凤玉：百色学院副教授〕

麽经布洛陀"他地地名"初探

何思源

地名是人们在社会生活中为地理实体、居民聚落和地域区划所取的名称，是特定的一种语言符号和人类活动的历史印记。地名属于语言范畴，地名的构造类型、特征的差异是语言不同所致。地名也是一种民族文化现象，因为地名在文化的发展过程中，充当了运载、传播的工具和角色，是文化词汇学的研究对象。历史上的族群接触、融合、迁徙、竞争等活动，同样以地名的更迭、演变和传播等形式表现出来。

《壮族麽经布洛陀影印译注》收集的29个手抄本中，记载了大量地名。一般认为，麽经没有他地地名，也没有迁徙的叙述，这绝非偶然，这说明了壮族是土著民族，壮族作为一个土著民族，其主体在历史发展过程中很少迁徙。[1]

桂西经历了较长时间的土司制度，各地土司分而治之的管理方式及稻作民族的生产特性决定了各地壮族人口流动性不大，较强的"守土性"体现在地名的记载上，就是他地地名极少、本土地名较多。这些本土地名绝大多数为壮语固有词且大都能在麽经抄本所在的地区找到，但也有今址不详的。除了被汉语地名替代、覆盖后难觅其踪之外，更多的是因为这类地名与山川、河流、谷地、水泽、岩洞、林地等地貌特征紧密相连，不可避免地造成重名过多，难以确定抄本说的是哪一个。

但我们仍能在麽经抄本中找到一些"他地地名"。它们不属于土司管辖区，与麽经抄本所在地有相当距离。如巴马、田阳等抄本提到了武当山，但写法不准

---

[1] 张声震主编：《壮族麽经布洛陀影印译注》，广西民族出版社，2004年，第7页。

确，如巴马8（按照《壮族麽经布洛陀影印译注》的编号法，下同）第2428页的"武堂山"，田阳8第1026页的"五当山"等。还有那坡本的2913页，布麽要送邪鸦到"楊州"。"楊州"即扬州。再有东兰2第1587页的"伞州"，1609页的"母州"，都指梧州。此外还有"全州"、"廣州"、"雷州"等地名。在交通不便的古代乃至近代，从桂西南到这些地方都是不短的距离。记录这些地名所用的字是音近字而不是准确汉字，这说明了麽经作者未能亲身抵达这些地方，也不是通过阅读典籍知晓这些地名，只能是通过口耳相传得知的。

布麽认为只有把殃怪送到武当山才能镇得住，这应该是道教传入壮族地区后才有的观念；布麽认为"楊州"是个富庶的地方，驱赶邪鸦到那边，因为在那里找吃比较容易。"扬州富庶"的观念在桂西地区形成也是明清以来汉文化教育在当地得到发展的结果。

"扬州"和"武当山"这两个地名可以用汉文化传入来解释，但这不能用来解释其余地名为何能进入麽经经文里。除了距离遥远、用字不准这两个共同点外，以上这些"他地地名"的另一共同点是：它们都是布麽在超度亡灵时提到的。

我们知道，不少民族的"殡亡经"、"指路经"等就有大量地名。在这些民族的观念里，人死了，灵魂要到祖先居住的地方去，这时就要念经给亡灵指路，所提到的地名和路线，大都和本民族的迁徙历史有关。壮族作为一个土著民族，大规模的被动迁徙是比较少的，因此在超度亡灵的时候，所提到的地名，大都范围较小，或者大都泛指，少有确指，一般是越过几座山，跨过几条河，走过溪水和渡口这样的叙述。但东兰2第1587页，布麽给亡魂引路时，先后巡游到了"伞州"、"全州"、"廣州"、"雷州"等地。这些都是好地方，但有人把守相杀，不能久留。"伞州"即梧州，今广西梧州古为苍梧，唐置梧州，以苍梧为治所，始有此名，明清有梧州府；"全州"，五代楚分永州置全州，民国为全县，今为全州县；广州，吴国永安七年（264年）分交州置广州，辖境兼有今广西一部，以后辖境逐渐缩小，今广州市即古广州治所番禺；雷州，唐贞观八年（634年）以东合州改名雷州，治所在今广东海康县，天宝元年（742年）改为海康郡，乾元元年（758年）复为雷州，宋元明清一直沿用，直至1912年废。这些地名在今桂东北、湘粤桂交界及粤西地，远离桂西土司管辖区，但明代以来桂西土司的地方武装——俍兵，曾经征战、驻守、屯军这些地方。

土司制度下，土司必须随时准备率领兵士供征调，为中央王朝奔走唯命。明代是广西土司制度的鼎盛时期，广西境内泗城、田州、思恩、向武、南丹、那地、东兰等土州、土府的土兵武装最强大，中央王朝对土兵的征调也甚为频繁。从明中叶开始，桂西田州土司地区大量的俍兵及其家属随官军出征。比较著名的事件有：明嘉靖二十九年（1550年），海南黎民起义，广西田州知州岑芝率兵镇压，死于沙场；嘉靖三十四年三月，田州土官妇瓦氏夫人率俍兵6000余人转战江浙，大败倭寇。

明中期以来，桂东大藤峡的瑶民起义波及粤西，平定"徭乱"成为两广共同面临的问题。由于广东地方军力不足，朝廷只好向广西借兵，俍兵就是这时候从桂西土司地区田州征调来镇压"徭乱"的。"徭乱"之后，靠近大藤峡的广东高、雷、廉、琼、肇庆五府地僻民希，致使"徭僮"得以趁机而入，有鉴于此，名将韩雍在平定大藤峡"徭乱"后随即挥师东征，俍兵也被征调随行。康熙《广东通志》记载："时高、肇、雷、廉为流贼所劫掠，百里无人烟。雍调湖广茅冈土兵号钩刀手与广西田州、泗城土兵，遣偕信将之。"

这些征战各地的俍兵，有一部分终回故乡，沿途辗转征战的地名从他们口中流传至民间。而那些战死或在屯兵之地繁衍后代客死他乡的俍兵，布麽要为他们的亡灵引路，他们征战途径之地名得以出现在麽经布洛陀抄本中。

布麽在巡游"佘州"、"全州"、"廣州"、"雷州"等地后，最后告知亡魂还是"田州"地方好，那里有好田地，好坟地，那里有情人来相会，情人扶过桥，情人的铜桥三尺宽，让亡灵轻松过去，越走前方越宽，越走前方越广，那里才是亡灵应该去的地方。田州于宋始置，治所在今广西田阳县。元、明代都沿用"田州"名，清光绪撤销田州土府，划归奉议县和恩隆县。东兰的麽经也指引亡灵回到"田州"，是因为"田州"的战略位置和经济地位较为显著，曾经引发周边土司竞相争夺，而且明清时期中原王朝从"田州"征调的俍兵数量和规模和频率都较为突出，这也不难解释为何东兰的布麽也告诉亡灵应该去的地方是"田州"了。

除了桂东北及粤西，俍兵征战的地方还有江浙、海南、安南等地。但麽经里几乎没有出现这些地方的地名。主要原因有：

俍兵出征江浙抗击倭寇，仅出征一次且时间不长（从出征到班师回田只持续一年）；与安南交战主要是收复失地，尚未深入安南境内；海南地区不少地名在语音和语义方面非常接近壮语，属于壮侗语言系统，因此很容易被认为是壮语地名。

麽经布洛陀作为一种民间叙事，很大一部分内容是在讲述本民族的历史。当然，麽经不是"全史"也不都是信史，它更多的"是对过去的一种累积性的建构，也可以看作是对过去的一种穿插式（Episodic）的建构"。① 麽经的每一个叙事细节，都代表着一个文化记忆的片段；而每个时空下对于这些片段也会有不同的诠释与理解。在每个时空里，都有过去文化记忆的留存，也都有产生新的文化记忆的可能。麽经布洛陀从口头经文到成体系的经书抄本，经历了漫长的历史时期，不同历史时期的记忆片段镶嵌、叠加、杂糅其中，呈现出一派丰富驳杂的文化景象。如何在芜杂的信息中抓住那些幽微的历史碎片和文化记忆，需要研究者的仔细梳理和严谨的推理、考据。本文通过麽经布洛陀记录的"他地地名"发现了"俍兵"东征历史的片鳞半爪，但更丰富更深入的信息还需要研究者们进一步的开拓和挖掘。

如果把麽经的历史信息寻找和解读比喻为拼图工作的话，那一片片拼图的拼接互凑，亦即新旧文化记忆掺杂痕迹的辨识，才是这种文化拼图工作所应该致力关注的，唯有如此，方能复原每个时空里的文化记忆。

我们对麽经背后的"历史全息记录"进行解读的动机，不是源于壮族历史建构的需要，因为作为宗教典籍，从中搜寻各种"史实"是不必要也是行不通的。对解读麽经所提出的各种诠释、说法，都只是一种求索文化记忆的结果。"记忆"中的事情未必是真实发生过的事情，但是"记忆"本身却可以是"真实"的，足以影响到人们对于现实的认知。麽经布洛陀所表现的内容，是一种文化记忆中的"真实"。这样的真实，反映着某一个特定时空下的群体心理和集体认同。麽经布洛陀为我们从本土视角探讨壮族社会历史文化提供了丰富的原始素材，还有更丰富、更深厚的知识等着研究者们去分析、挖掘和整理。

〔何思源：中央民族大学少数民族语言与古籍研究所讲师〕

---

① 莫里斯·哈布瓦赫：《论集体记忆》，上海人民出版社，2002年，第53页。

壮族《麽经》的布洛陀神话研究

林安宁

对布洛陀的研究论文已很多。布洛陀被学者称为壮族的创造神、始祖和文化英雄。蒋明智指出:"壮族的一系列神话传说和壮族《麽经布洛陀》都认为,布洛陀是一位万能的创造神,他开天辟地,创造了世界万物和男女人类,使人类生命得以延续,壮民族得以生存与繁衍。在壮族人民心中,天地是由布洛陀创造出来的,他们的祖先也是布洛陀造出来的,因而布洛陀是壮族的创世神和壮民的'祖公'。""在《麽经布洛陀》中,布洛陀不仅赋予人类以生命,还发明各种生产工具,教会壮民各种生产技能,带领着他们进行各种各样的劳动创造,从而战胜了强大的自然力量,使壮民族得以生存与繁衍。……人民把一切的发明创造都归功于布洛陀,并把他神化,从而使布洛陀成为壮族人民心中的'文化英雄'。"[①] 覃乃昌也认为布洛陀是壮民族神话传说中的文化英雄、人文始祖。[②] 李斯颖则认为布洛陀是父系氏族社会的骆越首领。"布洛陀亦像一位'百事通'长者,又透露出浓厚的氏族首领特征,有号召力,威信高,有着某些超人的能力,为整个族群的发展贡献了自己的智慧和神力。"[③] 李斯颖又说:"经壮学权威梁庭望先生总结,其内容可概括为布洛陀的四大类活动:开天辟地、创造万物、安排秩序、排忧解难。"[④] 她还指出,"布洛陀是壮族的创世神、始祖神、宗教神、道德神、智慧

---

① 蒋明智:《〈布洛陀〉与壮民族文化精神》,《广西民族大学学报》(哲学社会科学版)2008年第2期。
② 覃乃昌:《布洛陀文化体系述论》,《广西民族研究》2003年第3期。
③ 李斯颖:《论布洛陀身份的多重文化内涵》,《广西民族师范学院学报》2011年第5期。
④ 李斯颖:《壮族布洛陀史诗演述及其信仰传统》,《国际博物馆》(中文版)2010年第1期。

神"①。李斯颖的观点代表了目前很多学者对布洛陀神话的认识。

众多学者对布洛陀作出如此判断的原因大概有二,一是对布洛陀的认识,大多基于口头叙述的布洛陀神话(尤以曾被马昌仪编的《中国神话故事》等书所收入的,由周朝珍口述,何承文采录的《布洛陀》一文为代表);二是尽管很多学者对《麽经》②也予以关注,但对其中更多的布洛陀母题缺乏更细致的解读。

由于《麽经》不是专门的神话专著,对它的布洛陀神话内容进行研究,以民间文学必读工具书《汤普森母题索引》③的神话母题对之进行系统梳理,就很有必要。它不仅是布洛陀神话研究的重要材料保证,还是整个布洛陀文化研究难得的资料库。

一、《麽经》的布洛陀神话母题

翻开《麽经》,我们看到之前很多布洛陀神话尚未提及的故事,如有关他的身世、生活,对战争的支持与参与等等。如《布洛陀孝亲唱本》叙述:

混沌已生得十年初/混沌已生得九年□/就要老凄凄/就要病哀哀/就要化去仙界/混沌说另外句话/混沌讲一句话/哪个人想承接混沌的住地和家……婆祖宜在堂屋门口就答/在晒台上面就接话/我正想承接混沌地方和鱼塘/我正要承接混沌房屋和碗/我正要承接混沌锅和三脚灶/我还(没)刀和斧/我还没丈夫没老公/怎得砍樟树/怎得生儿王/我还没刀没斧/我还无丈夫无老公/怎能砍直树/怎样生出儿王/混沌去看水田/她去找混沌/混沌去要菜/她去跟混沌/混沌去看水/婆祖宜就偷偷跟随后面/混沌在河上游洗澡/婆祖宜就去河下游/接混沌暖水/要混沌淫水/混沌淫水是好水/风就吹进骨肉身体/混沌淫水是暖和的淫水/暖风就进入骨肉身体/风就吹进身体骨头/女子无丈夫自怀孕/妻子无丈夫自得子/……第一就生布洛癸/第二就生布洛班/第三就生布凡可/第四就生布祖王/第五就生布洛陀/第六就生麽渌甲/第七大恒儿人

---

① 李斯颖:《壮族布洛陀信仰与侗族萨岁信仰的比较》,《广西民族师范学院学报》2011年第6期。
② 本文的壮族《麽经》即《壮族麽经布洛陀影印译注》(张声震主编,广西民族出版社,2004年)一书的简称。
③ Stith Thompson. Motif—Index of Folk—Literature, Helsinki, 1932.

好 / 第八生儿任其人圆滑 / 九生妹囊仍 / 十生女孩囊娘①

《布洛陀孝亲唱本》题意为"虔诚敬祭布洛陀"②，它讲述人们守孝满三年后要杀牛祭祖先的习俗起源，汉王祖王的故事，万物创造过程等内容。以上引文即属于"占杀牛祭祖宗唱"③的内容，它叙述了万物创造过程和人类起源的故事以及布洛陀的出生，布洛陀确定杀牛祭祖习俗的缘由等内容。在人类起源之始，天下有很多部族，其中一部族的女人迎风而孕，生下了混沌④。混沌使婆祖宜生下布洛陀。上文叙述了布洛陀神奇出生的故事：混沌即将老去之时，为了使生命得以繁衍，让婆祖宜承受其"淫水"，迎风而孕，经过十月怀胎，生下了布洛陀等十个孩子。由于有不平凡的出生，布洛陀在《麽经》中的非凡力量让人信服。布洛陀神奇出生的情节可纳入"神的出生"（A112）⑤母题。

《麽经》对布洛陀出行，叙述得也颇为动人。《麽送放》的叙述把布洛陀神力无边的形象讲得栩栩如生：

今天早上我出来 / 图额做伴我来 / 老虎做随行我来 / 图额就做晒台望我来 / 图额早做晒台喊我来 / 狗熊做祖公兵勇出来 / 老虎见我出来 / 称我做大哥……今天早上碰着水牛 / 水牛角为着我扭曲 / 今天早上碰着强盗 / 强盗就为着我逃走 / 今天早上遇着河 / 河水为着我干 / 水獭多亏我得吃鱼 / 今天早上沿着水田坎上来 / 水田就为着我干裂 / 乌鸦多亏我得吃虾 / 我歇息河水停流 / 我吃午餐河水断流 / 我做欢乐河水干涸（1433—1436）

如前已述，《麽送放》的题意是"做麽教仪式导引或超度亡灵到达祖神世界"。《麽送放》属于超度正常死亡者的经书。⑥《麽送放》一共十一章，分别为：（一）

---

① 《麽经》第 1970—1976 页。
② 见《麽经》第 1834 页的"书名题解"。
③ 其意为"杀牛祭祖时唱诵的经书"。
④ 混沌在《麽经》里，有时是男性，有时是女性，在上述引文中以女性形象再现。在汉族文化里，混沌原来指天地形成前的一种状态，后来被塑造成原始神。混沌神传到了壮族地区后，人们把她塑造成会开天辟地，创造万物的神灵。《麽经》中有大量叙述混沌创造天地万物的叙述，如"混沌造箱子"（26）、"混沌公造天"（158）等等。混沌还是人类的始祖，如上述引文所述即是。
⑤ 来自汤普森母题的国际编号。下同。
⑥ 《麽经》第 1408—1409 页"书名题解"。

"造牛(残页)",叙唱祖神布洛陀、麽渌甲教人造牛、驯牛与用牛;(二)"麽唱杀鸡祭祖用",叙述布洛陀的身世,死亡的缘由,与亡魂有关的各种丧葬习俗的起源等内容;(三)"唱某日一起回来做灵楼过程中讲用的麽经";(四)"唱念上午饭用的咒语";(五)"唱阿杳故事用的麽经";(六)"呼哑唱祭祖故事";(七)"悼嘱亡灵用的麽经";(八)"祭祖宗礼规";(九)"念十二件事用的经文";(十)"十二件事仪规";(十一)"只需用嘴喃诵就去病除灾"。① 上述引文即属于第二章"麽唱杀鸡祭祖用"中,叙述布洛陀的身世的内容。图额、老虎做伴,熊、狗做兵勇,老虎称其大哥,野猪喊其姐夫,熊称其首领等等叙述,把布洛陀威武的形象刻画出来。这里通过很多母题内容展示布洛陀的威力,图额、老虎等图腾崇拜的动物做伴,显示了布洛陀氏族首领的性质(A165、神的侍者,A415、氏族神),不是一般的神灵都有的;碰着水牛,水牛角就弯曲,碰着强盗,强盗被吓得闻风而逃等叙述,体现布洛陀的巨大神威(A133、巨神);他吃午餐就能使河水断流(A133.1、巨神把湖水喝光),使人对其肚子的容量生发出无穷的遐想。

《麽经》中提及布洛陀的内容很多,因而它的母题极为丰富,有几十个之多。布洛陀的神话母题至少有以下这些:

A0、造物主;A10、自然界的造物主;A21、造物主来自上界——天上的神(仙人)放布洛陀下来,天开两边,造成道路,造泥土、水(1914)②;

A20、造物主的起源;A110、诸神的起源;A510、文化英雄或半神的起源;A511、文化英雄的神奇出身——王造布洛陀,王造麽渌甲(738)(1148);混沌的污垢让婆州宜(婆祖宜)怀孕,生出人类,并生出布洛陀等神(1677—1680)(1745—1750)(1970—1975)(2088—2093);天上的神(仙人)放下洛陀王(布洛陀)下来,天开两边,变成道路,造泥土、水、路、泉,盘古造河、塘、田峒、水田(1914—1915);

A23、造物主由雌雄二性所生——混沌的污垢让婆州宜(婆祖宜)怀孕,生出人类,并生出布洛陀等神(1677—1680)(1745—1750)(1970—1975)(2088—2093)(2207—2212);

A40、造物主的顾问;A41、成年男子作为神的顾问;A102、无所不知的神——布洛陀教"王"造火,并驱除火带来的各种殃怪(49—62);布洛陀教人陆

---

① 参见《麽经》第1409—1420页的"内容概述"。
② 这里的数字指在《麽经》中的页码,下同。

荷、罗安太、大将军、风卷鸡、人招魂和人住空造禳除造禳除（"兵"，"beng"）（166）；布洛陀教人类把天与地远远隔开（227—228）；牛拉不回，经布洛陀指点，就能拉回（282—283）；牛魂四散，养不成牛，经布洛陀指点，又能赎回牛魂（285—292）；猪被杀，有殃怪，经布洛陀指点，赎猪魂，又得安好（295—299）；母王（yahvuengz）造鸡，鸡失魂，经布洛陀指点，赎魂后鸡就繁殖（302—306）；布洛陀教人类赎鱼魂（315—317）；天地的混沌关联人间生活的凄惨，再引出要按布洛陀的旨意做禳解（439—447）；布洛陀教王造火（702—708）（906—909）（972—977）；

A75、造物主是天堂和人间的祖先——布洛陀被称为"祖公"，是人间的祖先（1125）；

A111、神的母亲——混沌的污垢让婆州宜（婆祖宜）怀孕，生出人类，并生出布洛陀等神（1677—1680）（1745—1750）（1970—1975）（2088—2093）（2207—2212）；

A120、神的性格与特征；A520、文化英雄（半神）的特点——布洛陀携带铜刀等法器，气度非凡（1125）；他还以"大刀"来禳解、驱冤怪（1205）；布洛陀吃铁当餐（1428—1429）；布洛陀性格豪爽，如他劝两个前来的壮汉喝酒，他俩不喝，布洛陀就要动粗（《麽送放》1429—1430）；

A133、巨神；A523、文化英雄是巨人——布洛陀威力无边（1433—1436）；布洛陀使河流干涸，"我吃午餐河水断流／我做欢乐河水干涸"（1436）；

A133.1、巨神把湖水喝光——布洛陀使河流干涸，"我吃午餐河水断流／我做欢乐河水干涸"（1436）；

A151、神的住所；A151.1、神的住所在高山；A570、文化英雄还活着；A571、文化英雄睡在山上——布洛陀的家在郎汉家，在敖山，在仙人的晒台（1428）（2248）；

A153、神的食物——布洛陀吃铁当餐（1428—1429）；

A160、神的相互关系——混沌的汗水使婆州宜（婆祖宜）生出布洛陀等神灵，布洛陀与布任其等同为兄弟（1677—1680）（1745—1750）（1970—1975）（2088—2093）（2207—2212）；

A161、神的等级——布洛陀让祖王祭祀汉王，并让汉王管理殇死者（2624—2625）；布洛陀让王曹成为阴曹地府之王（2724—2725）；

A165、神的侍者——布洛陀的出行有各种图腾崇拜动物随行，具有氏族崇拜的特点（1433—1434）；

A169.2、神的军队——布洛陀有很多军马（950）；

A172、神介入战斗——布洛陀"书""掳掠"，使"掳掠"发达（431—432）；"疏理"占得不好的卦象，才使"掳掠"成功（520）(524—525）；布洛陀讲做掳掠行侠（事）(1429、2248）；布洛陀"掳掠"首领形象（2248—2249)（2253—2257）；布洛陀与麽渌甲教人们制作武器（2366—2367）；布洛陀（祖公）"书""掳掠"，使掳掠发达（885—886）；布洛陀身带武器，俨然战争首领（1125、1195、1205、1207—1208）；

A180、神与人类的关系——布洛陀"书""掳掠"，使"掳掠"发达（431—432）；以上"A40、造物主的顾问；A41、成年男子作为神的顾问；A102、无所不知的神"母题相关内容；

A200、上界的神——天上的神（仙人）放布洛陀下来（1914）；

A400、地上的神——布洛陀的家在郎汉家，在敖山（1428）(2248）；

A415、氏族神——混沌的汗水使婆州宜生出布洛陀、布祖王和布任其等神灵，这些神灵都具有氏族神特性（1677—1680）；布洛陀的出行有各种图腾崇拜动物随行，具有氏族崇拜的特点（1433—1434）；

A500、半神和文化英雄——天上的神（仙人）放布洛陀下来，天开两边，造成道路，造泥土、水（1914）；吝与布洛陀共造孝祭父母仪规（2323—2329）；布洛陀教人陆荷、罗安太、大将军、风卷鸡、人招魂和人住空造禳除造禳除（"兵"，"beng"）(166）；布洛陀教"王"造火，并驱除火带来的各种殃怪（49—62）；牛拉不回，经布洛陀指点，就能拉回（282—283)（1236—1238）；牛魂四散，养不成牛，经布洛陀指点，又能赎回牛魂（285—292）；猪被殃怪祸害，经布洛陀指点，赎猪魂，又得安好（295—299）；母王（yahvuengz）造鸡；鸡失魂，经布洛陀指点，赎魂后鸡就繁殖（302—306）；天地的混沌无序导致人间生活的凄惨，再引出要按布洛陀的旨意做禳解（439—447）；布洛陀教王造火（702—708)（906—909)（972—977）；布洛陀与麽渌甲教人们制作武器（2366—2367）；吝与布洛陀共造孝祭父母仪规（2323—2329）；

A501、一群半神——混沌的汗水使婆州宜生出布洛陀、布祖王和布任其等神灵，这些神灵都具有半神或文化英雄的特征（1677—1680）；

A523.1、文化英雄的巨剑——布洛陀以"大刀"来禳解、驱冤怪（1205）；

A530、文化英雄建立法律和规则；A545、文化英雄建立风俗；A546、文化英雄建立社会制度——布洛陀做经书（102—105）（1123）；人陆荷、罗安太、大将军、风卷鸡、人招魂和人住空造禳除造禳除（"兵"，"beng"）（166）（992）；《六造叭》整个异文都讲述"叭"（gyat）① 的创造与起源。布洛陀创造各种"叭"（619—666）；布洛陀创造媳妇、儿的逆反（不孝）造成的冤情的禳解（686—698）（1764—1776）；麽渌甲造做麽，布洛陀造疏理（738）；夫妻冤怪（造成彩虹怪）的来源，布洛陀教禳解灾祸（808—815）；孤儿怪的起源，布洛陀教禳解（819—832）；布洛陀指点做禳解，各种神来一起做禳解（盘古神也在其中呢852），才去灾祸（849—854）；布洛陀（祖公）"书""掳掠"，使掳掠发达（885—886）；布洛陀造"割魂"仪式（1099—1102）；王造布洛陀，王造麽渌甲，布洛陀造疏理，婆盘古造冤解（1148）；冤怪的各种根源（1258—1261）（1296—1298）；布洛陀造禳解（1650—1654）；布洛陀教孤儿做麽的起源（1776—1787）（2114—2120）；与交人作战后，才杀水牛祭祖宗（1996）（2113—2114）；请神的规矩，丧葬的的仪规，请布洛陀做法事的规矩，祭先祖灵魂的规矩（2237—2281）；孩子出生的各种仪规（2290—2307）；吝与布洛陀共造孝祭父母仪规（2323—2329）；王曹管理殇死者的成因（2639—2673）；"破狱"法事仪式的起源（2639—2673）（2681—2776）（2947—3042）；布洛陀教百姓做喜事仪规（2355）；布洛陀教百姓创立结婚成家仪规（2371—2376）；布洛陀教百姓分家仪式规（2377—2380）；

A531、文化英雄战胜妖怪——布洛陀教"王"造火，并驱除火带来的各种殃怪（49—62）；布洛陀教人陆荷、罗安太、大将军、风卷鸡、人招魂和人住空造禳除造禳除（"兵"，"beng"）（166）；

A531.1、文化英雄宽恕坏的精灵——布洛陀教"王"造火，并驱除火带来的各种殃怪（49—62）；

A541、文化英雄教授艺术与工艺——布洛陀教人陆荷、罗安太、大将军、风卷鸡、人招魂和人住空造禳除造禳除（"兵"，"beng"）（166）；布洛陀（祖公）"书""掳掠"，使掳掠发达（885—886）；布洛陀与麽渌甲教人们制作武器（2366—2367）。

---

① 据《麽经》第613页解释，"叭"本义是"鸡仔脱蛋出壳"。在壮族麽教里，"叭"是布麽做驱赶、砍断、禳解法事的一种形式。壮族麽教认为，某人或某家若遇灾难，遭受祸害，必须尽快请布麽前来做禳解、砍断法事，以使灾难远离主家，祸害根除。这一类法事就叫做"叭"。

有关布洛陀的神话母题有四40多个,综合以上这些母题,布洛陀神话可归纳为:布洛陀是《麽经》反复出现的始祖—造物主型文化英雄人物。与很多文化英雄一样,他有着神奇的出身。婆州宜(婆祖宜)接受了混沌的污垢后,生下了布洛陀与其它神灵。但在《麽经》里,有的地方则叙说布洛陀是天上派到人间的创世大神。人们把他叫做"祖公",他自己并没有直接参与人类的创造活动。他是一个无所不知,充满智慧的老人。布洛陀参与了创世活动,创造出水、泥土和道路等物。布洛陀只参与了其中的一小部分自然物的创造,因而,他不是自然物的最主要造物主。布洛陀可能是远古部族的首领形象的缩影,他的住所在敖山上,吃铁当饭,形象大得惊人,简直就是一位巨神,因为他能轻易地把河水喝光。他出行有老虎、狗熊等相随,连图额大神也对布洛陀称臣,足见他神力无边。布洛陀处处关心人类的生存与发展,他充当文化创造活动的顾问,或直接为人类创造了很多文化事物,参与制定人类的社会制度,建立各项风俗习惯。此外,布洛陀还是一个创造战争文化的战争英雄,常佩带大刀等武器,拥有庞大的军队,还教会人们制造武器。他驱逐妖怪等各种邪恶力量,并通过禳解等方式,为人们禳灾祈福。但在具体的战争中,他并不直接参与战斗,但他决定战争的胜负,充当战争的创造者、统帅或顾问的角色。他还是对其它神灵有统治力量的大神,汉王与祖王之争,因他的调查得到和平解决,他还确定汉王与祖王的职权。王曹管辖水府(地狱),也由布洛陀来确定。由于布洛陀的诸多丰功伟绩,人们把他敬为始祖神。

笔者归纳出来的每一个母题,都可以为布洛陀神话的研究带来新的视角,也可以母题的视角把布洛陀神话与其他神话作比较研究。从较小的母题视角进行研究,同样可以为布洛陀神话的研究打开一片广阔的天地。

已有的研究成果对布洛陀文化英雄特征的描述中,大多集中在某些母题的描述(如布洛陀作为壮族的人文始祖,他开天辟地,造各种动物和文明等)。以《民间文学的母题索引》的母题,学者们大都热衷于讨论"A0、造物主"(布洛陀造天地万物)、"A102、无所不知的神"(布洛陀是一个充满智慧的老人)、"A400、地上的神"(布洛陀是中界大神之首)、"A500、半神和文化英雄"(布洛陀是指导人们创造文明的文化英雄)、"A545、文化英雄建立风俗"(布洛陀让人们遵守各项伦理道德等)等母题。大多数学者对布洛陀神话的研究,基本上来自于对口头神话文本《布洛陀》的认识。

二、壮族民间宗教经文《麽经》与口头神话文本《布洛陀》

布洛陀作为文明（文化）的创造者，《麽经》论述颇丰。相比之下，《麽经》与其他已为人知的壮族神话相比，有很多独特的布洛陀神话母题。在这里，试以之与著名神话《布洛陀》[①]进行比较。

基于口头文学基础上搜集整理而成的神话《布洛陀》，一共包括十部分，即：一、造天地；二、定万物；三、取火；四、开红河；五、造米；六、造牛；七、打鱼；八、养鸡鸭；九、造屋；十、红水河和木棉花。由这些小标题我们可知，《布洛陀》基本上集中在"A0、造物主"、"A10、自然界的造物主"和"A500、半神和文化英雄"等神话母题。《布洛陀》还可以归纳出更多的神话母题：如在"造天地"中，说布洛陀是居住在洛陀山上的一位老人（A151.1、神的住所在高山），布洛陀用铁木柱把天地分开（A625.2、升起天空。原初时天空接近地球——通常因为天父和地母相连，它被抬起到目前的位置）；"红水河和木棉花"中提到布洛陀死去（A565、文化英雄死去）等等。

可见，《布洛陀》的布洛陀神话母题，在《麽经》基本上都可以找到。如布洛陀作为文化英雄，教会人们取火、造米、造牛、打鱼和养鸡鸭（A500、半神和文化英雄）（A102、无所不知的神），《麽经》里也有同样的母题。布洛陀创造天地万物（A0、造物主；A10、自然界的造物主），是住在高山上的一位老人（A151.1、神的住所在高山）。但两者的叙述有差异，《布洛陀》中布洛陀亲自把天地分开（A625.2、升起天空），《麽经》对天地的分开有多种说法，或说天在低处，布洛陀指示人类把天撬到高处，还用柱子撑着（228—229）；或说舂米的木杵碰着天，天才逃到高处（440—441）；或说古时天地相交，放四根柱子顶天（891—892）（2834—2837）；还有的说天王氏把天造得又高又宽（1920—1921）。这属于民间文学流传过程中的变异现象。《麽经》中布洛陀指示人们把天撬到高处，他充当的是造物主的顾问之角色（A40、造物主的顾问；A41、成年男子作为神的顾问）。《麽经》中很多神话母题，在《布洛陀》中并没有出现。布洛陀作为战

---

① 周朝珍口述，何承文整理，见《壮族民间故事选》（蓝鸿恩编，上海文艺出版社，1984年）第1—21页。这个版本基本上把民间口传的布洛陀神话作了较系统的整理，内容较为丰富。目前很多学者对布洛陀神话的理解与研究，基本上以这个版本为出发点，甚至是以这个版本的内容，直接去理解《麽经》中的布洛陀神话内容。因此，以《麽经》的布洛陀神话与之比较，就很有必要了。

争英雄和麽教主神，驱除妖怪，禳灾祈福这方面的内容，在《布洛陀》中基本没有。此外，《布洛陀》有个别母题，如它提到布洛陀死去（A565、文化英雄死去），与《麽经》中布洛陀还活着（A570、文化英雄还活着）大相径庭。

《麽经》与《布洛陀》出现大量相似的母题，又有较大差别，可从两者的关系及性质找到原因。《布洛陀》与《麽经》都在红水河流域及右江流域流传①。《麽经》是在民间文学的基础上，以古壮字作记录。它集29个异文而成，内容比《布洛陀》更为丰富。《麽经》按民间宗教的需要而叙述，它的神话与宗教色彩更为丰富。如《麽经》中布洛陀还活着（A570、文化英雄还活着），布麽做法事时，都要请布洛陀亲临现场，因而，布洛陀永远都活着。《布洛陀》说布洛陀死去，显然把布洛陀当成古老传说中的人物。《麽经》中布洛陀有各种图腾动物随从，能把河水喝光，其神话色彩比《布洛陀》更加浓烈。布洛陀关心、帮助人们参与战争，体现出战神的形象，这也是《布洛陀》所没有的。《麽经》的内容如此丰富，因而进一步研究其中的布洛陀形象，任务尤为紧迫。

三、《麽经》的布洛陀神话与黄帝神话

（一）布洛陀神话与黄帝神话母题比较

为了更好地把握布洛陀的特性，有必要将他与汉族的始祖——造物主型人物英雄黄帝加以比较。很多学者已较早地注间到布洛陀与黄帝的相似之处，并作了初步的比较。覃乃昌指出："布洛陀文化与黄帝、炎帝文化在地位上是无法比拟的，但是作为大江大河流域原住民族的文化英雄神话人物，他们都具有创世性、始祖性、宗教性、广泛性、延续性的特征，因而他们是同质的，都可以称为大江大河流域原住民族的人文始祖。"② 布洛陀与黄帝比较的神话母题有太多相似之处，他俩都曾作为民间宗教的教主形象出现，经历了一个由神话人物（文化英雄）向宗教教主转换的过程。壮族与汉族有千丝万缕的关系，这样的比较意义重

---

① 《壮族民间故事选》（蓝鸿恩编，上海文艺出版社，1984年）第21页叙说，《布洛陀》"流传地区：广西右江、红水河一带"。它与《麽经》流传地是重合的。
② 覃乃昌、布洛陀：《珠江流域原住民族的人文始祖》，《广西民族研究》2004年第2期。

大。笔者通过分析文本①，辅以前人的研究成果②，将黄帝神话母题归纳如下：

A20、造物主的起源；A110、诸神的起源；A510、文化英雄或半神的起源；A511、文化英雄的神奇出身——黄帝是有熊国君少典氏的儿子，母亲名附宝，她有一天晚上看到了绕北斗第一星、天枢起了一道电光，照耀四野，因而怀孕。24个月生黄帝，生的时候，紫气满屋；长大，身高过九尺，"河目、隆颡、日角、龙颜"。他未满70天就会说话，十岁就明了自己的责任。③

A75、造物主是天堂和人间的祖先——黄帝是人和神共同的老祖宗（126④）；

A120、神的性格与特征；A520、文化英雄（半神）的特点——黄帝长有四张脸（124）；黄帝是雷雨之神（129）；

A151、神的住所；A151.1、神的住所在高山；A571、文化英雄睡在山上——黄帝的行宫（帝都）在昆仑山上（117）；黄帝的另一行宫在青要之山（119）。

A153、神的食物——不老树上长的果子，吃了可以长生不老（118）；帝宫里吃不完的，吃了一块，又长出一块的视肉⑤（118）；黄帝把白玉当食物（120）；

A161、神的等级——黄帝作为中央的天帝，管理四面八方（包括东西南北四个天帝）（124）；黄帝对山神烛龙的儿子（"鼓"）及"钦⑥"的天神之罪行进行惩罚（124）；黄帝对臣子"危"的罪行进行惩罚（124）；黄帝统治鬼国（他的属神后土就是鬼国的王），还让神荼和郁垒两兄弟统领人间的鬼（125）；

A162、神的斗争——黄帝与炎帝的战争（129—130）；黄帝与蚩尤之间的战斗（130—134）；黄帝与加入蚩尤的夸父族的战斗（138—139）；黄帝和刑天间的战斗（151）；

A165、神的侍者——管理黄帝昆仑山上的行宫是一个名叫"陆吾"的天神，他的状貌极威猛：人脸、老虎的身子和足爪、九条尾巴（117）；管理黄帝"悬圃"（花园）的是一个鸟身、人脸、背上长着一对翅膀，通身是老虎斑纹的"英招"天

---

① 本文采用的文本以袁珂先生著的《中国神话传说：从盘古到秦始皇》（世界图书出版公司北京公司，2012年）一书为主要内容。
② 主要是徐亦亭《黄帝是传说时代由游牧转为农耕的华夏先民首领》《中南民族大学学报》（人文社会科学版）2005年第5期）有关的叙述。
③ 钱穆、姚汉源编著：《黄帝》，胜利出版社，1944年，第9—10页。
④ 这里的数字是在《中国神话传说：从盘古到秦始皇》一书中的页码，下同。
⑤ 据《中国神话传说：从盘古到秦始皇》第118页叙述，视肉是一种生物，这种生物四肢百骸都没有，只是一堆净肉，形状有点像牛肝，却在当中长了一对小眼睛。
⑥ 丕字加鸟字。

神（117）；把守悬圃下叫瑶水之河的，是一个无名的天神，形状像牛，八只足，两个脑袋，马的尾巴，发出的声音像吹号筒，什么地方见了他什么地方就会有战争（118）；黄帝派一个长着三个脑袋、六只眼睛的天神，叫做离朱的，看守琅玕树上长出的食品（118）；昆仑山宫殿大门前的神兽（"开门兽"），身子有老虎般大，长着九个头，九个头各有一张人样的脸（119）；"武罗"神管理黄帝青要之山的行宫（119）；辅佐作为中央天帝的黄帝的是土神后土地（124）；南方的荒野有16个神人为黄帝守夜（125）；白泽神协助黄帝，把各种怪物画成图画，以便管理（125—126）；黄帝出行时，大象挽宝车，毕方鸟给他驾车，蚩尤带领虎狼在前面开路，雨师和风伯打扫道路上的尘埃，鬼神随后，凤凰飞舞，腾蛇伏窜在地上（126）；

A169.2、神的军队——黄帝统率神兵神将与炎帝战斗，驱赶着老虎、豺狼、豹子、人熊、狗熊等种种野兽做先锋，拿雕、鹖、鹰、鸢等种种猛兽做旌旗（130）；黄帝与蚩尤战斗的军队，除了四方鬼神外，还有罴、熊、貅、虎等种种野兽，还有下方民族（131）；臣子"风后"制作"指南车"，帮助黄帝的军队冲出大雾（131—132）；黄帝的神龙（名叫应龙）和女儿"魃"参加战斗（132）；黄帝制作战鼓（133—134）；

A172、神介入战斗——夸父族加入蚩尤的队伍，玄女加入黄帝的部队（138）；

A180、神与人类的关系——黄帝是人和神共同的老祖宗（126）；黄帝子孙聚居在轩辕国。轩辕国民一个个都是人的脸，蛇的身子，尾巴缠绕在头顶上（151）；

A187、神作为人们的法官——黄帝对于那些意气用事，常常发生斗争，甚而演变成流血惨剧的天神，是最公平的裁判者（124）；

A200、上界的神——黄帝就是"皇天上帝"之意（117）；黄帝是中央的天帝（124）；

A523.1、文化英雄的巨剑——黄帝得到昆吾山的红铜打造而成的宝剑（138）；黄帝以宝剑砍掉刑天的头颅（151—152）；

A530、文化英雄建立法律和规则；A545、文化英雄建立风俗；A546、文化英雄建立社会制度——"黄帝初创了华夏礼仪制度。……黄帝作斋被祀礼，迎河洛策图等传说，实际上应该是黄帝率领当时的华夏先民，初创祭祀、跪拜等礼仪形式的一个写照，而正是这些跪迎、拜见和祭祀等繁琐礼仪，成为历代华夏封建制度及礼仪文化的主要内容和重要形式。""将人们的服饰与社会地位结合起来，是古代华夏礼仪制度的又一重要内容和标志。传说黄帝设立轩冕衣服制度，垂衣裳而治天下，从而开创了使轩冕服饰成为华夏礼仪文化的一部分。""中原华夏先民是从黄帝时代开始，出现了按地域区划人民，对一定地域区划内的人们进行管辖和治理。"①

A541、文化英雄教授艺术与工艺——黄帝造车，制作了冕旒，发明了煮饭的锅和甑，教人们挖陷阱捕禽兽，教人民盖房子，发明踢球的游戏（155）；黄帝臣子的发明：雍父做杵臼，共鼓、货狄做舟，挥做弓，牟夷做矢，胡曹做冕，伯馀做衣裳，夷做鼓，尹寿做镜，於则做扉履，巫彭做医，巫咸做铜鼓，伶伦造律吕（乐律），大桡做甲子，隶首做算数，容成做调历，沮诵苍颉做书，史皇做图，等等（155）；

汉族古籍中，有关黄帝的记载很多，不能一一罗列。但它的神话母题却是有限的。结合《麽经》布洛陀的神话母题，就可以看出布洛陀与黄帝这两个始祖—造物主型人物英雄有着非常多的相似之处。主要如下：

第一、布洛陀与黄帝都有着神奇的出身。黄帝的母亲附宝看到了绕北斗第一星，因而怀孕生下黄帝，黄帝出生没多久就会说话。布洛陀的母亲婆州宜得了混沌的淫水而怀孕，生下布洛陀。附宝与婆州宜都因神奇的原因导致怀孕，这加强了黄帝与布洛陀的神性，预示着他们即将具备强大的超自然神力。

第二、布洛陀与黄帝的吃穿住行等生活习性，以及性格特征都具神奇性。布洛陀吃铁当饭，黄帝则吃使人长生不老的果子、神奇的视肉，还把宝玉当美食。布洛陀与黄帝在天上与地上都有住所。《麽经》叙说天上派下布洛陀，说明布洛陀也属天上之神。他的住所在敖山，是神仙所住的山。黄帝是天上中央之帝，但他也常住在昆仑山上。布洛陀与黄帝都有奇特的外貌或力量特征。布洛陀能把湖水喝光，黄帝则有四面。布洛陀与黄帝都有各种神兽作为侍者，以体现其神威。布洛陀出行时，有图额、老虎、狗熊等神灵或图腾崇拜物作随从，黄帝则有"陆吾"、"英招"、"离朱"和"武罗"等神兽为其作护卫。黄帝出行时，也有各种神灵或图腾崇拜物作随从。

第三、布洛陀与黄帝都具有领导、控制其他神灵的能力。布洛陀可驱逐妖怪或精灵，还可安排汉王、祖王和王曹等神祇的职责。黄帝是中央之帝，统领东西南北四帝；黄帝可对犯了错的天神进行处罚；他还统治鬼国，并派出神荼和郁垒

---

① 徐亦亭：《黄帝是传说时代由游牧转为农耕的华夏先民首领》，《中南民族大学学报》（人文社会科学版）2005年第5期。

两兄弟统领人间的鬼。

第四、布洛陀与黄帝都是战神。如前所述，布洛陀与黄帝都参与战争，布洛陀是战争的统帅，他"书掳掠"（制定战争的经文），鼓励人们参与战争，并保证人们获得战争的胜利，他还帮助人们制造武器。布洛陀是战争的统帅，他高瞻远瞩，对战争予以战略性的把握。具体的战争，则由其他战将去完成。黄帝既是战争的统帅也是战将，亲自冲锋在战斗的第一线。黄帝参与了与炎帝、蚩尤的战斗，打败夸父族。黄帝还用自己的巨剑砍掉了刑天的头颅。布洛陀与黄帝都曾被民间宗教尊为教主，与他们的强大战斗力有最重要的关系。这一点在后面还会详述。

第五、布洛陀与黄帝具有氏族首领的特征，都被奉为民族的始祖。布洛陀所领导的战争，具有氏族战争的特色，布洛陀具有氏族首领的重要特征。布洛陀出行时，有众多动物作随从，也显示了其部落首领的特征。布洛陀被称为"祖公"，是壮族人民的始祖神。黄帝众多的侍者与他的军队，都带有动物图腾崇拜的特征，显示出黄帝作为氏族首领的特性。黄帝的子孙轩辕国民也是人脸蛇身。黄帝是人类与神的共同祖先。

第六、布洛陀与黄帝都创造了灿烂的文化，是伟大的民族英雄。布洛陀教会人们创造文明，确立各项制度，建立各种风俗。黄帝亲自创造了很多发明，在他的领导下，他的臣子进行的创造更是不计其数，从而使社会真正进入了一个文明时代。黄帝还制定了各项社会制度，为中华民族的文明做出了巨大贡献。布洛陀是壮族的民族英雄，而黄帝是中华民族的英雄。

（二）布洛陀与黄帝：战争英雄与民间宗教主神

"今天，人们将黄帝推为中华民族的始祖，殊不知黄帝并不是历史上一个具体的人，而是华夏族团中某个氏族信奉的战神。他之所以获得始祖的殊荣，只是由于信奉他的那个氏族在神话时代的几次重要战争中获得了胜利的缘故。"[①] 布洛陀与黄帝都是战争英雄，他们的崇高地位跟他们在民族（氏族）战争中的巨大贡献分不开，他们亦因此被提升为宗教教主。

《麽经》有大量战争的叙述。要了解布洛陀的战争首领性质，先要对《麽经》的战争特点进行综合的了解。笔者曾在《壮族麽经"掳掠"神话中的布洛陀》对

---

① 陈建宪：《神祇与英雄——中国古代神话的母题》，三联书店，1994年，第193页。

布洛陀与战争（"掳掠"）间的关系作了较详细的论述，指出"'掳掠'母题的总体构成了'掳掠'神话。'掳掠'神话具有巫术性质，它的神话功能确定了布洛陀、汉王、祖王和王曹等神灵的职责。布洛陀拥有强大的巫术力量，对其他神灵拥有影响力，他是凝聚了'掳掠'神话的威力、信念、法力等正面文化的重要大神。"①"《麽经》的战争母题主要有四方面：1.汉王与祖王之争，战争之后，汉王与祖王得以确定了在麽教中的神灵职责。2.部落间的抢夺或结盟。3.王曹在战争中战死，成为地狱鬼王。4.布洛陀的战争首领形象以及他对战争灾祸的'疏理'。多个战争母题构成了《麽经》的战争神话：战争是各'部族'间经常发生，或是为官府征战时发生的行为，是'部族'生存与发展的需要。汉王、祖王、王曹和布任其（布壬癸）等是参与战争的主要神灵。布洛陀并不直接参与战争，但他通过法力控制战争的胜负与祸福的走向，更多是站在幕后进行指挥的战争主帅与战争的英雄。"②

如前所述，布洛陀的日常生活及性格都具有战神的特征。布洛陀订立经书，使战争因此可以获胜，或消除战争带来的祸害，处处体现出与人类的亲密关系。布洛陀手下的布任其是得力的战神，战争无往不胜。汉王与祖王的内部之争，经由布洛陀的调解，得以和平结束，两个神灵各得其所。王曹征战中战死沙场，也死有所终，成了地狱的鬼王。布洛陀既是壮族战争行为中能统领千军万马的英雄，也是以其崇高的地位、神奇的法力，使众神信服的民间宗教主神。

笔者曾撰文叙述布洛陀在壮族历史上，如何激励壮族人民的尚武精神。"壮族的战争观与时俱进，发展成保家卫国、英勇善战的民族优秀品质。布洛陀在战争前后的正面行为，是战争观发展成为民族优秀品质的重要动因。"③

布洛陀兼顾战争英雄与民间宗教主神的地位，这一点与黄帝也极为相似。布洛陀被《麽经》赋予主神的地位，原因多样，如他有神奇的出身，是民族的始祖神之一，他参与开辟天地，是自然界的造物主之一，他参与创造各种文化制度，教会人们各种发明等，对人类有着丰功伟绩，等等。这些原因经常被学者关

---

① 林安宁：《壮族麽经"掳掠"神话中的布洛陀》，《民族文学研究》2012年第5期。
② 同上。
③ 林安宁：《壮族麽经"作贼"（guegcaeg）背后的文化意义》，《广西师范学院学报》（哲学社会科学版）2012年第4期。

注①，但是，布洛陀作为战争英雄的性质，以及他因此被提升为民间宗教教主的性质，却很少被学者提及。对于黄帝的研究也存在着同样的情形。笔者认为黄帝被太平道奉为主神，与其战神性质关系很大。据汪启明的《道教起源与黄色、黄帝崇拜》②叙述："战国秦汉之间，黄帝有两重身份：一是作为英雄的黄帝，一是作为神仙的黄帝。""黄帝由英雄而登仙，经历了长期的过程。""从春秋时的秦灵公到西汉末东汉初，黄帝的神仙地位始终没有坐稳。一方面，继续作为汉民族英雄，受到人们崇敬；另一方面，又不断地被神化，偶象化，逐步走向神坛。""道士们传说黄帝服黄衣戴黄冕。""《搜神记》卷六：'灵帝中平元年而张角起，置三十六方，徒众数十万，皆是黄巾，故天下号曰'黄巾贼'，至今道服由此而兴。'"由此可知，黄帝经历了一个由英雄而被神化的过程。笔者认为，黄帝作为民族英雄被提升至民间宗教中的主神，其战争英雄的地位尤为重要，这也是黄巾军尊奉黄帝，并皆穿上黄色衣服作战之原因。因太平道反抗统治者，一般的学者可能出于忌讳的目的，大都对之避而不谈。

至此，我们可解析布洛陀与黄帝的特征相似的原因。"汉族文化同壮族文化交流，经历了漫长的从对立、排斥、冲突到接纳、交流、融合的历史。从秦汉到唐宋，壮汉文化的基本关系是冲突与对峙。元、明、清时期，壮汉文化进一步汇融……"③《麽经》时代，已处在壮汉文化交融的时代，壮族文化吸纳汉族文化，是壮族文化得以保存与发展的重要方式。壮族也曾与中央政权对抗，但每一次对抗都只能引来镇压，加速了民族文化被同化的脚步。侬智高起义被镇压之后，左江流域的文化被迅速汉化的事实，就是明证。因而，壮族文化在强大的主流文化压力之下，只能在主动协调、吸纳外来文化中获得相对独立的发展空间。正如徐松石所指出："中国人专制时代和封建时代所传下来的正统观念太深，人人都喜欢说本姓本族是出于中原，而且必须抬个黄帝出来，说自己是黄帝的嫡系。他

---

① 如廖明君《壮族始祖创世之神布洛陀》（广西人民出版社，2009年）一书共五章，分别为"第一章、一方水土一方神"，"第二章、开天辟地的创世之神"，"第三章、人与自然的智慧之神"，"第四章、人与人的至善之神"和"第五章、万世传扬创世歌"。该书对布洛陀的始祖神、创世神、文化英雄和民间宗教教主等特征都有论及。
② 汪启明：《道教起源与黄色、黄帝崇拜》，《宗教学研究》1992年Z1期，第64—68页。
③ 周作秋、黄绍清、欧阳若修、覃德清：《壮族文学发展史》，广西人民出版社，2007年，"绪论"第10页。

们以为承认是南方土著部族，乃一极失面子的事。"[1] 正因如此，我们才看到了这样貌似悖论的事实：布洛陀需要在相当程度上继承、吸收汉族文化英雄黄帝的特征，才使得布洛陀在更大程度上保持民族文化的独立性。

当然，布洛陀的神话母题非常丰富，供我们进一步研究解读的视角很多。本文系统地梳理出它的主要神话母题，为布洛陀神话与其他神话的比较提供了便利。笔者只是就其中尚少有人涉及的神话母题，就布洛陀神话与黄帝神话作了一个初步的比较，希望以此丰富对布洛陀神话的认识。

〔林安宁：广西师范学院副教授、博士〕

---

[1] 徐松石：《粤江流域人民史》，中华书局，1939年，第81页。

同源民族
关系及宗教
文化研究

布洛陀创世神话——骆越文化的神圣叙述

刘亚虎

布洛陀创世神话，包括主人公分别为姆洛甲（即姆洛甲）、布洛陀的两则神话，当为骆越族群以至整个百越系统富于典型意义的神圣叙事。它萌生于骆越文化土壤，积淀了丰厚的骆越文化精髓，尤其是深层次地展现了骆越先民的宇宙观，在某种意义上可以说是关于骆越文化的"神圣叙述"。

关于姆洛甲诞生的神话《姆洛甲出世》的叙述：

古时候天地还没有分家，空中旋转着一团大气，越转越急，越转越快，转成了一个蛋的样子。这个蛋里有三个蛋黄。

这个蛋由一个拱屎虫推动它旋转。还有一个螟蛉子爬到上面钻洞，天天都来钻，有一天钻出一个洞来，这个蛋就爆开来，分为三片。一片飞到上边成为天空，一片飞到下边成为水，留在中间的一片，就成为我们中界的大地。

中界的大地上，天天风吹雨打，长出许多草。有一棵草开出一朵花，这朵花长出一个女人来。这个女人就是人的老祖宗。她披头散发，满身长毛，很聪明。后世人叫她姆洛甲，因为她有智慧，做聪明人的师傅，所以又叫她姆洛西。[①]

此则神话简而言之，即：古时候天地还没有分家，空中旋转着一团大气，渐

[①] 农冠品编注：《壮族神话集成》，广西民族出版社，2007年，第20—21页。

渐转成了一个蛋的样子。蛋里有三个蛋黄，一个拱屎虫推动它旋转，一个螟蛉子爬到上面钻洞，一天钻出一个洞，蛋就爆开分为三片。一片飞到上边成为天空，一片飞到下边成为水，留在中间的一片成为中界的大地。中界的大地长出许多草，一棵草开出一朵花，花中出来一个女人，她就是女性始祖姆洛甲。

另一则主人公为布洛陀的神话叙述：

> 最初的世界什么也没有，漆黑无边。后来，吹来黑、白、黄三股气体，相混成浓浆，逐渐凝固成团，外壳越来越硬，成了一个大石蛋。蛋里有三个蛋黄，孵化出三个不同模样的兄弟，即雷王、龙王（现在一般称"图额"，与龙王似乎相似又有区别的水神）和布洛陀。三兄弟在蛋里半睡半醒，各自挣扎出蛋壳。但蛋壳太硬，靠大仙派使者屎壳郎来帮忙，又咬又推，最后一声巨响，石蛋爆成三大片，一片往上升变成了天，一片往下沉变成了水，有一片不动就成了大地。①

此则神话简言即：最初的世界什么也没有，后来吹来黑、白、黄三股气体，逐渐相混成浆，凝固成团，外壳越来越硬，形成一个大石蛋。蛋里有三个蛋黄，孵化出雷王、图额、布洛陀三兄弟。一只屎壳郎来又咬又推，最后一声巨响，石蛋爆成三大片，一片往上升变成了天，一片往下沉变成了水，一片不动成了大地，雷公、图额、布洛陀分别成了天、地、水三界的主宰。

两则神话综合起来，可以找出五个关键词：气、蛋、石、三、祖。这五个关键词形象地展示了骆越先民的宇宙观。

气：

《姆洛甲出世》说古时候天地还没有分家，空中旋转着一团大气；布洛陀神话说最初的世界什么也没有，后来吹来黑、白、黄三股气体……就是说，在骆越先民的心目中，世界的本原是气。此气，当为水气。气本说，当与骆越先民栖息环境、经济生活相关联。

远古上古时期，骆越先民大多栖息于红水河、左右江等流域从事稻作生产，如司马迁《史记·货殖列传》所说："楚越之地，地广人稀，饭稻羹鱼，或火耕而

---

① 转引自农冠品：《壮族神话谱系及其内涵述论》，农冠品编注：《壮族神话集成》，广西民族出版社，2007年，第535—541页。

水耨，果隋蠃蛤，不待贾而足。"稻、鱼都离不开水，故骆越先民多傍水逐阳而居，所居地区水气重，阳光足，水气在阳光的照射下受热上升，常形成气流，风吹时旋转运动，借用清代王夫之《楚辞通释》里一句话，即"江山光怪之气莫能掩抑"。此当为气本说之源。

蛋：

《姆洛甲出世》说空中旋转的大气渐渐转成了一个蛋的样子；布洛陀神话说三股气体逐渐相混凝固形成一个大石蛋……这些，与骆越先民的自然崇拜尤其是鸟崇拜相关联。

百越族系大多居于水乡海滨，鸟崇拜遗存丰富。碳十四测定年代为公元前5000至前3300年的河姆渡文化遗址中，鸟形象的雕塑、图案多次被发现，例如牙雕的双鸟纹蝶形器、立体鸟形匕以及骨雕的双鸟纹骨匕等。在骆越故地，近年来也不断发掘出鸟形和以鸟图案装饰的器物，以铜鼓、铜筒、铜棺等铜器上的图案最为明显。上限为战国时期的花山崖壁画一些大人物头顶上，有飞鸟的羽翎，这些可能都与鸟崇拜有关。先秦时期，交州等地"雒越"人还有一种"雒田"，《水经注》卷三七引《交州外遇记》载："交趾昔未有郡县之时，土地有雒田，其田从潮水上下，民垦食其田，因名为雒民。"有学者据《说文》释"雒"之意为一种小雁而认为"雒田"即"鸟田"，即鸟助耕之田。

百越族的崇鸟信仰反映到骆越后裔壮族先民创世神话里，表现一，创世主人公似乎都带鸟图腾氏族或部落始祖或首领之意。例如，壮族的女性始祖"姆洛甲"在壮语中就与鸟有关，据姆洛甲神话的采录翻译者蓝鸿恩介绍，壮语中姆为母亲的意思，洛甲为一种鸟名，此鸟非常乖巧伶俐，故有谚语"聪明不过洛甲鸟"。表现二，既然与鸟相关，则他们以至宇宙的诞生也与"卵"的形状相关联，使人们联想到鸟的卵生，如上述神话所云。

石：

在布洛陀神话里，原始混沌大气旋转而成的是石蛋。"石蛋"说除了显露鸟崇拜以外，还体现了骆越先民对石、对岩洞的崇仰。骆越先民栖息的桂西地区山多岭多石多洞多，早期先民没有能力建筑房屋，岩洞就成为他们遮风避雨的最好居所。《隋书·南蛮传》载："南蛮杂类，与华人错居……俱无君长，随山洞而居，古先所谓百越是也。"田阳敢壮山传说中的姆洛甲、布洛陀居所，不就是一个石洞吗？由此，骆越先民产生对石、对岩洞的崇仰之心是很自然的，也由此形成创世神话石蛋说。布洛陀创世神话石蛋说凝聚了骆越先民的石崇拜、岩洞崇拜。

三：

《姆洛甲出世》说大气蛋爆开分为三片，分别成为天空、水、大地；布洛陀神话说石蛋里有三个蛋黄，孵化出雷王、图额、布洛陀三兄弟，最后一声巨响，石蛋爆成三大片，分别变成天、水、大地，雷公、图额、布洛陀分别成了三界的主宰。

神话"三界"说可能还是与骆越先民"随山洞而居"相关。桂西岩溶地区石山往往拔地而起，石山岩洞里又往往有地下河，构造奇特，境界层叠，景色也分外瑰丽。当也正是这样的石山、岩洞和地下河的层叠结构，启发了骆越先民天、地、水三界的宇宙观。骆越先民作画于花山岩石上以联通天、地、水，当不是偶然，而布洛陀创世神话正从"根"上阐述了骆越先民"三界说"的来源。

另外，"三界说"并不是壮族独有，北方民族神话也有"三界"，蒙古族"三界"是神灵世界、人类与动物世界、死神与魔鬼世界。壮族"三界"更具自然形态，而尤其是，在壮族神话里，"三界"掌控者雷王、布洛陀、图额是同一个圆蛋里生出来的三兄弟，具有亲缘关系。这一情节，标示了骆越先民世界观一个重要的定位，即人类与自然是兄弟。可以认为，这是壮族传统的追求"人与自然亲密接触、和谐相处"观念的思想源头。其成因，大概由于骆越先民所处自然条件比较优越，"饭稻羹鱼……不待贾而足"，故人们与自然的关系也比较亲密，在感情上也容易与大自然融而为一。如在前述的神话里，就出现了依靠昆虫创世的叙述。

祖：

《姆洛甲出世》说大气蛋留在中间的一片长草、开花、出来一个女人，她就是女性始祖姆洛甲；布洛陀神话说气体凝固成的石蛋，其中一个蛋黄孵化出始祖布洛陀。

一团大气急速旋转形成神蛋、蛋又裂为天地生出始祖的叙事，当是在百越先民因为常见大雾在风吹时旋转运动、雾散后现出天地人物的生活基础上形成的。

如前述，栖息于海滨水乡的百越族系先民，远古时代多傍水逐阳而居，所居地区水气重，阳光足，水气在阳光的照射下受热上升，常形成气流；遇冷下降，又形成雾露。气流风吹时旋转运动，雾露散去后现出天地人物，此当为"大气急速旋转分为天地、生出人物"神话的生活基础。布洛陀创世神话以神圣的名义、骆越的方式叙述了骆越先民始祖的诞生。

由壮族两则创世神话，人们很自然联想起盘古神话。著名的盘古神话，因为直到三国时才由吴国人徐整记录于《三五历纪》等汉文古籍中，很难说是在中原地区产生的。由此人们把眼光投向周边族群以至域外，去求索它的来源。因为梁代任昉《述异记》有"桂林（今广西象州西北）有盘古氏庙"、"南海（应指南海郡，今广州）中有盘古国"这两句话，而这两地古来为越人居住，故盘古神话产生于越地的概率非常大。前些年壮族学者覃乃昌曾在古桂林郡属地来宾组织过一次考察，搜集到一则盘古神话，主要内容即在壮语中，"盘"指磨刀石，"古"（"勾"）是葫芦，分别是兄妹的名字，洪水后兄妹幸存，两人结婚，生下磨刀石状的肉团砍碎撒向大地化作人群。

这个神话解释了"盘古"或"盘勾"的含义，很有新意。但是或许因为没有开天辟地或生育天地的内容，可能算不上典型的盘古神话，不容易得到广泛的认可。

其实，寻找盘古神话的踪迹，可能最好的途径是看上述两则壮族典型的天地形成神话，即混沌大气旋转成蛋形生出创世始祖——姆洛甲、布洛陀。这些壮族群众世世代代奉为经典的创世神话，与《三五历纪》记载的"天地混沌如鸡子、盘古生其中"几乎完全吻合，是我所接触到的各民族原生的创世神话中在叙事上最接近盘古神话的。

这些主人公非盘古的神话，却与《三五历纪》等记载的盘古神话在叙事上如此相似，它们怎么联系起来？可以尝试从不同民族语言转换的角度去探讨。实际上，"盘古"之名可能随意性很大，按照一些学者的解释，"盘古"或为"盘果"，"盘果"在古越语中是"讲述古老的故事"，现在壮族民间讲故事还喊"盘果啰，盘果啰"……由此一种情况是，当年盘古神话采录者可能是接触到上述这些神话了，可能是直接接触，也可能是间接接触即不是直接从壮侗语族先民那里听到这些神话，后者可能性更大。这些神话主人公不一定叫盘古，但由于"盘果啰"等某种原因最早听到这些神话的其他民族人士听成或定为盘古，经过采录者采录，从此就以盘古神话的形式流传开了。

也许，这种说法对于解释为什么盘古神话迟迟才到中原，为什么南方有盘古神话流传而南方民族对盘古的认可度又不如姆洛甲、布洛陀等始祖深刻，等等，具有一定的说服力。继续深入研究下去，中国神话的一个千古之谜当会解开。

〔刘亚虎：中国社会科学院民族文学研究所研究员、博士生导师〕

试论壮泰族群与布洛陀和瓯骆族群的渊源关系*
——兼评张勉提出所谓的"壮独势力"

赵明龙

最近,看了玉林师范学院法商学院法学教研室主任、教师张勉在《人民论坛》刊登的《从国家安全层面对"海上丝绸之路"的战略思考》(以下简称"张文")一文,让我大吃一惊:该文无中生有,炮制了最近几年我国出现所谓"壮独势力"。文中声称:"当今的壮族有部分知识分子大肆鼓吹民族主义,表现为:对内,抬出所谓的布洛陀是壮族的祖先,希冀以此整合尚未成型的壮民族;鼓吹壮族是古越人的直系后裔,要求对古越人的一切遗迹成就的继承权;壮族、布依族以至于侗族、水族、毛南族等壮侗语族甚至包括南方汉人都应当合并为大越族。对外,鼓吹泰族、老族、傣族与壮族有同源关系,是所谓的比侬,一方面,以覃圣敏等为代表的体制内知识分子利用中国国家经费先预设立场再予验证的手段不断认证之,更是通过国际交流与泰国部分人搭上联系,沆瀣一气;另一方面,部分生活失败对现状不满的壮族更是摇唇鼓舌,喊出了泰国是中国壮族的母国,要求中国的壮族效忠泰国的荒诞言论。"[①]

这是首次通过党报《人民日报》下属的《人民论坛》这一平台公开否认壮族历史客观存在,提出现实根本不存在的所谓"壮独势力",侮辱壮族知识分子,把部分壮族知识分子列入"壮独"行列,丑化广西与东南亚南亚跨境民族研究交流与合作,把跨境民族研究等同于阴谋分裂国家,蓄意破坏广西民族团结和东南亚

---

* 本文系国家社科基金特别委托项目"骆越文化研究"(15@ZH002)阶段性成果之一。
① 张勉:《从国家安全层面对"海上丝绸之路"的战略思考》,《人民论坛》2015年第2期,第248页。

南亚民族交流。对此，有必要通过公开的学术争鸣开展评论和辩正。

一、布洛陀是壮族和那文化圈族群的人文始祖

"张文"不懂壮族历史，也不顾客观事实早就存在的壮族布洛陀。谎称"壮独势力"，"抬出所谓的布洛陀是壮族的祖先，希冀以此整合尚未成型的壮民族"。这是公然否定我国对壮族的识别和赋予的法律地位。

大家知道，壮族麽经布洛陀"其产生的源头，可以追溯到壮族远古原始社会巫术盛行的时代……一直到宋代"。[1] 段宝林教授认为，壮族麽经"起源于原始社会，从母系氏族社会，到父系氏族社会，经过了长期的发展"。[2] 李小文也认为，"布洛陀经书可能起源于母系氏族向父系氏族社会转变的时代，尚带有母系氏族社会的痕迹"。[3] 由此推断，壮族布洛陀产生于原始社会，大体上处于母系氏族向父系氏族社会转变的时代。

布洛陀是壮族的始祖神，对于"布洛陀"有几种解释：其一，智慧老人。在壮语中，"布"是受人尊敬的长者、老者的尊称；"洛"是认识、知道；"陀"是足够、彻底。布洛陀就是无所不知的受人尊敬的智慧老人。[4] 其二，通晓并会施法术的祖公。居住在山间峜场或岭坡谷地中通晓并会施法术的祖公。[5] 有的解释"布"为祖公，"洛"指河谷，"陀"有法术的意思，其意就是"河谷（山谷）中法术高强的祖公"。[6] 其三，鸟部落首领。有的把"洛"理解为鸟，"陀"为头人、首领，合起来"布洛陀"为"鸟部落的首领"的意思[7]。过伟教授则认为，"布洛陀是远古珠江流域原住稻作民族百越族群之骆越中壮族先民父系氏族社会的男性人文始祖"。[8] 笔者认为，"布洛陀"的"布洛"是"男性长老"，可理解为祖公；"陀"就是"头人"。简言之，布洛陀就是远古那文化圈骆越族群民间"德高望重的男性人

---

[1] 张声震：《壮族麽经布洛陀影印译注》第一卷，广西民族出版社，2004年，第48页。
[2] 段宝林：《神话史诗布洛陀的世界意义》，《广西民族研究》2006年第1期，第78页。
[3] 李小文：《壮族麽经布洛陀文本产生的年代及其当代情境》，《中央民族大学学报》2005年第6期，第107页。
[4] 岑贤安：《论布洛陀神格的形成及演变》，《广西民族研究》2003年第4期，第86页。
[5] 覃乃昌主编：《布洛陀寻踪》，广西民族出版社，2004年，第301页。
[6] 覃乃昌主编：《布洛陀寻踪》，广西民族出版社，2004年，第50页。
[7] 同上。
[8] 过伟：《珠江流域原住稻作民族人文始祖论考》，《广东技术师范学院学报》2007年第1期，第14页。

文始祖"。什么是人文始祖？人文始祖是指一个民族或族群的始祖神和文化创造神。其特点：一是某一族群或民族观念上认同的最早的精神祖先；二是历史久远、有世系或无世系可考；三是有直接的血缘关系或没有血缘关系；四是人文始祖是神话人物、精神始祖、传说人物、智慧老人，一个充满智慧并会施法的先祖。正如牟钟鉴教授认为的那样，"布洛陀在壮族人民心中的位置，相当于黄帝在整个中华民族心中的位置，即具有人文始祖的原生性和神圣性，他既是血缘上的远祖，又是一位文化英雄"。[①]

布洛陀不是近几年壮族人才抬出来的祖先，而是几千年来深深扎根于壮族地区民间的始祖神、创世神。壮族民间神话传说和神话史诗中，布洛陀由人文始祖逐渐演变为创世大神，他造天地、造太阳、造陶器、种田种地，用木头磨木头造火，教人织网捕鱼。从民间信仰的流传情况来看，千千万万壮族人民群众信仰布洛陀，年年朝拜、祭祀，这种民间信仰显然已成为一种原生型壮族民间宗教，即始祖信仰。从民间文学分布来看，布洛陀主要流传在右江河谷、红水河流上游、云南文山州以及越南河江省等；从麽经的分布看，广西壮族自治区少数民族古籍工作办公室共收集麽经手抄本43本，其中广西39本，云南文山4本。据笔者在越南考察发现，目前越南河江省、高平省也收集有2本麽经布洛陀手抄本。

布洛陀是壮族的人文始祖，不仅仅靠民间神话和麽经流传，更重要的是它也有坚实的考古材料作为基础。据不完全统计，目前我国华南地区已经发现古人类旧石器遗址和地点80多处，其中1/3是在西江水系流域，因此，西江是人类早期最主要的发源地之一。1973年以来在田阳县百峰乡百峰村的赖奎屯、百色市四塘镇那炼村小梅屯、那柴乡大湾村百谷屯等地发现距今80.3万年前的古人类遗址，所出土的"百色手斧"比欧洲手斧还早30万年，展示了东亚早期直立人的行为能力和高超的石器工业技术，打破了"莫维斯理论"，将人类在岭南活动的历史地位也大大提前。到目前为止，广西发现并确认为旧石器时代晚期的古人类遗址有22处，其中8处有文化遗物共存。这些人类化石都是晚更新世的晚期智人，属于旧石器时代晚期人类[②]。1958年在柳江县新兴农场通天岩发现的"柳江人"化石和1956年在来宾县麒麟山发现的"麒麟山人"化石，分别是距今5万年和距今2～3万年前旧石器时代晚期的古人类。1960年在邕江外缘发现"灵山

---

① 牟钟鉴：《从宗教学看壮族布洛陀信仰》，《广西民族研究》2005年第2期，第84页。
② 钟文典等主编：《中国地域文化通览·广西卷》，中华书局，2013年，第28—29页。

人",1961年在漓江发现"荔浦人",1972年在柳州市郊发现"都乐人",其后又在附近发现"九头山人"、"白莲洞人"、"甘前人",1979年在右江发现"定模洞人",1977年在都安瑶族自治县发现"九楞山人",1979年在桂林发现"宝积岩人"等。这些原始人类都显示出蒙古人种的特征。特别是柳江人的发现,是我国南方古人类的重大发现,为迄今我国乃至整个东南亚发现的最早的新人的代表[1]。

可见,布洛陀是我国壮族民间早就存在的始祖神,是壮族的人文祖先,其人文始祖的地位早就被壮族人民和兄弟民族认同了,而壮族早在宋代就见诸于文字并成型了,并不是"张文"胡说的"抬出所谓的布洛陀是壮族的祖先,希冀以此整合尚未成型的壮民族"那样。"张文"否认布洛陀是壮族的祖先,否认壮族的成型,从专业知识来看,她至少是一个缺少民族学、人类学基本常识的人,说得严重些,是一个不学无术的教师,根本不懂得我国的民族基本常识,也无视我国宪法和民族区域自治法。试问,如果壮族尚未成型,中华人民共和国何以要设立广西壮族自治区呢?

布洛陀不仅是壮族的人文始祖,也是那文化圈族群的人文始祖。研究发现,在我国华南及东南亚、南亚地区广泛分布着冠以"那"(壮语,水田)字的地名,壮学界称之为"那"文化。"那"地名分布的范围我们称为"那"文化圈。在"那"文化圈中生活的主要族群,包括中国的壮、布依、傣、侗、水、仫佬、毛南、黎和临高人,越南的岱、侬、泰,泰国的泰,老挝的佬,缅甸的禅,以及阿萨姆地区的阿含人。那文化圈主要文化特征是:语言同源,操壮侗语族语言;以稻作为主的"那"为本的传统生产和生活模式;使用双肩石器,制造和使用铜鼓;崇拜始祖神和蛙神等。近年来,笔者先后造访越南、老挝、泰国、缅甸和阿萨姆地区,发现那里跨境壮泰族群也有类似布洛陀的民间传说或神话,虽然名称和情节有所差异,但内容均涉及那文化内涵,造天造地,开荒垦那,种植水稻,取火造陶,祭祀蛙神等。由此,初步判断东南亚、南亚的壮泰族群与布洛陀是有一定的渊源关系,布洛陀也是他们认同的始祖神之一。

二、壮族是西瓯骆越的后裔

"张文"在列举"壮独"表现中指出:"鼓吹壮族是古越人的直系后裔,要求对

---

[1] 覃乃昌:《布洛陀:珠江流域原住民族的人文始祖》,《广西民族研究》2003年第4期,第86页。

古越人的一切遗迹成就的继承权。"此言实际上否定壮族不是岭南古越人的后裔，继而不能继承壮族先民所创造的各种历史文明成就。按照她的逻辑，壮族自古以来不是古越人的直系后裔，那么壮族是中华人民国和国创造出来的吗？或是由汉族转化而来？这实际上是涉及有关壮族的起源问题。

对于壮族的起源，目前有六种说法，即"东来说"、"北来说"、"西南说"、"西来说"、"交融说"和"土著说"。而最普遍的是东来说、西南说和北来说。东来说认为，壮族先民直接"从山东、河南迁来"；有说其祖籍是宋代来自"山东白马县"（或白马驿、白马冉、白马苑）[①]。西南说和北来说，认为壮族先民是"从四川、陕西一带辗转迁来的"[②]。但是，这些说法都缺乏科学根据。据《淮南子·人间训》记载，广西在秦朝时就生活着势力强大的土著民族西瓯、骆越。而据历史学家和民族学家们的研究，一致认为西瓯、骆越即今壮族的先民[③]。粟冠昌教授在《广西土官民族成分初探》（1963年）、《广西土官民族成分再探》（1981年）两篇论文中，通过严谨的考证，指出了壮族土官族谱在族源上普遍不真实，多属附会，他从唐、宋、元、明、清历代广西各个土官家族势力的演变情况进行考察，证明所谓广西土官是"随狄青来"的说法是不可信的[④]。但是，确实有部分汉人官兵在宋代随狄青到广西镇压侬智高起义后，留在广西与当地土著居民通婚而成为今天的壮族人，但为数不多，而且他们的族谱记载"山东白马街"不准确，白马街不在山东，而是在今河南滑县，这已被覃芝馨先生考证所确认[⑤]。

近百年来，主张壮族是土著民族一直占主流地位。如，徐松石先生在其《泰族壮族粤族考》专著采用了他创立至今还在使用的"地名研究考证法"详细论证壮族历史，认为壮族是岭南一带的土著民族，在民族渊源上与古代百越人有着密切的关系。[⑥]《壮族简史》编写组认为："壮族来源于我国南方的古代越人"，"主要来源于土著的西瓯、骆越"。[⑦] 张声震主编的《壮族通史》上卷，从历史学、族

---

① 覃芝馨：《关于古邕州一些姓氏"白马移民"记载的调查》，范宏贵：《侬智高研究资料集》，广西民族出版社，2005年。
② 覃圣敏：《关于壮泰民族的起源问题——壮泰传统文化比较总论之一》，《广西民族研究》1998年第3期，第28—29页。
③ 同上。
④ 僚人家园发布的《壮族历史研究诸问题》，发布日期：2011-1-5。
⑤ 覃芝馨：《友爱村白马移民考》，《广西地方志》1997年第1期，第61页。
⑥ 徐松石：《徐松石民族学文集》（上卷），广西师范大学出版社，2005年。
⑦ 《壮族简史》，广西人民出版社，1980年，第6—8页。

谱学、人类学、民族学、地名学论述了壮族是土著民族，是源于西瓯、骆越的民族[①]。范宏贵、唐兆民在《壮族族称的缘起和演变》一文中认为，壮族"是由古代百越（粤）人的一支发展而成的，历史上，与秦代前后出现于史籍的西瓯、骆越有着渊源关系。这一点已为明代以来许多历史学家所承认"。[②] 覃圣敏在《关于壮泰民族起源的问题》一文中，从历史文献材料、体质人类材料、文化人类学材料三个方面对壮族"土著说"进行了充分论证，认为"壮族的主体应是由本地的史前人类发展而来无疑，而在其形成和发展的过程中，不排除有其他民族加入的成份"。[③] 何正廷在《云南壮族族源与称谓新探》一文中分析了云南壮族的族源，他以"濮"为切入点，认为云南壮族源于土著之"濮"，"濮"即"越"，亦称"僚"，是云南最早的土著；并认为今天云南的壮族，主体当是古代滇濮和句町濮人的后裔，他们与云南省的傣族及越南的侬族、岱族同源，与广西壮族等也有同一族属关系。[④] 张一民在《壮族形成时间辨析》中运用马克思主义民族理论四个特征分析壮族形成的依据，得出"壮族源于百越族群中的西瓯、骆越两支"，"形成于宋代"的结论。[⑤] 民族史学专家徐杰舜在《从骆到壮——壮族起源和形成试探》论述了壮族起源与形成，认为壮族起源于古代百越集团的骆，形成于两宋时期。在从骆到壮的历史过程中经历了三个发展阶段：从骆到瓯骆和骆越为第一阶段；从瓯骆和骆越到俚和僚以及乌浒蛮为第二阶段；从部分摩族和僚族发展为壮族为第三阶段。从唐代的羁縻州制的出现到宋代的羁摩制度的建立，反映了壮族血缘关系向地缘关系转化的完成。而侬智高起义所建立的政权以及壮族族称的确定则是壮族正式形成的标志。[⑥] 上述的论述，充分证明壮族主体是广西的土著民族，而不是从北方或其他地方迁徙而来。

如前所述，众多的壮学学者和汉族学者都认为，壮族起源为"土著说"，来源于古代百越直系的西瓯和骆越族群。"张文"否认壮族来源于越人直系后裔，说明她不仅不懂得广西民族发展史，而且盛气凌人，不尊重前人的科学研究成果，

---

① 张声震：《壮族通史》，民族出版社，1997年，第92—96页。
② 范宏贵、唐兆民：《壮族族称的缘起和演变》，《民族研究》1980年第5期，第40页。
③ 覃圣敏：《关于壮泰民族的起源问题—壮泰传统文化比较总论之一》，《广西民族研究》1998年第3期，第30页。
④ 何正廷：《云南壮族族源与称谓新探》，《广西民族研究》1991年Z1期，第77—85页。
⑤ 张一民：《壮族形成时间辨析》，《广西师范大学学报》2001年第6期，第97—101页。
⑥ 徐杰舜：《从骆到壮——壮族起源和形成试探》，《学术论坛》1990年第5期，第77页。

武断地否认包括汉族学者在内的有关壮族来源于西瓯骆越的所有研究结论,并否定壮族对其先民古西瓯骆越人的"一切遗迹成就的继承权",从而充分地暴露她存在着严重的大民族主义思想。

三、跨境壮泰族群源于西瓯骆越地区

有关跨境壮泰族群民族的起源,主要有"迁徙说"和"土著说"两种。而"迁徙说"影响最大的一种说法是:壮族与侬族、岱族、泰族等同源民族,其祖先原在中国北方长城脚下或更远的地方,后不断地向南方迁徙。在迁徙的过程中,一度停留在长江流域、广西和云南,停留在广西的变成了壮族,停留在越南的变成岱族和侬族,停留在云南的曾建立南诏王国,忽必烈平大理以后,泰族被迫迁徙到老挝、泰国、缅甸等地方建立起自己的国家[1]。对于这个问题,30多年前,云南学者杜玉亭、陈吕范在《忽必烈平大理国是否引起泰族大量南迁》[2]一文否定了元代大理国消失引发泰族大量南迁的传统说法。泰国前总理克立·马莫很赞赏此文,专门译成泰文发表,以正本清源。此后,陈吕范又发表了《素可泰访古——再论忽必烈平大理国是否引起泰族大量南迁》和《南诏不是泰族建立的国家》[3]等系列论文,进一步就此问题进行探讨,从而改变了傣、泰、老、掸族来自中国北方的看法。

笔者认为,傣、老、泰、掸民族与壮族同源,来自于中国古代西瓯骆越地(包括今越南北部地区)。泰国学者巴差·革贡乍耶在《若努编年史》中,最先提出泰人早先的居住范围仅限中国南部一带,决没有到过阿尔泰山一带。1980年,他又在泰国《文化艺术》上刊登《泰国人来自何处》一文,文章指出:根据苏联考古学家在阿尔泰山地区的考古挖掘,证明在当地的古代文化遗址中,没有任何泰人居住过的痕迹,"阿尔泰山脉和蒙古没有泰国旧史书说的泰人,从阿尔泰山以至蒙古全境,与泰国人的历史形成无关"。[4] 苏联学者斯·伊·布鲁克也有一段话

---

[1] William Clifton Dodd, The Tai Race: Elder Brother of the Chinese, pp.1-19. White Lotus Press, 1996 (reprinted).

[2] 杜玉亭、陈吕范:《忽必烈平大理国是否引起泰族大量南迁》,《历史研究》1978年第2期,第57—65页。

[3] 注:分别见云南社会科学院《东南亚》1986年第1期第15—18页、1988年第1期第3—13页。

[4] 丁华民、志敏:《世界民族之谜》,吉林文史出版社,2006年,第118—119页。

说明了这个问题，他说："在古代，印度支那的大部分土地都是很少有人居住的地区，'维达人种'的塞诺人（沙盖人）和'倭人人种'的塞芒人（他们在人类学上属于尼格罗——澳大利亚种族的各个类型），可能是半岛上土著居民的残余。在纪元前二千年代末期，印度支那的大部分地区，都住着来自北方、来自中国西南地区的各个孟—高棉部落。半岛上的土著居民——塞诺人和塞芒人，接受了他们的语言。同时，缅甸各族的祖先占据了缅甸北部，越南人的祖先占据了东京湾沿岸一带。纪元之初，缅甸各族开始居住在半岛西部，泰语各族开始居于半岛中部，而越南人则沿着南海海岸向南移居。过去孟高棉人居住的一大片地区，被支裂成了各个孤立的小岛。"① 对上述这段话，云南学者尤中分析认为，斯·伊·布鲁克提到"泰语族"和"越南人的祖先"，应该就是秦汉以来的百越部落。泰语族中，照斯·伊·布鲁克所说，应该包括暹罗人、寮人、侬人、掸人，作为今天上述各族来说，是历史上形成的，已非古代的种族共同体，但说某一古代的种族集团为分别发展形成今天的某些族的基本核心，这也并不矛盾。他认为，"古代的百越各部落，为形成今天泰语族各族的基本核心"。② B.J.特温认为，台语民族共同起源于百越民族集团中的西瓯、骆越，这些地方包括：现今中华人民共和国境内的广西壮族自治区和越南北部红河口三角洲。③

很清楚，上述引文与我国古代文献记载基本吻合。当今的傣、老、泰、掸民族其故乡应该就是现今中国广西壮族自治区和越南北部。中泰学者合著的《壮泰民族传统文化比较研究》一书认为：壮族和泰族共同起源于古代百越民族集团，更具体地说是百越中的西瓯和骆越。他们原来共同生活的区域，主要在五岭以南到今越南的红河以北地区。壮泰两个民族的起源和发展是"同源异流"。由于"同源"，因而有许多相同和相近的之处；又由于"异流"，因而又有许多相异之处。④云南大学何平的《傣泰民族起源再探》一文，从历史学、语言学、地名学分析认为，当今的滇西、老挝、泰国、缅甸一带，先秦时期不是傣、泰、老、掸民族

---

① [苏]斯·伊·布鲁克著、李毅夫译：《印度支那半岛各国的民族成份与人口分布》，《民族问题译丛》1956年第4期。
② 尤中：《汉晋时期的西南西南夷》，《历史研究》1957年第6期，第19页。
③ 覃圣敏：《壮泰民族传统文化比较研究》，广西人民出版社，2003年，第3230页。
④ 覃圣敏：《壮泰民族传统文化比较研究》，广西人民出版社，2003年，第3225页。

居住的地方，而是孟高棉语民族"卡"（Kha）"听"（Thin）、拉瓦（Lawa）①、"孔"（Khon）②或"卡考"人的聚居地，"傣泰民族主要是从今天的广西、云南和越南交界一带即今天壮族以及他们的支系聚居的地区辗转迁徙到今天他们居住的这一地区的。今天壮族以及他们的支系聚居的这一地区才是傣泰民族的发祥地。今天的傣泰民族是从这一地区迁徙出去的古越人群体与当时居住在今天傣泰民族分布地区的土著居民融合以后才逐渐形成的"。③老挝的《南掌纪年》说老族首领坤博隆的长子坤罗率领民众自勐天（今越南北部奠边府一带）来到今天的老挝，也印证了上述的结论。

对于傣、泰、老、掸民族的迁徙年代和路线，有两种说法：一是陆地说。认为在公元前3世纪，从我国广西、越南北部、云南进入老挝、泰国、缅甸境内。如范宏贵先生在《泰族起源与迁徙再探》一文作了描述：公元前2世纪以前，壮、傣、泰族还生活在一起，是一个人们共同体，以后才迁徙，分化为不同的民族。他们的原始居住地在桂林一带。大约是在春秋到汉代以前，即公元前8世纪到公元前2世纪的600年间的某个时候，傣泰民族进行大迁徙，经过2年时间才迁到西双版纳。4世纪时，傣族已经在西双版纳定居，表明壮族与傣族、泰族已分化形成不同的民族。到了11世纪，傣族、泰族已经散布在勐泐（西双版纳）、勐交（越南）、兰那（清迈）、兰掌（老挝）等地方。泰人的迁徙不是一次完成的，而是多次，多条路线，不同时期，有大规模的迁徙，也有零散的移动。其中，有一支自称pujei的壮人由文山—元阳—江城—老挝—西双版纳勐腊县迁徙，经过数百年时间，有的演变成泰傣人，有的至今还是壮人④。二是海路说。认为楚灭越、秦始皇灭楚与开发岭南，与汉武帝灭南越和东赵，南方百越民族遂撤离大陆，漂流到东南亚和南湾群岛一带。笔者认为，傣、老、泰、掸民族的迁徙，有部分人是随着海上丝绸之路的形成而漂洋迁徙到越南、老挝、泰国、缅甸定居的，并成为今天的傣、老、泰、掸民族。

---

① 参见Hans Penth, A Brief History of Lan Na: Civilization of North Thailand, pp.14-21. Silkworm Books, Thailand, 2000.
② 参见Martin Stuart-Fox, The Lao Kingdom of Lan Xang: Riseand Decline, pp.19. White Lotus Press, 1998, Bangkok, Thailand."卡"或"孔"就是老挝佬族对孟高棉语民族的泛称。
③ 何平：《傣泰民族起源再探》，《民族研究》2006年第5期，第93页。
④ 范宏贵：《泰族起源与迁徙再探》，《东南亚研究》1991年第3期，第71—75页。

四、跨境壮泰族群具有与壮族相同的文化基因

文化现象是反映同源民族的有力证据。那么壮、傣、老、泰、掸民族有哪些相同的文化基因呢？笔者认为，最突出的是壮泰族群基因遗传、语言文化和那文化几方面的文化基因。

（一）基因遗传比较

现代群体遗传学的迅速发展及分子生物学技术的进步，为我们研究人类的起源及各民族间的遗传学关系带来了便利和机遇。研究表明，人类白细胞抗原（HLA）基因，具有高度的多态性及种族或族群的特异性，各位点的等位基因频率分布格局，是客观、可靠的遗传学参数之一，也是个体识别及群体识别的重要工具之一。因此，运用HLA-DRBI基因方法对壮族及亲近民族渊源关系进行比较是一项重要的科学方法。据潘尚领等医学专家的多年研究，壮族人HLA-DRBI座位等位基因总的分布格局与布依族最接近，其次是泰国东北部群体、中国南方汉族及新加坡华人，与北方汉族和越南河内京族则相差较远。[1]这些研究发现为研究壮族与泰族、掸族和佬族等族群的起源、迁徙及其与周围民族的融合提供了重要的遗传依据。刘焰等研究也认为，通过对我国贵州地区5个少数民族Y-SNPS分布状态的研究认为，布依族、仡佬族、仫佬族、毛南族和壮族5个民族之间有密切联系，且与国内其他民族有较大的遗传差异，是相对独立的群体[2]。可见，从基因来看，壮族与泰族等族群基因遗传关系最密切，而与北方汉族差异较大，之所以与南方汉族关系较接近，是因为历代以来壮族与汉族通婚较多所致。

（二）壮族语言的基因比较

同源词语是确定族群亲缘关系的根本所在。研究壮泰傣族同源关系最根本的是要找出一批不同历史层次的同源词，以证明其是否有亲缘关系以及他们亲缘关系的文化基因远近。研究表明，壮语与泰语是同源的，泰语发源于壮族地区。美

---

[1] 潘尚领：《广西壮族HLA-DRBI基因的多态性及其与主要周边民族的比较》，《中华微生物和免疫学杂志》2005年第1期。
[2] 刘焰、单可人、齐晓岚、何燕、赵艳、吴昌学、李毅、褚迅、任锡麟：《贵州布依族、仡佬族、仫佬族、毛南族、壮族Y-SNP的初步研究》，《遗传》2006年第11期，第1350—1354页。

国教授威廉·J·格尼（Gedney William）在《社会科学评论》1965年第3卷第2期撰文认为，泰语的发源地在中国广西和越南奠边府之间国境线一带，其理论依据是："语言产生于何处，那一地区便会存在多种方言。"罗美珍在《从语言上看傣、泰、壮的族源和迁徙问题》一文中，对傣语、泰语和壮语进行比较，认为这三种语言不仅语法相同，而且在2000多个常用词中，"傣、泰语相同的词有一千五百个之多"，傣、泰、壮三族"有五百个最基本的词根相同，语音和语法又基本一致，说明三种语言起源于共同的母语，应是来源于一个祖先"。因此，其结论是："从语言上看，傣、泰、壮有共同的起源"，"傣、泰、壮三族发源于中国，应该是有根据的"。[①] 范宏贵先生在《泰族起源与迁徙再探》中将对泰语、老挝语与壮语进行比较，认为：泰语与壮语龙州话217个常用词比较，相同的83个，相近的26个，共109个，占50.23%；老挝语与龙州话217个常用词比较，相同的85个，相近的32个，共117个，占53.92%；西双版纳傣语与龙州话894个常用词比较，相同的311个，相近的155个，共166个，占53.31%。德宏州傣语与龙州话894个常用词比较，相同254个，相近的189个，共443个，占50.65%。可见，古泰语、傣、壮语基本相同，由此可找到其起源地和他们的相互关系的清晰脉络[②]。龚锦文《从语言上看傣泰老掸诸族的历史渊源关系》认为，从语言的亲属关系情况看，傣泰老掸"诸语言与壮语更为亲密。因此，傣泰老掸诸族的先民在分化前应当是与壮族的先民同属于一个大的民族群体"。"傣泰老掸诸族的先民应当从骆越（西瓯）分化而出"[③]。冯俏丽在《天等进结壮语与泰语核心词比较研究》一文中，对广西天等进结壮语和泰语的一百个核心词比较得出结论：语音形式相同或相近的有75个，占75%。[④] 笔者的家乡广西大新县，其壮语与越南高平、谅山的侬族、岱族语约有八九成相同，与老挝语常用词语约有六七成相同或相近，与泰国泰语有一半以上的语言相同或相近，与掸族、阿萨姆地区阿洪人的掸语、阿洪语相同频率就相对低一些，约有三四成。由此，大体可得出这样一个规律：母语相同率很高的民族，一般是同一个祖先，傣老泰掸民族语言基因来自壮语。而同源民族分化后，各自吸收了当地主流语言，从而造成了母语之间有一

---

① 罗美珍：《从语言上看傣、泰、壮的族源和迁徙问题》，《民族研究》1981年第6期，第55—58页。
② 范宏贵：《泰族起源与迁徙再探》，《东南亚研究》1991年第3期，第71—72页。
③ 龚锦文：《从语言上看傣泰老掸诸族的历史渊源关系》，《德宏教育学院学报》2003年第2期，第9—10页。
④ 冯俏丽：《天等进结壮语与泰语核心词比较研究》，广西民族大学硕士学位论文，2012年，第53页。

定的差异，这是符合语言变迁规律的。

（三）那文化的基因

"那文化"[①]亦称稻作文化，稻作文化是由壮泰族群的共同祖先发明创造的，这是壮泰族群最大的共同点，也是壮泰族群同源关系的重要特征和文化基因。世界上种水稻的民族很多，但其文化特征没有壮泰族群那么鲜明。这可从三个方面分析：

1.那文化常用语基本相同。壮族与泰语在那文化用语方面基本相同，下面列表举例：

名称	壮语	泰语
水田（Rice field）	（那）na^{21}	na^{33}
种田（Grow rice）	dan^{33}na^{21}	dan^{33}na^{33}
犁田（Ploughing）	thai^{33}na^{21}	thaj^{33}na^{55}
耘田（Weed）	da:i^{22}na^{21}	daj^{21}na^{33}
收谷（Harvest rice）	kip^{55}khau^{42}	ki:p^{35}haw^{41}ka^{24}
水牛（Buffalo）	va:i^{21}	khwa:j^{33}
黄牛（Cattle）	mo^{21}	kho^{33}
犁（Plough）	thai^{3}	thaj^{24}
牛轭（Yoke）	ʔek^{55}	ʔek^{5}
米、饭（Rice）	khau^{24}	khaw^{41}
白米（White rice）	khau^{24}sa:n^{33}	khaw^{41}sa:n^{24}
糯米（Sticky rice）	khau^{24}nu^{33}	khaw^{41}niŋ^{41}
糯饭（Steamed sticky rice）	khau^{24}nən^{24}	khaw^{41}niŋ^{41}

而越南、老挝、缅甸、印度的壮泰族群对上述称呼也大体相同或相似，这说明壮泰族群同源于那文化。

2.那文化的蛙崇拜习俗。壮泰族群稻作文化的蛙崇拜可分固态文化与活态文化两个方面。从固态文化看，与稻作文化相关的有"岜莱文化"（汉语称花山崖壁画）上的蛙神祭祀。在广西左江流域的"岜莱文化"中有壮族先民祭祀蛙神图腾的仪式，多为蹲蛙。壁画上的人物图像之下多有犬，表明狩猎在先而农业在后，

[①] 壮泰族群称种植水稻的水田为"那"，而本文的"那文化"是指稻作文化。

犬代表狩猎经济，蛙代表以种植水稻为主的农业经济[1]。另一个固态文化是蛙鼓。蛙鼓产于中国云南、广西、老挝、缅甸、泰国和印度等。据学者韦丹芳通过对老挝、缅甸、中国和泰国等地的黑格尔Ⅲ型铜鼓纹饰资料的分析研究认为，"从翔鸟纹来看，缅甸103号鼓和305号鼓纹饰与龙州鼓相似"；在中国、缅甸和泰国发现4面纹饰较古老的黑格尔Ⅲ型鼓，"且鼓纹饰非常相似，特别是龙州鼓和缅甸前克伦鼓，鼓面和鼓体纹饰均基本相同"[2]。"过去都说蛙鼓是来自缅甸的掸邦，但资料只能证明掸族是蛙鼓的最后铸造者"，可能是公元七八世纪从大理传入傣族地区和由广西僚人传入中南半岛相汇后，"经过地方化而形成了蛙鼓"[3]。可见，广西龙州蛙鼓与缅甸蛙鼓很可能是源流关系，又都是那文化的崇拜神的法器。有研究表明，壮族先民铸造的铜鼓多有蛙的立雕，铜鼓是蛙神的通天法器，鼓蛙交融，蛙鼓雷神互动，正如俗话说"青蛙叫，雨水到，蛙鼓响，天雨下"，说明蛙与鼓都与那文化有关。从活态文化看，当今广西壮族地区、缅甸、阿萨姆等地民间都有蛙崇拜的活态文化。广西红水河流域传统上盛传"蛙婆节"（或称蚂拐节或青蛙节、青蛙歌会），至今每年还举行盛会。缅甸景栋每年也举行以蛙崇拜为主题的蛙神与泼水节融合的节庆活动（蛙鼓仪式）[4]。而阿萨姆地区则以传统的"青蛙婚礼"——举行特殊的青蛙"婚礼"以求雨[5]。三地的蛙崇拜虽然仪式有所不同，但目的是一样的，都是由求雨转为祈求风调雨顺，五谷丰登，生息繁衍和国泰民安。这表明壮泰族群传统那文化都离不开蛙崇拜的文化基因。

3.那文化是壮泰族群共同的生产方式。生产方式决定文明类型。马克思、恩格斯认为，在人类文明初期，某一地理环境对成长于其中的那个人类共同体的物质生产活动情况具有决定性的影响，并进而决定那个人类文明的类型及其发展进程。在人类文明初期，人们只能因其所生存的地理环境所提供的条件，形成自己的物质生产类型和具体的内容及方式，故有稻作民族、游牧民族之别。壮泰族群居住在江河密布、滨海相连的中国南方和东南亚地区，适合人工种植水稻，是世界稻作民族的重要区域，而壮族地区是世界人工栽培稻最早的发源地，并南传

---

[1] 梁庭望：《花山壁画——祭祀蛙神的圣地》，《中南民族学院学报》1996年第4期，第19页。
[2] 韦丹芳：《中缅、中老跨境民族传世铜鼓比较研究》，《贵州民族研究》2014年第4期，第28—29页。
[3] 李伟卿：《论铜鼓中的滇西"蛙鼓"》，《考古》1986年第7期，第647—653页。
[4] 陈红升：《传统仪式与现代适应——对板凳蛙婆节与景栋蛙鼓仪式的比较研究》，广西民族大学硕士学位论文，2006年，第38页。
[5] 《印度妇女为青蛙举办隆重"婚礼"以祈雨》，广州日报，2014-4-28。

东南亚和南亚国家。2011年5月,《美国科学院院刊》(《PNAS》)在线发表了题为"Molecular Evidence for a Single Evolutionary Origin of Domesticated Rice"的论文,认为大约8200年到13500年前在中国的长江流域即出现了最早的栽培稻,第一次证实了水稻最早起源于中国。该论文就中国水稻向印度传播解释道:"稻米有可能是通过贸易商和迁徙的农民从中国带到印度,进而与当地的野生稻发生了广泛的杂交,因此过去我们认为水稻起源于印度,而事实上它的起源应该是在中国。"[1] 2012年10月,中科院国家基因研究中心课题组在英国《自然》杂志发表论文提出,广西南宁周边很可能是世界栽培稻的起源地。栽培水稻的扩散路径是:利用当地的野生稻种,经过漫长的人工选择驯化出了粳稻,随后往北逐渐扩散;而往南扩散的则进入东南亚,在当地与野生稻种杂交,产生了籼稻[2]。这与前述的美国研究人员的结论不谋而合。赛昂敦(Sai Ang Tun)的《History of the Shan State—From its Origin to 1962》一书也写道:"掸族的水稻栽培技术来源于中国,为了进行耕作,他们会寻找肥沃的土地及灌溉条件便利的地方建立他们的baan 和 mong。"还说"从黄河、杨子江流域至阿萨姆地区,向东至泰国、老挝、越南,往后至四川、贵州、广东,整个亚洲大地,数以百万数不清的稻田,都是从四面八方迁徙而来的泰族开垦的"[3]。虽然后面这句话有夸大之嫌,但壮泰族群创造"那文化"是公认的[4],而且越南、老挝、泰国、缅甸、印度的栽培稻很可能是从中国广西、云南传播过去的,这说明同源民族都是那文化的民族。

五、结语

跨境壮泰族群与我国布洛陀、西瓯、骆越有渊源关系,虽然我们还没有找到充分而又可靠的足以证明傣泰老掸等壮泰族群从西瓯、骆越地区迁徙到他们当今

---

[1]《PNAS:水稻起源于中国》,生命科学论坛,2011-5-12,原文"Molecular Evidence for a Single Evolutionary Origin of Domesticated Rice",在线发表于2011年5月2日的《美国科学院院刊》(PNAS),(DOI:/10.1073/pnas.1104686108)。

[2] 周仕兴:《英国〈自然〉:广西很可能是人类栽培水稻起源地》,《广西日报》2012-10-31。

[3] Sai Aung Tun, History of The Shan State from Its Origins to 1962, Silkworm Books, 2009. PP.21, PP.43.

[4] 赵明龙:《中国与东南亚、南亚壮泰族群的基本文化特征》,《东南亚纵横》2010年第12期,第29—30页。

居住地的证据链,包括考古资料、基因遗传及历史文献。但从前人研究的学术足迹以及壮泰族群最基本的文化基因,似乎给人们一些启示:壮泰族群应是古代的同源民族,来源于西瓯、骆越族群。"张文"否认泰族、老族、傣族与壮族有同源"比侬"关系,充分暴露她不学无术、不懂壮族和跨境壮泰族群的历史,不尊重前人的研究成果,但却擅长惯用政治伎俩,动不动给壮族学者扣帽子、打棍子,借学术研究造谣生非,无中生有,造了一个"壮独势力",借维护国家安全之名,颠倒黑白,刻意挑拨壮汉关系,是一起严重的政治事件,应引起我们高度重视,并进一步深入讨论与辩证。

当今,我们研究骆越文化,绕不开跨境壮泰族群与西瓯、骆越的关系,而研究二者的关系,不是为了分裂祖国,建立新的"泛泰主义",而是从学术的层面上探讨二者的渊源关系——同源异流,从而增强跨境壮泰族群的认同感,巩固传统友谊,以族群认同感这一文化动力来推进中国与东南亚、南亚壮泰族群文化交流与合作,并通过族群交流与合作来推动沿线各国政府合力推进"一带一路"建设,促进沿线国家的互信、互利、和平与繁荣发展。这就是壮族学者鲜明的政治目的和历史使命!

〔赵明龙:广西社会科学院民族研究所研究员〕

《麽经布洛陀》与骆越族的关系

郑海宁

《麽经布洛陀》是壮族的创世史诗,学术界多认为:现代壮族是西瓯、骆越的后裔。那么《麽经布洛陀》最早是西瓯人创作还是骆越人创作呢?它与骆越社会文明有什么联系?这是本文所要探讨的问题。

一、《麽经布洛陀》最早是骆越及其先民创作

《旧唐书·地理志》说:邕州宣化县(今南宁市)"骊水在县北,本牂牁河,俗呼郁林江,即骆越水也,亦名温水,古骆越地也"。书中所载的骊水、牂牁河,郁林江,温水,都位于红水河流域,温水在上游,就是南盘江和北盘江,盘江以下称为牂牁河,也叫郁水或郁林江。因此,红水河就是"骆越水"。以红水河为界,在北者为西瓯,在南者(含越南中北部地区及中国海南省)是骆越地。这和考古文化的分界是相吻合的,如南部多出石铲,北部少见或不见;北部墓葬有腰坑,南部没有;南部多出土铜鼓,北部少,或很多地方都没有等。

《麽经布洛陀》主要流传在左右江流域,这里是古骆越人活动的中心腹地,《麽经布洛陀》是骆越及其先民创作的。

二、《麽经布洛陀》反映骆越人从禅让制到世袭制的历史轨迹

壮族的神话谱系自成体系,反映禅让、世袭及英雄神人争权夺利斗争的轴线。《麽经布洛陀》中有明显表述。

据已故壮族神话学家蓝鸿恩先生考证，壮族神话谱系共有六代。① 第一代神是姆六甲（即姆洛甲）。当人类还在混沌的时代，宇宙间只有一团大气结成的东西，由屎壳郎来推动。后来飞来一只裸蜂，用钢一样的利齿把那团东西咬破，出现三个蛋黄一样的东西。一个飞向天上成为天空；一个飞到下边成为水——海洋；在中间的就是大地。大地后来长了草，草上开了花，花里长出一个披头散发赤裸全身的女人，她就是姆六甲。姆六甲受风而孕，撒了一泡尿，润湿土，姆六甲拿起泥土捏成了人，这就是人类的来源。

第二代神是布洛陀。姆六甲创造了山川大地，河水冲击岩石出现了一个洞，从洞中走出一个男神，他就是壮族民间传说中的男始祖神布洛陀。他有三个兄弟，老大是雷，老二是图额，老三是老虎。布洛陀是老四。三个哥哥欺负布洛陀没有本事，布洛陀有一天对他们放了一把火，老大被火熏黑了跑到天上做了雷神；老二被火烧得全身焦烂，结疤后变得五彩斑斓，跑到河里做龙神；老三被烧得全身斑纹，跑到森林里做森林之神。布洛陀安稳地安排了万物，并制造了太阳月亮，发明了火。

第三代神是布伯。布伯的功绩是代表人间向雷王斗争，擒住了雷王，争得了雨水，才能种稻谷。但雷王为了报复，泼下漫天洪水，把大地的人全部淹死。布伯也牺牲了，变成了天上的启明星。

第四代神是伏羲兄妹。伏羲兄妹是布伯的儿女，在漫天洪水之时，他们躲进一个葫芦生存下来，后来兄妹结婚，再造人类。

第五代神是罕王和祖王。人类繁衍以后，出现了头人，头人之间又互相争权夺利。罕王是前妻所生，祖王是后母生，后母偏爱祖王，所以夺得权力。罕王在他的母族天上人帮助下夺回权力。从此，人间大的供品归罕王收，小的贡品分给祖王。

第六代神是莫一大王。莫一大王法力无边，他招手能把上升的太阳压下去，藤条上可以跑马，抛出一条头发可以化成一座桥，能移山造海，扎草成兵马，后因中了王朝暗探的奸计遭杀害，被砍下的头，还能飞到天上去，吓退了王朝的兵马。

壮族的神话谱系与汉族神话传说有诸多近似之处。布洛陀将头人位子传给布

---

① 蓝鸿恩：《壮族的宗教与神话》，载《中国各民族宗教与神话大词典·壮族》，学苑出版社，1990年，第751页。

伯，是经过族老会议讨论通过的。布洛陀觉得自己老了，得找一个接班人，条件就是体形高大。他对一个叫布伯的人说："布伯呀！你生得比众人高大，壮健又聪明，做我的助手吧！"话虽是布洛陀所讲，但却代表整个部落的意愿。他们希望一个体魄健壮，聪明能干的人来做他们的头领，而不是布洛陀的儿子来做头领。这与华夏集团的尧、舜、禹禅让制度很相似。布伯之后是伏羲兄妹。故事说布伯因与雷王做斗争，天下人都被大水淹死，伏羲兄妹结婚再生人类。布伯与自然斗争仅仅是一种表象，实际上是隐示着部落内部权力的斗争。

　　壮族神话至此，禅让制度已终断。为什么禅让制度到此终断？很可能是壮族社会此时已进入世袭制阶段，因而用洪水毁灭人类的神话来暗示禅让制度的终结。估计在布伯之后，继承者当是布伯的儿女，是父子世袭制。社会变革是一种朦胧的记忆，到了第五代神时，便出现了罕王祖王传说，这两兄弟为了争夺父亲的王位，互相残杀，表明的是世袭制度的社会化。民主的权力转化为家庭私有权力，是要经过血的斗争才能获取的，并不是在温良恭俭让氛围中和平转化。历史上确实存在着冰川后期因海进而引起的洪荒灾害，但它与人间权力转让并无必然联系，借助洪荒灾害来表示伏羲兄妹承袭父亲的权力地位则是这个故事的文化底蕴。当时这种文明制度初显时，阻力很大，斗争很激烈，与夏禹传位给儿子的世袭制度是很相似的。《史记·夏本纪》对禅让制度被世袭制度取而代之的过程有较详细的记载。当帝舜崩以后，"天下诸侯皆去商均而朝禹。禹于是遂即天子位，南面朝天下，国号夏后，姓姒氏"。禹在位时就有意培养儿子启的能力，树其威信。"及禹崩，虽授益，益之佐禹日浅，天下未洽，故侯皆去益而朝启。""于是启遂即天子之位，是为夏后帝启。"但"有扈氏不服，启伐之，大战于甘"，启"遂灭有扈氏，天下咸朝"。禹虽然是迫于传统禅让制度的压力，假意将王位传给益，但最终还是被启夺取了王位。有扈氏反对启继位，于是发生了战争，说明禅让制度转让给世袭制度时是经过残酷战争的。壮族神话谱系中，在罕王以前的神话人物，斗争的对象是自然灾害及动物，如雷、洪水、老虎、蛟龙等。从罕王开始，斗争的对象是人，是权力利益的争夺。这就弥补了布伯传位于子时语焉不详的空白。

三、《唱罕王》表述了骆越社会私有制、阶级发生发展历程

　　《唱罕王》是《麽经布洛陀》中重要的篇章。《唱罕王》从始至终反映的都是腥

风血雨的战争过程，而且是兄弟争权夺利的战争。

《唱罕王》中罕王的父亲没有具体的名字，笼统称王。王因妻子已死，生活很艰难：

> 王当鳏公整整六年，
> 自己打柴自己烧，
> 自己挑水自己吃，
> 卷袖自己动手煮饭。

这就是部落时期酋长的形象，他也是普通的凡人，也要参加生产劳动。同时他又是部落中的组织者和领导者：

> 王要摔掉众人的事不管，
> 王要逃离自己的家园。
> 众人的事要垮让它垮，
> 地方要乱让它乱。
> 村里长老来商量，
> 地方长老来斟酌。①

尽管王是领导者，但不能独断专横，重大事情还得由长老会议研究决定。"村里长老"和"地方长老"是有严格区别的。"村里长老"应是有血缘的氏族实体，"地方长老"则是多个氏族的联合体，是一个区域的联盟实体，从"村里长老"到"地方长老"有一个历史发展过程，也是骆越文明社会发展过程中的历史符号。新中国成立前壮族社会仍保存的"都老"制度，尽管是以联宗祭祖的性质出现，但同姓者分布在数十平方公里甚至是上百平方公里的范围内，有些血缘关系已经不清楚了，这样的都老制实体如果组成一个政治、军事集团，方国文明实体当在此基础上发展起来。

在《唱罕王》中，祖王与罕王是两个不同等级的王位，而不是两兄弟的王位名称。罕王是长子，原来是在祖王王位上，后来后母生的弟弟争夺权力坐上了祖王王位，哥哥被贬而当罕王。"祖"和"罕"应是壮语汉字标音，其具体壮语词根

---

① 张声震主编：《布洛陀经诗译注》，广西人民出版社，1991年，第608—609页。

意思一时还不清楚，很可能是壮族历史上最早的政治官阶名称，相当于汉族王室中的太子王及普通王的关系。"祖王"是长子之位，罕王是次子王位。罕王被贬后，即与祖王展开争夺权力和财产的斗争。

> 争夺天下争抓印，
> 争夺百灵鸟印把子，
> 争夺父王的钱财，
> 争夺出产斑鱼的泉水，
> 争夺父辈的金银，
> 争夺流出银珠的泉水，
> 争夺三揽长的拦江网，
> 争夺平头的奴仆，
> 争夺四耳锅，
> 争夺十人划的大船，
> 争夺聪明的青年男子，
> 争夺磨刀石，
> 争夺摆发的姑娘，
> 争夺留鬃发的美女，
> 争夺伶俐的人。①

骆越文明社会初期，财产是地盘（天下）、山泉、河流、奴隶、青年男子、聪明的人和美女。人作为财产是阶级分化的重要标志，以往有些学者认为壮族社会直接跨入封建社会，这是不尊重客观事实的。读了《唱罕王》之后即可知道，文中所说的社会生产关系是非常明显的文明社会初期的社会生产关系，而不是封建社会的生产关系。奴隶、青年男子、聪明的人和美女既是王的财产，就没有人身自由，而封建社会的人际关系是雇佣关系，是有人身自由的。《唱罕王》创作者并没有研究过人类发展史，而诗中却明确地说出了骆越社会文明初期的人际关系，应当说是忠于史实之作。令人感兴趣的是，经文中有争夺磨刀石和四耳锅之句，为什么要争夺磨刀石、四耳锅？不了解壮族文化者是不能理解的。实际上磨

---

① 张声震主编：《布洛陀经诗译注》，广西人民出版社，1991年，第694—696页。

刀石和四耳锅是权力的象征。虽然诗文中也有争夺鸟形状的印,这是青铜时代以后的权力符号,是《唱罕王》在流传过程中注入新的历史内容,先秦时期骆越地区确实存在过"青铜印绶"的事实。但在"青铜印绶"之前的文明初期并无"青铜印绶"。权力符号则可能是磨刀石和四耳锅。广西德保、东兰、靖西一带壮族地区,至今仍视磨刀石为祖传之宝。儿子长大后分家时,祖传之磨刀石必分给长子,即是"长子继承权"之意。四耳锅是执掌人间烟火的权力符号,以后发展为灶。它不但具有人权职能,同时还具有神权职能。与汉族"钟鸣鼎食之家"性质差不多。既是神器,就含有神权之意,也就是列鼎之权。骆越人争夺四耳锅如此激烈,无异于"问鼎中原"的权力之争。

罕王与祖王之争,引起村老的关注并裁定,而村老会议偏祖祖王,将好的水田、年轻的奴仆、美貌的姑娘分给祖王。罕王分得的是白头老奴、破锅、烂灶。祖王并未善罢甘休,继续迫害罕王,直至将罕王赶走,罕王被迫离开故土。

> 去到交花那地方,
> 去到交宪那地盘,
> 和交趾那地方的人打老庚,
> 和交趾那地方的人结同伴,
> 打算在交趾那地方扎根谋生。①

交花、交宪、交趾在此应是古地名,在此不一定是专指后来所说的越南北部,而是当时壮族先民的居住区域。与先秦文献记载的"(尧)申命羲叔、宅南交","虞舜以天嗣尧……南抚交趾"等是相一致的。远古的交趾应是包括红水河以南的广大地区。诗文作者没有读过《史记》等古籍文献,但他们的诗文中却出现了与上述文献记载中相同的地名,而且地望也大致相同,说明虞舜时期,中原华夏集团不但与古苍梧族有接触,与交人也有接触。这从一个侧面又说明了罕王时代应与舜禹时代差不多。尽管罕王的传说故事在流传过程中经多人加工,注入了不同历史时代的内容,如诗中也有"侬王"、"土司"之类的词出现,但故事内容所反映的主题具有较粗犷的初期文明社会形态。与其说是祖王、罕王兄弟相互争权夺利,毋宁说是方国之间战争的追述。

---

① 张声震主编:《布洛陀经诗译注》,广西人民出版社,1991年,第702—709页。

诗文中描述战争的篇幅很少,说罕王制造骨柄刀剑,又造铜柄刀,攻打祖王的地盘,将祖王的牛马抢走杀掉,抢祖王的人去做奴隶。后来祖王设计以父王病重为由,诱骗罕王回来,将罕王引入深井中,并落井下石,企图害死罕王,罕王得神人帮助,站在雷公的翅膀升上天空。他做个箱子关住满天星斗,又造个大箱锁住太阳。从此天下一片漆黑,人类眼看就要死绝,杂草到处疯长。村里长老和地方长老只好请回罕王,将印交给他,恢复他的王位。

《唱罕王》总体目的是劝人向善,不要结冤结仇,不要得罪祖宗,不要欺负兄长,否则就会招来灾难。"这是前世人还冤的故事",它向我们传递骆越社会文明起源的诸多信息。

首先是骆越制度文明的发生问题,它是从神权向人权转化的过程中逐渐发生的。在诗文中,罕王和祖王虽然是掌管人间大印的统治者,但他们还要受"村里长老"、"地方长老"的节制,"村里长老"和"地方长老"又必须按照布洛陀的旨意来判决诉讼,因为布洛陀神是专管诉讼的。布洛陀之上又有一个无形神王,这个无形的神王不但造了布洛陀、姆六甲,还造了苍天、大地、牛马、光明、黑暗等。罕王在井底遇难,是水神、天仙、雷神将他救出来,并升上天去。又在上苍天神的帮助下,从祖王手中夺回了地盘、王印、美女、牛马、奴隶。神是人造的,神权也是人权、王权。壮族文明初始之时,纯人治很难巩固统治者的地位和既得利益,必须借助那虚无而又令人畏惧的神并将自己与神相融合为一体才能获得统治权和巩固统治权。祖王靠自己的兵马抢夺兄长的王位,违背了祖宗神的规矩,人神共忌,注定要失败。因为他在人神合一的罕王面前,显得非常弱势、渺小。《唱罕王》中出现各种神:水神、天神、雷神、鸟神、人神、半人半神的巫觋等,这些神都是在不同的背景下出现的。而布洛陀神则是无所不在,无所不知,是在一定区域内统一的神。在红水河流域、左右江流域及云南文山地区,凡巫师在道场上念唱《麽经布洛陀》各篇章时,必须念请诸神开篇序歌:

  请布洛陀来到我就诉说,
  请布洛陀坐定我就喃唱。

《麽经布洛陀·序歌》中还明白地说:"请教布洛陀才能成麽公,请教布洛陀才会念经诗。""世间万事布洛陀全知晓,哪个王懂得最多,样样都要向他请教",

甚至说布洛陀"创造天下军民众百姓",凡建屋、耕田种地、架桥筑坝、生儿育女、禳灾祛病等,都必须请教布洛陀。虽说布洛陀也是那虚渺的上苍之神所创造,但人们所直接信奉的则是布洛陀神。广西红水河流域、左右江流域及云南文山壮族地区。贵州布依族地区都广泛流传着布洛陀的神话故事,而且故事的情节差异不大,说明布洛陀是上述地区统一的神,只有统一的君王才有统一的神,说明在英雄时代的壮族文明社会初期,王权政治已逐渐形成。

其次,我们从《唱罕王》史诗中了解到,骆越族也和世界上其他民族一样,文明社会初期的王权建立,都是在频繁战争中形成的。在布洛陀时期,开天辟地之后,宇宙分上、中、下三界,雷王管上界,布洛陀管中界,蛟龙(鳄)管下界,老虎管森林,是为四兄弟,号称四王。此中透露出早期强大的四个部落。后来人口增多,布洛陀与雷王商议,把天地间分为12"国",诗中是用图腾物来表示:"一国蛟变牛,一国马蜂纹,一国声如蛙,一国音似羊,他国暂不讲……"这些集团内部尽管仍是平等氏族公社结构,但既然是一个集团实体,其内部必然有组织者与被组织者的关系,也就是酋长与氏族成员的关系,对外则出现了你的地盘、我的地盘的疆域观念。随着生产力的发展,人口不断繁衍增多,原来居住的区域明显不适应,必然产生侵占他人地盘的战争,这种为生存而进行争夺地盘的战争是相当激烈的,武装组织、武器装备、战争意识、战略战术等都明显上升到一个更高的层次。在罕王时代,一改以往用图腾作为集团符号的对立矛盾关系的描述,而出现了人王(罕王、祖王)为争夺王印、美女、地盘、河流、奴隶、牛马等战争的描述。更值得提出的是,在《唱罕王》篇中,还出现了"国"的政治实体。祖王为了求鸦神飞上天向罕王提出求和充当使者时,向神鸦许诺:

> 鸭仔让你们抓,
> 鸡仔让你们捉,
> 向十二个录(古壮字写作左"山"右"录",下同)国把许诺说清楚,
> 向十七个录国把这许诺公开宣布。[1]

"国"是借汉族的名称,"录"则是壮语对古国的最早称谓。祖王能号令那么

---

[1] 张声震主编:《布洛陀经诗译注》,广西人民出版社,1991年,第799页。

多的"录国",这就说明祖王(罕王)集团的势力在这些"录国"之上,这些录国臣服于祖王(罕王)集团,正是长期战争中形成的。可以说,战争是壮族文明社会发展的催化剂。

其三,《唱罕王》诗中反映的社会关系,主要是奴隶制的人际关系,而不是封建制的人际关系,壮语称奴仆、奴隶为"恢",有年轻奴,有白头奴即老奴。另外还有"伶俐人",这种人的身份很可能是手艺奴。女性有"摆发的姑娘"、"留鬌发的美女"。这两种女性很可能是歌舞伎,广西贵县西汉1号墓中就有歌舞伎陪葬的现象。上述人都是王争夺的主要对象,实际上他(她)们与牛马、土地一样,都是王的财产,是没有人身自由的,与王的关系是奴隶与奴隶主的关系。关于这些人的来源问题,有些可能是在本氏族内产生,但相信人数不多,而更多的是战争中的战利品,是别的方国集团中的成员。骆越方国实体的形成,最早应是以血缘为基础的氏族成员组成,在后来的频繁战争中,越来越多的别的氏族成员被俘获,成为新成员,打破了旧有的血缘体系,国家方才逐渐形成。

〔郑海宁:广西大学外国语学院讲师〕

布洛陀祭祀大典与越南雄王祭祀大典比较研究

赵明龙

祭祀，其意是旧俗备供品向神佛或祖先行礼，表示崇敬并求保佑。而大典，多指盛大隆重的典礼（通常是国家或地区举行的）。本文所指的祭祀大典是指一国或一地为祭先祖而举行的重大典礼。布洛陀祭祀大典是我国广西右江流域民众为祭壮族人文始祖布洛陀而举行的盛大隆重典礼。而越南雄王祭祀大典，则是越南一年一度举行全国性的祭祀民族始祖、国祖雄王的隆重典礼。祭祀大典既反映一国一地宗教信仰文化内涵，也是构成宗教信仰的制度化内容。本文试以文献和考察所见所闻，专就布洛陀祭祀大典与越南雄王祭祀大典作比较研究。

一、布洛陀祭祀大典

（一）布洛陀祭祀大典的主要仪式

据初步了解，广西历年布洛陀大典基本议程主要有：（1）击鼓开堂；（2）吹号升旗；（3）鸣炮舞龙舞狮；（4）进香献祭；（5）向始祖鞠躬；（6）宣读祭文；（7）开祭进供；（8）各国各地各界民众进供朝拜。以上的祭祀大典仪式不是一成不变，而是根据需要有增有减。以2012年3月29日为例，壮族始祖布洛陀祭祀大典仪式如下：[1]

1. 击鼓开堂。壮族始祖布洛陀祭祀大典击鼓开堂仪式开始。"击第一次鼓，

---

[1]《广西壮族祭拜人文始祖布洛陀万把火把香火敬祖公》，新华网广西频道，2012年3月29日；《2005年壮族布依族人文始祖布洛陀祭祀大典》音像。

惊动雷神、地神、水神,三界三王;击第二次鼓,惊动天上、地下、水里,四面八方;击第三次鼓,惊动壮乡男女老少前来朝拜布洛陀、姆六甲。"……在鼓乐和号角声中,神秘的祭祀仪式开始了,男女老少,成群结队前来朝拜布洛陀,朝拜姆六甲。

2. 吹号升旗。号手吹响牛角号,号声中升起祖公旗。

3. 鸣炮舞龙舞狮,吹唢呐,敲锣打鼓。在鸣礼炮12响①的巨响中,群众举行了舞龙舞狮,吹唢呐、敲锣打鼓的庆祝活动。

4. 代表进香。到会的自治区及百色市、田阳县领导代表,云南、贵州、海南等省兄弟民族代表进香。

5. 开祭进香供品。开祭仪式开始,广西壮学会、田阳县布洛陀文化研究会进香,进贡品,行朝拜礼;村民献祭,各村朝拜队代表依次列队进香进供品。东江师公队上场唱《开祭经》。

6. 向始祖鞠躬,同唱敬酒歌。全场起立,祭拜群众向始祖行三鞠躬礼,全场同声唱《敬酒布洛陀》歌(突出身着壮族服饰的妇女列队鞠躬合唱)。

7. 宣读祭文。壮族代表分别用壮语和汉语宣读祭文,宣读完毕后走到大香炉子焚烧祭文。

8. 各界民众进供朝拜。有来自泰国等东南亚国家及国内的云南、广东、贵州、广西四省(区)1万多名群众参加祭祀仪式,壮侗语系同根同源的布依族、水族、黎族、侗族、傣族、仫佬族、毛南族、壮族等八个民族同胞共同祭拜始祖布洛陀,再现了万把香火敬祖公的壮观场面。同根同源的泰国素攀们的兄弟姐妹也赶来参加朝拜布洛陀。参加祭祀活动的队伍,带着丰富的祭品、穿着祭祀服装、唱着祭歌,上供朝拜祖公时严肃而虔诚,祈求在新的一年里平安幸福,五谷丰登。

与往年的祭祀大典不一样的是,从2011年开始,泰国等东南亚国家祭祀队与中国祭祀队伍一起祭祀游行,泰国、老挝、缅甸等东盟国家驻南宁的领事馆派员出席仪式。如2011年,泰国两名舞蹈演员还在大典上跳起了朝拜舞,泰国驻南宁总领馆副总领事赖淼携夫人给壮族始祖布洛陀上了香。云南文山州、广南、富宁县代表队还抬着壮族继世承传的一种特殊文字——坡牙歌书(模型)参加祭祀游行。

---

① 鸣礼炮12响,代表一年12个月。

每年的祭祀大典，来自各地的数十万壮侗儿女纷纷前来朝拜始祖布洛陀。由于以往每次只在一个上午统一组织祭拜，导致人们在轮流朝拜时显得比较仓促。针对这一情况，文化旅游节筹备组特地将2014年的祭祀大典分为两次进行，其中4月6日上午统一组织进行公祭，4月7日上午则由民众自由朝拜，从而让广大群众能够拥有更多时间并能够更自由地进行朝拜。

（二）布洛陀祭祀配套活动

祭祀大典是布洛陀文化的主要活动和亮点，而配套祭祀大典还有一系列的活动，从而使节庆活动丰富多彩。综观历年的配套活动，主要有五六项内容。

1. 举行布洛陀文化学术研讨会。田阳敢壮山壮族布洛陀文化遗址景区是广西最大、最早的歌圩所在地，是壮民族始祖布洛陀文化的发祥地和祭祀地。自2005年以来，广西壮学学会与百色市及田阳县人民政府约定，每年举办百色市布洛陀民俗文化旅游节期间，举行布洛陀文化学术研讨会，有来自广西、云南、贵州三省（区）的壮族、布依族、仫佬族、水族、侗族等民间艺人与壮学专家齐聚一堂，就布洛陀文化和麼经布洛陀进行交流，对提升和深化布洛陀文化的研究，促进麼经布洛陀文化的保护、传承与开发将起到积极作用。

2. 布洛陀山歌歌王争霸赛。2014年首次举行主题为"传承壮文化、歌颂布洛陀"的壮族山歌歌王争霸赛。经过层层选拔，共有24名山歌好手齐聚敢壮山，分别采用壮语的田州调、古美调、巴别调等，以个人赛及组合赛的方式同台对歌，山歌歌词紧扣主题，全面展示了壮乡美妙的原生态山歌。

3. 歌圩体育竞技运动会。保留往年均举行的斗牛、摩托"箩拉"、抛绣球、抢花炮、夫妻挑台西红柿、抬花轿等项目，这些项目都是从壮族平时的生产生活中演变而来的体育竞技活动。作为国家级非物质文化遗产保护项目，田阳壮族舞狮技艺是当地继承、保护、弘扬的重点项目。从2013年始，布洛陀文化旅游节也对舞狮技艺进行了重点展示。在活动期间，田阳壮族舞狮艺术团将"双狮戏球"、"狮子上金山"、"刀尖狮技"、"狮游梅花桩"等各种"高、难、惊、险、奇、美"的绝技——展示给观众，让游客们欣赏到了惊险和高超的舞狮技艺。

4. 布洛陀文化旅游节摄影大赛。通过布洛陀民俗文化旅游节摄影比赛活动，全面纪录百色市布洛陀民俗文化旅游节活动的盛况，弘扬壮族布洛陀文化精神，提高民族自尊心、自信心和凝聚力，宣传布洛陀民俗文化的魅力，促进民俗文化旅游开发。如2013年，设立的参赛作品内容是在2013年4月16日至18日百色市布洛陀民族文化旅游节活动期间，拍摄有关田阳县敢壮山一带的各项民俗文化活动内容，具有浓厚民族特色的人、景、物等摄影作品。摄影作品需在百色摄影网开设网上投稿，获奖作品均颁发奖金和荣誉证书。

5. 旅游商贸美食活动。每年布洛陀文化旅游节，商贸活动规模宏大。如2013年，旅游节商贸展区设在景区大门旁，共有120个标准旅游商品展位，主要展示本土特色的旅游小商品，有民间工艺品展示，果蔬、八角、干笋丝（片）等农副土特产品展销。景区周边设美食一条街，共有64个摊位，主要向游客提供各地的精品美食，有布洛陀生榨米粉、洞靖狗肉、玉凤香猪等一系列壮族风味美食，让前来参加旅游节的八方宾客不仅能领略到原汁原味的壮民族特色文化，还能品尝到香浓可口的传统美食，离开时也能带上一份旅游小商品留作纪念。

6. 布洛陀文化旅游节歌舞晚会。10多年来，每年几乎都举行布洛陀歌舞晚会。如2005年4月14日晚，广西田阳县新世纪广场灯火辉煌，一台展现壮族始祖布洛陀文化积淀的《布洛陀之夜》迎宾歌舞晚会隆重拉开帷幕。田阳县精心打造的原生态民族音乐《布洛陀圣乐》首次公开演出，富有布洛陀浓郁民族风情的歌舞表演，赢得了观众的阵阵掌声。2009年举行"布洛陀之夜"晚会，还推出布洛陀民族文化旅游节主题歌《敢壮山》，由著名歌唱家黄春燕献唱，并邀请广西焦点乐队、龙州女子天琴弹唱组合、平果哈嘹乐队、那坡黑衣壮演唱组合等区内著名乐队联袂演出，提升"布洛陀之夜"的名气。为了贯彻落实中央"八项"规定，从2013年开始，田阳县取消了布洛陀旅游文化节大型晚会，节俭办节。

二、越南雄王祭祀大典

（一）祭祀大典议程

越南对雄王祭祀大典有比较规范的制度，并建立数据库。2009年越南文化、体育和旅游部颁布了"祭雄祖日（阴历三月初十）纪念各位雄王仪式的指导"文件（以下简称"指导"文件）。根据该文件，越南全国所有省和直辖市皆须在三月初十举行祭祀或纪念雄王的活动——有雄王庙祠的省市组织进香仪式，由省人民委员会领导担任主祭；有与雄王相关信仰遗迹的省市按照地方传统组织祭祀仪式；没有雄王庙祠的省市则组织与祭雄祖日主题相关的文化、文艺和体育活动。此外，"指导"文件还对包括雄庙公祭仪式在内的各地的祭雄王仪式进行了规范和统一，从而使雄王祭祀形成了制度化。根据2009年越南颁布的"指导"文件，祭雄王大典议程在内容和仪式方面要求是：

1. 进香游行。进香队伍从义岭山脚下的行礼广场出发，经下祠、中祠来到位于山顶的上祠（又名敬天殿）。进香队伍游行顺序依次为：迎国旗、庙会旗标兵，迎花圈标兵（花圈的锻带上需写"代代铭记建国有功的雄王的功德"），两名扛枪标兵，8名手持香、花束、花篮的少女，百男团（由100名装扮成部落首领模样、手举会旗的青年男子组成，他们身穿肉色衣裤，肩上斜挎虎皮纹布，头巾前插三根羽毛——象征妪姬所生的一胞百男）。百男团之后是礼乐队和迎礼轿队、献供品队，主祭，地方领导代表，兄弟民族代表团以及参加进香仪式的同胞。走在进香队伍最后的是参加进香仪式的代表团，他们包括越南党政军领导及越侨代表等。祭祀大典对各界参节人员的服装有如下要求：服装以2004年越南文化通讯部批准统一的庙会服装为基础；主祭着紫红色祭服，与其他代表相区别；仪式、进香区的服务人员着薄纱祭服、头戴盘巾；参加庙会的女代表穿传统长衫，男代表穿深色西装；武装力量代表穿礼服；少数民族代表穿本民族的传统服装。

2. 进香进供祭拜。进香队伍从义岭山脚下的广场经下祠、中祠来到上祠区。礼乐队和迎礼轿队进入指定位置，礼轿中的供品被转入上祠前殿的香案上。后宫神位前则已提前摆上了猪首、方粽、圆粽、五果等供品。代表团在上祠前停下，省文化、体育和旅游局局长发"奏礼乐"号令，礼乐使用由文化通讯部批准统一使用的祭祀雄王的礼乐光盘。主祭人宣读祭祀理由、介绍参加进香仪式的代表；接下来主祭及领导人进香、花和供品。进香程序为礼乐队、迎龙轿队走在最前面，其后是置书案的文轿和盛供品的八扛轿；主祭带领进香团到香案前敬献方粽、圆粽、香、花等。供品为18个方粽、18个圆粽以及香花、水、槟榔、酒和"五果"。越南领导人一行进入上祠后宫，在雄王神位前分别献香、花、酒并祭拜。最后是代表团各位代表进香的环节。

3. 公祭演讲。进香完毕，越南领导人作为"主礼者"在公祭仪式上发表演讲。内容主要有：表达了对国祖雄王、胡志明、革命先辈以及所有为祖国独立自由、为人民幸福而英勇斗争的越南人的缅怀和感恩；回顾了越南历史上取得的伟大胜利和成就，肯定了越南共产党的领导路线和全党、全军、全民的团结努力；号召全国同胞和海外侨胞团结一心，为实现国家富强和胡志明"各位雄王们立国有功，我们要共同保卫祖国"的教诲而奋斗。

4. 行鞠躬礼。演讲完毕，进香团队伍全体行鞠躬礼。

5. 宣读祭文。在主礼者的授权下，越南国家文化、体育和旅游部领导恭读祭文。祭文一般分为"告祖"、"忆昔"和"庆今"三部分。也有总结地方工作的成绩、交代责任、下达任务的内容。其最早版本系由越南国内知名学者、劳动英雄武挑撰写于2000年雄王公祭前夕，此后历年的雄王公祭仪式皆采用该祭文，或在原文的基础上略作删改。2010年的祭雄王文在原版基础上有了较大改动：在"忆昔"篇进一步充实了越南的古史部分，并新增了对20世纪奠边府战役和抗美救国事件的讲述。祭文恭读完毕，宣读人在上祠外的石制香炉前点燃祭文，然后手持燃着的祭文，神情严肃、缓慢地围绕香炉边走边"化"，以告慰祖灵；祭文将要"化"尽之时，越南领导人在香炉前停下行鞠躬礼。

（二）雄王祭祀配套活动

在一年一度的雄王祭祀大典前后，还举行内容丰富的配套活动。主要活动包括各地举行雄王庙会、春歌表演、做糯米饭、包粽粑比赛。

1. 各地举行雄王活动。除了在主祭地富寿省外，越南全国各地还举行形式多样的雄王祭祀活动。如胡志明市举办了以"南方心向祖地"为主题的雄王庙会；位于西原高原的林同省，作为越南全国8个"望祭"地之一，举行了隆重的雄王祭典，吸引了众多除京族以外的少数民族同胞的参与。和富寿省人民一起举行雄王公祭活动的还有北宁、广平、永隆和隆安四省居民。和往年一样，海外越南游子也参加祭祖仪式。

2. 敬香迎轿仪式。如2014年，农历三月初六至初八，富寿省举行了缅怀雒龙君始祖和妪姬国母的敬香仪式以及遗迹区周边六乡、坊向雄王祠迎轿仪式。2013年雄王忌日暨雄王庙会组委会隆重举行雄王庙附近地区7个乡分的迎轿仪式，旨在弘扬越南人民崇功报德的优良传统。

3. 举办娱乐展览活动。如2014年，举行由西北地区8省、富寿省旅游协会及省内13个县市参加的西北旅游扩大展会；全国同胞向雄王庙进献的祭品和图片展；方粽子和圆糍粑制作比赛。2011年举行西北各省特产展览、工艺品展示、民族风情展示（主要是民俗表演）、美食展销等。

4. 举行雄王市值艺术交流晚会。2014年举行雄王庙会开庙艺术交流晚会，晚会分为"根源祖地"、"回归遗产家乡之旅"和"辉煌的祖地"三个部分。2015年将在越池市举行青少年春歌节及艺术表演等。

5. 宣传保护非物质文化遗产。重点是获得世界非遗名录的雄王祭祀信仰、春歌宣传和活态保护。

6. 举行学术研讨会、纪念会。2011年举行雄王信仰国际研讨会，邀请美国、法国、日本、澳大利亚、泰国、中国等学者参加学术研讨会。2014年，在富寿省举行胡志明主席参观雄王庙60周年纪念会。

7. 举行放生仪式。2015年将由张晋创主席上香缅怀历代雄王，并按传统风俗举行鲤鱼放生仪式。

三、布洛陀和雄王祭祀大典的异同及启示

（一）布洛陀和雄王祭祀大典及配套活动相同点

考察布洛陀祭祀大典与越南雄王祭祀大典，有许多相同之处。主要是：

1. 祭祀时间大体相同。布洛陀祭祀大典，一般在每年农历三月初三至初九，而雄王祭祀大典举行的时间大多在每年农历三月初十，只相差一天时间。

2. 祭祀议程及程序大体相同或相近。如进香进供、鞠躬、宣读祭文等议程基本相同。进香进供的动物和植物名称也大体接近。宣读祭文也是地方德高望重的人。

3. 配套活动内容基本相同。两地祭祀配套活动，一般都有学术研讨会、文艺晚会、民众表演、美食展销、商品交流等。

（二）布洛陀和雄王祭祀大典及配套活动相异点

1. 祭祀开场仪式不同。布洛陀是用击鼓开堂，吹号升旗的方式进行。而雄王祭祀大典则用仪仗队形式，并且有礼兵、乐队，还有象征姬姬所生的一胞百男的百男团等，其规模较布洛陀雄伟、彰显国家对先祖的祭祀。

2. 进香进供队伍组成不太相同。最大的不同是，从祭礼的执行者和参加者来看，每年雄王祭祀都有越南党政军要员来参与。雄王公祭仪式具有"国家庆典"的性质。在这场政治庆典中，地方官员担任"祭司"和"主持"，党和国家领导人是"主角"，全体国民以及海外越侨通过大众传媒或亲身参与成为这场庆典的"观众"，雄庙则是"剧场"。党和国家领导人作为庆典"主角"在雄王牌位前进香、祭拜，构成了雄庙公祭仪式最大的亮点。而布洛陀祭祀，参加者最高领导为省部级副职，省部级现任正职从未参加，表现出对布洛陀祭祀若即若离，深怕沾上"封建迷信"。

3. 祭文内容和重点不同。布洛陀祭文强调"民族团结，壮乡兴旺，富民兴

桂"。而越南雄王则更多强调：雄王祭祖日的重大意义；歌颂各位雄王的伟大功德；歌颂各位列祖列宗不屈不挠、坚强、不惜牺牲生命打击侵略者、捍卫祖国的精神以及全军、全民在祖国各场争取独立、自由抗战中的英勇精神。号召越南各族人民饮水思源，民族团结。

4. 参与性和法定假日不同。雄王公祭仪式具有全民性和法定假日，越南国家规定每年祭雄祖日（国礼日）已经成为越南民众的重要节日，全国放假过节。此外，雄王祭祀具有全国性，全国各地都举行。而布洛陀祭祀，自治区一级没放假，也不具有全国性和全区性，只是右江流域举行的祭祀活动。

（三）启示

通过对布洛陀祭祀大典和越南雄王祭祀大典的比较，主要有两点启示：

1. 民族民间信仰不是封建迷信，党政领导不要远离民间信仰。越南作为社会主义国家，也是由共产党作为执政党，他们每年都派党政军要员参加雄王祭祀，是执政党尊重民族民间信仰的表现，推进民间信仰有利于民族团结、社会安定。布洛陀祭祀是壮族民间信仰的重要体现，也是广西壮族最重要的始祖祭祀基地，自治区党政领导应该更加重视布洛陀祭祀活动，并理直气壮地参与这一活动。

2. 祭祀大典及其配套活动可打造成文化旅游品牌。越南雄王祭祀及其配套活动目前已经成为越南北方文化旅游的亮点，每年有几百万游客云集富寿省，当地获得了良好的社会效益和经济效益。因此，布洛陀祭祀也应该有条件打造成为桂西文化旅游的亮点，今后可在配套活动上下功夫，加大宣传力度，克服节庆文化旅游弱点，打造常态化的旅游热点。

〔赵明龙：广西社会科学院民族研究所研究员〕

布洛陀祭祀大典与越南雄王祭祀大典比较研究

黄桂秋

自 2005 年农历三月广西田阳敢壮山举行公祭布洛陀大典至今已足有 10 年，而田阳县民间自发组织的布洛陀祭祀大典活动，早在 2003 年、2004 年就连续举办了两届，这两届民间祭祀活动为 2005 年的公祭积累了经验，此后，每年一届的布洛陀祭祀大典仪式程序基本固定，祭祀盛况传播越来越广，影响越来越大，评价越来越高。笔者作为骆越后裔壮族的一员深感欣慰，令人鼓舞。2011 年初，笔者曾收到越南有关部门的邀请，前往越南观摩越南雄王祭祀大典及参加雄王信仰国际学术研讨会，尽管因故未能成行，但从此开始关注邻国越南同类性质的雄王祭祀大典活动，阅读了不少能找到的各种雄王信仰文献资料，于是就有了本文尚粗浅的比较研究，权当抛砖引玉。

一、布洛陀与雄王两位大神溯源

壮族是骆越后裔，壮族布洛陀信仰渊源于壮族布洛陀创世神话及创世史诗，神话史诗中的布洛陀形象属性是创世大神、始祖神，壮族民间麽教产生以后，布洛陀被尊为宗教神和道德神。从此，布洛陀就逐步成为各地壮族民众信仰崇拜祭祀的大神，兼有始祖神和宗教神双重身份。

据目前搜集的资料，布洛陀神话主要流传于珠江中上游流域，其中主要在红水河及其上游南、北盘江流域，左江流域，右江及其上游驮娘江、西洋江流域，红河上游盘龙江和普梅河流域。以行政区域考察，则主要分布在今广西百色市、河池市、崇左市、南宁市，云南省文山壮族苗族自治州、贵州省黔西南布依族苗族自治州、黔南布依族苗族自治州；在国外，据初步了解，越南北部地区、老挝和泰国也有类似布洛陀神话传说。① 关于布洛陀创世始祖的功绩，20世纪60年代初收集到的布洛陀神话说：古时候天地分成三界，天上面叫上界。地面上叫中界，地下面叫下界，上界由雷王管理，中界由保洛陀管理，下界由龙王管理。中界的保洛陀很聪明，他无所不知，无所不晓，人人都敬佩他，归服他，称他为"通天晓"，推举他为头人。他一生做了许许多多的事情：造房子、种五谷、养家畜、制万物、求雨生火，等等。20世纪80年代搜集到的布洛陀神话内容更丰富全面，包括：开天地、定万物、取火、开红水河、造谷物、造牛、教养家禽、造干栏房屋，等等。

  始祖神是指最初的祖先神，祖先神来源于祖先崇拜，亦即对祖先的鬼魂的崇拜，人们相信，自己的祖先死后所去的那个世界，跟人间一样，祖先的鬼魂也如生前一样，在那个世界生活。人们若祭奉周到，祖先便保佑子孙后代。始祖祖先的鬼魂比一般神的先祖受到更大的尊重，如果届时不隆重祭祀，始祖便会作祟害人。供奉祖先的目的，一是对祖先的怀念和眷恋；二是祈求祖先保护。当壮族麽教产生，壮族麽公把布洛陀树立为最高主神之后，这种祭祀活动已经不仅仅是把布洛陀当作某一家族、某一氏族的祖先，而是视为全民族的保护神来祭奉了。考察世界各民族宗教，人为宗教也好，民间宗教也罢，凡是居于主神地位，被称为圣灵的，都具备两个先决条件，一是至高无上的道德情操，二是法力无边的宗教力量，壮族麽教之所以把布洛陀崇奉为最高神，也是因为布洛陀具备了道德和法力方面的各种条件。比如前述的布洛陀创造万物和人类，是为了使世界变得生气蓬勃，繁荣美好。因此，布洛陀在创造万物和人类的同时，也规定了天地之间、万物之间和人类之间的关系，妥善合理地安排了万物和人类秩序。作为万物之灵的人类，由于他们的智慧比禽兽高，能力比飞禽走兽强，彼此关系更为复杂。布洛陀特别教诲人类，要人类懂得上下尊卑关系，互敬互爱，互相帮助，和睦相处，使人间变得和谐，使生活过得美好。布洛陀还教人远恶向善、惩恶扬善。教人在家孝敬父母，家庭和睦，在外尊老爱幼，与人为善；教人要勤奋劳动，勤俭持家；教人要勇敢正直，乐于助人，等等。布洛陀还通过麽公施法，用自己的神威和法力帮助人们驱魔妖，排解村寨乡邻之间的各种矛盾和纠纷，达到家庭和睦、社会安定的目的。总之，几乎所有为人处世的道理，家庭、村寨、社会的道

---

① 覃乃昌：《布洛陀文化体系述论》，《广西民族研究》2003年第3期。

德准则，都是布洛陀教诲的。布洛陀超凡的法术力量，主要体现在壮族布麽以布洛陀代言人的名义所从事的各种麽教法事仪式上，壮族民间在遇到丧葬、灾病等事情，都要请麽公来做麽，举行麽教法事仪式，超度亡灵，驱邪解难，祈请布洛陀的保佑，以求平安。麽公每次出门做麽时，必先给主神布洛陀神位上香，才能离家往主家做麽。在每次麽教仪式中，麽公都要先诵经恭请主神布洛陀降临神位，才正式进行各种麽教法事仪式。人们认为，必须敬拜布洛陀，请布洛陀降临神位，麽公做麽才会成功，法事才会灵验。麽教主神布洛陀的法力无边的超人本领，各地的麽教经书都给予极度的夸张、神化、渲染，目的是在民众面前树立起一个神秘的至尊、至圣、至高无上的教主形象。综合各方面的因素，布洛陀已从原先的创世神，始祖神上升到至高无上的圣灵，成为壮族民众顶礼膜拜的信仰偶像。壮族各地民间祭祀布洛陀大典由此而来。

越南雄王信仰最早也来源于民间流传的口头神话。如《雒龙君的故事》《文郎国的邻国》《山精和水精》《伞圆山神传》《圣董天王传》《金龟神传》，等等，尤其是《雒龙君的故事》在越南北方几乎家喻户晓。随着越南社会进入自主封建时期，越南国民的民族意识、历史意识不断增强，原先属于神话传说的雄王故事开始被纳入各类史书，雄王以越南开国始祖的身份得到朝廷上下的认可。13世纪黎文休原编，15世纪吴士连补编的《大越史记·外纪全书》卷一《鸿庞纪》载有雄王世系来历的传说：

> 壬戌元年，初，炎帝神农氏三世孙帝明生帝宜。既而南巡至五岭，接得婺仙女生王。王圣智聪明，帝明奇之，欲使嗣位，王固让其兄，不敢奉命。帝明于是立帝宜为嗣，治北方；封王为泾阳王，治南方，号赤鬼国。王娶洞庭君女，曰神龙，生貉龙君。
>
> 君娶帝来女，曰妪姬，生百男，是为百粤之祖。一日，谓姬曰："我是龙种，尔是仙种，水火相克，合并实难。"乃与之相别，分五十子从母归山，五十子从父居南，封其长为雄王，嗣君位。
>
> 雄王之立也，建国号文郎国。其国东夹南海，西抵巴蜀，北至洞庭湖，南接乌孙国即占城国，今广南是也……其曰文郎，王所都也……世世以父传子曰父道，世主皆号雄王。时山麓之民，见江河濮水皆聚鱼虾，为蛟蛇所伤，白于王，王曰："山蛮之种与水族实殊，彼好同恶异，故有此病。"乃令人以墨迹画水怪于身，自是蛟龙见之，无咬伤之害。

百粤文身之俗，盖始于此。①

以上文献至少明确了几点：一是中越两大民族同出一祖，二是雄王时代与中国先秦时期的骆越有密切联系；三是明确了雄王是越南的开国之君。此后，到了越南的阮朝，由阮朝嗣德皇帝主持、阮朝国史馆编撰的史书《钦定越史通鉴纲目》，进一步明确了雄王建国的正统思想："雄王建国，号文郎，都峰州。""鸿庞氏首曰泾阳王，相传我越之始君也，生貉龙君，王乃貉龙君之子也……貉龙君娶妪姬生百男，是为百粤之祖。推其长者为雄王，嗣君位，建国号文郎国，都峰州，相传十八世皆称雄王。""文郎建国，首标王统之原。"② 在"建国立统"思想指导下，阮朝统治者不遗余力地发展了雄王信仰。1917年，阮朝礼部准定国祭日为三月初十，并始行庆成大礼，由朝廷大臣及省部官员任主礼者。1923年，朝廷礼部又对雄庙祭祀的程序等做出了具体、统一的规定，越南国家祭祀雄王的传统由此正式形成。③

二、两地祭祀大典仪式过程要览

广西壮族布洛陀祭祀大典仪式史书没有记载，原因主要是壮族历史上没有建立过国家性质的地方政权，以及没有本民族的文字，好在壮族麽教形成以后，民间麽公用古壮字抄录麽教经书，可以证明民间祭祀布洛陀活动的存在。如壮族麽公每做一个法事，都要先祈请布洛陀降临法坛：

> 请布洛陀来到我就诉说，请布洛陀坐定我就喃唱
> ……
> 第一要拜天地，天地成全了我的心愿
> 第二再拜天地，天地让我通晓许多事理
> 第三要拜天德，第四要拜北辰……
> 第五请祖师，第六恭请祖教

---

① 朱云影：《中国文化对日韩越的影响》，广西师范大学出版社，2007年，第242页。
② 徐方宇：《越南雄王信仰研究》，世界图书出版公司，2014年，第95页。
③ 徐方宇：《越南雄王信仰研究》，世界图书出版公司，2014年，第153页。

第七请到布洛陀，麽渌甲一道降临
第八请到祖神，祖神婆一道降临 ①

2003年，笔者参加田阳敢壮山布洛陀文化考察，了解敢壮山一带每年民间祭祀布洛陀分为春祭和秋祭两次。

春祭布洛陀

农历二月十八开始，首先把祖公和母娘接上山人座，从农历二月十九一直烧香祭供到三月初七，并举行开歌仪式。到三月初九结束，历时二十天。

活动的规模：除了田阳县敢壮山周围方圆数十公里的村屯民众男女老少都来祭祀以外，田阳周边各县市前来参加歌圩盛会的有德保、田林、百色。田东、平果、隆安、巴马、凤山、凌云等县市的民众和歌师歌手。

活动的内容：上香火祭供，香火从敢壮山脚下开始一路沿着登山的路不间断延伸到山上母娘岩和布洛陀圣殿，这些香火都是登山朝拜的群众自发行为，这种沿绵数百米的香火奇观是敢壮山独有的。

祭祖供品：灯、香、茶、烟、酒、糖、果、饼、蜡烛、纸衣服、纸裤、纸鞋等。这些供品没有荤食肉类，每供一物都有一段唱词。

巫婆十拜：众巫婆（即"牙禁"）及其弟于20人以上集体祭拜布洛陀，众巫婆先是上香明烛，焚烧纸衣、纸裤、纸鞋，然后十拜布洛陀唱经词。

歌圩盛会：敢壮山歌圩又称春晓岩歌圩，是田阳乃至广西最大的歌圩点之一。

与其他民族类似的祭祀活动相比，田阳敢壮山春祭布洛陀活动有自己的特色。一是时间长、规模大；二是春祈以女性居多，求婚育，求子嗣；三是祈求农事，如种稻成谷，酿酒成浆，养猪猪肥，养牛牛壮等。

秋祭布洛陀

秋祭布洛陀带有还愿的性质，田阳敢壮山一带秋祭布洛陀的时间在农历十月初十那天，刚好是秋收完后尝新季节，敢壮山周围的壮族村寨每村由寨老凑钱买供品率各户长老挑着供品上敢壮山祭布洛陀，祭品与春祈不同，都是猪、鸡、鸭、鹅、牛、羊等肉祭品，祭祀的顺序按先来后到的顺序，一般离敢壮山较近的村先到先祭，如那贯、那务、那骂、那宁、那笔、那哒、那厚、那花、亭怀、塘鹅、塘布等，这些村寨不仅距离敢壮山近，而且传说这些村寨的名称来历都与布

---

① 张声震主编：《布洛陀经诗译注》，广西人民出版社，1991年，第5—8页。

洛陀有关。各村寨祭供布洛陀的程序如下：

（一）先由布麽主持仪式，燃香诵经恭请布洛陀降临。

（二）各村拿挑来的三牲——敬上神台，报告祖公布洛陀，摆祭品供给布洛陀灵位，敬供的祭品必须由还没有来月经的童女4个人，手奉供品选递给村里的长老，再由长老拿到祖神台前亲手祭供，然后由布麽在神台前念诵祭神经文。

（三）各村屯依次敬供完后，接着集体进供。

（四）众人完后，由布麽喃诵布洛陀造天地万物经辞。

（五）朝拜仪式完后，由麽头率领众徒；一般是9—12个，在布洛陀圣殿前的平台，按一定规则图案摆放120盏花灯，众麽公跳莲花灯舞，舞者每人手持一件乐器或道器，如锣、鼓、木鱼、竹板、扇子等等，边跳边敲边唱，唱词一般都是叙述布洛陀造万物的内容，曲调、有经调、有师公调、有唐皇调等。

跳完花灯舞后，由各村长老抱一盏灯回家，这盏花灯一路上要一直亮到家里，到家后就把灯放到自家神龛上，意为祖公布洛陀的神光照亮各家各户，各家各户就会兴旺发达。①

以上描述的壮族民间布洛陀祭祀仪式活动，是通过敢壮山一带的老人回忆记录的，新中国成立后，特别是文化大革命期间，民间祭祀布洛陀活动基本冲断。2002年开始恢复和重建布洛陀祭祀以后，敢壮山的布洛陀祭祀大典活动将春祭和秋祭合为一体。2005年，布洛陀祭祀大典在2003、2004年民间祭祀的基础上，正式以公祭的名义举办。祭祀时间为农历三月初八上午9点半至11点。主持人由原来的麽公黄达佳先生，改为曾担任过县人大副主任的黄明标先生。祭祀程序如下：

（一）开堂

1.开堂鼓。主持人上场，宣布击鼓开堂，鼓手重重地雷响第一声大鼓，并念"击第一次鼓，惊动雷王、人间、水神，三界三大王；击第二次鼓，惊动到天上、地下、水里，四面八方；击第三次鼓，惊动壮乡男女老少成群结队来朝拜布洛陀，朝拜母渌甲"。2.鸣牛角号。12只牛角号代表壮族12支系，同时吹响；3.在牛角号声中升起始祖旗。4.揭幕。梁庭望先生与戴光禄先生随着号角声揭开布洛陀神像的红帘幕。

---

① 参见黄桂秋：《壮族麽文化研究》第四章，民族出版社，2004年。

(二)开祭

1.击鼓奏乐。2.献祭进香。在一个头戴羽毛冠、身穿麽公长袍的民间艺人带领下，唢呐队、彩旗队、三个手捧果盘和经书的童女、长老进香队依次在神像前献祭。3.鸣炮。

(三)诵读祭词

1.宣读祭文。由广西壮族自治区原副主席张声震先生和广西百色市政协副主席黄健衡先生分别用壮汉语宣读祭文。2.读完祭文后，全场三鞠躬。3.鸣放鞭炮，舞龙舞狮。

(四)各村进献祭品、上香、退场。

(五)50名女艺人齐唱《十拜布洛陀》。

(六)万人进香。进香毕，大典结束。

综合壮族布洛陀祭祀大典，在民众热心、学者参与、政府介入等多方努力下，从原先民间祭祀仪式的简略到规范成熟，活动内容由此前的纯宗教性质上升到文化层面，祭祀规格由原来的民间操办到政府公祭，最终将冲断多年的布洛陀祭祀大典得以完整的恢复和重建。这是壮族布洛陀文化在现当代社会得到传承弘扬发展的重要里程碑。

越南雄王祭祀大典仪式也有一个从民间祭祀到国家公祭，从简略单调到成熟规范的过程。前述雄王祭祀确定为国家公祭的时间是阮朝(1802—1945)时期的1917年，制定规范祭祀大典程序的是1923年。现当代越南社会主义共和国时期，特别是2001年越南政府颁布"关于国家仪式和接待外国客人仪式"的决议中，祭雄祖日被定为越南民族的大型节日，其重要性仅次于国庆。该决议规定：逢末尾年号为0和5的特殊年份，雄庙礼会由国家文化通讯部和富寿省人民委员会共同组织(末尾年号为0)或由后者单独组织(末尾年号为5)，邀请越南党、国家、国会、政府、祖国阵线中央委员会的领导代表，以及各团体参加进香仪式；平常年份也由富寿省人民委员会组织，邀请文化通讯部的领导参加进香仪式并组织礼会的其他活动。[①]

平常年份的雄王公祭仪式

自2009年起，越南开始在祭雄祖日实行全国统一祭祖。颁布关于"祭雄祖日纪念各位雄王仪式的指导"文件，规定各地的祭祀雄王礼会必须在名称、时

---

① 徐方宇：《越南雄王信仰研究》，世界图书出版公司，2014年，第205页。

间、地点、场地部署、进香组织地、内容和仪式以及游戏娱乐等方面实行规范化、统一化。比如名称统一为"祭雄王祖";时间为阴历三月初十;场地部署规定:在通往礼会区的主路上挂宣传画、扎礼会旗和装饰旗;在最庄重的地方或礼会中心区扎国旗和会旗;正门悬挂的横幅统一写:"(阴历)三月初十祭雄王祖"。在内容和仪式方面,文件规定:

1. 供品:方粽18个(粽叶用鲜黄精叶,捆粽子的竹篾染成红色)、圆粽18个(贴红色"福"字),此外还有香花、水、槟榔、酒和"五果"。

2. 服装:以2004年文化通讯部批准统一的礼会服装为基础,主祭穿紫红色祭服;服务人员穿薄纱祭服、头戴盘巾;参加礼会的代表,女的穿传统长衫、男的穿深色西装;军人代表穿礼服;少数民族代表穿本民族传统服装。

3. 礼乐:使用由文化通讯部批准统一使用的祭祀雄王的礼乐光盘。

4. 仪仗队顺序:依次为迎国旗、礼会旗标兵,迎花圈标兵(花圈上写"代代铭记建国有功的雄王的功德"),两名扛枪的标兵,八名身穿传统长衫、手持香、花束、花篮的少女,礼乐队,迎供品队,主祭,地方领导代表,兄弟民族代表团,参加进香仪式的同胞。

5. 进香仪式:礼乐队、迎龙轿队走在最前面,接着是文轿(上置书案)和八扛轿(盛供品方粽、圆粽)。主祭带领进香团到香案前敬献花圈和供品,省文体旅游局长发"奏礼乐"号令,然后宣读祭祀理由、介绍参加进香仪式的代表,接着介绍并请主祭进香、花和供品。主祭行祭礼过程中奏礼乐,行礼完毕后主祭恭读纪念雄王的祭文,总结地方工作成绩、交代责任、下达任务。读完祭文,最后是各位代表进香环节。代表团各成员按主持人介绍的次序依次进入后宫进香祭拜。上祠进香完毕后,进香团沿下山台阶分别到雄王陵、中祠、下祠和井祠行祭拜礼,进香仪式结束。

特殊年份的雄王公祭仪式

相比平常年份,特殊年份的雄王礼会规模更加盛大,公祭仪式也更加繁复。以下以2010年的公祭仪式为例描述:

2010年雄庙礼会的公祭仪式按照2009年颁布的"仪式指导"文件要求进行。但因是特殊年份,雄庙礼会以国家级规格举办,时间从阴历三月初一持续到三月初十。与2009年相比,2010年的公祭仪式有以下不同:

首先,在进香队伍方面,标兵队队员增至八名,新增了两名开道的持剑者。礼轿比2009年的规格更高,是四面封闭的红漆贴金八扛轿;迎轿队成员来自头年参加赛轿会胜出的村社,他们身穿带有黄色补子的红色朝服,头巾前插三根羽毛。进香代表团的领导人除越南国家主席阮明哲、国家文化体育旅游部部长黄俊英外,还有国会副主席阮德坚、祖国阵线中央委员会主席黄担等。仪式主祭由越南国家文化体育旅游部副部长黎进寿担任。作为进香辅助人员的雄庙各祠庙祝身穿黑色薄纱祭服走在代表团前面。其次,进香仪式增加了演讲和化祭文环节。进香完毕后,阮明哲作为"主礼者"在上祠前发表演讲。他表达了对国祖雄王、胡志明、革命先辈以及所有为祖国独立自由、人民幸福而英勇斗争的越南人民的缅怀和感恩;回顾了越南历史上取得的伟大胜利和成就,肯定了越南共产党的领导路线和全党、全军、全民的团结努力;号召全国同胞和海外侨胞团结一心,为实现国家富强和胡志明"各位雄王们立国有功,如今我们要一起保卫祖国"的教诲而奋斗。演讲完毕,主祭恭读祭文,之后在石制香炉周围"化"祭文以告慰祖灵,祭文"化"尽之时主祭行鞠躬礼。再次,在祭文内容方面,祭文在2009年祭文基础上做了较大改动。全文分为"告祖"、"忆昔"和"庆今"三部分,其中"忆昔"篇进一步充实了越南古史内容,并新增了对20世纪奠边府战役和抗美救国战争所取得的伟大胜利的讲述。

三、壮族布洛陀与越南雄王信仰异同归纳

比较研究作为人文学科研究方法很早就运用于神话学、宗教学、历史学、文化人类学等学科领域。壮族布洛陀信仰与越南雄王信仰现在虽然属于不同国家、不同区域、不同民族、不同层次级别,但是历史上两者有许多渊源联系。探讨两者之间的异同,可以增进两个国家、两大民族之间的情感交流和文化互补,有利于促进两国传统文化的弘扬。特别是可以借鉴越南雄王祭祀大典的经验,规范完善壮族布洛陀祭祀大典的礼仪形式,提升壮族布洛陀信仰的文化内涵。

(一)布洛陀信仰与雄王信仰的相同点

1. 民族同源共祖:布洛陀信仰流传于中国广西壮族民间各地。壮族是中国南方百越民族骆越族群的后裔,布洛陀不仅是壮族的人文始祖,同时也与中国南方骆越后裔壮侗语各民族有密切联系。至今除了壮族,布依族、水族等还保留有布洛陀信仰,侗族、毛南族神话还有布洛陀神话原型遗存。历史上骆越族群的分布区域包括南越之西、西瓯之西南,即今广西南部、西南部,贵州中南部,云南东

南部,广东西南部,海南省及中南半岛北部。[①] 越南社会主义共和国位于中南半岛东北部,古代越南曾归属于中国封建王朝管辖,与中国古代岭南地区的广东、广西、云南等同属一个历史地理及民族文化区域。当今越南主体民族越族也是从骆越族群发展而来。越南雄王首先是大越民族的人文始祖,然后被确认为越南开国英雄先祖。

2. 信仰渊源相似:壮族布洛陀信仰渊源于壮族创世大神布洛陀神话,壮族民众认可布洛陀是开天辟地、创造人类万物的祖先英雄。壮族民间麽教产生后,人们又把布洛陀树立为麽教的祖神和至高无上的大神。此前,壮族布洛陀信仰属于原始宗教中的祖先崇拜性质,对于他的祭祀先是局限在家庭、村落、祠堂范围,壮族麽教由原始宗教形态往制度化的民族宗教转变以后,全民性的布洛陀祭祀活动才开始逐步形成。新中国成立后,特别是文化大革命期间,壮族布洛陀信仰祭祀被迫冲断,改革开放后特别是近年,布洛陀信仰祭祀得到恢复和重建,最后发展成全民公祭性质的布洛陀祭祀大典。越南雄王信仰同样渊源于民间流传的神话传说,在信仰的早期阶段,也是在家庭、村落、祠堂中进行祭祀,也属于原始宗教祖先崇拜性质。后来的雄王信仰虽然没有像壮族那样发展成民族宗教层面,但是,由于越南封建自主时期,各个封建朝廷出于强化国家独立和民族自立意识的需要,将神话传说中的雄王纳入国家正史,大力提升雄王作为开国英雄的地位,雄王信仰最终由民间祭祀活动上升到举国全民公祭的层面。法国殖民越南期间,雄王祭祀大典曾经被中断过,现当代越南独立后,尤其是革新开放后,雄王信仰祭祀大典很快得到恢复重建。

3. 祭祀时间相近、仪式大同小异:壮族布洛陀祭祀大典从民间到公祭,时间都是在农历三月初七、初八、初九这几天。祭祀大典仪式程序基本上是在民间祭祀仪式的基础上加以补充完善。越南雄王信仰祭祀大典时间也是三月初十,大典程序也是在延续民间传统祭祀基础上,逐步补充完善,提升祭祀的级别档次,大体包括进香、献花、上供品、诵读祭辞、朝拜、歌舞娱乐、文化商贸活动等等。

(二)布洛陀信仰与雄王信仰的不同点

1. 祭祀规模范围级别差异:壮族布洛陀信仰祭祀大典目前仅限于广西田阳县敢壮山,广西各地壮族民间以及云南省文山壮族民间虽然也有祭祀活动,但是规

[①] 王文光等:《百越民族发展演变史》,民族出版社,2007年,第109页。

模范围小，影响不大，祭祀时间、程序也不统一，壮族范围内的全民族公祭也仅有十年。越南雄王信仰祭祀大典早在封建自主时代的20世纪20年代，阮朝礼部就将三月初十雄庙祭祀准定为国祭日。进入21世纪，越南政府陆续颁布各种决议及文件，确立祭雄祖礼会为法定的国家公祭日，并对祭祀规模、仪式程序、服装供品等均作了统一规范。目前，越南全国共有1417处历史遗迹供奉和祭祀雄王，其中，富寿省就有326处雄王祭祀遗迹。雄王祠是越南全国雄王祭祀最大且历史最悠久的雄王祭祀信仰中心。近年越南举行的几届雄王祭祀大典，都有越南国家主席、党的总书记、国会主席、政府总理等高级别的领导人出席并演讲。

2. 文献资料、传承机制的差异：目前，有关壮族布洛陀信仰的文献资料较早的是20世纪50、60、80年代陆续搜集整理的布洛陀神话传说，属于口碑文献。20世纪80至90年代陆续搜集整理到壮族民间以古壮字记录，用于麽公法事的经书手抄本。此后陆续翻译出版了各种文字对照版本的文献，如《布洛陀经诗译注》《壮族麽经布洛陀影印译注》(1—8卷)、《布洛陀史诗》(壮汉英对照)等等，但是有关布洛陀信仰方面的汉文典籍至今阙如。历史上，壮族地区各个朝代的地方志、笔记野史等文献中，也找不到布洛陀祭祀活动的记载。而越南雄王叙事除了远古时期早就有貉龙君、雄王十八世、文郎国等口碑流传的神话传说之外，此后的越南郡县时期(前111—公元39)、封建自主时期(968—1945)、殖民地时期结束后的民主共和国时期、越南南北方统一至今的越南社会主义共和国时期，有关雄王信仰及祭祀活动的各种文献典籍、国家编撰的正史等(包括汉字文献、汉喃文献、拉丁字母越南文)不仅从未间断，而且愈加强化。如《雄庙玉普》《大越史记》《岭南摭怪列传》《钦定越史通鉴纲目》等。传承载体和传承机制方面，雄王信仰祭祀依托的各种雄王庙、祠、宫、亭、阁等古建筑及圣迹遗址遍布全国。雄王信仰发源于越南北部，主要集中在红河平原及越南东北部，但南方胡志明市雄庙遗址也有不少。2012年越南成功将雄王信仰祭祀列入人类非物质文化遗产代表作名录，预示了雄王信仰未来传承发展的美好前景。

3. 祭祀大典祭文比较：壮族布洛陀祭祀大典自2005年举行公祭，正式启用由广西壮族自治区原副主席、广西壮学会名誉会长张声震先生亲撰的祭文，全文如下：

> 惟公元2005年4月16日，岁在乙酉，节届清明。风和日丽，鸟语花香。壮族儿女，各方贵宾，汇聚于敢壮山之麓，谨怀诚挚之心，崇敬

之情，舞龙狮，奏雅乐，唱经诗，公祭我人文始祖布洛陀曰：

威威吾祖，功德何隆。开天辟地，创造万物，安排秩序，排难解忧，逐雷于天，驱虎于林，降额（水神）于水，三界三王，祖主大地，繁衍人类。创千秋之伟业，启万代之文明。珠江流域，举铲抡锛，造田造地，造村造屋，稻作文化，铜鼓文明，皆吾祖及子孙勤劳智慧之辉煌。瓯骆以降，秦汉统一，融入中华，延及僚壮。虽久历沧桑，然赖布洛陀经传，后裔不忘祖根，族源脉络清晰，那弄文化承传，代代自强发奋。英豪辈出，为国争光，为民前驱，为族就义，蔚我中华，第二大族。谨陈要端，告慰吾祖在天之灵。

世纪更新，改革开放，中华复兴，壮乡兴旺。布壮男女，民族精英，智士能人，普通百姓，秉承祖训，不断创新，富民兴桂，建设小康，步现代化，社会和谐。弘扬祖德，爱国爱乡，尊老爱幼，扶贫济困，弃恶从善，法纪伸张，重振壮族，报我祖恩，祈望吾祖，保佑子孙，安康进步，兴旺繁荣，大礼告成，伏惟尚飨！[①]

越南雄王祭祀大典公祭用的祭文有好几种版本，中国学者徐方宇著的《越南雄王信仰研究》一书，引录了2000年越南国家公祭用的公祭祭文，现将汉译版转录如下：

庆今：

铜鼓震撼，山川击动春雷；铜鼓声扬，宇宙弥漫灵气。全民谒祭雄王；全国恭行大礼。旗帜蔽途；钲锣震耳。光辉日月，青云白鹤，荡荡长天；灼耀山河，金星红旗，飘扬圣地。浪摇帆顺，三岔江灌润千方；虎耀龙飞，百峰岭朝归一址。从基图万丈高峰；再回顾四千年纪。云山：屹屹父恩；河水：滔滔母义。

忆昔：

母妪姬，在高山普布大仁；父龙君，于大海广施大智。色才匹配，今古奇逢；和合阴阳，鸳鸯媲美。家庭钟福，百卵百儿；山水有情；一心一意。谋生度日，艰苦百般；立业行程，迍遭无比。不管森林沼泽，

[①] 黄桂秋：《壮族麽文化研究》，民族出版社，2004年，第308—309页。

深山穷谷，依然勇往直前；至于虎豹鲸鲵病疾风波，一概轩昂无畏。分儿：两城营生；禅长：一男继位。江山一项，保持万代长存；林海无疆，共建四方雄伟。轩昂哉！扶董灭仇；勇敢矣！山精治水。褚童子合欢琵琶，爱情如静镜明珠；枚安尖制御天然，劳动表雄心壮志。荣光哉！十八王朝；显赫甚！一时盛治。经艰危，多次升沉；历考验，几回兴废。功劳开创一时；威德垂延百世。

且看：女英雄：赵女征王；男勇敢：冯兴李帝。吴王船浩荡百腾江；太尉令振鸣如月水。延洪会，齐呼决战，响彻云霄；兴道檄，慷慨措辞，奋兴将士。卧薪尝胆经十年，使王通魄落魂超；动地惊天只一阵，逼士议兵亡将毙。

二十世纪：越南崛起，取消帝制，胡伯名响亮东西；世界乘机，打碎殖民权，帝国梦变成云雾。可知：国富不只兵粮；民强还凭道理。视山河社稷为灵，以独立自由为贵。

我辈于今：

六十三省城想念祖宗，五十四民族寻根系。四方南北西东，百姓女男老稚。欣欢千里重逢，奉献一场大祭。仰求国祖万世英灵，抚喻子孙百条启示。

兹值：党成功，我党新启思维；民振奋，共同展开经济。富强大路渐渐开通，现代前途刚刚起始。但愿：一胞百子，相爱相亲，何戚与同；一本百枝，如漆如胶，和衷共济。恤孤慰老，义似芝兰；解厄除危，情同姐娣。向将来开敞心魂，为事业提高智慧。

胡伯教训："忠于党孝于民，完成任务艰苦不辞，战胜敌人险危不计。"又戒："富贵不能淫，贫贱不能移，威武不能屈。"胡伯训词，永铭心底。保持鸿貉万代精华，与振雄王千秋气势。①

比较两篇祭文，内容结构基本相同，格调高昂，文辞大气。壮族布洛陀祭祀大典祭文由广西壮族自治区人民政府原副主席、广西壮学学会名誉会长张声震于2005年亲自撰写，并在当年的祭祀大典上亲自诵念。壮族是中国56个民族大家庭中的重要一员，祭文的主旨是从中华民族多元一体、和谐共融的角度，既抒发

---

① 徐方宇：《越南雄王信仰研究》，世界图书出版公司，2014年，第208—211页。

了壮族同胞对布洛陀始祖的感念，更是一篇激励壮族民众热爱祖国，奋发向上，构建和谐社会，实现中华民族伟大复兴的精彩华章。越南雄王祭祀大典祭文则以"国家庆典"的名义，通过回忆4000多年前雄王建国的辉煌历史，激发国民的民族意识及文化认同，培养爱国主义情感。在赞扬越南民族英雄立国有功的同时，歌颂越南共产党领导人民反抗外敌入侵，开创社会主义革命和经济建设伟大胜利的丰功伟绩，号召全体越南人民为实现胡志明的遗愿共同奋斗。

四、借鉴雄王祭祀大典，提升布洛陀祭祀大典的建议

邻国越南与广西山水相连，民族同源，两国又同是社会主义国家，自古至今民间交流来往不断，民族文化相互影响融合。今后，除了国家间的文化交流正常化，广西壮族自治区与越南民族传统文化交流应继续加强，仅就壮族布洛陀祭祀大典和越南雄王祭祀大典而言，双方有不少值得互相学习借鉴的地方。

1.将公祭布洛陀提升为广西壮族自治区级别，布洛陀是壮族人文始祖，广西是壮族自治区。以前祭祀布洛陀仅限于民间自发，近年祭祀大典由百色市田阳县承办，2005年冠予公祭的名义，但光临的领导基本上是退休不在位的。今后应由自治区指定区民委或区文化厅直接主办，自治区主席或至少区民委主任必须出席祭祀大典。以往国家明文规定，国家干部不能参与宗教迷信活动，但是，近年我国各地的祭祀黄帝、炎帝及祭孔大典，已成为国家认可的文化复兴活动，布洛陀祭祀大典同属性质，不应例外。越南雄王祭祀大典于2009年列为国家公祭后，越南共产党的总书记、国家主席、政府总理、文化部长等在位的国家领导人以及富寿省各级领导，每年都先后亲临祭祀大典现场，并发表演说。领袖领导的这种姿态，体现了小国办大文化的雄心和气魄，值得我们深思。

2.把敢壮山布洛陀文化景区纳入广西十三五文化发展规划重点项目，按照功能齐全、壮族特色、庄重美丽的要求，完善各种基础设施，建设有级别、上档次的人文旅游风景区。目前，邻国越南共有1417处历史遗迹供奉和祭祀雄王，其中，富寿省就有326处雄王祭祀遗迹。为了保护雄王祭祀信仰文化遗产，几年来，富寿省已加大对各雄王文物遗迹的保护与修复力度，其中包括雄王祠国家森林公园、庙会中心地带、雄王塔、雄王文化旅游村、雄王文化馆、留念树区域等。但相比越南，我们差距尚远。近年田阳县通过招商引资，建起了布洛陀文化陈列馆、歌圩广场、文化广场等工程。如有条件，最好在景区开挖人工湖，目前

景区建设最大的缺陷是没有水景，缺乏灵气。人文始祖朝圣景区必须具备神圣和灵气，有山、有水、有树才有灵气。只有这样，才能逐步改变由原来每年举行一次祭祀大典的短期性、时效性向常态化、长效性转变，成为一年四季都有游客观光朝圣的人文风景名胜区。以上建议，单靠田阳县或百色市都难以承担，只有纳入自治区一级文化发展重点规划，目标才有望实现。

3. 加强对布洛陀文化与骆越文化之间关系的研讨，确立布洛陀在骆越文化中的核心地位，提升布洛陀祭祀大典在骆越后裔壮侗语族群中的影响，获取族群对布洛陀作为族群人文始祖的文化认同。历届布洛陀文化学术研讨会，曾有专家学者提出，布洛陀是珠江流域原住民的人文始祖的观点。但相关的探讨研究还不够深入。可以明确的是，壮侗语族分化之前，布依族、水族都存在布洛陀信仰；侗族、毛南族神话古歌中，也还有布洛陀神话原型遗存；黎族、傣族迁移较早，距离原居住地较远，布洛陀文化遗存不在，情况比较特殊。需要说的是，越南主体民族——越族，本来就属于骆越族群，雄王信仰源于越族，有关雄王神话传说与中国南方骆越文化有千丝万缕的联系，如果我们能把布洛陀文化与骆越文化的关系梳理清楚，那么雄王信仰与布洛陀信仰之间的关系也会水到渠成。这方面需要进一步地开展跨区域、跨族别、跨国别的整体研究。

4. 借鉴越南经验，组织力量，多方努力，将布洛陀祭祀信仰申报人类非物质文化遗产代表作名录。2006年，布洛陀入选第一批国家级非物质文化遗产代表作名录，归入民间文学类，具体包括神话、史诗、古歌、传说等，但是，这些民间文学作品产生的背后，则是布洛陀信仰，也就是说，信仰才是布洛陀文化的核心和本质。越南雄王祭祀信仰于2012年入选人类非物质文化遗产代表作名录，雄王信仰申遗成功体现了世界对越南人民精神生活特别是祖先崇拜的高度评价，在当今全球化的大背景下，申遗成功还体现了越南文化的活力，证明了越南文化有能力融入世界和世界文化。中国壮族布洛陀信仰同样可以融入世界，但是这种融入不是等来的，不是喊来的，而是需要我们具有文化自觉和文化自信，需要我们扎扎实实去争取，去努力！

〔黄桂秋：广西师范学院文学院研究员〕

布洛陀神话传承圈及其骆越文化之源*

李斯颖

一、狭义与广义的布洛陀神话流传圈

布洛陀神话传承圈可分为狭义传承圈和广义传承圈两种。狭义传承圈指仍有人能够讲述布洛陀神话、举行相关仪式及节庆活动、保存其相关信仰的壮族分布区。壮族聚居区是布洛陀神话流传的的核心区域。根据已有的出版物、内部资料以及个人的调查，我们可以勾勒布洛陀神话的大致分布范围。《壮族麽经布洛陀影印译注》(2003)中搜集到的经诗材料，其分布范围从广西右江流域、红水河中下游一直到云南文山州壮族地区。《壮族神话集成》(2007)一书搜集的布洛陀神话主要分布在广西河池市巴马县、东兰县，南宁市马山县、武鸣县、邕宁县，来宾市象州县，百色市凌云县、田阳县、西林县以及云南文山市等县市地区。我也曾经在广西、云南文山多处搜集到布洛陀的神话，与传唱布洛陀经诗的艺人访谈，并亲身参与过不少仪式活动，在此简单列出地点，以增强读者对布洛陀神话分布地区的印象。这些地方包括：广西百色市田阳县、田东县、平果县、那坡县，广西河池市天峨县、云南文山州广南县。由以上地点可以看出，狭义的布洛陀神话主要分布在红水河流域、右江流域以及云南文山地区。

广义的布洛陀神话传承圈除了狭义的布洛陀神话流传地，还包括布依族神祇报陆夺、水族神祇拱陆铎等相关神话流传地区，这两位神祇名称上与布洛陀相

---

* 本论文为 2014 年国家社会科学基金项目"台语民族跨境族源神话及其信仰体系研究"阶段性成果，项目批准号 14CZW070。

似，神话母题也多有雷同，属于百越文化发展的结晶，故而可以被划入广义的布洛陀神话圈。布依族的报陆夺神话主要流传于贵州黔西南布依族苗族自治州荔波、望谟、罗甸、册亨、贞丰等南部县市以及云南罗平县。水族拱陆铎神话则主要分布在贵州黔南布依族苗族自治州东部都匀市三都、独山、荔波一带，即云贵高原苗岭山脉以南的都柳江和龙江上游地区。由此，广义的布洛陀神话流传区域主要指南至广西右江流域，西至云南文山州，北至贵州黔南州，东至红水河下游来宾市一带。

覃乃昌先生曾将布洛陀定义为"珠江流域原住民族的人文始祖"[1]，该定义不但涉及布洛陀信仰的现状，还涉及族群的历史演化及文化变迁等。而本文立足点是神话，故更侧重有相关神话流传的区域。

二、布洛陀神话的七大母题与叙事链

布洛陀神话叙事有散体和韵体两种形态，包括了散体神话、经诗、歌谣等形式。它们形成于不同的历史阶段，拥有不同的文化功能，呈现出迥异的面貌。这些叙事虽然异彩纷呈，但仍然可以因"布洛陀"这一特殊的名称而构成一个叙事丛，形成一系列叙事文本群。经过几十年的多方搜集努力，目前大量相关资料已出版问世。梁庭望先生曾经将布洛陀神话内容归纳为主要四点：开创天地、创造万物、安排秩序、排忧解难。笔者以布洛陀口传神话、经诗的内容为基础，将布洛陀神话扩展开为七个主要叙事母题，即天地起源、顶天增地、四兄弟分家、造日月与射日、人类起源、物的起源、文化和社会秩序的出现。

1. 天地起源

布洛陀神话叙述了壮族先民对天地起源的看法。目前搜集到的口传神话与麽经手抄本显示，世界曾经处于一种"无"或者"混沌"的状态。古时候，"天未制什么，地未造什么，天未造樟树，地未造榕树，大门口未亮，王城柱未造，金银宝未造，天四角未开，众人不知数，那代未造天……"[2]

有的布洛陀神话版本中从一开始就描述磐石分成天地的过程。流传在广西巴

---

[1] 覃乃昌主编：《布洛陀寻踪——广西田阳敢壮山布洛陀文化考察与研究》，广西民族出版社，2004年，第260页。

[2] 张声震主编：《壮族麽经布洛陀影印译注》第一卷，广西民族出版社，2003年，第225—226页。

马的口述神话《布洛陀》说:"远古的时候,天和地紧紧叠在一起,结成一块,后来,突然一声霹雳,裂成了两大片。上面部分一片往上升,成了雷公住的天;下面部分一片往下落,成了人住的地方。"[①]

在已出版的《壮族麽经布洛陀影印译注》(2003)中,收录的29种经文里至少有7种抄本提及天地是磐石分裂而成的,是对天地形成最主要的观点。如《广兵叭用》里说在描述了世界的"无"之状态后,讲述了磐石分裂的过程:"天和地相罩,相罩似磐石,似块大磐石,似块高磐石,石头会翻滚,前人会变化,石头变两块,石头分两边,一片升往上,造成天装雷,一片降往下,变成地装人……"[②] 磐石在布洛陀神话中被视为造就天地的物质。

布洛陀神话中又有天地起源于三黄蛋的说法。流传在广西河池、云南文山一带的散体神话《布洛陀和姆六甲》说:"从前天地没有分家的时候,先是在宇宙中旋转着一团大气,渐渐地越转越急,越转越快,最后变成一个蛋的样子。但这个蛋和鸡蛋不一样,它内中有三个蛋黄。"三黄蛋被螟蛉子钻出洞来,爆成三片,一片飞到上边成为天空,一片下沉成为水,留在中间的一片,就成我们中界的大地。[③] 对日常生活中鸡、鸭、鹅等家禽由蛋发展成生命自然现象的长期观察,诱发了壮族先民对宇宙原始生命形态的感悟。

2. 顶天增地

在大多数的布洛陀神话中,天地形成之后并未是一种较完善的状态,故而要顶天增地。天不但被顶高了,地也被顶得往下沉,地也增厚了。天和地对应分离,显示出一种平衡和"三界"并行的世界观。广西巴马一带流传的《布洛陀》[④] 说,天地离得太近,人们便找布洛陀商量治理天地的办法。布洛陀号召众人,选取森林里最高最大的老铁木做擎天柱,一起把天顶上去。

3. 四兄弟分家

壮族神话中常见布洛陀与雷王、蛟龙、老虎等为兄弟的说法,在早期人类的思维观念中,人与周围的万物有着密切的关系,既存在着竞争关系,有各种冲突,也可能潜伏着各种危险,但他们都同为天地精华之子,他们的斗争导致了世界秩序的形成。一个《四兄弟分家》的口述布洛陀神话就描述了四兄弟斗争的内

---

① 农冠品主编:《壮族神话集成》,广西民族出版社,2007年,第35页。
② 张声震主编:《壮族麽经布洛陀影印译注》第一卷,广西民族出版社,2003年,226页。
③ 农冠品主编:《壮族神话集成》,广西民族出版社,2007年,第47—48页。
④ 农冠品主编:《壮族神话集成》,广西民族出版社,2007年,第35页。

容:"……他们商量一个办法,要大家赛本事。谁的本事最大,赢了就可以独吞布洛陀。赛本事的时候,也通知布洛陀参加。赛本事的办法是这样:把三个兄弟关在半山坡上一间茅草屋里,另外一个则在外边舞弄自己的本事,在屋里的人害怕了,就算输了。"[1] 结果布洛陀靠智慧、用火攻,赢得了比赛的胜利。

4. 造日月与射日

太阳、月亮这两个与人们生活最为密切相关的天体,在布洛陀神话叙事里也保留了不少母题,以合理解释它们的存在和运行规律。在广西河池、云南文山一带流传的布洛陀神话把太阳和月亮出现的原因说成是布洛陀的创造。布洛陀神话中造日月的情节叙述有时也和射日神话联系在一起,有特康、郎正等不同英雄射日的说法。

5. 人类起源

壮族人类起源的神话,与布洛陀有关。一般布洛陀不直接造人,他往往在造人最困难的阶段给予关键指点,才促成了真正意义上的人类出现。这特殊的过程展示了布洛陀的重要地位。比如麽经《布洛陀孝亲唱本》里说,天王氏造了人,但却无肉无喉,无腰无身,无脚无奶无睾丸。后来伏羲造了稻草人,稻草人才变成正常的人。但由于古时候米粒大,人吃了不聪明,伏羲王造十二个太阳,先是大旱三年河水断流,后再造水淹天,造雨淹云,地下全淹完,只剩下伏羲兄妹。兄妹做夫妻,妹怀孕生下来的人仔像磨刀石,丢弃野外。后来在布洛陀的指点下,兄妹杀牛祭祖宗,敬父母,人仔才有头有手,变成千人百人,各起姓氏。[2] 云南文山口头流传的《布洛朵》中有"娘侄通婚"的篇章,为兄妹婚神话的变形。

6. 物的起源

布洛陀神话中涉及了一些人类生存所依赖的、所伴随的关键物质和动植物,讲述了它们出现的原因与经过。这些物质和动植物,包括火、稻谷、牛、鸡、鸭、鱼等。布洛陀对发现和创造这些物质起了关键作用。

7. 文化和社会秩序的出现

文化的发展是人类进步的象征。在布洛陀神话中,文字隶书的创造也被赋予了神奇的色彩,被描绘成偶然事件和人类的幸运;神话背后的信仰与宗教力量被加以"神圣化"、"合法化",昭显其必要性与存在的价值;皇帝、土司等统治阶层

---

[1] 农冠品编注:《壮族神话集成》,广西民族出版社,2007年,第49—50页。
[2] 张声震主编:《壮族麽经布洛陀影印译注》第六卷,民族出版社,2003年,第1833—2015页。

的出现被赋予了"神意",变得名正言顺。除此之外,其他文化的逐渐出现,如人类会说话、学会造房子、会捕鱼、姓名的出现等等,都与布洛陀有着密切的关系。

布洛陀神话中最常见的这 7 个母题,构成了布洛陀早期神话的最基础叙事线:

> 在远古,天和地相连,光明黑暗不分,混混沌沌,昏昏沉沉。一个三黄蛋(一块磐石)形成了天、地、水三界。天地太近,布洛陀(用铁柱)撑开天。由于多种原因,太阳躲进了海里(或山洞)。公鸡被派去叫出太阳,从此大地恢复光明。布洛陀与雷王、蛟龙、老虎四兄弟分家。他(或让其他人)用泥土造人,或让洪水后躲过劫难的兄妹结为夫妻,天下才有了人烟。由于信使传错布洛陀的话,说成"人老了就死,蛇老了就蜕皮",人类才会死亡。英雄特枑、卜伯等,受布洛陀指点,有的是布洛陀的徒弟。布洛陀造火、寻谷种、造文字等等,创造了麽教及其仪式。布洛陀为人类分姓氏,王和土司出现管理人间。①

三、广义布洛陀神话在周边民族中的传承

1. 布依族报陆夺神话及其信仰

布依族的麽教以报陆夺为主神,他是布麽的祖师爷,他充满智慧,能帮助解决人类面临的任何难题,他洞察世界万物,才干突出。其原型被认为是"一位杰出的父系氏族或部落首领"。同时,报陆夺还被视为智慧神或创造神。布麽 WWB(男,1944 年生)说,麽经仪式中唱民歌(fwn)的时候,会提到报陆夺。他认为报陆夺是一个人,他死了之后,就变成了神,在天上作王。他是一个很聪明机智、很能吹牛的人,所以有专门的"摆报陆夺"歌(Lwn baux lwk duo),在夜晚守灵的时候唱。②

布依族的报陆夺神话更多保存在麽经之中。流传在安龙、册亨一带的布依族麽经中有丰富的造万物神话内容,如《造天造地》《造太阳月亮》《造星星造天河》《造雷造闪电》《造风造雨》《造乌云和彩云》《造人烟》《造年造月》《造山造岭》《造

---

① 李斯颖:《从现代人类走出东非到〈世界神话起源〉——兼论壮族布洛陀、姆洛甲神话》,《民族文学研究》2014 年第 3 期。

② 2011 年 8 月 30 日贵州贞丰县珉谷镇,李斯颖与韦文弼进行访谈。

树造藤》《造花造草》《造雀鸟》《造狮造虎》《造河造海》《造鱼造虾》《造弓造弩》《造火》《造稻造麦》《造棉造靛》《造歌造木鼓》《造月琴、姊妹箫》等。① 布依族的《赎谷魂经》内容与壮族麽经《赎谷魂》的内容亦多有雷同，包括了射日与洪水神话的母题。经文里说，古时候天上出现12个（10个）太阳，晒得大地干裂、岩石熔化，植物枯萎。王许愿说，谁能射下太阳，赏给他好田地。比香（或曰金）自告奋勇，翻山越岭找来金折树做弓，茅草秆作箭，飞上天射落了十日（或曰八日），射伤一日，王高喊住手："留下一个晒谷，留下一个照姑娘搓麻。"比香（金）下地找到受伤的太阳，并要求王履行诺言。王食言后，比香（金）一气之下抓龙虾当犁，抓巨蛇做纤绳，捉母猪龙（或曰狗）去犁田，激怒了天神。天神降下大雨，造成洪水泛滥，谷种全被冲走。洪水过后，人们发现斑鸠嗉囊里有谷种及各种粮食种子。人们取出栽种，大地重新长出农作物，人们和动物又有了食物果腹。② 壮族《赎谷魂经》所使用的仪式场合与布依族大致相同，内容也相去不远。但布依族的经文里更生动地讲述了发洪水的起因，而壮族神话中往往只简单地讲述洪水由一场大雨而引发。谷种的出现与洪水神话相挂钩是壮族与布依族共享的独特之处，洪水往往导致谷种被冲走。在壮族神话中，谷种被冲走之后，要经历更艰难和漫长的寻找过程。且谷种经历了由大到小、由一种到多种的变化。

除了麽经，在布依族民间还流传着关于布洛陀的散体神话、传说等。如布依族聚居的贵州扁担山，山上有一天然石头酷似一老人，当地布依族老百姓传说那是报陆夺的化身，固有"圣山"等传说。贵州贞丰双乳峰的传说也与报陆夺的弟子有关。③

布依族中也流传一则报陆夺之书被烧的神话，说报陆夺创教时经书很多，他自己精于卜算，料事如神。后来，七仙女下凡与凡人结婚生子后又回到天上，其子欲知母亲为何人，请报陆夺告诉他。报陆夺对他说，你七月七日在某处水边等候，将有七个女人在那里洗澡，其中的一位就是你母亲。这天，仙女之子遵嘱来到水边，照报陆夺指点认出了母亲，并随母上了天。仙女认为报陆夺泄露了天机，欲惩罚他，就让其子带着一壶"酒"去"答谢"报陆夺。以聪明善卜著称的报陆夺一时糊涂，打开壶盖后壶中的火苗一下子窜出来，烧掉了他不少经书，从此

---

① 周国茂：《一种特殊的文化典籍：布依族摩经研究》，贵州人民出版社，2006年，第11—14、190页。
② 周国茂：《一种特殊的文化典籍：布依族摩经研究》，贵州人民出版社，2006年，第31—32页。
③ 百度"双乳峰"词条。http://baike.baidu.com/view/143882.htm?fr=aladdin。

他的弟子都不如他会卜算了。① 这则神话受到汉族七仙女故事的影响，但与壮族布洛陀造字神话母题相似，都以此说明火灾损毁了本民族的文字及其载体，并导致了今日文字不发达、知识减少的现状。

布依族报陆夺与布洛陀的神话多涉及创世类的母题，在造日月、造物、文化的出现等内容上多有重合。

2. 水族拱陆铎神话及其信仰

水族信奉"拱陆铎"（goy^{5}ljok^{8}to^2），又写成"公六夺"、"拱六夺"、"拱略夺"等。"拱"是对年长男性的尊称，"陆铎"的发音与布洛陀的"洛陀"发音相去不远，二者更可能是水族和壮族先民共同信仰发展的结果。水书先生"艾莫"在各种祈求生产、节庆、丧葬上祈请拱陆铎赐福护佑。尤其是丧葬仪式上，特别要敬奉拱陆铎，追忆民族起源、繁衍、迁徙、繁荣的历史；驱逐恶鬼的仪式上，也要让拱陆铎来"截断"，让他们不再危害人间。② 公六夺的家族共有14个鬼，即俺六甲、公三辛、牙三乙、免四奴、补六夺、公六瓜、补哈浪、公乃西、牙伞尼、公启高、牙报补、补加西、尼加烟等，分管水族人日常生产生活、择时日之吉凶、护佑百工之事等等，民间在楼上或谷仓内对其进行祭祀。

在贵阳都匀阳和水族乡BQ寨，一位从事水族研究的蒙老师曾向我介绍当地拱陆铎的信仰情况。③ 他说，拱陆铎是民间信仰的创世者，水书先生在运用到水书时，都要先供奉拱陆铎。蒙老师的堂兄MYK就是一名水书先生，他虽然信奉拱陆铎，但并不将之写在供奉的牌位上，而是需要请拱陆铎护佑时焚香祭拜、进贡即可。如建房时候请水书先生来做仪式时，水书先生要请拱陆铎。同一寨子中，蒙老师的二伯母，原先也供有拱陆铎的牌位，后因遭受火灾后才不供了。有的木工，现在供奉鲁班，但有的也供奉拱陆铎。他们并不设立写有拱陆铎的牌位，而是指定一个地方，逢年过节去烧纸钱，拿酒肉祭供，并在那地方沾上鸡毛，表示自己已经进贡，以祈求拱陆铎保佑。因拱陆铎是最早的造房者，并且十分聪明，故而为水族木匠所推崇，希望得其护佑，这体现出水族人民对拱陆铎高度的心理认同。在民间，拱陆铎还具有一定的信仰约束力，作为道德准则、礼俗规则的评判者而存在，如果谁不遵守水族社会的秩序，将会被拱陆铎惩罚。

---

① 周国茂：《一种特殊的文化典籍：布依族摩经研究》，贵州人民出版社，2006年，第9页。
② 黄桂秋：《水族故事研究》，广西人民出版社，1991年，第25—26页。
③ 2011年9月5日，在阳和寨与蒙老师（男，1975年生）访谈。

在水族民间流传有关于拱陆铎的大量口头叙事，有的以水族单歌、双歌等歌谣形式传承，有的以神话、传说等散体叙事出现。这些口头叙事，歌颂了拱陆铎的丰功伟绩，如创制水书、教人们制造柴刀等各种生产工具、通晓宇宙和历法、掌握生死法术等。

如水族古歌中叙述水族先民住在岜虽山上，还生活在洞中，拱陆铎就教大家起房造屋，改善生活条件：①

　　陆铎最聪明，教用石头做柴刀；
　　陆铎最伶俐，教拿石头当斧头。
　　学用柴刀和斧头，教人起房又造屋。

歌中还叙述了拱陆铎的身世及其作为水族先民首领的身份：②

　　陆蒙公他是陆铎的父亲。
　　松落奶又生了四个女孩。
　　……
　　岜虽山顶上，干活真忙碌。
　　陆铎最伶俐，被推首领全拥护。

紧接着，古歌还叙述了拱陆铎如何创造经书的过程：③

　　陆铎最聪明，
　　他通晓日月星辰。
　　他写水书传后代。
　　写的水书指引后代人。
　　陆铎最聪明，
　　他通晓生死法术，

---

① 潘朝霖、韦宗林主编：《中国水族文化研究》，贵州人民出版社，2004年，第457页。
② 潘朝霖、韦宗林主编：《中国水族文化研究》，贵州人民出版社，2004年，第458页。
③ 同上。

掌握运行的日月星宿，
了解人间的善恶心肠，
与门徒共创立了水书。
……
他创造的水书，
有黑书和白书。
写黑书，
教人们惩治冤家对头。
写白书，
教人们掌握择日安葬，
使后代得安详幸福。

以双歌形式唱的《陆铎、陆甲造水书》说[①]：

初造人先造陆铎，陆铎公住燕子洞。
造陆铎也造陆甲，陆甲公住蝙蝠洞。
他两个水族远祖，给水家创造水书。
……
造天干也造地支，干与支推算时辰。
造日月也造四季，日与月日夜运行。
早四季分清冷暖，春夏暖播种五谷，秋冬冷收割备耕。
陆铎公聪明能干，水家人个个称赞。

水族民间还有关于拱陆铎的散体神话、传说等，在此简单复述。神话《泐虽被焚》解释了水书为什么只有几百个字：传说公六夺花六年时间创制文字，但因水书太厉害，能预见未来，推算过去，天皇便用小葫芦骗孩子将装满水书文字的房子烧了，只剩下几百个字。公六夺怕天皇再加害水族人民，后全凭记忆把文字装在肚子里，谁也偷不走。因此，水族文字只剩下全靠口传心记的几百个字了。《陆铎求学》说，开天辟地之后，水族人民推举六个记性最好、心地和善的老者

---

① 潘朝霖、韦宗林主编：《中国水族文化研究》，贵州人民出版社，2004年，第460页。

到仙人山向仙人学文字。仙人叫这六个老者把水族地方的各种牲畜、飞禽和各种用具画出来。仙人依照这些图样造出了水书。这六位老人学了六个年头，准备学成归乡，并把水书记在竹片、布片上带回。不料回家路上，其他五位老人都病死了，只剩下陆铎公历尽艰辛才把水书带回家，却又被哎任党（水语即"不认识的人"）抢走并付之一炬，只剩下陆铎公当时逃难揣在怀里的那本书，还有他脑海里记得的字。为避免哎任党的谋害，陆铎公故意用左手写字，还将一些字反写、倒写或增减笔画，形成了流传至今的特殊的水族文字。① 布依族关于文字被烧的相似叙事母题在前面已介绍过。

壮族麽经中也记录了大火焚书的神话母题。壮族称早在商代就已经出现的刻画文为 sawva（sau¹va¹），意为虫子爬出的花纹字，又因其重要性，被称为"根书"、"本源书"（sawgoek）。《摩兵布洛陀》经诗曾叙述人们钻木取火之后，没有找到好的安置之地，引发大火，"lemj daengz bonj sawgoek"（烧到本源书），使得"本源字烧光"，"四千象形字，灰粉随风扬"。②

在水族、布依族和壮族神话中出现的大火烧毁字书的说法，或有其历史根据。在这些民族先民发明了早期文字之后，适逢秦始皇于公元前219年派出50万大军，向岭南进发，5年后攻下岭南，设桂林、南海、象三郡。公元前213年，秦始皇采纳李斯的建议，下令焚烧《秦记》以外的列国史记，对不属于博士馆的私藏《诗》《书》等也限期交出烧毁。且秦始皇在统一六国之后，就推行"书同文、车同轨"的政策，因此，在并入管理领域的壮侗语族群先民地区采取焚书、推行秦朝文字不是没有可能的。这种记忆被存留在侗台语族先民的神话之中，并随着民族的分化而继续被用来解释今日本民族文字的现状。

从以上描述中，可以获得对拱陆铎的一个总体印象：即水族先民中最有智慧、最聪明、创造了水书并被大家推举为首领的一个祖先。他的这些特质与壮族布洛陀的地位和功绩较为相似，关于二者的神话具有许多相似的叙事母题，试列举如下：

（1）被誉为本民族中最聪明的祖先

（2）被推举为人类的首领

（3）教人们盖房，自己却居住在山洞

---

① 邓章应：《水族文字起源神话研究》，《贵州民族学院学报》2012年第1期。
② 转引自梁庭望：《壮族文化概论》，广西教育出版社，2000年，第496—497页。

（4）他创造了文字、历书，教会人们按历法时序生活

（5）他教会人们通过仪式活动，来趋利避害

从神名、神话叙事到民间信仰的表现，拱陆铎和布洛陀所具有的共性，让我们更坚信二者应为早期水族和壮族先民共同信仰分化的结果。

3. 毛南族的卜罗陀神话

毛南族是我国多民族大家庭中人口较少的一个民族，中华人民共和国成立后，毛南族被认定为单一民族主体"毛难族"，1986年经国务院批准更名为"毛南族"。毛南族主要聚居在广西壮族自治区河池市的环江、金城江、南丹、宜山、都安等县市，此外还有部分分布在贵州黔南布依族苗族自治州的平塘、惠水、独山一带。目前，广西环江毛南族自治县是全国唯一一个毛南族自治县，贵州省平塘县卡蒲毛南族乡是全国唯一一个毛南族自治乡。其中，环江毛南族自治县的人口为58988人，占全国毛南族人口的50.9%。

卜罗陀是毛南族人民信仰中的一位"仙家"，他有主宰万物、安排自然界秩序的能力。在民间搜集到的卜罗陀神话有两则，即《为什么老虎生仔少》和《拱屎虫的故事》。《为什么老虎生仔少》讲述的是卜罗陀因为老虎本性凶恶残暴，故而改变了让老虎"一年生十二窝，窝窝十二个"的嘱咐，让黄麂吓唬老虎，老虎忘记了卜罗陀的嘱咐，又回来询问，卜罗陀就让老虎"生只生一个，不然就绝窝"。《拱屎虫的故事》里说拱屎虫忘记了卜罗陀交代的毛南地方"一分山、二分地、七分田"的叮嘱，说成了"七分山、二分地、一分田"，造成了毛南族地区石山重叠，田地稀少。卜罗陀又叫它传话人间"三天吃一餐"，它又传成"一天吃三餐"。卜罗陀生气地罚它下到人间来拱屎。① 这两篇神话均是在环江县下南乡搜集到的，从地域来看，当地毛南族处于小聚居、大杂居的环境之中，毛南族文化被包围在壮族文化环境之中，彼此之间借鉴和交流是必然趋势。毛南族的仪式巫辞和民间歌谣中也有不少使用壮语演唱，可见毛南文化与壮文化之亲近与密切。以上这两则毛南族神话在壮族布洛陀神话中也有极为相似的异文，如巴马壮族流传的《为什么老虎生仔少》只把黄麂改成了黄猄，把"一窝生十二个"改成了"一窝生十个"；在广西河池、文山流传的布洛陀神话中也有屎壳郎传布洛陀错话，说"人一天吃三餐，人老了就死，蛇老了就蜕皮"。布洛陀就罚它专门拱

---

① 袁凤辰、苏维光、蒙国荣、王戈丁、过伟编：《毛南族、京族民间故事选》，上海文艺出版社，1987年，第357、364页。

屎堆。① "卜罗陀"和"布洛陀"发音相似，所流传的故事内容大致相同，流传范围亦十分接近，可被视为民族文化交流的结果。在毛南族中，虽然有卜罗陀的信仰，但尚未发现相关仪式支撑，因此，关于卜罗陀的神话大致可推断是受到了壮族文化的影响。

4. 布努瑶族密洛陀神话及其比较

布努是瑶族中的一个大支系，目前人口约有40多万。他们从洞庭湖、武陵一带迁徙而来，目前主要聚居在广西都安、大化、巴马三个瑶族自治县以及马山、上林、东兰、凌云、田林、田东及云南富宁等县。② 布努瑶使用的是苗瑶语族苗语支"布努"语。他们长期和壮族毗邻杂居，形成了处于壮族大文化圈内的布努瑶小文化圈。布努瑶的语言使用分为四种情况，即日常所使用的交际语言、年轻人谈恋爱所使用的"撒露"语言、中老年人演唱民族史歌所使用的"盼"语、巫公和麽师祭祀鬼神所使用的"撒耕"语言（宗教语言）。其中，"盼"语是单纯以古壮语语词、古瑶语语词混合构词的语言；"撒耕"语最为古老，是由古汉语语词和古瑶语语词混合构词的语言，也是巫师演唱《密洛陀之歌》的语言。③ 可见，布努瑶族自从洞庭湖一带迁徙到壮族聚居的红水河流域时，与当地壮族文化的交流较为密切。正如农学冠先生所言："如瑶民聚唱《密洛陀》，除用本民族语言和混合一些较古的壮语来演唱。从此可看出瑶族接受了汉壮族的文化，而听瑶民聚唱《密洛陀》的壮民也接受瑶族的古老文化，因为壮民听懂瑶民所唱的壮话，从而受到神话艺术魅力的吸引和再传播。"④

密洛陀神话内容主要保留在"密洛陀古歌"之中。以2002年出版的《密洛陀古歌》为例，古歌中分为"造神"、"造人"两个篇章。"造神"篇包括"密洛陀诞生"、"造天地万物"、"封山封岭"、"造动物"、"迁罗立"、"射日月"、"抗旱灾、"看地方"、"罗立还愿"9个部分，讲述符华赊·法华凤靠施符诵法生了4位始祖神——种子神、水神、雷神和人类神。人类神即为密洛陀。密洛陀用"气"和"风"孕育造神，造了14位"工神"，他们为人类世界服务，各司其职进行创世。密洛陀还叫风孕育而生六大武神及三位女神，他们射日月，与太阳、月亮、蝗虫、猴子、天旱灾害进行抗争，创造出一个适宜人类居住、发展的环境。密

---

① 农冠品编注：《壮族神话集成》，广西民族出版社，2007年，第36、50页。
② 张声震主编：《中国瑶族布努支系·密洛陀古歌·序》，广西民族出版社，2002年，第1页。
③ 张声震主编：《中国瑶族布努支系·密洛陀古歌（上）》，广西民族出版社，2002年，第40页。
④ 农学冠：《岭南神话解读》，广西民族出版社，2000年，第88页。

洛陀造天地，种树植草，造出水和雨，并造出各类飞禽走兽。"造人"篇包括"造人类"、"分家"、"密洛陀寿终"、"逃难"、"各自一方"等。密洛陀又先后用糯米饭、酒曲、泥土、石头、铁来造人，均以失败告终。最后，密洛陀用蜂蜡造人，造成了世界上最初的4对男女。他们分成4个族群，第1对男女是大汉族，第2对男女是本地的汉族，第3对男女是壮族，第4对男女是布努瑶族。4对男女分家，到了不同的地方居住。第4对男女来到山里，结为夫妻，生下4男3女，为蓝、罗、韦、蒙4姓。后来，瑶人因为办婚礼的礼仪超过大汉族而被攻打，瑶人逃到深山密林去隐居。密洛陀古歌中还提到各类祭祀活动，包括罗立还原、祭生育神、为密洛陀"补粮"、大还愿以及各类大祭等。[1] 布努瑶族民间还流传着关于达努节的神话传说等。如神话《达努节》[2] 中不但解释了达努节的由来，而且栩栩如生地描绘了密洛陀及其配偶布洛西如何出现、创造世界万物和人类的过程。

农学冠先生曾做过密洛陀与布洛陀神话内容的列表比较，笔者在此基础上进行了添加：

密洛陀与布洛陀神话主要内容比较

密洛陀（女）	布洛陀（男）
4位始祖神（种子神、水神、雷神和密洛陀）	天地最初4王（雷王、图额、布洛陀和老虎）
造神	造神
射日月	射日月
抗旱灾	（找水）
造天地山川	造天地山川
种树植草	找谷种
造水、雨	找水
造飞禽走兽	造各类动物，尤其是家畜家禽
造人	造人
人类分家	四兄弟分家
人类迁徙	无
各类祭祀活动	造麽，确定仪规
布努节	无
杀老虎	无

---

[1] 张声震主编：《中国瑶族布努支系·密洛陀古歌·序》，广西民族出版社，2002年，第4—5页。
[2] 陈玮君编：《世界著名民间智慧故事选》，河北少年儿童出版社，1987年，第344页。

续表

密洛陀（女）	布洛陀（男）
造房屋	造房屋
无	造文字历书
无	造铜鼓
无	造皇帝土官
无	造皇帝土官

从表格对比中可以看出，布努瑶民和壮族人民在世界的最初结构方式、创世的始祖内容上保持了较高的相似性。二者神话叙事的韵文篇章都主要采取对偶排比的五言句式。始祖神不但开辟了人类生活的空间，还创造了各种适合人类生存发展的自然空间，使人类得以解决温饱、居住等各类基础的生存问题。布努瑶有较长的迁徙历史，最终来到红水河流域居住。在密洛陀神话中也反映了这段深刻的族群历史记忆。由于壮族是土著居民，社会发展较快，布洛陀神话中更注重反映文字和文明的发展、社会统治阶层的出现、社会秩序的构建、贫富的差距等等，展示出父系社会的繁荣发展。密洛陀神话通过讲述人们要过布努节的缘由，强调了密洛陀在布努瑶历史中的重要作用，神话、节日及仪式的多方营造，使密洛陀得以作为布努瑶文化的象征积淀至今，并带有更多的母系氏族社会女性崇拜的色彩。

正如农学冠先生指出，"红水河是《布洛陀》和《密洛陀》的故乡"[1]，二者流传的地域有一定的重合。作为文化上互通有无的两个民族，密洛陀和布洛陀的神话存在相似之处是必然的，但由于两个民族所经历的历史与社会发展阶段、所采取的生产方式、经济模式、文化传播与交流的不同，都使密洛陀和布洛陀信仰及其叙事带有具体内容及细节上的诸多迥异。二者都是汇聚了本民族智慧与信仰的结晶，是本民族文化独特精神的再现。

四、布洛陀神话传承及其骆越文化之根

笔者曾在《骆越文化的精粹：试析布洛陀神话叙事的起源》（2011）一文中，

---

[1] 转引自农学冠：《壮族〈布洛陀〉与瑶族〈密洛陀〉的比较》。见农冠品、过伟、罗秀兴、彭小加主编：《岭南文化与百越民风——广西民间文学论文集》，广西教育出版社，1992年，第44页。

结合布洛陀神话内容、考古出土、民族传统文化、史料典籍、民族渊源关系等方面材料,论证布洛陀神话叙事为早期骆越文化的重要组成部分,是骆越鸟图腾信仰的结晶。[①]

除了壮族,布依族、水族、毛南族亦同为骆越后裔。布依族是南北盘江、红水河流域及其以北地带的土著居民,他们的主体来源于百越中的骆越。在《布依族简史》中,这一观点得到了学术界的肯定:"布依族来源于百越族系中骆越人的一支","布依族族源是由秦汉时期古代越人中的一支'骆越',以及后来的'俚'、'僚人'、'蛮'、'仲家'逐步发展而形成的"。[②] 同时黔南的部分布依族,也有从广西迁徙而来的。布依族继承了骆越的诸多文化基因。《广州记》中曰:"交趾有骆田,仰潮水上下,人食其田,名为骆人,有骆王、骆侯,诸县自名为骆将,铜印青绶,即今之令。"从字面上来解释,骆田即骆越之田。至今民间还有"纳洛(那骆)曼"、"纳洛加"等田名,都是骆田文化的一种历史延续,说明布依族也是稻作民族。布依族居住干栏,仍保留纹身习俗,以铜鼓为尊,盛行鸡卜,这些都是骆越文化的特征。

对于水族的来源,虽然还存在一定的争议。但《水族简史》(2008)中的意见代表了大多数专家学者的看法:"水族是由'骆越'的一支发展起来的。"[③]

水族民间的古歌谣曾叙述,水族人民原先住在邕江流域的"岜虽山"地区,但是由于战乱连连,民生不安,他们便朝西北方向不断迁徙,沿河而来到河池、南丹一带,再溯龙江而上,到达了都柳江流域。从此,他们生活在贵州、广西两省交界之地,逐渐形成了新的单一民族——水族。水族的迁徙古歌《在西雅,上广东》中唱到:"古父老住在西雅。从西雅上广东,在广东做不成吃,在广西积不起钱。哥沿浑水上去,弟顺清水下去,中间公渡过了河,过浑水来到丹州(今广西南丹)。"[④] 歌中的"西雅"即"岜虽山"一带。顾炎武《天下郡国利病书》中有云:"牂牁西下邕、雍、绥、建,故骆越也。""今邕州与思明府凭祥县接界,入交趾海,皆骆越地也。"由此可以看出,今贵州南部至南宁、宾阳一带,都是骆越的故地,是水族先民曾经生活过的地方。

水族的生活习俗、民间信仰、人类体质等诸多方面都和其他骆越后裔有相

---

① 李斯颖:《骆越文化的精粹:试析布洛陀神话叙事的起源》,《百色学院学报》2011年第6期。
② 《布依族简史》编写组、《布依族简史》修订本编写组:《布依族简史》,民族出版社,2008年,第11页。
③ 《水族简史》编写组、《水族简史》修订本编写组:《水族简史》,民族出版社,2008年,第5页。
④ 黔南文学艺术研究室:《水族文学史》,贵州人民出版社,1987年,第69—70页。

似、相通之处。水族喜欢食鱼以及各类水产，在各种祭祀、婚丧嫁娶仪式中都少不了鱼，这亦是临水而居、耕种水田的骆越族群传统。水族人贵铜鼓，在丧葬、节日等特殊时刻均使用铜鼓，以为神圣。水族的妇女发式，依然保留了古老的"椎髻"。水族的房屋，多为木制，保留了"干栏式"建筑的格局。传统的石棺也保留了干栏式样。从民间信仰来看，水书先生所供奉的始祖"拱陆铎"（$goy^5ljok^8to^2$）与骆越后裔壮族的始祖"布洛陀"（$pau^5rok^6tau^2$）、水族民间的"搭桥接花"与壮族的"花婆"信仰都存在一定的共通性。

毛南族先民原来生活于广西东部和广东西部的海滨一带，隋唐时沿柳江、龙江而上，向西北迁徙，在广西环江县茅滩一带定居下来，此后其族称逐渐见诸典籍。又有部分毛南族先民继续溯江西进，来到贵州，即后来被称为"佯僙人"的布依族先民[1]。广西东部和广东西部一带原为骆越故地。今海南省、广东省的雷州半岛、广西的东南部，即现今茂名至南宁的铁路线以南，至越南的中部，都曾有骆越人聚居。如清代《康熙字典》有载，今广州番禺区之西南为骆越之地："舆地志云：交址，周时为骆越，秦时曰西瓯。文身断发避龙，则西瓯骆又在番吾之西南。"故从源头上来考察，毛南族先民属于先秦时期的骆越族群。同时，历史上南下的汉族人、其他族群的部分成员亦不断进入毛南族先民聚居区，融入毛南族族群之中，使毛南族族群更加壮大，成分更为多元，并形成了谭、覃、卢、蒙、韦、颜等姓氏。

根据以上壮族布洛陀、布依族报陆夺、水族拱陆铎、毛南族卜罗陀神话的流传情况，可以看出，在广义的布洛陀神话传承圈内，布洛陀神话享有一定的共同母题，传承着早期同样的文化基因，与岭南早期的骆越文化也有着深厚的渊源。无论是壮族、布依族、水族、毛南族，都是骆越先民的后裔，布洛陀早期神话从骆越族群生活的中心区域随着人口的流布形成了今天的传承格局，并形成了具有不同民族特点的表现形态。而居住在桂北、桂中一带的布努瑶族文化则受到了骆越后裔文化影响，这在其悠久的密洛陀神话及其信仰之中都有所体现。

〔李斯颖：中国社会科学院民族文学研究所助理研究员、文学博士〕

---

[1] 梁敏、张均如：《侗台语族概论》，中国社会科学出版社，1996年，第26页。

道教与壮族麽教关系浅析

时国轻

一

　　道教是我国现有五大合法宗教中唯一土生土长的大型宗教。道教源远流长，已有1800年以上的历史，其主要来源有古代宗教和民间巫术、战国至秦汉的神仙传说与方士方术、先秦老庄哲学和秦汉黄老之学、儒学和阴阳五行思想以及古代医学和体育卫生知识等等。因此，道教的史前史可追溯到远古社会，其发生与先秦文化更是密不可分；道教的宗旨是"尊道敬神、修道成仙和求福消灾"，其信仰追求的最高目标是"长生不死、得道成仙"；道教"包罗万象、贯彻九流"（陈撄宁语）是内涵丰富、结构复杂的文化体系，它与中华民族尤其是汉族的民间信仰（文化）有着血肉般的密切联系，对中国文化的影响具有全局性、持久性，其影响远远超过其教徒的范围而达到社会各阶层、各领域、各地区，与其他宗教相比更能体现中华民族特别是汉族的思想信仰、民族性格和生活习俗的特质，故而，鲁迅先生说"中国根柢全在道教"。[①]

　　壮族麽教是以布麽为神职人员、以司麽为主要经典、以古麽为主要宗教活动的壮族原生性民族民间宗教。壮族麽教是壮汉文化长期交流互动的产物，是壮族原始宗教文化受到以佛、道教为主的汉族宗教文化的刺激，吸收佛、道教的形式

[①] 以上有关道教之概述均采纳笔者导师牟钟鉴先生的有关观点，详见牟钟鉴、张践:《中国宗教通史》，社会科学文献出版社，2002年，第258—266页；张志刚主编:《宗教研究指要》，北京大学出版社，2005年，第43—73页。

和内容而形成的。壮族麽教具有悠久的历史、丰富的内涵和独特的价值，它深深植根于壮族人民的灵魂深处、广泛融会在壮族人民的日常生活之中，虽然在历次运动中不断受到打击，至今仍然顽强地生存在壮族社会中，尤其是受现代文明影响较小的边远山区。尽管如此，"壮族麽教"这一名称的明确提出却是近几年的事，它是壮族学者在发掘、整理和研究壮族民间故事、神话传说和民歌唱本（尤其是布洛陀神话传说、唱本）的过程中逐步认识、确认和提出来的。

对道教与壮族麽教关系的研究不仅有利于我们认识和研究壮、汉传统文化的关系，而且对我们了解和认识中华民族多元一体的宗教文化生态也有着积极的意义；对道教与壮族麽教关系的研究不仅能为宗教学的发展提供更多、更丰富的历史资料，有一定的理论价值；而且对我们正确处理当代民族与宗教问题、构建和谐社会具有重大的现实意义。

遗憾的是，学者们对壮族麽教的认识时间较短，研究成果也较少，到目前为止，以壮族麽教为研究对象的专著尚未问世，研究论文也仅4、5篇，其中尚未发现以壮族麽教和道教关系为主题的研究，在现有的研究中涉及壮族麽教和道教关系的篇幅亦很小，进一步研究的空间还很大。本文拟在前人研究的基础上，结合笔者的田野调查，对麽教和道教的关系作以粗略地梳理。

二

笔者认为对壮族麽教和道教关系的研究应该放在历史的广阔背景中加以观照，放在壮汉文化交流互动的历史长河中加以审视。

壮汉文化的交流历史较为久远，而真正深入的、全方位的交流应该是在壮族地区纳入中央集权的秦朝以后，因此，从秦朝开始，随着中央王朝对壮族地区政治统治的不断加强，伴随汉族传统文化的南传和壮汉文化的交流互动，尤其是东汉以后道教、佛教等汉族宗教文化在壮族地区的传播，壮族原生性的宗教文化开始与以道教、佛教为代表的汉族宗教文化交流、碰撞、融合。在这个交流互动的过程中，一方面，壮族民族宗教开始涵化创生性的道教、佛教的成分而逐步完善，壮族原始宗教对道教等汉族传统宗教的形式和内容的涵化使得其教义从口耳相传发展到用古壮字[①]记载而形成相对固定的司麽（麽经），相对固定的司麽（麽经）的出现标志着相对成熟的壮族麽教的形成。因此可以说，道教等汉族宗教文化是麽教形成的诱因，对麽教的形成起了促进、提升作用。如果没有道教等汉族宗教文化的传入和刺激，壮族原始宗教向成熟的原生性民族民间宗教——麽教的发展可能有更长的路要走；另一方面，在道教传入壮族地区时，很快与"信鬼神、好淫祀"的壮族原生性宗教（麽教）相渗透、相融合，除了汉文化影响较大的地区和接受汉文化的上层知识分子还一定程度保持道教信仰的原貌外，在汉文化影响较小的壮族地区和民间，道教与壮族原生性民族民间宗教（麽教）进一步融合，形成壮族特色（壮化）的道教——师公教[②]和道公教。据壮族师公们说，师公主武，道公主文，他们是藤上的两只瓜，是兄弟关系。[③]

三

道教早在东汉末年传入广西，东汉时，刘根、华子期、廖平、廖冲、廖扶、滇媪、陀妪等人曾在广西容县都峤山修道；南朝时，葛洪曾求为勾漏令，以便得到丹砂炼丹修道，促进了道教在岭南的传播；隋唐时期，道教主要在桂东南传播；宋朝时，道教从桂东南向左右江流域和桂西北传播，道士足迹遍布壮族地区，道教在壮族地区进入全盛时期；明以后，道教在壮族地区开始衰微，并向民间扩散，不再有以前的兴旺景象。[④]

由于中国古代盛行的自然崇拜和鬼神崇拜是道教诞生的温床，"上古宗教和民间巫术"是道教信仰一个重要的历史渊源。又由于道教的主要源头接近古代荆楚文化和巴蜀文化（另一主要源头是燕齐文化），[⑤]无论是历史渊源还是地缘与壮族原生性的宗教较为接近，因此在道教传入广西时，很快与"信鬼神、好淫祀"

[①] 古壮字也叫方块壮字，或称土俗字，是壮族先民在长期的生产生活斗争中仿效汉字六书构字方法创造并不断发展形成的一种民族文字，最早见于唐代的碑文，据学者考证古壮字在唐代就已经流行。参见梁庭望《壮族文化概论》、杨宗亮《壮族文化史》和张声震《壮族通史》相关部分。

[②] 关于壮族师公教的宗教属性，学术界大致有三种说法：其一，认为它是在原始巫术的基础上发展起来的宗教，可称之为巫教；其二，认为它是壮族化了的道教教派；其三，认为前两种意见虽有一定的合理性，但都不免片面，壮族民间师公教是巫傩道释儒的交融与整合。

[③] 顾有识：《壮族的文道教和武道教》，《广西大学学报》（哲学社会科学版）1995年第4期，第63页。

[④] 参见《广西通志·宗教志》，广西人民出版社，1995年，第252—253页。

[⑤] 牟钟鉴、张践：《中国宗教通史》，社会科学文献出版社，2002年，第258—266页。

的壮族原生性宗教（麽教）相渗透、相融合，在汉文化影响较小的壮族地区和民间，道教与壮族民间宗教（麽教）进一步融合，形成壮族特色（壮化）的道教——师公教和道公教。

根据师公们的传说，师公教又称武道，属于道教的梅山教派。

根据壮族学者的研究[①]，壮族民间师公教的基本信条和教义以及神灵系统中的神祇多有直接从道教系统移植而来的，壮族民间师公教的主神唐、葛、周三将真君也源自于道教，而与道教的"三官"有着千丝万缕的联系。除此之外，在法事活动的内容和方式上，壮族民间师公教更是大量地接受了道教的东西。符箓咒语，是壮族民间师公教的重要法术手段之一，现代壮族民间师公教所用的咒语大多是来自于道教，如驱邪咒语："北斗紫光，夫人在此，姜太公在此，诸煞凶神朝天，急急如律令。"又如驱鬼咒语："马少不能装鞍，屋少不能住客（指鬼）。此马不能装，此房不能住，赶快走！赶快走！赵元帅上屋顶，关元帅入栏（壮话称房屋为栏）下，邓元帅走前面，马元帅过后面。五鬼、五怪、五猖，统统要滚开！哪个不走脚就断，哪个不滚胸就破！赶快走！赶快走！准吾奉请太上老君急急如律令。"诸如此类的咒语在师公活动法事中并不少见。至于符箓之法，则几乎都是从道教的正一派和符箓派学习模仿而来的；壮族民间师公教法事活动中使用的幡旗、向神灵烧送的疏表、榜文等，也是模仿道教而来。此外，壮族民间师公教也像道教一样制定了一些教规戒律，如壮族民间师公教也有"五戒"：一戒不得杀生，二戒不得偷盗，三戒不得邪淫，四戒不得妄语，五戒不得忤逆。禹步是道教一种对鬼神、外物有神秘的禁止作用的步伐，广泛运用于法术、科仪之中，[②]壮族师公教的舞蹈也是以之为基本舞步的；因此，壮族师公教从活动内容到活动都深深打上了道教的烙印。

尽管由于壮汉文化交流的程度不同，在桂西、桂北、桂南、桂中等地流行的师公教派又有着较大的差异，[③]例如，师公教都信奉的三十六神，从桂林经桂中到桂西汉族包括道教神祇逐渐减少，壮族神祇逐渐增加；经文也由汉文抄本变为古壮字抄本；壮族师公教的壮族色彩也随之加重。但是，由于壮族师公教基本信条和教义以及神灵系统中的神祇多直接从道教系统移植而来的，其至上神还是道

---

① 杨树喆：《壮族民间师公教：巫傩道释儒的交融与整合》，《中央民族大学学报》（人文社会科学版）2001年第4期，第99—100页。

② 胡孚琛主编：《中华道教大辞典》，中国社会科学出版社，1995年，第681页。

③ 张声震：《布洛陀经诗译注》，广西人民出版社，1991年，第20页。

教的神太上老君、"唐、葛、周"；在法事活动的内容和方式上，壮族民间师公教更是大量地接受了道教的东西；在教规教律上也多因袭道教；就笔者的田野调查，在一些地区，师公有时兼做道公和麽公，因此，虽然有些地方壮族师公教有着较浓的壮族色彩，但从师公教宗教信仰的体系以及道教信仰的特点——"包罗万象，贯彻九流"（陈撄宁语）而言，壮族师公教是壮化的道教，而非只是道教的外衣。

道公教又称文道，据称是道教茅山宗受壮族原生性宗教（麽教）的影响形成的壮族化的道教派别。

道公教神职人员壮语为布道或公道，汉语意思是道公之意，由受戒后的青壮年男子担任，道公均为半职业性的农民；"道公班"（俗称坛）是其相对稳定的宗教组织，一般有8到12人不等，道首俗称"掌鬼头道师"，其他人称道公；道公做法事活动被称为开道场，主要包括超度亡灵、安龙祭社、祈花求子、丰收酬神和驱病除鬼等活动；道公的经书有《太平经》《上清经》《灵宝经》《三皇经》《阴符经》《太上感应篇》等，均是从汉文本转抄而来的民间抄本，与正宗道经有一定的差距，夹杂了一些古壮字的民间歌谣如孝悌歌、道德歌、恩义歌、道德歌等内容，也有不少佛教的内容；道公在拜忏诵经时，壮汉语杂用、壮歌汉调纷呈；其开道场时所挂的神案除了道教的神如太上老君、三清、玉皇大帝外，还有佛教的如来佛、观音，民间英雄人物、历史名人如孔子、关羽、诸葛亮、秦始皇、汉武帝等，壮族土著神如布洛陀、米洛甲、布伯、莫一大王等也在其列。[1]

师公教与道公教既有区别又有联系，在其所尊的主神、所用的法器、所做的法事活动等方面还有一些差异，但总得来说，二者的信仰体系还是道教的系统，有些地区还出现道公兼做师公的情况；有些地区师公教比道公教壮化程度深，因此，其宗教属性的争议也较大些。师公教和道公教的研究还有赖进一步的田野调查和宗教理论的发展。

四

壮族麽教作为壮族民族宗教，其最主要的宗教观念还是对壮族原始宗教观念的继承，这些宗教观念主要体现在麽教经典——司麽（麽经）中，在麽经中，麽

---

[1] 《壮族百科辞典》，广西人民出版社，1993年，第349—350页"壮族地区的道教"条。

教继承的主要宗教观念有：

1. 灵魂观念 "灵魂" 在壮语中有不同的称谓，南部壮语称之为"昆"，北部壮语称之为"温"或"昏"；在麽教中人有灵魂是不容置疑的，这种观念来源于壮族先民的原始的形神二元的宗教观念。在麽经中可以发现，灵魂观念无处不在、无物不有；从天、地、山、水、河流、石头等到树木、花草、谷物等植物，再到鸡、鸭、牛、羊、老鼠、蛇、鹰、老虎等等动物，所有这些自然神构成了一个较为完整的自然神谱系。在此基础上，壮族先民形成了相应的崇拜和祭祀活动。麽经中对异常现象"三百六十怪、七百二十妖"禳解的描述也是对自然崇拜的追记。

2. 图腾观念 壮族的图腾观念及其崇拜活动亦可追溯至原始宗教时期，在麽教中亦有大量的保存，主要体现在麽经中。几乎所有整理的麽经版本中都提到天下分十二个疆域。在《麽兵布洛陀》中有关于"十二国"的类似记述："天下十二国，生出十二王。各国不相同，一国蛟变牛，一国马蜂纹，一国声如蛙，一国音似羊，一国鱼变蛟，其他国不讲。"在这里提到了蛟、牛、马蜂、蛙、羊、鱼等部，另外还有鸟、花、竹、虎、雷部。十二国标志便是十二个部族的图腾，其中的蛙图腾上升为壮族的守护神，成为壮族最大的图腾。① 梁杏云先生在对所收集的麽教挂图进行研究后，认为麽教一挂图中第三排十二个人身动物首的形象"应该是壮族十二个支系的图腾"。②（见右图）

▲ 壮族麽教挂图（图中有十二个人身动物首的形象，倒三排中间的妇人是壮族民间敬奉的生育神"花婆圣母"）

3. 祖先观念 壮族先民相信人的灵魂

---

① 梁庭望主编《中国民族百科全书·壮族黎族仫佬族毛南族京族卷》，香港源流出版社，1994年，第218页。
② 梁杏云：《壮族麽教挂图与壮族民间信仰》，《经济与社会发展》第2卷第10期，第130页。

不死，先辈的灵魂生活在另一个世界，既可以保佑也可以加害后人，因此人们定期或不定期地举行祭祀仪式，形成祖先崇拜。在麽经中，壮族的祖先崇拜形式具有多样性，既有始祖崇拜、远祖崇拜，又有家族近祖崇拜和文化英雄崇拜，而对壮族女性始祖米洛甲和男性始祖布洛陀的崇拜贯穿整部麽经，且布洛陀和米洛甲已经从祖先神上升为至上神、造物主和宇宙主宰，对布洛陀和米洛甲的崇拜成为壮族麽教最具民族特色的宗教特征。另外麽经中还有远祖崇拜，如麽经中有对莫一大王和那沙大将的记述就是对远祖崇拜的记忆，现在在桂西北一带的壮族还把莫一大王作为祖先神和地方守护神而建庙崇拜。

作为壮族原生性的民族宗教，壮族麽教在形成中不可避免地吸收了其他民族的宗教成分，尤其是佛、道教的一些宗教观念。在麽经中就有诸如"佛三宝"、"观音"、"南赡部洲"、"娑婆世界"等来自佛教的观念，明显是受到佛教的影响；有些地区麽教的冥界观念则深受佛教地狱观念的影响；但麽教受道教的影响更大一些，其中受道教神仙观念及其道术的影响最大，在《麽经》中出现的道教神灵就有太上老君、彭祖、张天师、八仙、灵官、天德、北辰、三元、神农等，而麽公做麽是也常常有"太上老君急急如律令"的诵词出现。2005年4月20日，笔者采访了田阳县玉凤乡巴令屯的布麽罗汉如（71岁），当我问他布麽都请什么神时，他回答说布麽一般不带唱本，想起什么神就请什么神；有布洛陀、米洛甲、观音、佛祖、张天师等等，但没有耶稣。

就宗教神职人员而言，由于壮汉文化的交流和融合，在一些地方出现道公和师公兼做麽公的情况。在笔者田野调查的广西壮族自治区百色市田阳县也发现这种情况，在到据说三代都是麽公的大麽公黄先生家作访谈时，笔者看到他家的堂屋正中悬挂的是如来佛的画像，下面桌子上是祖先牌位和一些法器（既有麽教的，也有道教的）。在访谈中，他说自己的爷爷、父亲都是麽公，因为父亲是瞎子，他从小就陪着父亲去做麽，后来自己也跟别人学做麽；同时他也是个道公，经常带着一个道公班给人家做道场；当问他堂屋正中悬挂的画像是什么神时，他说是如来佛，法力大得很，他也信的。另一个据说祖上七代都是道公的罗道公，则说自己能做大的（做道），也能做小的（做麽）。从访谈中我们不难发现他者对自我的想象或建构。2005年9月9日晚，笔者去拜访壮学专家梁庭望先生，并请教麽公和道公、师公的关系，梁先生认为"有的地方道公和师公有时候会兼做麽公"，这个观点应该是较为符合历史与现实的观点。

由于壮族麽教具有信仰对象多样性、信仰结构多重性、信仰目的实用功利性和信仰分布地域性等特点，这些特点在壮族群众信仰上得到充分的体现。就信教群众而言，其信仰对象无所不包、无所不有，遍及与人们生产和生活相关的万事万物，既有自然神又有社会神和职能神；既有本民族的土著神又有其他民族的神；其信仰活动都与其生产生活的利益密切相关，均围绕其切身利益和生产活动展开，具有极强的实用功利性；壮族在民族信仰的基础上，逐渐接受或部分接受佛、道教的内容，从而在宗教信仰上呈现出多重复合的层次结构。因此，信教群众往往有多重身份，在信仰上麽教、道教、佛教充分融合，是典型的"游宗"。

结　语

从以上的描述和分析中，不难发现道教与壮族麽教关系之密切：一方面，道教等汉族宗教文化的南传提升了壮族原始宗教文化的层次，促成了麽教这一壮族原生性民族民间宗教的形成；另一方面，作为麽教主体的壮族原始宗教和（形成中、形成后的）麽教接引了南传的道教，从而促生了壮化道教——师公教和道公教。

限于文献资料的短缺、田野调查的局限和本人学术功力的不足，笔者的研究只能是初步的，研究结论也是粗浅的，深入的研究有待新文献资料的面世和进一步的田野调查。

〔时国轻：河北省委党校教授、宗教学博士〕

布依族《射日与洪水泛滥》版本的形成与麽教仪式*

周国茂

洪水和射日是世界上很多民族神话的两大母题。与其他民族洪水神话与射日神话各自单独成篇的情况不同，布依族射日神话与洪水神话除流传诸多单一母题作品外，在麽经中，射日故事和洪水泛滥故事被合成一篇具有因果关系的复合型母题神话史诗。而不同作品在洪水泛滥后因关注点不同，导致了情节走向的差异，从而形成了麽经中《射日与洪水泛滥》神话史诗的两大版本。两大版本各自适用不同性质的仪式，成为不同性质仪式上的经文。考察和探讨这一现象，不仅对深入研究布依族神话史诗具有重要意义，而且对于探究仪式与神话的关系，具有重要意义。

一、布依族《射日与洪水泛滥》的版本

与世界很多民族一样，布依族中也广泛流行着以射日和洪水泛滥为母题的神话作品。流传的方式，一种是口耳相传，另一种则是作为宗教经典，在仪式上演唱。在体裁方面，既有散文体的作品，也有韵文体的作品。在长期的流传中，形成了诸多异文（版本）。这些版本主要表现在情节、结构的差异以及人物名称的差异。从结构看，根据目前发现的资料，存在着单一母题型故事和复合母题型故事两种情况，而复合母题型故事中，洪水泛滥后因情节发展走向的差异，又形成

---

* 本文为国家社科基金特别委托项目《中国史诗百部工程》（09@ZH014）子课题"布依族史诗《射日与洪水泛滥》"阶段性成果，项目编号：SS2015005。

不同的版本。

（一）单一母题型故事

单一母题型故事即作品单独讲述英雄射日的故事或讲述洪水泛滥的故事。射日神话中，《十二个太阳》是一首韵文体作品。这个作品流传甚广。在各地流传的《十二个太阳》中，虽然射日的人物名字不同，但射日的基本情节大体是相同的。

古歌描述了远古洪荒的时代，天上突然出现了十二个太阳，晒得岩块崩裂，石头破散，山前的芭蕉晒干了，坡上的茅草枯死了，动物恐慌，人的生活更是难熬。不少人只得"吃芭蕉树叶润嘴，吃山边东兰叶水润喉"。在这严酷的现实面前，一个叫年王的射日英雄背上弓，带上箭，来到一座山上，到响午时分，太阳窥出了山口，在云缝中露脸。年王射了第一箭，红的五个太阳落下了，射了第二箭，绿的五个落下了。还有一个隐约在天边，另一个夹在云缝中。年王想吃了午饭后再来射，他妈妈告诉他，不要再射了，其余的太阳"留一个晒谷子，留一个亮天下"，后来便成了太阳和月亮。

与古歌《十二个太阳》内容相同的，还有古歌《卜丁射日》和神话《勒戛射日和葫芦救人》等。《卜丁射日》描述了在太古时候，天上九日并出，草木枯焦，山崖断裂，人们公推卜丁射日。卜丁为解除人间的苦难，他毅然爬上毛栗树和构皮树，张弓搭箭，一连射落七个太阳，留下两个，其中一个又变成了月亮，人类从此才有正常的生活。《勒戛射日和葫芦救人》大意是：十二个太阳的炎炎烈焰，使草木枯槁，人们难以为生。勒戛制造了弓箭，射下了十个太阳，人间不再受灾难。

洪水神话史诗往往与人类再造相联系。从篇幅看，这类作品的主要篇幅是用来讲述人类再造的，因此，洪水泛滥实际上只是故事的一个背景。从内容上看，大多叙述人类因某种原因导致洪水泛滥，人类除两兄妹乘葫芦或大南瓜得救外，全被淹死，兄妹按神的旨意结婚再造人类。以《洪水潮天》[①]为名的作品计有八种搜集整理的异文，此外还有《勒戛射日和葫芦救人》《兄妹成亲》《葫西姊妹传人烟》《迪进迪颖造人烟》《盘古分天地》等情节大同小异、标题不同的作品。

这类作品以《洪水朝天》为典型。作品叙述天地开辟后，万物滋荣，但雷公懒惰贪睡，久不下雨，致使人间大旱。布杰上天将它捉到人间囚禁，进行惩罚。雷公趁布杰一次出外，蒙骗布杰幼小的儿女伏哥、羲妹，喝到了水，遂挣破囚笼

---

① 贵州省民研会编：《民间文学资料》第十九集、第四十四集。

逃回天上。为了酬谢伏哥、羲妹，雷公逃走时送了他们一粒葫芦种，吩咐他们种出大葫芦，将来便可凭借葫芦躲避洪水灾难。雷公恶意报复，发洪水淹没人间。伏哥羲妹坐进葫芦逃脱生命，成为洪水劫后的孑遗。神仙劝说他俩成亲，繁衍人类。婚后，羲妹生下一个肉坨坨，他们一气之下把肉坨坨砍成了碎块，抛到四面八方。第二天，这些肉块都变成了人，世界上又有了人烟。

洪水泛滥类作品版本差异主要表现在：关于洪水的起因有四种说法。一种是说雷公斗不过人类英雄，于是下暴雨涨洪水复仇，如神话《洪水潮天》（汛河搜集）、古歌《造神》《罕温与索温》中的有关章节。第二种说是天上施雨之神不留心，下雨过度，造成人间的洪水之灾，如神话《兄妹成亲》。第三种没有说出暴雨的原因，如神话《洪水潮天》（卢登泽搜集）、《葫西姊妹传人烟》和《勒戛射日和葫芦救人》。第四种说法是来自流传于四川省宁南县布依族聚居区的《洪水潮天》，说当时两个有神力的巨人——保根多、保根本兄弟，他们发生矛盾冲突，哥哥保根多劝告弟弟保根本不要和七个太阳朋友整日游荡，弟弟不听，保根多遂打瞎了六个太阳，同时把来复仇的保根本关进铁笼。保根本趁哥哥不在家时，在笼里变成大公鸡，诓侄儿侄女喂水给他，他喝水后恢复了气力，挣脱铁笼，逃跑到天上戳漏天河，使洪水淹没了人间。

（二）复合母题型故事

复合母题型故事指射日母题与洪水泛滥母题合成一个具有因果关系的完整故事，目前主要发现于麽经中。一些以民间文学面目出现的作品实际上译自麽经。这类作品主要内容，是叙述远古曾出现十个或十二个太阳并出，导致河流干涸，植物枯死，人类遭遇饥荒。于是，射日英雄挺身而出，射下多余的太阳。但因统治者或人类食言，射日英雄以亵渎神圣的方式激怒上天，降下大雨，造成洪水泛滥。人类只剩下两兄妹，在神的旨意下结婚重新繁衍人类。另一种版本则关注粮种被洪水冲走，劫后余生的人们在鸟的嗉囊发现，取下栽种，保证了人类生命的延续。

以上两种类型的作品，以第一类作品的异文（版本）最多。其原因就是这类作品都是以口耳相传的方式流传，容易发生变异。后者虽然有版本的差异，但相对来说，共同性更多。

二、《射日与洪水泛滥》两大版本对照分析

版本本来是文献古籍中的概念,指由于誊抄、再版等形成的文献文本差异。神话史诗形成于文字没有形成的历史时期,即使到了文字出现后的历史阶段,人们用文字将作品记录形成书面文本后,仍有相当大的一部分用口耳相传的形式传承,因此,神话史诗属于民间文学。由于民间文学口头性、集体性、匿名性等特征,在流传过程中往往会发生变异,形成很多异文。不仅不同地区、不同讲述者的作品存在差异,同一个讲述者在不同场合、不同时间、不同心境下讲述的作品都会有差异。因此,对这类作品的"版本"进行比较,有一定难度。

复合母题型的两大版本是布依族麽经中的作品。麽经是布依族传统宗教——麽教经典的简称,是一种用方块布依古文字书写的书面文献。因此,同一作品的不同异文便具有了像汉族古籍一样的版本特点。这为版本的比较提供了相对稳定的文本。

《射日与洪水泛滥》两大版本,其差异主要表现在洪水泛滥后情节发展走向形成的差异。

根据洪水泛滥后情节走向,可以分为"重新繁衍人类"和"找回谷种"两大版本。

第一种版本:天上出现十个(或十二个)太阳,晒得河流干涸,植物枯死,人类面临灾难,"王"以赏给良田沃土招募射日者。射日者(各地名字不同)应招,射下多余太阳,结果"王"食言,不兑现赏给良田沃土的诺言。射日者恼怒,用蛇做纤索,用狗拉犁犁田,激怒天神,降下倾盆大雨,造成洪水泛滥。或洪水是雷公为报复人类故意连续多天将下大雨,导致洪水泛滥。两兄妹因救了雷公,雷公为报答,教给两兄妹栽种葫芦或南瓜,以葫芦或南瓜做逃生工具的自救办法。两兄妹最终得救。劫后余生的两兄妹在神的旨意下成婚,后生下一肉团,一怒之下砍碎,撒往四方,肉团变成人,人类得以重新繁衍。

第二种版本:与第一种版本在洪水泛滥前的情节基本相同,洪水泛滥后,情节走向因关注粮种的去向而与第一种版本出现差异:劫后余生的人们发现谷种已不在,到处寻找,结果发现鸟的嗉囊还有谷子,于是取下播种,使人类重新解决了吃饭问题。

这里对两大版本的概括是主要情节的归纳。实际上,即使同一个版本,也有

诸多差异。

首先，是作品中人物名称不同。比如，流传于望谟一带的《罕温与索温》中，射日者是文信，以好田土招募射日者的人是"妈妈"，洪水过后，乘葫芦或南瓜得救并按神的旨意结婚的两兄妹是伟荣和伟莹。流传于镇宁一带的《柔番沃番钱》中，射日者名字叫"真"，以好田土为报赏招募射日者的人是"国王"。流传于荔波一带的《十二个太阳》中，射日者名字叫"王姜"，而"王姜"射日，并不像其他作品那样，是"妈妈"或"国王"、"王"以好田土作为条件招募，而是由天下的人"商量"寻找出来的。荔波一带《兄妹结婚》中，洪水过后在神的旨意下结婚的两兄妹是王姜和妹妹（无名）。流传于贞丰一带的《赎谷魂》中，射日者名字叫"香"，以好田土为报赏招募射日者的人是"王"。

其次是情节上的差异。本文所谓"两大版本"中的"版本"，指洪水泛滥后情节发展走向不同形成的两类结局不同的作品。在黔南、黔西南均发现有此两种结局的作品流传。其实，各地流行的作品，情节单元和发展线索基本相同，可以大致归纳如下：

1. 因某种原因，十二个太阳并出，出现灾难；

2. 寻找或招募射日者；

3. 射日者出现，射日；

4. 射日者射日后，招募者食言，不兑现赏给好田土的承诺，或：好田土已经被天下人分光。

5 射日者愤怒，用龙（或：蛇）做纤索，用狗或猪拉犁耕田，激怒上天，降下暴雨，引发洪水泛滥。

6. 洪水泛滥后的结局：

（1）两兄妹乘葫芦得救，结婚重新繁衍人类。作品关注人类的存亡，情节走向表现为两兄妹在神的旨意下成婚重新繁衍人类，形成第一种版本，笔者称之为"人类再生版"。

（2）粮食被洪水冲走，人们在鸟的嗉囊中发现残存的谷种，取出栽种。作品关注洪水泛滥后维系人类生存的粮食种子的去向，情节走向表现为劫后余生的人们寻找粮种，走后在鸟的嗉囊中发现，取下重新栽种，人类免除了饥饿之虞，形成了第二种版本，笔者称之为"谷物再生版"。

在情节单元和发展线索基本相同的情况下，各地作品的差异主要表现在：

一是详略不同。比如在人类再生版作品中，荔波一带的《十二个太阳》对射日原因的追溯唱述得比较详细，而望谟一带的《罕温与索温》则比较简略。而兄妹结婚情节，望谟一带的《罕温与索温》则较荔波《兄妹结婚》更为详细。谷物再生版作品，镇宁一带的《柔番沃番钱》对十二个太阳出现之前以及之后的历史发展顺序和线索有较为清晰的叙述，而对洪水泛滥之后谷物重新栽培的情形则较少涉及。贞丰一带的《赎谷魂》对十二个太阳出现的原因的追溯比较简略，而对洪水泛滥后人们重新栽培水稻、水稻形状的奇异等情形有较为详细的叙述。

二是在大的情节发展线索大致相同的情况下，各地作品存在局部情节或细节差异。比如，对十二个太阳出现的原因，荔波一带和镇宁一带的作品都归结于统治者"王"的无道。荔波作品说，远古时"召王"发现"凡间冒烟火"，怀疑百姓要造反，于是"使天旱三年"。于是出现十二个太阳，似乎十二个太阳的出现是召王疑心重，为了惩罚百姓而制造出来的灾难。镇宁一带的作品把十二个太阳出现前后的世代分为三个：第一代"兴"的世代，政治清明，人民富足。第二代王"有"，人民挨饥受饿，于是出现了十二个太阳，百姓遭罪。洪水泛滥后的世代是"算"王，重又实现百姓安居乐业年代。望谟一带的《罕温与索温》和贞丰一带的《赎谷魂》对十二个太阳的出险原因没有交代。又如，人类再生版作品中，荔波一带的作品把栽葫芦作为将来逃生准备的原因与雷公为感激幼小两兄妹而教的，其余作品都没有这样的说法。如此等等。

三、两大版本形成原因分析

射日与洪水泛滥神话史诗为什么会形成两大版本？这要结合摩教形成和发展定型的历史才说得清楚。

射日和洪水神话史诗两大版本作品都属于麽经。麽经是布依族传统宗教——麽教经典的简称。根据目前研究的结论，麽教是一种以自然宗教为基础，在向人为宗教发展演变过程中定型下来的一种准人为宗教。麽教有诸多自然宗教的内容和印迹，同时又具有了明显的人为宗教特征。比如，有了教祖崇拜和最高神祇，有明确的教义和仪轨，有系统的仪式程序，有卷帙浩繁的经典，有固定的宗教职业者和组织，有固定的传承方式，等等。

根据人类学、宗教学研究结果，人类宗教产生于旧石器时代。布依族宗教也不例外。进化论认为，人类宗教经历了由简单到复杂，由低级到高级，由粗陋到精致的发展演变过程。从人类诸多考古发掘资料看，这一判断是可以成立的。但具体到各个民族，其发展演变的情形千差万别，不能一概而论。

就布依族的情况看，从自然宗教发展演变成为麽教这样的准人为宗教形态，大致在唐宋时期有了雏形。主要依据就是麽经所使用的方块字（包含现成汉字、借用汉字偏旁部首重构的字符、部分自造字符和抽象符号），唐宋时期就出现在布依族地区和壮族地区，此外，麽经中出现了唐宋时期特有的历史地理名称和行政建制名称（如"广南西路"、"州"、"峒"等）。明清时期，麽教基本定型。因为用来记录麽经的方块布依文字借源于汉字，只有在布依族人群中，尤其是宗教职业者布麽掌握足够数量汉字的前提下才能实现。明朝贵州建省，明王朝朱元璋开始，历代统治者在贵州大力推行汉文教育，试图用儒家文化对少数民族进行"教化"，这样就使布依族中较多人掌握汉字成为可能。从麽经中程度不同地有佛、道、儒文化因素的情况看，可以肯定布依族麽教形成过程通过汉族移民吸收了这些文化因素。明代和清代的改土归流，曾是汉族移民贵州的两次高潮。从湖广、江西、中原进入贵州的汉族移民带来的汉文化，无疑对布依族产生了影响，一些文化因素被吸收，佛、道等宗教文化对布依族影响的结果，不仅吸收了其中的一些文化要素，同时也对麽教的"人为"化、精致化产生了影响。在这种情况下，一些有影响力的布麽便加紧了对麽经统编的进程，最后基本定型。

麽教的源头是以巫为主要特征的自然宗教。布依族源于百越，是百越中骆越的后裔。汉文献中，有关越人信巫的记载很多。即使麽教已经具有了人为宗教的特点，但仍保存了一些巫的成分。巫术着重在"术"。因此，巫术仪式主要是行为动作，咒语或巫词的念诵，篇幅一般不太长。布依族麽经两大系统中的"邦经"，主要用于巫术色彩较浓的仪式活动，经文篇幅与"殡王经"相比，显得短小，也是明证。但邦经在布依族麽经系统中，占的比重较小。麽经多数经卷篇幅都较长。这些长篇麽经怎么来的？笔者认为，主要是吸收民间文学，根据麽教仪式的性质加以改造、丰富和完善形成的。

已经十分清楚，射日与洪水神话成为麽经，就是吸收布依族神话史诗进行改造而成的。正因为如此，为适应不同性质的麽教仪式，布麽对洪水泛滥后的情节走向进行了选择性强化或忽略，形成了两大版本。求子仪式之所以选择洪水泛滥后兄妹结婚再造人类的情节，就是因为求子仪式的目的是祈求神灵赐子，而再造人类的情节与此有着某种神秘关联。赎谷魂或赎谷魂钱魂仪式之所以选择在没被水淹的山顶发现鸟嗉囊有稻谷，取下重新栽种这样的情节，也是因为谷种的失而复得与赎谷魂仪式的性质有关联。布依族认为谷子和钱都有灵魂，当谷魂和钱魂离开谷子的物质躯壳，钱离开钱币的物质躯壳，就会出现粮食不够吃，钱不够花的境况，因此，吟唱谷物失而复得内容的经文，就能把离开了躯壳的谷魂和钱魂赎回来，就能保证主家有粮食吃，有钱花。

各地经文被吸收进麽经之前，就已经在民间流传了相当长的时间，形成了不同异文（版本）。但两大版本分别用于麽教仪式中的求子和赎谷魂、钱魂，这说明是经过了布麽统一编订的。同一编订，就意味着对作品的内容、情节是统一过的。实际上，从各地作品看，不同作品反映出的时代特征有很大差异。比如望谟一带的《罕温与索温》，射日源于"妈妈"分配田产的不公。有了田产，说明社会已经出现了私有制，但由"妈妈"分配，似乎又反映了母系氏族社会的印迹，作品反映了母系氏族社会晚期、从母系氏族社会向父系氏族过渡时期的时代特征。在荔波一带的作品中，射日英雄是百姓集体推荐，也反映了氏族社会民主制的特点。而其他地区的作品，都是"王"或"国王"以好田土作为报赏招募射日者，镇宁一带的《柔番沃番钱》更是唱述了三个世代国王治理下的社会状况，反映了阶级社会已经发展到一定程度的情形。出现这些情况说明，在布麽将射日与洪水泛滥神话史诗编订为麽经的时代较早，编订后又经历了很长时间才用方块布依字作为书写符号书写，而各地用方块布依族古文字作为书写符号记录麽经的时间并不统一，因此在口耳相传过程中又发生了变异，形成了同一类版本中的差异。

总之，布依族射日与洪水泛滥神话史诗两大版本的形成，与麽教不同仪式性质对作品内容的关注点不同，对作品情节走向进行取舍形成的，而各地相同版本中局部差异则是由于使用方块布依族古文字记录麽经的时间与麽经编订时间有时间距离，且各地用文字记录时间不统一密切相关。

〔周国茂：贵阳学院教授、贵州布依学会秘书长〕

布依族麽经中的布洛陀

郭正雄

布洛陀是布依族麽教的创立者，是布依族民间传说及信仰中的创世神、智慧神、始祖神、道德神和保护神，珠江流域的骆越后裔壮族、布依族、水族等各族文化的始祖。以布洛陀信仰为核心，形成了包括麽教、麽经、麽教礼仪制度、麽教文学艺术等多种样式的麽文化，是布依族传承下来的重要非物质文化遗产。不仅如此，布洛陀所编创的布依族麽经积淀了丰富的布依族历史文化信息，是百科全书式的珍贵文献，对研究壮族、布依族、水族等各族的历史文化具有重要价值。

布依族麽经是远古布依人在长期的生产生活及社会实践中孕育产生的，是根据民族同胞对国泰民安、政通人和、民族团结、道德礼仪的崇尚创造出来的古老的民族文化，较早运用了赋、比、兴的文学手法，是具有独特的民族风格的韵体文学作品，有较高的语言文学价值。通过对布依族麽经的研究，使我们认识到，在布依族人民的心中，布洛陀是一位德高望重的智慧神、创造神，是布依族麽经的祖师，也可以说布洛陀就是布依族的先贤和人文始祖。

以前只听老人们在摆故事、演唱古歌时，提到"报龙陀"，但从未在书中见过记载。近年来笔者在收集、整理、翻译布依族麽经过程中，发现经书中多处提到"报龙陀"、"姆洛咖"，现列举如下：

一、《接寨龙经》用布依语诵唱，现意译，《接寨龙经》经文叙述道：远古的时候未造天地时而没有龙，后来造了山河、田地，造人姻、城池和村寨又造了龙和神。有了三皇五帝住的城池，有了智者管理的村寨，三皇五帝开始统治世间，龙为人间造云造雨，造福凡间。但不知何故，龙离开世间，龙逃跑了，不知逃跑到什么地方去了，因此寨子不兴旺，世间不热闹了；鸡鸭不满窝、猪羊不满圈、鸭鹅不满坝、黄牛水牛不满圈，寨子不兴旺，世间一切开始衰败了。那时不兴请神，也不知从哪辈人才开始的，有皇帝的地方去问皇，有智者（或寨上首领）的地方去问智者。去问到"百越人文始祖"布洛陀、摩陆甲（即姆洛甲，编者注），他们说，是寨神庙后面垮塌了，寨神逃走了，寨龙也逃散了，龙运逃走了。神龙跑了以后，使寨子做什么都不顺畅。庄稼也不好，遭水淹，得旱灾，禾苗得病虫害，收成不好。寨上又发生了死牛、死马、死猪、死鸡、死鸭，人得病。养喂也不好，六畜家禽不兴旺，庄稼无收成，人们无法过日子，全寨子里的人都全部跑了。村里的人都意识到，这样下去不得了，不成寨了。寨老们就召集族人商量决定，要请布洛陀，请布洛陀在神龙日的那天把龙拉回寨子里来，要把神龙拉回来，村寨做百样才顺利，全寨才能幸福安康。

二、《接龙运经》（接家龙回家）的内容与前面《接寨龙经》相近，经文叙述说：远古时有许多水牛和黄牛生活踩踏的地方，当时人们还连个站处坐处都没有，就像鸟儿、野物一样漂泊，皇帝的妻子见牛生活踩踏的地是好居住地方，好建造房屋安家。皇帝带妻子来挖（屋基），皇帝带众人来撬（建屋基），就把龙惊跑了，龙就逃到上面很远的地方、龙就逃到高坎上、龙就逃到田坝中、龙就逃江河、龙已逃出屋了。家里养牛不生崽，做事很不顺利。就去问皇帝问报（智者），去问布洛陀和摩陆甲，布洛陀说："我没什么好多讲，摩公在我身后都说，要戴上斗笠，打上火把出去找（龙）。"要到叫贺河、叫阿染的地方去，见到苗族小伙下田坝、下水深潭，见到了龙。以前的龙问：能给我多少工价多少报酬？我要的价是很高的啊，但我能保护你们部落及首领什么都好，我没什么保护不了的。

三、《过关》经文叙述说：天婆圣母、王母娘娘送生到人间时，路过五鬼关、阎王关、和尚关、千日关等七关。到人间后，小孩全身不舒服，饮食不好，体弱多病、哭闹不停，称小孩不乖。是因为小孩犯了五鬼关、阎王关、和尚关、千日关等关煞，而小孩的魂被妖魔鬼怪、飘游浪荡无归宿的野鬼缠住在关上，而魂不归身，小孩全身才不舒服。麽师选好吉日，备鸡、鸭、猪肉及酒，香蜡纸烛来供奉报龙陀。请报龙陀来解关煞，除掉病魔。从此小孩吃得香，睡得好了，长命富贵，寿诞百岁。民间传说：布洛陀，摩陆甲是管送生小孩的天婆圣母、王母娘娘的。布洛陀是管天、管地，管神，创造麼经的神，让其凡间用麼经来镇邪、镇妖魔鬼怪、飘游浪荡无归宿的野鬼。他是神的神、鬼神都敬佩他，归服他，被布依族民间称他为"通管"，什么都管、管天管地，通天晓，天上、地上、无所不知，无所不晓的圣人。

四、安顺市布依族日常使用的解煞、改邪等有近百余卷的（小经麽）麽书，统称为《解绑经》。这些经书开头都要先诵唱，现翻译成汉语：口土非问"你来找我，我必须要问你？你是哪里不好？痛在什么地方，家里发生了什么怪事。若你没有碰着什么妖魔鬼怪？没有发生什么不顺心的事，我就不好来解，就不知道用什么经书来解煞，神也不会发话，神不会护佑的。接着诵唱：不要提到上边的神，不要提到下边的神；不要提到远方的神，不要提到不在位在上边的神；要先请发明创造摇纺棉纱车和织布机的报龙陀；先请你神爷神的先师——报龙陀，我们再来请你天神土神……

五、安家神是安顺市布依族崇拜祖宗的一种习俗。凡是搬进新屋或老人过世的当年，冬腊月（过年前）就要请麽公先生来安家神，过年时才好奉供祖宗，祈求祖宗保佑安家神，要诵念安家神《经书》。麽公先生先写好神龛坛牌位。龛坛牌位写上：天地国君师位、神农、酒仙、灶神、丑午二王、和合二圣、关岳二将、孔子先师、先贤诸神之位。神龛上写的，也没有指名道姓。笔者先父曾经指教过：天地国君师是指历代君王；神农是指教稼；酒仙是指杜康；丑午二王是指牛王神和马王神；和合二圣也称双喜神，是指寒山和拾得；关岳二将，是指关云长和岳飞；孔子称先师；先贤是指报龙陀，先师也是指报龙陀。有的家户写：四员官将，是指：包拯（报臣相）身边的王朝、马汉、张龙、赵虎。现列举一例：

一心奉请家主正神，今安你在神坛（龛），有灵有圣显威灵，吾敬献净茶、净饭来供俸，圣贤神君，供俸神贤来领用。一家大小得安宁，人人清吉个个平安；天地君亲来保佑，年年人口六畜兴旺，高曾祖考祖妣来保佑；年年增儿增孙子，四员官将来护佑；年年求财逐顺心，观音菩萨来保佑；年年男女无灾星，观圣帝君来保佑；年年家中有金银，灶王府君来保佑；年年酒殿逐其成，增福益禄来保佑；年年金银有万箱，文武魁星来保佑；年年六文又六武，报龙陀圣贤来保佑；年年文贤圣贤，至圣孔子来保佑；年年读书长功名，文武帝君来保佑；年年功名中举人，利市先官来保佑；匕匕五谷丰登，仓满银满，进宝郎君来保佑；年年口才胜过人，玉皇大帝来保佑；年年家中有贵人，高房大屋出贵子，富贵之家出贵人。姜尚鱼翁来进宝，山中裂口现真银。男女出外行交易，买卖顺成利赢赢；男女家中勤耕耘，年年家里长太平，父母夫妻合偕百年春；行事可真又如意，五谷丰收年有余。年月日时来供俸，永保家中得安宁。

以上是笔者在深入安顺市布依族聚居区收集、整理麽经中发现。布依族麽经具备较为明显的人为因素，并且在整个民族范围内有共性，麽经是布依族的民族多神宗教的演变过程，它初步具备了一神教雏形的宗教形态，属于一种准人为宗教。

要深挖寻找始祖布洛陀的文化源头，还得深入布依族地区与麽师们共同探讨，有依有据，使族人认同。

布洛陀作为布依民族民间神话传说中的圣人，历经数千年，至今仍在布依族地区流传并有较大影响，充分体现出布依文化的强大生命力，随着国家对民族民间文化保护政策的深入贯彻执行，布洛陀这一民族文化遗产必将得到传承，其精华部分将会继续得到弘扬，并为社会主义精神文明建设做出贡献。

〔郭正雄：贵州安顺市布依学会常务副会长〕

壮族始祖"布洛陀"与东南亚泰掸族群始祖"Khun Borom"(坤博隆)比较研究

陆 勇

一、引言

"布洛陀"是壮民族公认、推崇的创世神、始祖神,智慧神、宗教神,道德神,他创造万物,安排社会秩序,排忧解难,无所不知,无所不能。千百年来,"布洛陀"神话传说一直在壮民族中流传,可谓是家喻户晓,深入人心。而东南亚泰掸族群也流传着"布洛陀"的神话,且看专家们的考证:据广西社会科学院岑贤安教授相告,东南亚的越南、老挝也有布洛陀神话传说;据多次访问过泰国、老挝的广西壮族学者覃圣敏教授说,老挝的老龙族现在还存在布洛陀信仰的现象,泰国学者也询问过布洛陀信仰的情况;覃彩銮教授也在著述中提到在越南北部的岱、侬族,老挝的老族,缅甸的掸族和泰国的泰族民间,也流传着类似布洛陀神化,反映了这些民族传承于其先民的对布洛陀及其文化的认同。[①]

那流传在东南亚泰掸族群的"布洛陀"的神话和壮族始祖布洛陀有什么关系呢?且看新华网广西频道:2007年9月17日电,泰国学者首次承认了壮泰民族"同源异流"的观点,经过40多位中泰专家的历时13年研究,"同源异流"学说终于突破了滞留几十年的局限,泰国学者首次承认泰族与中国广西壮族自治区的壮族同源异流,并著书证明了这一观点。[②] 中泰学者虽然都承认了壮泰民族文化"同源异流"的观点,但不等同于双方的始祖是"同源异流"。令人欣喜的是,近

---

① 覃乃昌:《布洛陀寻踪》,广西民族出版社,2004年,第17、70、153页。
② http://www.rauz.net.cn/Article/nyinhmoq/sonhag/200702/40.html。

几年来，国外学者，特别是东南亚学者在这方面的研究有了新的进展。泰国著名学者派吞博士认为，东南亚泰掸族群也流传着"布洛陀"的始祖神话传说，但他们称之为"Khun Borom"（坤博隆），这是他们的创世神、始祖神。2013年9月7—8日在印度北部拉贾斯胆邦什里达尔大学举办的"非暴力与和平教育国际研讨会"上，他发表了《坤博隆的故事：深受布洛陀文明——壮泰文明源头的影响》的学术论文，论文提出了布洛陀与坤博隆都是同根同源，是泰人（壮侗语族及东南亚泰掸族群的古称）的祖宗神，从上天下凡到人间管理泰人，并称其真正的先祖及源头在广西壮族自治区百色市田阳县的敢壮山。[①] 本文试着通过对壮族始祖"布洛陀"与东南亚泰掸族群始祖"Khun Borom"（坤博隆）的比较研究，探究其相似的文化内涵，进一步揭示壮泰族群文化的同根同源、同源异流。

二、壮族始祖"布洛陀"与东南亚泰掸族群始祖"Khun Borom"（坤博隆）概况

（一）壮族始祖"布洛陀"

"布洛陀"是壮民族公认、推崇的创世神、始祖神、智慧神、宗教神、道德神，他创造万物，安排社会秩序，排忧解难，无所不知，无所不能。布洛陀是壮语名称，他的壮语拼音壮文为Baeuqloegdoz，英语名称为Buluotuo。按壮语读音来解释，Baeuq，是受人尊敬的长者、老者、祖公的尊称；loeg，是认识、知道、通晓；doz，是足够、多、彻底之意，意思就是无所不知，无所不能的老人。布洛陀经过历代壮人的长期加工和塑造，其形象逐步高大，品格不断丰富，从而具有了神的形象，成为壮民族观念中主管中届的人间大神。

布洛陀是壮族人无所不知的智慧神。他具有超凡的智慧，在创造人类后，又用自己的智慧教会壮人劳动的技能与生活的本领。他有问必答，乐于教人，有了布洛陀的教诲，壮族人才学会劳动与生活，成为开化文明的民族；布洛陀是壮族人至善的道德神。他在创造万物和人类的同时也规定了天地之间、万物之间和人类之间的关系，妥善安排了万物和人类的秩序，以及如何处理子女与父母关系、婆媳之间关系等为人处世的道理，使壮民族能世世代代和谐相处，繁衍生息。布

---

① Dr. Ravindra Kumar, International Seminar on Non-Violence and Peace Education[M]. Rajasthan. Shridhar University Press.2013.296.

洛陀是壮族人法力无边的宗教神。在麽教众多神灵中，他是最高神，他通过法事驱邪解难，超度亡灵，劝人正直、向善。[①] 总的来说，布洛陀在壮民族的心目中是至高无上的始祖神、创造神、智慧神、道德神与宗教神，他的核心就是创造、创新、有序与和谐。

如今，广西壮族自治区百色市田阳县已被公认为壮族的发祥地之一，是壮民族的精神家园，位于田阳县境内的敢壮山是布洛陀居住的圣山，是壮族人文始祖布洛陀的纪念地。每年农历三月初七到初九，30多万的壮族子民都会相约来到敢壮山，参加盛大的祭祖活动，朝拜祖先布洛陀。

（二）东南亚泰掸族群始祖"Khun Borom"（坤博隆）

Khun Borom，汉译名称坤博隆，Khun 意思是 King（王），Borom 意思是 the Great（大、伟大），派吞博士界定的定义是：the Great King, Persongal God in the legend of Tais/Thais who migrated to Southeast Asia or Suvannabhumi in ancient time i.e. Tais in Vietnam, Laos and Thailand, Tais in Mynmar, mainly in Shan state including Tai Ahom or Assamese Tai in Assam State, India.[②]（古代从中国移民到东南亚或泰国素万那普密泰人/傣人传说中的个人神，大王。这些泰人包括越南、老挝、泰国的泰人、缅甸，主要是掸邦的泰人以及印度阿萨姆邦的阿洪泰人或阿萨姆的泰人——笔者译）根据传说，坤博隆就是今天越南北部岱族、缅甸掸邦、老挝、泰国以及印度阿萨姆邦阿洪人等讲侗台语族语言民族的祖先。

据派吞博士考证，当时人间无序、杂乱，没有伦理规矩，需要有人重新恢复伦理道德。于是，坤博隆的天神父亲 Khun Thaen Fa Kuen 决定派他下凡到人间做国王，并给他配了两个皇后以及皇权、武器、家具、马匹、水牛、大象以及臣民。天神父亲给他选定下凡的地方叫 Na Noi Oy Nhu，意思是少稻田小甘蔗的地方。在天神父亲及诸神的护驾下，坤博隆手提长剑，骑着大象，带着大队伍，在两位皇后左右簇拥下来到了 Na Noi Oy Nhu。天神父亲接着给坤博隆传授了为王之道及责任，并嘱咐在地界的诸神要保护、帮助他，说完便返回天上。

坤博隆的两位皇后 Yompala 和 OK Khaeng 共生育了七个儿子，分别是 Khun

---

① 覃乃昌：《布洛陀寻踪》，广西民族出版社，2004年，第179—180页。

② Dr. Ravindra Kumar, International Seminar on Non-Violence and Peace Education[M]. Rajasthan. Shridhar University Press. 2013.271.

Lor、Yipha Luan、Jusong、Sai Phong、Ngua In、Lok Kob 和 Jed Jeung。坤博隆分别选了七位漂亮的女子嫁给他们，并分派他们到各地建立自己的王国。走之前，坤博隆选择一个好日子，召集七个儿子、皇后、首领、眷属及臣民，举行加冕仪式，要求七个王子要善待臣民，要求臣民不要争吵，以礼相待，和睦相处，违者将会死于非命，遭到报应。就这样，七个儿子分别被派往东南亚不同的地方建立自己的王国，后分别建立若干个独立的国家。

七个儿子都带有 Ma Ho Ra Theug，即铜鼓，祈求风调雨顺，神灵庇护。

三、相似的文化内涵

（一）两位始祖都是天神派到人间的始祖神

关于布洛陀下凡的传说是这样：远古时代，田阳还没有人居住，玉皇大帝派布洛陀和姆六甲下凡到田阳地方，布洛陀挑着一对大箩筐，一头装着五个儿子，一头装着被褥衣物；姆六甲肩扛一把锄头，手拿一把开山镰，乘着两片树叶缓缓飘下来。忽然暴风骤雨，电闪雷鸣。布洛陀肩上的扁担断了，装着五个孩子的箩筐不知落到何处。另一只箩筐落地变成敢壮山，布洛陀夫妇落在敢壮山上，不见了孩子的踪影，急忙跑到山顶，用石头垒起一个高台，站在石台上向西远眺，看见五个孩子在十余公里处蠕动着。姆六甲一见，激动地喊了一声"孩子"，喊声刚落，五个孩子便一动不动地坐在地上，变成五座小山，后人将这五座山叫作"五子山"。布洛陀在敢壮山顶用石头垒起的石台叫"望子台"。

关于坤博隆下凡的神话传说：很久很久以前，世界无序，人间没有伦理规矩，妖魔鬼怪四处横行，一切都处于无序的状态，需要有人下凡到人间管理。有两个圣人向坤博隆的天神父亲 Khun Thaen Fa Kuen 提议派最好的神下凡人间。于是他们就召开了众神会议，推选最好的神做人间的大王。会议推选了坤博隆——这个具有最好美德的神下凡管理人间，并给他配了两个皇后以及皇权、武器、家具、马匹、水牛、大象以及臣民。在天神父亲及诸神的护驾下，坤博隆手提长剑，骑着大象，带着大队伍，在两位皇后左右簇拥下，浩浩荡荡来到了 Na Noi Oy Nhu 这个地方。几年后，两位皇后便给坤博隆生下七个儿子。儿子长大后，坤博隆又派他们到东南亚各地建立自己的王国。

（二）都是世界万物的创造神

根据壮族民间传说及壮族《麽经》都认为，布洛陀开天辟地，创造万物，是伟大的创造神。他创造天地之后，大地仍十分单调，为了有利于万物生长和人类居住，于是他又跟其他神灵整理大地，创造山岭平地，江河沟溪。接着他又派诸神创造树木草类、飞禽走兽，虫蛇鱼虾，使形形色色的物种生长繁殖，使世界万物井然有序，使大地天空万类共生，使人类有各种各样的食物，世界变得色彩斑斓，生机勃勃。

坤博隆下凡治理他的王国九年后，似乎一切都停止增长，人口、马匹、大象不断减少。究其原因，原来大地上长出了两个巨大的葫芦，遮盖了大地。没有人敢去砍伐巨型葫芦，因为他们认为这样做是对诸神的不敬。于是坤博隆就派三位大神上天请求天神父亲允许他们砍伐葫芦。天神同意了，并派两个木匠神下凡帮忙砍伐。一木匠神用尖利的工具猛戳葫芦，另一位则用锋利的大刀砍伐。突然，两个巨型葫芦涌出了男人、妇女、水牛、猪、鸭、母鸡、公鸡、大象、马匹、猫、天鹅、棕榈树、椰子树、橡胶树、甘蔗、枪支、布匹、钢铁等等。从此，坤博隆王国的子民过着丰衣足食的生活。

（三）安排社会秩序、提倡伦理道德的道德神

布洛陀创造万物和人类后，非常注意安排天地之间、万物之间和人类的秩序。鸟在天上飞，兽在地上走，鱼在水中游等等都是布洛陀的安排。他还教诲人们要懂得上下尊卑关系，互敬互爱，互相帮助，和睦相处，使人间变得和谐，使生活过得美好。比如他教导人们孝敬父母，莫过于生时敬养，死后安葬。他还教导人远恶向善，惩恶扬善等等，谁不按照他的教诲去做或背弃他的伦理准则，那么，各种天灾人祸就会降临于他，他和他的家人就会受到应有的惩罚。

根据坤博隆的故事传说，所有泰人都来自两个巨大的葫芦，坤博隆既教人如何治理王国，又教诲臣民要尊重大自然，以德治理王国。在他派儿子到外地建立新的王国之前，他择好吉日，召集王子、皇后、首领、眷属及臣民举行加冕仪式，并进行治国安邦及伦理道德教育。坤博隆告诫王子要善待臣民，教诲臣民不要争吵，以礼相待，和睦相处；凡听从他的教诲的人子子孙孙都会幸福，违者或不听从他的及劝告者将会短命，遭到报应；告诫妻子要早睡早起，主动给丈夫备好衣食，不要干涉他们的事务；告诫臣民不要撒谎，不要酗酒，不要吸食鸦片等

等这些羞耻的事情。他还制定了十条道德准则：

（1）慈善、博爱、慷慨；

（2）道德高尚；

（3）自我牺牲；

（4）诚实、正直；

（5）善良、温柔；

（6）朴素、节制、无嗜好；

（7）安静、祥和；

（8）和平、自由；

（9）耐心、忍耐、宽容；

（10）赞誉、坚持正义、遵守法律。

（四）神话人物教化功能相同——为建立合法、和谐、永久的社会秩序服务

《布洛陀经诗》是壮族人民的一部创世史诗，也是壮族人民赖以生存的百科全书。其中，布洛陀是核心人物，是始祖神，一切都是布洛陀创造，一切都是布洛陀安排。正如覃贤安教授所说的，布洛陀人物神话过程，就是壮族先民在生产和生活实践中不断积累经验，不断追求发展，一代代把自己在生产生活中形成的理想追求，内心愿望和生活经验都附加到布洛陀身上，成为布洛陀的神格，然后又以布洛陀的名义来训导人自身，保护人自身。千百年来，壮族人民就是按照布洛陀的安排、训导、教诲，在他创造的世界里和谐、有序、幸福地生活。壮族文化之所以能川流不息，源远流长，成为拥有1700多万人口的、中国最大的少数民族之一，这是以布洛陀为神话人物的教化功能分不开的。

坤博隆是东南亚泰掸族群传说的始祖神，他是他的天神父亲派到人间的管理人类王国的神话人物，其神秘传说主要流传于越南北部岱族、缅甸掸邦、老挝、泰国以及印度阿萨姆邦。其中，流传最广的是在老挝及泰国东北部。公元1512年由老挝两位高僧编撰出版的古籍文献《坤博隆传》(Phun Khun Borom)，就描写了所有泰人都来源两个巨大的葫芦以及坤博隆理国治国的历史；泰国关于坤博隆传说的史籍也讲到坤博隆如何教儿子治国理政，教诲臣民要尊重大自然，以德治理王国等等。总之，神话人物坤博隆对东南亚泰掸族群各族保留本族本土文化，为建立合法、和谐、永久的社会起到不可替代的重要作用。

四、结语

布洛陀与坤博隆的相似之处不仅仅局限于以上所述，还有诸多如共同信奉万物有灵、稻作文化、铜鼓崇拜、图腾崇拜等等，所有这些无不说明他们之间有着千丝万缕的关系：两位始祖都是天神派到人间的始祖神，都是世界万物的创造神，都是安排社会秩序、提倡伦理道德的道德神，而且都为建立合法、和谐、永久的社会秩序服务。

正如派吞博士在他的《坤博隆的故事：深受布洛陀文明——壮泰文明源头的影响》论文的论述写道："布洛陀与坤博隆两个名字都在暗示着同一个祖先，两个也都是泰人的祖宗神，从天上来到人间管理泰人。布洛陀与坤博隆的始祖传说证实了泰人是同根同源，泰人传说的祖宗就来自中国广西壮族自治区百色市田阳县的敢壮山。"

布洛陀与坤博隆两个名字都在暗示着他们是壮侗语族民族（即侗台语族民族）的共同祖神，两个也都是泰人的祖宗神。也就是说，布洛陀不仅是壮族的祖先神，也是同根同源的泰族祖先神，只不过后来到了东南亚后名称稍有改变，变成了"Khun Borom"坤博隆。

由此看来，他们之间同根同源、同源异流的关系可见一斑。

〔陆勇：百色学院外语学院教授〕

布洛陀形象在黔中布依族人民心中

马启忠

布洛陀是珠江流域本土民族——布依族与壮族数千年来崇拜的始祖神。中央民族大学教授、博士生导师梁庭望先生在《布洛陀——百越僚人的始祖》一书指出："与壮族同源的布依族也普遍信仰布洛陀……布洛陀神话一直在红水河及其上游南北盘江流域，右江及其上游驮娘江，西洋江流域，柳江上游龙江流域，红河上游普梅河流域流传，民间仍把他当作人文始祖神，创世神和宗教神加以崇拜。每年三月或六月，各地都要举行祭祀布洛陀活动。"上述江河流域地区，正是古代布依，壮民族的先民雒（骆）越人生息繁衍的珠江流域即古牂牁江流域之地，两族人民在共同地域内，共同崇拜祭祀同一人文始祖——布洛陀是理所当然，无可厚非的。但由于两族人群所处地域广阔，受区域性方言、土语的影响，加上用汉文翻译记音的不一致性，而出现对同一始祖神的多种音称情况。壮族地区有"布洛陀"、"报陆夺"、"布碌陀"、"包老铎"、"陆达公公"等称谓；布依族地区有"报龙佗"、"报陆陀"、"包老夺"、"报儿夺"、"报勒佗"、"布囊夺"等称谓。虽然两族中有多种不同音的称谓，其含意完全一样。在两族中的任何地点，只要提起上述每个称谓，都将心领神会地认为是始祖神"报龙陀"，这已经是约定俗成的事实。因此，壮族人民已经定布洛陀为自己的人文始祖予以尊崇祭祀，2006年申报的《壮族经诗布洛陀》已列入国家级非物质文化遗产保护名录。2011年，贵州省布依学会也确定"报龙佗"为本民族人文始祖，并在花溪召开全国布依族"报龙佗"论文研讨会，会上要求布依族地区塑神像予以尊崇祭祀。为了践行这重要意见，贵州省布依学会、黔西南州布依学会、兴义市布依学会、兴义市南盘江镇政府、万峰布依种植农民专业合作社等部门，在兴义市南盘江镇布依古寨塑起了报龙佗铸造像。从此，布依族人民有了"祖德宗功师范长，祖宗万代永流芳"。

"报龙佗"是布依族的人文始祖，这在黔中布依族地区的古歌、民间神化传说故事中广为流传。描述他是具有神性和超常智慧的祖神，是天地间的掌管者；他无所不知，无所不能，布依族人民遇到任何解决不了的难题，只要奉请到他，问题将迎刃而解；他有造天地、造火种、造干栏房、造稻作、造麽经、规范社会秩序和伦理道德等功德，值得布依族人民世代尊崇和祭祀。在中国著名民间文艺家罗汛河老师搜集整理的《布依族古歌》中的《辟地撑天》《十二个太阳》《兴年月时辰》《造千种万物》等，省民间文艺家协会原主席韦兴儒、周国茂及伍文义二位教授编的《布依族摩经文学》一书，韦兴儒主编的《中国民间文学集成·贵州布依族民间故事选》中的《鲍尔陀造摩经》，中国民间文艺研究会贵州分会及黔南文学艺术研究室编印的《民间文学资料》第41集，流传于望谟县的《创神和便》，贵阳市布依学会常务副秘书长王兴珍老师保存的布依族古歌《创造万物》，镇宁自治县民间文学集成编委会编印的《中国民歌谣（谚语）集成·镇宁自治县卷》中的《布依族祭祀歌——古谢歌节选》，马启忠编著的《瀑乡传奇·神石》等均有记述。

周国茂教授指出："摩教认为布依族很多文化事象是报陆陀创造的。"在流传于黔中布依族地区的"摩经"中累累可见。如镇宁自治县著名诗人王芳礼及韦绍熙、杨开佐翻译整理流传于镇宁、关岭、普定、六枝特区等地的8卷《古谢经》、该县布依学会会长、原县政协主席杨芝斌组织8位同仁麽师翻译整理的《道场经》中《敬鬼谷先师》诗集、麽师卢邦武保存的5集《摩经》手抄本、关岭自治县麽师罗朝良保存的5集《摩经》手抄本、安顺市布依学会常务副会长郭正雄、西秀区布依学会副会长王培金等人在西秀区黄腊乡、东屯乡、龙宫管委会的龙宫镇、平坝区原路塘乡、黔东南州长顺县广顺镇等地收集的《大摩经》6卷和《小摩经》49卷等，均有阐述人文始祖"报龙陀"创造诸多文化事象的内容。因此，布依族人民数千年来崇拜至今。在关岭自治县城北部的大水寨侧，那尊高大的布依族人民古今崇拜的报龙陀神石，依然呈露。周边村寨的村民，每年过春节、六月初六都要去参拜奉供，平时也有村民去拜供。笔者将同关岭自治县布依学会联合向该县县委、县政府汇报，建议规划开发报龙陀神石旅游文化园。

为弘扬人文始祖布洛陀的优秀传统文化，本人编著《黔中布依族文化大观》大画册（于2013年12月公开出版），已将布洛陀神像及相关文章置于首页，扩大了布洛陀的宣传面，为更多的族人和爱好研究历史文化的专家学者了解布依族人文始祖布洛陀提供了资料，发挥了布洛陀文化在推动布依族经济发展中的作用。

〔马启忠：贵州安顺市布依学会会长〕

关于麽教祖师"报渌图"和"摩禄呷"的研究

伍凯锋　伍泉穆　伍忠纲

布依族各地麽教的神职人员"布麽"都尊"报渌图"为祖师,"报渌图"不仅是麽教的祖师,也是珠江流域及周边地区很多民族的人文始祖。国内的壮族、布依族、水族都有"布洛陀"(即报渌图)神话传说,仫佬族、毛南族也有与布洛陀相关的神话传说;国外越南的岱族、侬族,老挝的老族,泰国的泰族也有"布洛陀"神话传说,而且这些神话故事内容大同小异。神话故事中的"报渌图"是创世神和最高智慧者,人们现实生活中的一切物品都是他创造,人们生活的一切技能都是他传授,人们有不明白的疑问都要去请教他。

要成为麽师,首先要拜"报渌图",每次举行麽教活动(布依族称为"古摩")都要先祭祀"报渌图"。各地的麽经在传抄过程中都有一定的差异,但是各地的麽师都认为,麽经都是从祖师"报渌图"那里传承下来的,都认为"告弥合拜合"(布依语,直译:根不合巅合;意译:都是祖师"报渌图"传下来的经书,不同的人、各地抄录的经书,必定有一定的差异,但是基本内容是相同的,不会有太大的出入)。在麽经中凡提到"报渌图"时都提到"摩渌呷",但是麽教祖师"报渌图"和"麽渌呷"是什么人?是哪个年代的?麽经上没有说明,传说中也没有相关信息。

首先,"报渌图"具体是什么年代的?笔者分析研究认为,麽教祖师"报渌图"是夏朝初期高阳帝颛顼之师"渌图",即禹的爷爷的老师。

一、关于麽教祖师"报渌图"就是夏朝初期高阳帝颛顼之师"渌图"的分析

麽教祖师"报渌图"就是夏朝初期高阳帝颛顼之师"渌图",即禹的爷爷的老师,理由有三:

一是高阳帝颛顼之师叫"渌图",与麽教祖师"报渌图"同名。"报"是布依族对男性成年人的尊称,所以"报渌图"的名字就是"渌图",与高阳帝颛顼之师同名。史籍《路史国名后纪》有这样的记载:"渌,高阳师渌园,或作渌图。"《大戴礼·五帝德》曰:"禹,高阳之孙,鲧之子也。"《世本·帝系》亦曰:"颛顼生鲧,鲧生高密,是为禹。""禄图"是高阳帝颛顼之师,也就是禹的爷爷的老师。那个时代,帝是最高统治者,同时也是最高的祭司,帝颛顼的老师"渌图",除了教帝颛顼有关治国理政的知识外,同时要教祭祀的相关知识,或许那时的"师"只传授祭祀知识。能担任帝颛顼之师,传授祭祀知识给帝颛顼的师必然也是大祭司。

二是南方信奉麽教的族群不论布依族还是壮族都称禹是先祖,禹当然也是当时最大的祭师。史料没有记载禹和他的父亲鲧的老师是谁,而明确记载了禹的爷爷颛顼的老师是"渌图"。笔者推测禹和鲧可能没有专门的老师,否则也应该有记载。鲧的祭祀知识可能是父亲颛顼传授,而禹的祭祀知识可能是父亲鲧所传授,所以鲧和禹的祭祀知识都是"渌图"传下来的。禹把"渌图"传下来的祭祀知识传授给了民众,也就是麽教,所以麽教的弟子都尊"渌图"即"报渌图"为祖师。

三是麽教所有的活动和仪式都要用白纸剪一只白马插在神位上,祭拜祖师"报渌图"时就是向这只白纸马祭拜。那么这只白纸马是何神灵呢?《尔雅·释畜》曰:"白马黑鬣曰骆";《毛传》曰:"白马黑鬣曰骆,黑马白鬣曰雒";《山海经·海内西经》曰:"黄帝生骆明,骆明生白马,白马是为鲧";《世本·帝系》亦曰:"颛顼生鲧,鲧生高密,是为禹";《周礼·夏君·庚人》曰:"马八尺曰龙。则天马化龙,当无足异。"就是说禹的父亲鲧就是白马神,也是龙马,后人就把白纸马作为其神像祭拜。祭拜白纸马就是祭拜禹的父亲鲧。

那么为何祭拜"渌图"时不直接向"渌图"的"像"祭拜而是向他的学生的儿子鲧的"像"白纸马祭拜呢?笔者认为那时先师"渌图"和鲧父颛顼帝可能都没有

神像，而禹父鲧被尊为白马神，所以禹就把白纸马作为其神像祭拜，祭拜白马神鲧也等同于祭拜颛顼帝和祭拜先师"渌图"。笔者大胆推测，拜师仪式可能是从禹开始的，禹经常祭拜他的老师，也是他的父亲鲧是合情合理的。禹对他的父亲鲧是非常孝顺和崇拜的，禹每年六月六生日祭天时就是向白纸马祭拜，因为白马是天马，是龙的化身。笔者推测当时禹进行宗教活动时也是要先祭拜先师鲧的神像白纸马。禹在古越民族中是被神化了的，所以古越民族的神禹所祭拜的神——白纸马无疑是更为神圣的神。先祖禹经常祭拜的神灵白纸马肯定也成了整个族群和族群所信奉的麽教祭拜的图腾。笔者又大胆推测，古越民族信奉的麽教可能是禹向民间传授的。人们看到禹进行宗教仪式时首先祭拜白纸马，所以麽教所有仪式都向禹那样在神位上插白纸剪的纸马，仪式开始时都要先要祭祀白马神。

白马神不仅是麽教的图腾，也是布依族崇拜的图腾，布依族六月六、春节祭天，逢年过节祭祀祖宗时，也要剪一只白纸马挂在神龛上一同祭祀；布依族织锦图案里有几个写意的图案就叫龙马；布依族地区在很多建筑和用具上如门墩石、门柱石、墓碑、门窗、桌椅、床檐等雕刻有很多形态各异的龙马图案。这都说明布依族和布依民族宗教麽教都以白马神和龙马神即禹和父亲鲧作为崇拜的图腾。

综上所述，笔者认为麽教祖师"报渌图"就是夏初高阳帝颛顼之师"渌图"。

二、关于"报渌图"和"摩渌呷"记音汉字的讨论

布依族的麽经提到祖师"报渌图"的同时，还提到一个叫"摩渌呷"（音译）的祖师，关于"报渌图"和"摩渌呷"是什么人，是哪个年代的？他们之间是什么关系？他们的名字包含什么意思？麽经上没有说明，汉文典籍也没有明确的记载。前文分析认为"报渌图"就是夏初高阳帝颛顼之师"渌图"，那么"报渌图"和"摩禄呷"的名字有没有什么特别含义呢？由于没有文献记录，人们研究时，只有根据这两位的神话故事、传说和他们名字的字面意思进行分析。由于麽经多数都是麽师们自己抄写的，抄写麽经所用的布依文使用了大量的汉字记音，用来记音的汉字没有统一的规定，不同的人抄写麽经时，所用来记音的汉字，由抄写者自己自由随意选择；由于布依族语音分为三个土语区，同一个音，不同的土语区发音有所不同；又因为同音汉字和近音汉字都很多，所以麽经中同一个布依字，就用了很多不同的汉字记音。各地的麽经里"报渌图"和"摩渌呷"两个人的名字共有六个字，就出现了几十个不同的记音汉字。如"报"字就有"报"、

"抱"、"保"、"鲍"、"布"等字记音；"摩"字常用"摩"、"噻"、"乜"、"姆"等字记音；"渌"字有用"渌"、"禄"、"陆"、"勒"、"六"、"碌"、"洛"、"雒"、"骆"、"鹿"、"若"等字记音；"图"字有用"图"、"罗"、"夺"、"朵"、"陀"、"拓"、"脱"、"托"等字记音；"呷"字有的用"甲"字记音。为了叙述的统一，本书用"报渌图"和"摩渌呷"这六个汉字记音。

究竟"报渌图"和"摩渌呷"的名字有何含义？他们之间是何关系？笔者从布依语音的含义尝试寻找其答案，提出自己不成熟的见解：

（一）关于"报渌图"的"报"字是指"男性"。"报渌图"第一个字有用"报"、"抱"、"保"、"鲍"、"布"等字记音。不论用哪个汉字记音，布依语的意思都是相同的，多数人认为是对男性的尊称，说明"报渌图"是男性先祖，是男性神。有的学者认为"报"应该理解为"父"，布依族语"父"的读音"博"，与"报"、"抱"、"保"、"鲍"、"布"等字是很接近的，所以"报"理解为"父"也是可以的。笔者认为理解为"男性"和理解为"父"没有本质区别，理解为"男性"的范围宽些，理解为"父"的范围窄些，本书选择"父"的含义。

（二）关于"摩渌呷"的"摩"（音译）字，也有用"噻"、"乜"、"姆"等字记音（布依族和壮族至今仍然称母亲的读音为"乜"），多数学者认为是对女性先祖的尊称，即"摩渌呷"是女性先祖。有的认为"摩渌呷"和"报渌图"是同一时代的先祖，有可能是夫妻。有的学者推断"摩渌呷"是母系社会的先祖，"报渌图"是父系社会的先祖，笔者认同后面的观点，下文将作进一步分析。

（三）关于"渌"（音译）字，"报渌图"、"摩渌呷"中间的字读音都是"渌"。常见有用"渌"、"禄"、"陆"、"勒"、"六"、"碌"、"洛"、"雒"、"骆"、"鹿"、"若"等汉字记音。这些字在布依语和壮语中的读音基本相同，这个读音的名词在布依语中有多种含义。第一种含义是知道、明白、懂的意思。布依语和壮族现在表示知道、明白、懂等意思仍然读"若"，特别是与报渌图后面字的音"图"组合成词组"若图"、"若夺"，可以理解为知道一切，明白一切，懂得一切，或者理解为全部都知道、全部明白、全部都懂。布依族和壮族神话故事中，报渌图和摩渌呷是无所不知、无所不晓的大智大慧的神仙，所以有的把"渌"理解为明白、知道、懂。第二种理解是"老"或者"大"的意思，即汉语的"王老"、"李老"的"老"，是对人、神的尊称，笔者认同后一观点，下文进一步分析。还有很多种其他的说法，这里就不一一提及了。

（四）关于"报渌图"的"图"字记音，有的用"罗"、"夺"、"朵"、"陀"、

"拓"、"脱"、"托"等字注音，这些字，在布依语和壮语中读音基本相同，这个音在布依语中也有多种理解。一是上文提到的"全部"、"一切"、"所有"的意思，即"报渌图"是通晓一切的男性先祖，男性神仙。二是孤儿，"渌图"在布依语和壮语中，可以理解为孤儿或者独子。布依族和壮族神话故事里的好几位英雄都是孤儿，即"报渌图"也是出生于孤儿的一位英雄、神仙。三是笔者的研究成果，"图"就是汉语"读"、"诵"、"讲"的意思，下文作综合分析介绍。

（五）关于"摩渌呷"的"呷"（音译）字标音，有的用"甲"字来标注，这两个字，在布依语和壮语中的读音是完全相同的，布依语和壮语读甲乙丙丁时，"甲"的读音就是"呷"，诵读麽经时，"甲"就读"呷"。相关资料对"摩渌呷"的"呷"研究不多，笔者认为"呷"就是汉语"记"、"录"、"记录"、"记忆"的意思。

（六）关于"报渌图"和"摩渌呷"名字含义的综合分析

上面对"报渌图"和"摩渌呷"单字的读音意思已经作了介绍，现在对"报渌图"和"摩渌呷"，这两位珠江流域原住民族的人文始祖、麽教的祖师名字所代表的意思，进行综合分析。

笔者认为，"摩渌呷"是母系氏族社会珠江流域原住民族的人文始祖，相当于汉文化的女娲，是当时这一地区最高的统治者，同时也是最大的、唯一的祭司。母系氏族社会统治权和祭祀权，都集中在统治者"摩渌呷"一个人手里。"摩渌呷"的"摩"或"乜"就是汉语的母；"渌"就是汉语的大，"摩渌"直译即"最大的母亲，或者母亲里最大的"，也就是最大的统治者；"呷"即汉语的记。三个字合在一起，"摩渌呷"直译是："最大的母亲记下的"，意译是："母神传下来的"。那么记下来什么，传下来什么呢？传下来的当然是祭祀"更闷"，即天神的仪式和方法，也就是麽教，麽教直译可以译为"母教"。麽教就是最高统治者，也就是母神"摩渌""记"下来、"传"下来的宗教。

到了父系氏族社会后，统治者是"布"（"报"、"博"）即父亲，"布渌"直译即"最大的父亲"，也就是最高的统治者、部落首领。原来的统治者"摩渌"、"乜渌"，即母神把统治权和祭祀权交给了"最大的父亲"即"布渌"。到了父系氏族社会，"布渌"对社会实行分层次治理，祭祀也分层次进行，所以"布渌"就把祭祀的方法，传授给"渌丁"、"渌林"、"渌逢"、"渌贵"等十二个弟子，又由这十二个弟子向老百姓传授。传授的方法就是"图"，翻译成汉语就是"读"，即"布渌""读"给弟子们听，所以人们称向弟子们读麽经、教麽经的"布渌"为"布渌图"。"布渌图"翻译为汉语，就是教授、传授"麽"的最高首领。

概括上述分析，"摩渌呷"是母系氏族社会的首领，同时也是最高的祭司、母神，到了父权社会，她把麼教传给了部落男性首领"报渌图"。"报渌图"把麼教传授给十二个弟子，这十二个弟子又把麼教传授给各部落的老百姓，所以"摩渌呷"是麼教的创始人，"报渌图"是摩教的祖师，是第一个向民间传授者。

〔伍凯锋：贵州大学讲师、硕士；伍泉穆：贵州省安顺市政府办、硕士；伍忠纲：贵州省首钢水钢集团公司高级政工师〕

关于壮族鸟部落后裔传承的创世神"盘姑"与布洛陀麽教文化研究

王明富

一、"西畴人"故乡鸟部落族群后裔的发现

1. "西畴人"故乡

在北回归线穿越的云南省西畴县城,南北宽约 1.5 公里石灰岩喀斯特溶蚀洼地里的仙人洞,发现人类牙齿化石及大批哺乳动物化石,为旧石器时代晚期洞穴遗址。1972 年至 1973 年中国科学院古脊椎动物与古人类研究所和云南省博物馆先后两次在该洞清理发掘出 5 枚人牙化石同时出土 32 种古脊椎动物化石,其中绝灭种 6 种。经鉴定,人牙化石属晚期智人牙齿,定名为 5 至 10 万年前的"西畴人"。在"西畴人"故乡的鸡街南利河和畴阳南温河流域,1983 年的文物普查,沿畴阳南温河而下,发现了西洒遗址、革机洞穴遗址、漂漂小寨遗址、东瓜村遗址、麻栗坡小河洞遗址以及在蚌谷、东升、新街等地多处新石器采集点,发现许多百越族群使用过的双肩有段石器。著名的滇东南麻栗坡小河洞遗址出土的双肩有段石器,属中国南方古越人留下的,与相距 30 里的"西畴人"牙出土的仙人洞采集到的旧石器,有一脉相承的造型。可以说,使用旧石器的"西畴人",其后裔是发明双肩有段石器的主人——百越族群,证明了"西畴人"的故乡,曾经孕育百越先民的古代文明社会,是古越人及其后裔——壮族先民生息繁衍之地。

2. 鸟部落后裔的壮族濮侬支系是"西畴人"故乡的土著民族

在"西畴人"故乡,自古就有壮族自称为"濮侬"的族群在那里生息繁衍。笔者出生在"西畴人"故乡,童年时代,常常听到部分汉人歧视壮族濮侬支系,说:

"衣裳滴滴点,裙子够马驮。屁股背包药,一放就着!"大意是壮族女性的衣服短小,裙子大得够马驮;裙子在臀部缠包藏有一包"毒药",随时可以放药毒人。那时,提到壮族的那"毒药",很多人谈虎色变,异族远离壮族女性。

经过半个世纪的调查研究,笔者才揭秘了壮族妇女用裙子缠绕在屁股上的那包"毒药"的文化内涵:古壮语称"盘拜",学术界称仿鸟"著尾"。在"西畴人"故乡的云南省文山州,至今传承仿鸟"著尾"打扮的濮侬人,约有60余万人,与"西畴人"故乡接壤的越南北部老街、河江两省,约有40余万人,这个族群自称"濮侬"。"濮侬"人在越南为"侬族",在中国为壮族。

研究壮族裙子在臀部缠包的那包"毒药",古壮语称"盘拜"。壮语的"盘拜再","再"为"鸡",属"鸡尾",鸟类的尾部都叫"盘拜",古壮语的"盘拜"专指"禽尾"。濮侬人穿戴传统服饰,称"师侬",壮语的"师"指"衣","侬"意为"鸟","师侬"可以译为"鸟衣"。壮族传统鸟衣的特点为:大袖似鸟翅;衣角椭圆上翘似鸟翼,壮语称"必迪兰"(鹰翅膀);百褶裙在臀部著禽尾,壮语称"盘拜";银项圈铸成鸟首,壮语称"图侬"(鸟头)。濮侬人崇拜鸟,女性以束胸缠乳房如水鸟白鹭为美。在文山州境出土的汉代壮族先民铸造的句町铜鼓,大部分铸有各种形态的鸟,句町铜鼓被壮族视为重器、神器,这是壮族鸟崇拜的文化传承。壮族濮侬支系的鸟图腾文化遗迹,还保留在古壮语名词里,如"人的灵魄"称为"侬命"和"命禄",意译为"鸟命"和"绿色生命"。濮侬人崇拜"侬閧","侬"指"鸟","閧"即"皇、王","侬閧"意译为"鸟之王"或"皇鸟",即"凤凰"。壮族崇拜"侬閧"(凤凰)是早期鸟图腾的产物。崇拜鸟至今还传承穿"著尾"、"鸟衣"的族群,自称"濮侬","濮"汉译为"人或族","侬"为"鸟","濮侬"可译为"鸟人或鸟族"。历经半个世纪的调查研究,壮族自称为"濮侬"的族群,是"西畴人"故乡的土著民族,是古越人的后裔。

二、远古鸟部落族群的图腾崇拜源于新石器时代的岩画

1. 破译壮族文献古籍"水墨水样"神谱记载

笔者于2010年通过文山州民宗委向省民宗委、省财政厅,申报云南省少数民族传统文化抢救保护项目经费,由笔者组织实施"云南壮族文献古籍抢救保护项目"。5年来,笔者曾经到文山州8个县(市)组织培训古籍普查员20余班次300余名,按每个普查员10个村进行普查,历经300余天,万余人次深入本州

壮族人口占20%以上的3800多个村开展普查登录工作，其中，有文献古籍的村有421个村，没有文献古籍的村有3234个村，8个县（市）仍传承口碑古籍和文献古籍的传承人（"博摩"、"乜满"、歌手等）有2076人，收藏文献古籍共2254本、骨刻58块、画谱546幅。笔者已经完成拍摄120余本文献古籍1万余幅，计划出版《云南壮族文献古籍典藏》十卷，目前已经出版了六卷。在实施"云南壮族文献古籍抢救保护项目"过程中，笔者发现了许多壮族学者没有涉及和研究的新课题，如壮族先民的图腾崇拜是什么？哪里有记载？

通过破译文献古籍，笔者发现，壮族先民的图腾崇拜源于"水墨水样"，而"水墨水样"是什么？在哪里？

在距离国家级文物保护单位大王岩岩画十余里的加谷村侬明富家，他的祖上在道光四年八月（1828年）抄的古籍版本，壮族麽教祭司"博摩"在举行祭祀活动时，摆设供桌燃香请神，必须吟诵此文献古籍里的如下经文：

　　"请们三十乜操仙崩酉，请们歌仙奔，歌仙代勒妈，歌仙瓜勒斗，歌仙代水墨水样罕妈。"
　　直译：请（请）们（那些、她们）三十（30）乜（母、妈）操（未婚女子、姑娘）仙（仙人、神仙、始祖）崩（方位）酉（时空"属鸡"的酉方）
　　意译：请那些30位酉方女性仙母
　　直译：请（请）们（那些、她们）歌（源头、根蒂、始祖）仙（仙人、神仙、始祖）奔（天、高空、天界）
　　意译：请那天界的始祖神
　　直译：歌（最早、源头、根蒂、根脚、始祖）仙（仙人、神仙、始祖）代（从、走）勒（哪里）妈（来）
　　意译：最早的始祖从哪里来
　　直译：歌（最早、源头、根蒂、根脚、始祖）仙（仙人、神仙、始祖）瓜（道、条）勒（哪里）斗（出、出生、降生、冒出、出来、过来）
　　意译：最早的神仙出至哪里
　　直译：歌（最早、源头、根蒂、根脚、始祖）仙（仙人、神仙、始祖）代（从、走）水（水、液体）墨（墨、涂料）水样（画、图案）罕（那里）妈（来）
　　意译：最早的始祖、神仙从岩画那里来

此文献古籍所指的岩画在哪里？经过笔者半个世纪的调查，文献古籍所指的"水墨水样"，属实是云南省麻栗坡县新石器时代的大王岩岩。

新石器时代的岩画也是壮族先民继世崇拜的对象，如大王岩画，就是当地土著民族壮族濮侬人崇拜并履行祭祀的对象。大王岩位于麻栗坡县城东面羊角老山南端，畴阳河流经山脚，岩画离河面约150米。大王岩山岩主体为南北走向，北纬23°07′38.7″，东经104°42′20.2″，海拔1130米。当地土著壮族濮侬人称"大王岩"为"岜亮"，汉译为"绘有红色的石岩"。20世纪80年代前，大王岩下原有一个古老的壮族村寨，叫"岜亮寨"，因有岩画而命名，每年岜亮寨的壮族村民都要对大王岩画上的两位主体人物进行祭祀。岩画上的两个主体人物图像高2.8米、宽0.75米，为直立人物图像，眼睛四周用白颜色衬托，嘴和部分脸用红色颜料绘成倒三角形，给人以庄重、神圣的视觉感。

20世纪80年代至21世纪，笔者在大王岩附近的壮族村，多次采访南由村的濮侬族长龙正美、龙明传，南夺村的104岁濮侬老艺人、"壮族歌后"龙琼林，以及各村的老祭司"乜满"和"博摩"，他们都说岩画上的两位主体人物叫"乜関造"和"博関造"，是壮族古籍记载的创世神"盘姑"。20世纪90年代以后，随着麻栗坡县城的扩建，原岜亮寨已经纳入城市建设，原来的壮族村民已分散迁居，从此没有人组织对大王岩履行祭祀。

大王岩画的河对岸是著名的滇东南小河洞遗址，洞内出土了新石器时代的双肩石器、夹沙灰、红、黑陶器碎片，考古界认为是百越文化特征，是骆越民族先民使用过的器具。大王岩画与小河洞遗址属同一年代，大王岩画的作者应是壮族先民所绘。

英国学者SusieHodge在《50个艺术知识》一书中说："在众多早期社会中，普遍存在这样一种观念，认为艺术具有某种魔力，它或者具备特殊能力，或者能召唤灵魂。"云南文山州8个县（市）有古越人创作并保留至今的15处6000多平方米400多个史前岩画图案，这些图案反映了史前先民多种多样的社会结构和宗教观念，也是先民认为具有某种魔力，具备特殊能力的神像，这些神像有可能在数千年前被普遍接受。由此可以推测，壮族先民崇拜的诸神从哪里来？从"水墨水样罕妈"，即史前岩画神谱哪里来。新石器时代壮族先民在文山州境所绘的400多个岩画图案，为后人研究早期社会发展史和宗教文化是十分珍贵的遗产。

2. 壮族古籍记载的"水墨水样"是大王岩画"盘姑"即"乜関造"、"博関造"

云南省西畴县加谷村的濮侬人侬明富，他的祖上在道光四年八月（1828年）

抄的古籍版本，有如下记载："博閧海姑妈，幹瓜海姑斗，海姑斗四散，海姑请海姑班，奔丁盤姑妈。"

直译：博（成熟男性、父）閧（皇帝、王、酋长）海（给、叫、允许、让）姑（我）妈（来）

意译：父皇给我来

直译：幹瓜（神名）海（给、叫、允许）姑（我）斗（出、出生、降生、冒出、出来、过来）

意译："幹瓜"叫我出

直译：海（给、叫、允许、让）姑（我）斗（出、出生、降生、冒出、出来、过来）四散（四次、四回、四趟）

意译：叫我来四趟

直译：海（给、叫、允许、让）姑（我）请（请）海（给、叫、允许、让）姑（我）班（奔波、劳碌、行驶、奔走）

意译：让我请叫我奔走

直译：奔（天空、天界）丁（地上、人间）盤（那些、他们）姑（最早、源头、根蒂、根脚、始祖）妈（来）

意译：天地间的盤姑来

壮族文献古籍记载的"奔丁盤姑"，意译为"开天辟地创造万物的'盤姑'"。

笔者通过破译壮语文献古籍发现，壮族创世诸神有"牙懒坝"（也称"乜双妣"）创世女神、"乜领啦"创世女神、"博閧交"创世父皇、"乜閧交"创世母皇、"布禄朵、麽六甲"智慧神布洛陀、"汉皇"创世神、"博乜汤碗"太阳之父母、"博乜刀立"星星之父母、"额江崧龙江海"中华龙之母等，而上述诸神统称"盤姑"。壮语的"盤"指"那些、他们"，"姑"意译为"根脚、源头、起源"。壮族文献古籍记载的"盤姑"，也就是汉文化记载的开天辟地的"盘古"。壮族先民崇拜的"盤姑"为男女神，而汉文记录的"盘古"为男神。为什么壮族先民要把创世神分为男女、公母呢？这跟先民认识万物和谐发展有关。

壮族先民经过长期观察发现，动物界都有公母两性，动物界在繁衍过程中，先民发现公的比母的轻。早在人类的蒙昧时代，先民认为世间万物都可以分为公母、雌雄，有公母、雌雄才能沿袭和谐发展。先民怎样划分公母、雌雄？先民以称轻重来划分。

壮族文献古籍记载:"圈淋眉九钱,圈寅眉九刁,寅挪寅幼罗,淋勒淋帝更。圈法眉九钱,圈令眉九刁,令挪令幼罗,法勒法肯勒。"古籍记录的"寅"、"勒"、"更"、"肯"为古壮字,本文仅选其字的另一半通过电脑打出文字。

直译:圈(挂、称)淋(水)眉(有)九(九)钱(钱)
意译:称水有九钱
直译:圈(挂、称)寅(石)眉(有)九(九)刁(斤)
意译:挂石有九斤
直译:寅(石)挪(重)寅(石)幼(在、住)罗(下、底)
意译:石重石在下
直译:淋(水)勒(轻)淋(水)帝(向涌)更(上、上方)
意译:水轻水上涌
直译:圈(挂、称)法(天)眉(有)九(九)钱(钱)
意译:称天有九钱
直译:圈(挂、称)令(地)眉(有)九(九)刁(斤)
意译:挂地有九斤
直译:令(地)挪(重)令(地)幼(在、住)罗(下、底)
意译:地重地在下
直译:法(天)勒(轻)法(天)肯(上、往上)勒(高、高空)
意译:天轻天上升

笔者在破译古籍《摩荷泰》里的开天辟地章,记载先民是用秤称重量来分公母:

汉字记壮语	汉语意译
掌天领掌低	称天又称地
掌天米百二钱	称天重百二十钱
欠地米千二流	提地有千二百斤
低重地竜斗	地重地下沉
天轻天肯高	天轻天上升
板海拉海勒	形成海水遍布荡漾

续表

汉字记壮语	汉语意译
掌水唎掌平	称水要称平
掌水米百二钱	称水有百二十钱
欠低米千二流	提地有千二百斤
听重听竜斗	石头重石下沉
水軽水肯高	水轻水升浮
歪乇米九刁	母牛有九斤
歪忑米九钱	公牛有九钱
乇歪重幼底	水母牛在下
歪忑轻幼上	公水牛在上
掌你米九刁	女人重九斤
掌崽米九钱	男人有九钱
你重你幼底	女人重在下
崽轻崽幼上	男人轻在上

壮族口碑古籍和文献古籍记载，先民对宇宙万物的认识，对事物属性的划分，是以轻重来分"母、雌"、"公、雄"。天轻为公、地重为母；称水牛，母的重在下，公的轻在母牛的上面交配；女人重在下，男人轻在女人上面。壮族古籍记载，所有世间万物都经过秤称后来分"公母、雌雄、阴阳"，各自按"公母、雌雄、阴阳"匹配才能和谐发展。

1986年，笔者在西畴县兴街镇石碓窝村召集当时有名望的老祭司"博摩"陆开府、陆开富、张恩吉、唐朝明等座谈，他们讲述《布洛陀称万物》的神话故事：

创世神布洛陀率领众人分天定地后，世间万物的阴阳、公母未分，相互争上下。布洛陀又教众人将万物拿来称，重的为阴为母（雌）在下方，轻的为阳为公（雄）在上。"称天重百二十钱"，天轻为阳为公上升；"提地有千二百斤"，地重为阴为母下沉；称人，女人有一百五，男人有一百一，女人重在下，男人轻在上；称鸭，母鸭重在下，公鸭轻在上；称猪，母猪重在下，公猪轻在上。布洛陀教众人将万物都过秤称来分公母。

壮族创世神"乜閗交"产生于早期"乜閗制"母系氏族社会，文献古籍里的"乜洪"同"乜閗"、"乜皇"、"妹皇"，"乜洪交"是早期先民在母系氏族社会，对"乜閗"即女皇、女王、女酋长的崇拜尊称，将历代有智慧、有威望的"乜閗"神圣化，将诸多"乜閪"传说演变成后人讲述的创世神"乜洪交"。"博洪交"产生于早期"博閪制"父系氏族社会，文献古籍的"博洪"同"博閪"、"博皇"，"博洪交"是早期先民在父系氏族社会崇拜的"博閪"，即父皇、父王、男酋长的崇拜，并将历任有智慧、有威望的诸多"博閪"形象化，人与神转化，才有后世的创世神"博洪交"的记载。古籍里的"博洪交"的"交"，有的版本记为"造"字，意译为创造万物的"造"。"乜洪交"的"交"同"博閪交"的"交"。壮族先民的公母观，将创世神也定为公母男女，为此才产生"乜洪交"和"博洪交"等创世男神和创世神女。

通过破译古籍和长期调查，大王岩画上的两个主体人物，是古籍记载的"盤姑"，是壮族先民崇拜的创世神"乜閪造"和"博閪造"。

三、壮族早期"乜閪"制母系氏族社会与"博閪"制父系氏族社会的活态文化传承

1. "乜閪"制母系氏族社会

笔者在破译文献古籍时，发现有许多关于"乜閪"的记载，经研究发现，古籍里记载的"乜閪"是早期先民经历的母系氏族社会的母王、母皇、女酋长。

在文献古籍里称之"乜閪"，由于各地语音的差异和掌握汉字的水平不同而读音相同，有记"妹皇"、"乜洪"、"乜红"等。经考察论证，文山州至今还传承远古"乜閪"制母系氏族社会由女王"乜閪"和女祭司"乜满"主持的祭祀仪式，如西畴县壮语称之"汤谷村"，至今每年农历二月初一，由"乜毕"（女头人）带领全村落的成年女人下河沐浴净身，穿传统鸟衣到太阳山履行祭祀太阳鸟母和太阳神活动。在广南县城四周的大波妈、小广南、太平寨等各壮族村寨，每年都由女族长和女祭司"乜满"组织本村女性到村外迎接"者閪"（创世神、始祖神）回村履行祭祀，用花轿抬神灵，女性载歌载舞回村，十分隆重。

2. "博閪"制父系氏族社会

笔者在破译文献古籍时，发现有许多关于"博閪"的记载，由于各地语音的差异和掌握汉字的水平不同而读音相同，有记"博閪"、"博红"等字样。经研究发现，古籍里记载的"博閪"，是早期先民经历的"博閪"制父系氏族社会的父王、父皇、男酋长。在中国壮族"濮侬"人和越南侬族先民分布区域，经考古发现，壮族早期的氏族社会，随着农业及畜牧业进一步发展，男女劳作自然分工，

狩猎、训兽、器具铸造等由男子承担，养育子女、饲养畜禽、栽种、纺织等由女人承担。随着人口的增加和生活地域的扩展，两性分工及社会地位又有新的变化，男子在地域争霸、战争及生产上取代女性而占主要地位，维护氏族的利益也靠男子，渐渐形成了以男子为中心的"博闽"制父系氏族社会大家庭。在文山州的三千多个壮族村落，大部分村聚集族人履行的祭祀活动，属于"博闽"制父系氏族社的祭祀礼仪，还传承早期父系氏族社会的祭祀风俗。最有研究价值的是，在广南县有座壮族崇拜的"博吉金"圣山，每年当地十余个村落的千余名男性，小至几个月，老到七、八十岁自觉爬上"波洛崽"男人山去履行传统祭祀活动，由各村的宗族族长和男祭司主持。在祭祀神灵时，男祭司必须男扮女装，因为早期在那里祭祀的是母系氏族社会的女性为主，是女王和女祭司主持，过渡到父系氏族社会由男性祭祀，男祭司不扮女性，怕神灵不认可。此礼仪就是壮族早期社会形态由"乜闽"制母系氏族社会过渡到"博闽"制父系氏族社会的证实。

四、追溯鸟部落族群的"卵生繁衍"图腾图

1. 壮锦育婴背带图案

笔者通过20余年来对濮侬支系的刺绣品抢救拍摄，已经拍摄各种刺绣品图片2000余幅，已经整理注解数百幅在《云南壮族"莱瓦"艺术图像集成》出版。濮侬人的传统壮锦分为织锦和绣锦两类，图案最丰富、文化底蕴最深的是绣锦"育婴背带图案"，该图案工艺精湛，造型生动，色彩迷人，文化内涵丰富，是先民用于祈求氏族部落平安纳福、人丁兴旺。先民十分重视人生礼仪的婴儿阶段，按壮族传统风俗，凡有新生婴儿，产妇的娘家必须履行仪式，传承制作"育婴背带图案"背带送给育婴用。

壮族传统"育婴图案"背带，彩色图案颇富魅力，所表现的文化内涵独特且神秘深奥。破译其图案，被视为壮族灿烂的历史文化记载。追溯"育婴背带图案"，通过笔者30余年破译古籍和对文山州境数百幅新石器时代岩画的研究，发现传承至今的"育婴背带图案"是文献古籍记载的"多发"，是史前丘北普格岩画的"蛋生人繁衍"图腾图。

2. 壮族文献古籍记载的"多发"是先民崇拜鸟而崇拜"蛋生人"

壮族文献古籍记载有神话传说，讲远古的"乜闽"在河里捞鱼，与"额"神，就是壮族传说的龙神野合怀孕，详细描述怀孕过程，后来生小孩。古籍记载的生

小孩叫"多法"。

壮语的"多",意译为"降落、出生、掉下";"法"音可意译为"孵化、像鸟类抱蛋、查阅审读"。古籍记载的"多法",可以意译为:怀孕生小孩像鸟类孵蛋。

先民经过长期的观察,发现鸟、蛙、蛇、鳄鱼、龟等动物的"蛋生"繁殖力很强很快,先民又崇拜鸟能在高空飞翔,能与上界天神交往,所以,鸟部落的先民把怀孕生小孩看作"多法",这是鸟部落族群对鸟崇拜的记载。

3. 丘北普格岩画的"蛋生人繁衍"图腾图

位于丘北县普格村西向约3公里的白石岩崖壁上。崖壁高约30米,朝西向,岩画距地面高7米。海拔1690米,地处东经北纬24°16′11.7″,104°17′27.6″。按照20世纪80年代第一次调查的资料记录,岩画范围约50平方米,可辨图像24个,模糊难辨的有10余个,最大图像高2.2米、宽1米,最小图像高20厘米。图像均为赤红色。

岩画上最突出的图案是一男一女媾和,人物形象画得很夸张,似云水纹。在男女交媾的边上,绘一位女人的胯下有一个"蛋",又在有"蛋"的女人四周绘有许多小人。笔者通过研究古籍记载的"多法"和先民的绘画手法,认为丘北普格岩画绘的是古代鸟部落先民崇拜的"蛋生人繁衍"图腾图。(如图)

▲ "蛋生人繁衍"图腾图

五、壮族古籍记载的创世神"布禄朵、麽六甲"及神谱分届

壮族文献古籍记载的"乜懒坝"或"牙懒坝",是创世女神,而且是神谱系的第一届大神。壮语称之"乜或牙",意译为"女性、母","懒"为"阴、遮盖",

"坝"为"大地，原野"，"双必"为"两翅"。"乜懒坝"或"牙懒坝"意译为：长双翅的巨大鸟母或遮天蔽日的鸟母。先民早期碰到天上乌云密布，大地黑暗，雷鸣闪电，大雨倾盆的现象，认为天上有一只巨大的神鸟在作怪，由此而产生想象中的有关"乜懒坝"或"牙懒坝"的神话。随着先民对神话故事的崇拜，先民把想象中的"乜懒坝"或"牙懒坝"画为岩画来顶礼膜拜。

壮族文献古籍记载的"牙领啦"或"乜领啦"，属第二届女神。"牙"或"乜"意译为"女性、母"，"领"为"猴"，"啦"为"地上、世间"，"牙领啦"或"乜领啦"意译为"远古繁衍人类的巨大猴母"，是人类繁衍的始祖神。

第三届神有"乜閧造"、"博閧造"等。

第四届神有"布禄朵"、"麽六甲"等。

对壮族文献古籍记载的创世诸神，本文暂不一一列举，但对"布禄朵、麽六甲"的产生需作简略的分析。

壮族文献古籍记载的"布禄朵"和"麽六甲"，是同一神名的异称。在文献古籍里，对"布禄朵"与"麽六甲"的记载，常常连在一起念诵。属古壮字记壮语音，由于各地语音的差异和掌握汉字的水平不同，同一读音，而有记"布洛夺"、"布六朵"、"布六途"、"布六徒"、"麽禄途"、"布陆毒"、"目禄朵"和"麽六甲"、"麽禄甲"等的记录，破译"布"为"男性、父、男始祖等"意，破译"禄、六、陆"为"洪水、绿色、生命、鸟等"，破译"朵、途、徒、毒"为"摘、诅咒、靠拢、放等"，"甲"音不读甲乙丙丁的"甲"，读壮语历算的"甲"音，即"幹"，意译为"交汇、交媾、婚配、结合、起头"，"麽"为"吟诵、诵经、法事等"。"布禄朵、麽六甲"的翻译属多义词，不能用汉语选一词来界定，在壮族的历史文化叙述里，此神为男长老，或是男始祖，是无所不知、无所不能的智慧神。

说"布禄朵"是一位鸟神，是鸟部落族群崇拜的一位男鸟神，在岩画上有记载。砚山县阿基乡倮基黑村民委卡子村向南约2公里的大白岩崖壁上，大白岩因有数十米高的灰白山崖壁而得名。岩画绘于大白岩右下侧的崖壁上，距地面高3.5米，朝东南方向。海拔1290米，地处北纬23°50′49.3″，东经104°31′29.7″。岩画范围2.5×1.3米，为赤红色，笔划清晰，色彩较为鲜亮。岩画最突出的图案是绘昂头向上的鸟首，两手掌向上举如将要腾飞的鸟翅，跨步的两腿间绘有夸张的男人生殖器。此图案让小孩看，都会认出是将要腾飞的"人形男鸟"。笔者调查当地的祭司们，认为是古人传说的"博侬"（男鸟、鸟父）、"博洛朵"（男神鸟）。这幅石器时代的岩画"博洛朵"，应该是先民崇拜的"男神鸟"图腾图，而且是绘

画史上最早的鸟首人形图。(如图)

壮族文献古籍记载的创世神"布禄朵、麽六甲",是在"博洛朵"崇拜的基础上发展而来。"布禄朵、麽六甲"也是广西学者研究注录的"布洛陀"。笔者经过研究数千本文献古籍,认为"布洛陀"创世神产生于壮族早期的"博閧"制父系氏族社会。是早期先民在父系氏族社会崇拜的"博閧"形象之一。"布洛陀"是鸟部落先民将历任有智慧、有威望的诸多"博閧"形象化,人与神转化,又与远古先民崇拜的男神鸟"博洛朵"合并想象臆造出来的智慧神、始祖神。

▲ 鸟首人形图

广西学者研究的"乜六甲"的"甲",读成"甲乙丙丁"的"甲",在文山州壮族文献古籍里都没有此"甲"读音。对广西学者研究的"米六甲"或"乜六甲"女神,在文山州上千多本古籍里还没有找到记载。

六、壮族布洛陀麽教文化的形成

1. 壮族先民的宇宙观

(1)万物有灵观。壮族先民的万物有灵观念,至今仍然在壮族人民的社会生活中显现。人之初,认为世界上有一种可以脱离躯体的东西,即"灵魂",随后逐渐形成了最初的自然力的人格化观念,相信灵魂和人格化的自然力量可以主宰人间的祸福,先民用咒语、祈祷、祭祀等方式,向灵魂的体现者鬼神求吉祛灾。这种行动,逐渐发展为原始宗教"摩教"的崇拜及祭祀仪式。恩格斯认为,宗教产生于原始社会的蒙昧时代,而"其根源在于蒙昧时代的狭隘而愚昧的观念"。蒙昧时代相当于考古学上的旧石器时期。原始宗教产生于1万年前的原始社会。

壮族先民的原始宗教产生于1万年前后的石器时代,按壮族古籍经诗记载,那时期是"虎人同坐,人像鱼游,鱼像人行,天地不分"的时代。那时的先民和身边的动植物共生存,晚上是朦胧的非我非他的自然环境,白天是风云变化无常的世界，人们感受最深的体验是寒热、风雨、雷鸣闪电，看到的是雨和水一体，云和雾一体，水和天一体，混混沌沌。在云南省文山州壮族地区的11个岩画点，考古发现史前的多处洞壁画、岩画，先民把早期认识的自然界的云（雾）、水（波）、太阳、月亮及早期的动植物画在石崖上，这是先民认识自然界的最早记录，也是对有超人的神力的物象的记录。这时期，先民的思维共性会是什么？这是原始宗教信仰的酝酿和认同。

（2）三界（元）观。三界观是壮族朴素的宇宙观。这种观点认为，宇宙分为天、地、水三界，其中天为上界，地为中界，水为下界。

壮族先民的三界观最早表现在壮族所崇拜的铜鼓上。铜鼓浑身用铜铸，铜鼓上的纹饰分为三部分。鼓面代表着天界，鼓面壮语称"叮"，"叮"的中心铸有壮族先民崇拜的12道太阳芒纹的太阳图案，围绕太阳旋转的有稻作物候鸟"诺罕养"或"诺罕发"（大雁、鹤）、晴雨预测的蛙"宙"和鼠、牛、虎、兔、"娥"、蛇、马、羊、猴、鸡、狗、猪12时空方位的代表物。鼓腰代表中界，也就是人间，鼓腰，壮语叫"姗"，铸有"忒"（犁）、"啐"（耙）、"忒那"（犁田）、"奔孺"（祭祀）、"络么"（剽黄牛）等图案。鼓足代表着下界，下界铸有江河、湖泊、海洋、波浪和水族等。铜鼓的产生和使用，与壮族先民有渊源关系。先民创造了铜鼓，千百年来，博大精深的传统文化凝结在铜鼓上，为铜鼓铸造了"灵魂"。在壮族绣锦上，也展示壮族的三界观构图，上部绣有云、太阳、月亮、飞鸟等；中部绣有花卉、鹿、人等；下部绣有鱼、虾、蛙、水波等。

壮族古籍的神画"帛众"神祇图，图宽20厘米，长200厘米。"帛众"神祇图也展示出壮族先民的三界观，顶部绘有鸟母神、太阳神、雷神、布洛朵神等；中部绘有世间物种的繁衍规律；下部画有河流。壮族朴素的三界观，与壮族原生宗教"摩教"有着千丝万缕的关系，亡灵的归宿及各类神灵的居所都与三界观有联系。

2. 壮族对麽教的信仰

（1）谷魂与人魂合二为一。文山州壮族原始宗教承传者"乜满"认为：谷魂与人魂可以合二为一。壮家人每逢举行婚礼、出生、叫魂、祝寿、送魂归祖等仪式活动时，都要请"乜满"主持。并且，由"乜满"主持举行的各类宗教仪式，都涉及稻米和稻穗。壮族在人生礼仪的祭祀活动中，必须取用稻米、稻穗祭祀，"稻穗毛"壮语称"款粿"，人的"灵魂"称"命款"，认为人魂也是稻魂，稻谷可载人魂。在壮族地区，每逢小孩生病，先找草药治病，若不见效，家人会将小孩的衣物带去找"乜满"做仪式。"乜满"认为小孩的灵魂不附身才导致生病，要取稻穗草结扎，草结壮语称"契款"（拴魂、载魂），然后让家人将稻草结带回家里，插在神龛上或小孩睡的床头边，认为魂魄重附身，病会自然好。若60岁以上的老人体衰多病，要请"乜满"或"博摩"到家里，取稻穗、米做添寿仪式，将稻穗、小米袋挂在门框上，认为稻穗、米是给人添寿增龄的"灵物"。壮族"款粳"与"命款"的观念，就是谷魂和人魂合二为一的观念，这说明了稻谷对壮族社会生活的极端重要性，壮族是以种植水稻维系生存繁衍的民族，壮族先民认为稻与人、人与稻二者都不能相互分离。

（2）自然崇拜。壮族的自然崇拜表现在节日与祭祀活动中。每年农历二月初二，各壮族村的寨老、"博摩"要主持祭祀"者处"神林，同时祭祀开垦村落的最早始祖神。壮族先民的自然崇拜与那（稻作）文化有关，壮族先民是以种植水稻维系生存繁衍的。种水稻不能缺水源，水从何处来？人们开始寻找赐水的"神"，对其进行祭祀，以祈求"人神共娱"，和谐共处。壮族丧葬经诗记载了远古先民的狩猎歌："唷……唷……虎豹路，茅草路，悬崖路，红色路！紫色路！唷……唷……"此歌的"红色路！紫色路！"是指被火燃烧过的路。这首古歌反映了先民借助野火或人工放火烧山攻取猛兽。先民在长期的狩猎生活中，发现被火烧过的山缺水，有森林才有水源，在古树、大树下都有水。以种水稻维系生存繁衍的壮族先民，开始产生对赐予水的"古树"、"森林"的崇拜和祭祀。壮族先民认为，是森林古树为人们带来了赖以维持生产生活的水源。因此，壮族先民把无形的日、风、雷、霜雪及始祖布洛陀等神灵，都封在村落和稻田四周的古树林木上，一代接一代对森林古树进行祭祀。先民认为：有森林才有水、有水才能种水稻、有水稻才能维系人类繁衍、人类要保护森林，故在每年的祭祀活动中，各村都要制定村规民约，强调严禁砍伐森林，违者重罚。

（3）祖先崇拜。在壮族的宗教信仰中，祖先崇拜占据主要地位，而祖先崇拜的前提是认为其灵魂存在。人们对灵魂的观念是活人有12魂，死后消失9魂，余下的3魂，有一魂在坟墓守尸，一魂在原来生活的家族神台上，一魂另选投生转世。壮族十分崇敬祖宗神灵，认为神灵随时都在监护后代，保佑家人，与活着的后代有特殊的关系。每逢喜事、丰收和过年时节，必须向祖宗献饭、烧香纸。年逢农历七月初一至十五，正月初一至十五，各家都要早晚献饭，摆放供品。七月十五和正月十五两天，人们认为阴阳两界可通话，村民们围向"乜满"的神桌边，请"乜满"的神前去查找自家已故亲人的灵魂，查问灵魂在另一个世界的生活状况。如果祖宗灵魂信息从"乜满"嘴里说出还需衣物的话，家人会制作纸衣烧给亡灵。

至今突出的崇拜活动有：对长辈的遗体和亡灵安抚送葬，并为祖神设神台神龛。年逢七月初一，家家都设神台，写祖宗牌位，燃香火摆放供品接祖灵回家祭供，从初一到十四，天天献祭饭菜。每年除夕，家家都准备许多供品接祖回家过春节，一直祭献到正月十五才送走祖灵。在清明节前，各户都自选吉日到祖宗坟地去扫墓并祭献供品。在日常生活中，如谁家遭遇不祥之灾，都要请博摩到家杀鸡祭祖，以祈求祖先保佑，消灾免难。如遇婚礼和粮食丰收，也须备办供品祭祖。

壮族祖先崇拜不仅历史悠久，而且根深蒂固。壮族先民早期的祖先崇拜，是维系家族、氏族的强大凝聚性力量，而今又作为追念祖先艰苦创业、弘扬优良道德传统的家教材料来约束子孙并教育后人。

3. 壮族原生麽教的传承

（1）壮族原生麽教的传承人。壮族原生宗教麽教的传承人，可以分为三个不同社会发展阶段的人群：第一个阶段为"乜閧"制母系氏族社会的"乜閧"、"乜满"（女祭司）、"乜摩"（女祭司）；第二个阶段为"博閧"制父系氏族社会的"博閧"、"乜满"（女祭司）、"博摩"（男祭司）；第三个阶段为"宙町"制部族联盟（奴隶制）社会的"宙町"（国王）、"掌师"（民间知识分子）、"乜满"（女祭司）、"博摩"（男祭司）。在壮族社会的各个发展阶段，壮族原生宗教麽教的传承主要依靠"乜满"（女祭司）和"博摩"（男祭司）。

（2）"乜满"（女祭司）。壮语称的"乜满"，不同地区有不同的称呼。有的称"娅档"或"濮档"，有的称"娅赛"或"乜赛"，有的称"娅摩"或"靡莫"。汉译"娅、乜、靡"为"母、女性"，"档"为"凳"，"赛"为"官、头人"，"满"为"颗粒、蚂蚁、入静、入神"，"摩"同"莫"，为"吟诵、叙述、法事"。尽管"乜满"群体的称呼有所不同，但她们都是年龄不等的女性，都曾经历过"九死一生"的磨难，使其食欲、体质、思维、心理、幻觉、预感、言语等与常人有异。凡属"乜满"，都有忌食和禁食的食品，如禁食狗、牛肉等，常食清淡食品。她们的体质虽然不很健壮，但精神饱满，可长期连续昼夜为人办事。一旦她们进入状态，可破译残留在空间的信息和遥视远距离的物象，可以接收储存在空间的语言信号，有些对将要发生的事有预感。从古至今，由于"乜满"与常人的特殊变异，人们在生活中遇到暂时不解的异常现象和灾难，都要求助"乜满"给予咨询，请求解难。"乜满"确实也帮人解除了部分灾难，也解答了人们不知晓的部分社会事象。故民间称"乜满"能通灵通神，"乜满"也就自然升职为专为人预测灾难和不祥之兆,并解除灾厄的原始宗教职业者。

(3)"博摩"(男祭司)。壮族原始宗教传承者"博摩"为男性,"博"可译为"父、男性","摩"为"吟诵、叙述、做法事"。壮族原始宗教传承者"乜满"产生于"乜閦"制母系氏族社会的新石器时代,而"博摩"则是产生于"博閦"制父系氏族社会的青铜器时代。在壮族早期的男权制社会里,"博摩"是部落的男祭司。传承至今的"博摩",可分为"摩弄"(大"博摩")和"摩量"(小"博摩")两类传人,"摩弄"掌握的《麽经》古籍比"摩量"掌握的多。"摩量"为人占卜、解灾厄、叫魂、驱邪、祭祖、择日等。"摩弄"除了"摩量"能做的法事外,还能主持丧葬祭祀活动。在壮族的丧葬祭祀活动中,"摩弄"要"摩"(吟诵、叙述、做法事)一昼夜,诵完万余行的《麽经》经文,内容有:民族魂、造天地、射日、历法、物种起源、生殖、火种、狩猎、捞鱼、旱灾、洪灾、种稻、烧铜、腹葬、祭神、敬神、迁徙、选村落、造屋、纺织、造纸、选畜禽、争天地、育女、嫁女、预兆、梦兆、解厄、归宿等壮族历史文化。

各壮族村的"博摩"是普通劳动者,也是从事原始宗教活动的半职业者。壮族"博摩"有祖传和师传,主要承传《麽经》和各类祭祀方法和占卜术、咒术等。"博摩"的卜术方法很多,有田螺卜、草签卜、牛角卜、鸡蛋卜、鸭血卜、布帕卜、秤砣卜、剪刀卜、米粒卜、米酒卜、钱币卜、竹筷卜、异物入室卜等,卜法各异。卜问范围有:病因、祸患、失物、阴地阳宅、婚姻、生育、丧葬、居住、迁徙、交易、战争、农事、新年运、天气、命运等。从壮族"博摩"的崇拜、祭祀、占卜、咒术、《麽经》分析,"博摩"仍属原始宗教的承传者和祭祀仪式的主持者。随着"博摩"承传的《麽经》典籍的逐步完善,壮族的麽教系统已逐步形成,"博摩"是壮族麽教的传承者。

(4)壮族麽教的法器。壮族麽教传承者"乜满"和"博摩",在履行宗教祭祀仪式时,不同的仪式活动使用不同的法器。壮族原生宗教的法器有铜鼓、铜铃、刀、剑、剪刀、秤砣、卦签、茅草、扇子、鸡蛋等。

壮族先民铸造了铜鼓,铜鼓在壮族发展史上显示出许多功能,如击鼓与神灵沟通,击鼓传递信息,战场上击鼓指挥军阵,祭祀仪式击鼓驱邪降福等。铜鼓伴随着壮族先民战胜自然、战胜敌对势力,战胜邪魔。铜鼓在人们的心目中是附有灵魂,蕴藏有战无不胜的力量,获得壮族人民的崇拜,同时变成了壮族原生宗教传承者的法器。铜铃产生于青铜器时代,壮族原生宗教把铜铃视为沟通神灵的器具,在祭祀活动中摇响铜铃是不可缺少的仪式。

刀、剑是"乜满"和"博摩"的护身器具和做法事时用来斩妖除魔的法器。"乜满"和"博摩"使用的刀剑有古代兵器，有近代厂家批量生产出售的刀具，也有民间打制的各类刀具。

剪刀、秤砣、卦签、茅草等法器是"乜满"和"博摩"用来占卜和驱邪的器具。"乜满"和"博摩"在占卜未知事由时，用丝线拴剪刀或秤砣，念咒降神，让占卜对象摇动手提着的剪刀或秤砣，以此占卜何方鬼神来干扰。"博摩"使用的卦签法器，以23根签为基数，念咒降神后分签记数施卜。锯齿锋利的茅草叶，也是"乜满"和"博摩"用来驱邪魔的法器。

（5）壮族麼教的祭祀供品。通过研究，在云南出土的青铜器上，发现壮族先民祭祀是"血祭"：要杀各种动物，甚至还要杀奴隶或俘虏。今天壮族祭祀时也要见血，需杀牛（水牛或黄牛）、羊、猪、狗和鸡、鸭、鹅。壮族原生宗教的祭祀供品基于不同的祭祀对象，要杀不同的动物。祭祀森林神、始祖神、部族王时要杀猪、羊、牛作为供品。祭祀家族神灵时需杀鸡、鸭作为供品。

在壮族麼教的祭祀活动中，杀鸡做供品，取祭品鸡的股骨占卜未知事项是不可缺少的仪式，鸡在壮族原生宗教活动中的功能，还没有什么供品可以替代。壮族对鸟、鸡的崇拜历史悠久。壮族先民则认为，太阳是不停地在高空飞翔的"鸟"，公鸡一叫，"太阳鸟母"就会托太阳升起，先民认为鸡能沟通神灵。在生产力极其低下的原始社会，人们只能求助于神，鸡的重要性就在于它恰好充当了人和神之间沟通的媒介。古人相信鸡能预测未来，所以，鸡骨占卜就成了古人预测未来的方法。

4. 壮族麼教的神祇

壮族古籍记载，壮族麼教的神祇有"乜懒坝"、"乜领啦"、"乜閛造"、"博閛造"、"布禄朵"、"额江崧龙江海"、"者宙勐閛懂伴"、"者处"、"朵迪"等，至今还没有学者把壮族崇拜的神全部叙述记录整理。

5. 麼经典籍

（1）《师多巴》（骨刻书）。壮族先民曾经历没有文字而以刻木、骨刻记事的年代。刻木记事壮语称"巴美"，刻骨记事壮语称"多巴"。传承至今的"刻骨"记事器具，壮语称"师多巴"，意译为《骨刻书》，是先民用来推算日历、占卜的主要工具"书"。在河姆渡遗址出土的连体鸟纹骨匕，长15厘米，宽4厘米的骨匕，与今天壮族传承的《师多巴》一般大小。河姆渡遗址出土的5000～7000年前的连体鸟纹骨匕，它不具备"骨匕首"的形和功能，它应归属于今天壮族先民所称的

《师多巴》，记事的主要内容与"太阳鸟"和"月亮鸟"相关的"日历"，较大的光芒较强的图案为太阳鸟图，较小的光芒较弱的图案为月亮鸟。其图案是壮族所称的周而复始的历算单位"稳"和"登"，汉译为"日"和"月"。追根溯源，传承至今的《师多巴》，其历史悠久。

（2）《师多再》（鸡卜经）。古人相信鸡能预测未来，所以，鸡骨占卜成了古人预测未来的方法。据壮族古籍记载，鸡卜起源于母系社会，有可能是母系社会的中期。一件事物如果能经历漫长的岁月而被保留下来，一定有其实用的功能，鸡卜也应该是这样。历经千百年的传承和发展，壮族先民将鸡骨占卜汇编成《师多再》。至今流传在壮族民间的《师多再》古籍有数百本。壮族鸡骨占卜的方法是：取两截大腿上的骨头，把它刮干净后上面就有孔隙，不同的鸡不同的骨头有不同的孔隙，一般孔隙的多少都不是统一的，少者没有一孔，根签都插不进去，多者20多根签都能插上去，所以签卦的不同，孔的方位不同，它占卜的卦尺也有所不同。壮族占卜一般分为：左手拿鸡卦，右方为我方，如果右方为我方了，那就是打战的右方是我方军队，左方是敌方，就是贼方。壮族把所有的事物都称为你、他方，不称为敌人或者是其他，就以我方和他方来称呼。在壮族社会中，先民对所有社会生活事项都用鸡卦来进行占卜。

《史记·孝武本纪》载："越人俗信鬼，而其祠皆见鬼，数有效……乃令越巫立越祝祠，安台无坛，亦祠天神上帝成鬼，而以鸡卜。上信之，越祠鸡卜始用焉。"《史记》记载，越人有信鬼的风俗，效果很灵验，汉武帝听说后命令越人巫师按照越人的方法设立祠堂，用来供奉鬼神，并且举行鸡卜仪式，汉武帝相信占卜的结果，从此之后，越人鸡卜就在中原流行开来。

（3）《师麼》（麼经）。壮族麼教承传者"博麼"，承传壮族麼教典籍《师麼》即《麼经》，内容有：民族魂、造天地、射日、历法、物种起源、生殖、火种、狩猎、捞鱼、旱灾、洪灾、种稻、烧铜、腹葬、祭神、敬神、迁徙、选村落、造屋、纺织、造纸、选畜禽、争天地、育女、嫁女、预兆、梦兆、解厄、归宿等壮族历史文化。《麼经》可分为历史、宗教、文学、历算、哲学、经学、民俗、科技等，是壮族的百科全书。在庄严的丧葬祭礼活动中，"博麼"将本民族历史文化《麼经》吟诵宣教后世。

（4）《师万湳》（秘经）。壮族先民的宗教活动，"乜满"和"博麼"以施咒术驱邪避凶，其咒术秘经壮语称《师万湳》。壮族的文献古籍《师万湳》已经失传，而口碑古籍的《师万湳》仍在民间传承。

口碑《师万滴》多用于解仇、解灾厄、治病、避邪、除魔、农事、镇敌等，咒术秘经是为达到自方目的而镇咒对方。如有食鱼者被鱼骨刺卡喉，端来一碗冷水念咒：

  姑米伞西都码喃（我有30只水獭），
  坝腻都码丹（120只黑狗），
  单蟒落流久（赶你跑呼呼），
  喃蟒落网尼（驱你下水池）。

此咒用捕鱼为食的水獭，镇其鱼骨刺，念毕，叫被鱼刺卡喉者吞下冷水，鱼骨刺会顺水吞下腹。壮族原生宗教活动离不开咒术秘经《师万滴》。

（5）《邦众》（神谱图）。在壮族丧葬祭祀仪式上，要悬挂长卷《邦众》，"博摩"以诵经形式叙述《邦众》上所绘图案的具体含义。《邦众》为棉布长卷，长290厘米，宽20厘米。《邦众》除了绘有壮族崇拜的大神"布洛朵"、神鸟"洛閟"、水神"迪额"外，还绘有日月天地、人间万事万物。如远古先民是"阿兰"（娘侄）婚配才有人烟的发展，物种繁衍不能乱伦，牛和马不能相配等。在壮族丧葬祭祀仪式上，"博摩"（祭司）吟诵与《邦众》图像相关的经文宣教后世，《邦众》是壮族原生宗教的宝贵古籍之一。

3. 壮族麽教的雏形与传承

壮族原生宗教是以"博摩"、"乜满"为主要传承者，其宗教活动是以"摩"（吟诵）的形式进行，传承的重要古籍是麽经典籍《师摩》。通过千百年的传承和发展，壮族原生宗教独具地方、民族特色，自然形成的麽教雏形已获得共识。壮族麽教有固定的神祇，有统一的麽经《师多巴》《师摩》《师万滴》《师多巴》《邦众》等典籍。壮族麽教是世界上最原始的宗教。

七、壮族麽教的社会功能

壮族生活离不开麽教，壮族的社会发展史与壮族的麽教有渊源关系，同时，壮族的麽教在社会发展过程中也显现出诸多的功能。其功能有三：一是凝聚族人；二是规范人伦道德；三是营造人与自然、人与社会的和谐。壮族的宗教信仰，可以号召族人聚集，若逢战争，全族共同对外。壮族麽教可以规范族群的人伦道德，如新娘出嫁前，要通过长老、"博摩"进行传统美德的教育；谁家有病灾，"博摩"可以通过举行仪式，叫受灾者修桥补路，多做社会公益事业。自古以来，壮家人通过麽教祭祀活动，人伦道德可以获得共识，可以规范族人的语言和行动。壮族的麽教可以营造人与自然、人与社会的和谐。麽教倡导"一人有事百人挡、一家有难百家帮"的传统美德；麽教的宗旨是灌输"有森林古树才有水源，有水源才有'那'（稻田），有'那'才有稻谷，有稻谷才有人类的生存繁衍，人类应该保护森林"的和谐生态观。从古至今，各地壮族都把村落四周的古树林木封为太阳神、布洛陀神、始祖神等，每年都要聚族履行祭祀，使壮族地区的人与自然获得可持续性发展。以"博摩"从事的各种宗教活动来研究，壮族麽教旨在"娱人娱神"，"人神共娱"，求得人与人、人与社会、人与自然的和谐共存，壮族麽教典籍，是生态文明的导读本。

研究壮族麽教典籍，都有"布洛朵"的教导，在壮族麽教里，智慧神"布洛朵"都没有直接帮人类改造自然和征服自然，所有典籍都记录他教导人们改造自然和征服自然，凡是人们碰到不能做的或不知道的，都去求教"布禄朵、麽六甲"，为此可以证明，壮族崇拜的"布洛朵"《麽经》，是历代先民智慧的结晶。壮族原生麽教的所有典籍，是以"布洛朵"挂名记载前辈实践的辉煌成果，为此，才将壮族麽教称为布洛陀麽教文化。

〔王明富：云南省文山州文艺家协会主席〕

壮族神话中的生态思想探析

汪立珍

一、问题的提出

随着科学技术的迅猛发展，文化接受方式的多样化，口耳相传的神话传说等传统文化逐渐淡出人们的视线，甚至被遮蔽在五彩缤纷的外来文化包围之下。在传统文化与现代文化发生激烈碰撞或渐行渐远的今天，如何充分发挥传统文化的优势与活力，有效地完成传统文化与现代化的有机对接，是我们中华民族文化走向世界的关键节点。作为壮族传统文化集大成的神话记载了壮族千百年延续不衰的民族生态观、伦理道德意识以及审美精神等多方面的精髓思想，这些凝聚着壮族千锤百炼的哲思与智慧如何在日益高科技化的当代生活中发挥其活力与作用，并且得到有效的传承与保护，可以说是我们中华民族文化发展的根基。基于这些思考，本论文对壮族神话中的生态思想进行解读，探究其对现代生活具有启示意义的生态伦理观。

二、人类生命与自然生息相依思想

神话是壮族丰富而宝贵的文化遗产，从思想内容来看，包括创世神话、人类起源神话、人文神话等多种类型，在壮族历史生活中发挥重要的作用。尤其是壮族的创世神话内容尤为丰富而独特，这些神话记录了壮族创世神布洛陀创造天地、伦理道德、宗教禁忌、文字历书、社会伦理规范等神奇而伟大的功绩，每个神话都充满了壮族先民千百年积累的聪明智慧，洋溢着中华民族优秀传统文化的深邃思想。我们知道，神话是人类口耳相传的口头艺术，是人类先民对自然、社会以及人类与自然、社会的关系加以想象与幻想的文化遗产。它既反映了历史，同时又高于历史，具有一定的神圣性、真实性与艺术性，反映了先民们对自然与社会、人类的特有看法与观念。壮族先基于对大自然的细微认知与观察，发现自然界的万事万物与人类的生命融为一体，进而将人类与自然相依为命的生态观潜移默化地融入到壮族先民的早期文明神话叙事里，他们认为壮族先民的创世神、始祖神布洛陀的诞生与他们赖以生存的太阳、石头、水、高山等大自然紧密相连，这种思想观念在《布洛陀经诗译注》[①]中的神话里得到入木三分的体现：

> 太古洪荒时代，大地一片荒凉，什么东西也没有。突然一天从天上掉下一颗大石蛋，落在河滩里，被太阳晒了99天，石蛋裂开，生出三兄弟。老三上天，成了雷王，老二下海，成了龙王。老大留在陆地上，成为壮人的祖先，他创造了世界，创造了人类。

显而易见，在壮族先民的意识里，作为他们的创世神、祖先神，布洛陀以及掌管天上的雷王、水里的龙王，他们的出生一定具有超乎常人的神奇色彩，而这超乎常人的神奇性在壮族先民神话的思维意识里便是把他们幻想为天上掉下的石蛋里孕育而生的，这一细节向我们传达出一系列极为重要的生态思想信息，壮族先民认为自然世界里的石头、太阳、水等自然物孕育了他们的祖先神布洛陀以及雷王、龙王的生命，并且赋予他们自然性、神性与人性于一身，特别是使布洛陀充满了举世无双的智慧、恩德、创造与勇气，无可替代地担当创造世间的万事万物的职责。在人间大家都知道有一个无所不知、无所不能的智慧老人名叫布洛陀，他智慧过人，大家都找他商量治理天地的办法。布洛陀的神奇出生，壮族生活的地方风雨循环，阴阳更替，四季分明，一切有常，万物兴旺。

由此可见，由天神派下来的石头孕育的壮族创世神布洛陀给壮族人民带来无限的恩泽，壮族人民对这位创世神更是崇拜有加，2002年开始，广西田阳县举行祭祀布洛陀的相关民俗活动。这一祭祀活动源于相关神话记载"在广西左右江一带，农历二月二十九这一天，布洛陀与姆六甲受天神的派遣，挑着5个孩子下放到人间造就一座高山，名叫敢壮山，从此，当地人认为敢壮山便是布洛陀的诞

---

① 此处麽经特指《壮学丛书》编委会组织编纂的八卷本《壮族麽经布洛陀影印译注》。

生地与生活地"。① 敢壮山对于壮族来说是一个神圣而崇高的圣地，人们进山时，不能随意在山里大声吼叫，不能破坏山里的一草一木，否则惊动、触怒了布洛陀，将会受到不可预料的灾难。这种观念在壮族心目中内化成一种崇山敬山的理念，并且外化于行，每年的农历二月二十九至三月初七、初八、初九这几天，广西田阳县及周边方圆上千里的壮族儿女都自发前来敢壮山纪念和朝拜布洛陀，都要在这里唱山歌，表达对布洛陀的敬仰与尊崇。这种纪念活动已经得到广大壮族民众的广泛认同。

由此可见，由远古的神话叙述石蛋孕育壮族先民始祖布洛陀，到今天壮族在现实生活中祭祀布洛陀，这里面延续着壮族生生不息的敬奉自然、崇拜自然的信念，他们用神话这种古老的神圣叙事以及当今在广西田阳县举行的祭祀布洛陀大典这种活动，展现壮族先民自古以来就有的人与自然和谐共生的思想信念。

三、人类生存与动物生息相关思想

壮族神话不仅记录了壮族先民对石头、太阳、水、高山等自然现象与人类生命关系的选择与思考，还书写了他们与动物相互依存的辩证认识，弘扬了壮族先民崇尚自然、尊重自然的美学精神。在此，我们着重分析《布洛陀经诗译注》中记录的有关牛、鸟等动物神话，来探索壮族先民关于人类与动物关系的认识。

《布洛陀经诗译注》中的神话把牛描写成创造世界的神牛，神牛的创造功能体现在它能够为人类创造生存必需的陆地、山坳、水潭等行为。如在《布洛陀经诗译注》最初的"造天地"篇中描写了神牛的创造行为：

……剩下的一块石头孤零零，它滚去三步远，变成母黄牛，变成一头公水牛……水淹到水牛的肩，水荡去荡来，造成大山坳，水荡去荡回，造成大峒田，牛嘴巴伸向哪里，哪里就变成水潭；它的脚踩出了水滩，尾巴拖出了道路。大地的基本面貌就是这样由牛创造出来了。

显而易见，在这里神牛不同于一般意义的牛，它是由石头变成的母黄牛、公

---

① 2016年4月11至13日，笔者到广西田阳县参加布洛陀学术会议调查。

水牛，这一对母黄牛与公水牛如同上文提到的布洛陀是由石头变成，他们也具有无穷的创世能力与神奇的智慧，并为人类的生存发展创造山坳、大地、水潭、道路等必要条件，这一富有想象力的叙事情节突出了牛在壮族先民生活中的神奇贡献和重要作用，也进一步印证了牛在壮族稻作文化中不可或缺的地位。时至今日，壮族聚居的村落在农历三月初跳的牛头舞，就是祈求一年生产顺利、风调雨顺、五谷丰登。

有关母黄牛与公水牛为人类创造大地、山脉的神奇业绩，尽管我们现在看来充满了夸张而神奇的想象，然而恰巧是这种巧妙的艺术夸张思维方式，隐喻地表达了壮族先民对于牛这种独特的动物与人类生存密切相关的认知。这也是壮族先民对于动物在人类生存发展过程中具有举足轻重作用的先知先觉和智慧的发现。

《布洛陀经诗译注》中的神话不仅记录了牛为人类创造道路、田地等世界万物，还讲述了鸟在人类生命史上的重要地位，他们对鸟与人类密切相连关系的透彻把握，精准地通过神话这一古老的叙事形式表达出来。有关鸟在壮族生命史上发挥的重要作用，在《布洛陀经诗译注》里的神话叙事体现为每段章节的开头反复吟诵"三界三王置，四界四王造"，这里的三界指的是上界（天）、中界（地）、下界（地下水域）；三王是雷公、布洛陀、蛟龙三大神。这些神灵自古以来就是壮族的至高神灵，其中管理天上世界的神灵"雷王"的形象是鸟喙、鸟翅、鸟爪、鸟腿的人身鸟形神，雷王形象的鸟形化，说明鸟类在壮族先民生活中无可替代的地位，因而他们把虔诚崇拜的雷神赋予鸟的外貌与鸟上天入地的神奇功能。另外，根据文献记载，壮族的先人"古越人以鸟为图腾，学术界普遍认同鸟部落曾经是壮族早期社会当中最原初、最强大的一个部落。这个部落将鸟视为图腾，以鸟的羽毛为神物，插羽毛、戴羽冠、穿羽衣，把自己打扮成鸟的样子，以求得鸟图腾的认同"。[①] 由此可见，在壮族先民意识中鸟是人类的保护者，鸟与人类的生存发展息息相关。

在壮族先民早期生活中牛与鸟是至关重要的动物，它们不仅是生产工具，更是壮族先民的精神寄托，因而他们在神话世界里赋予牛、鸟等动物超自然的人性，甚至是超人的神性，以此表达他们对动物世界的敬畏之情，这种情感观念渗透到壮族先民的历史记忆与族群认同，从而产生了人类与动物和谐相处的生态伦

---

① 李斯颖：《壮族布洛陀神话叙事角色及其关系分析》，《民族文学研究》2012 年第 1 期。

理观念,他们把这种观念用神话的形式表现出来。

四、结语

其实,关于人类起源、天地开辟、万物创造等人类发展的重大问题,世界各民族神话都有多种解释,仅在中国56个民族神话中就有盘古创世、女娲抟土造人、天神造人、动物变人、树木生人等多种说法,而壮族先民能够把祖先神、创世神、智慧神融为一体的人文神布洛陀想象成由石蛋孕育而生,把牛、鸟等动物想象成通人性与神性,并且与壮族先民的生存血肉相连,这些神话性的叙事体现了壮族先民对石头孕育生命、动物保护人类的特殊情怀,也恰巧说明壮族先民内心世界秉承的人类与自然生息相关的生态思想。

按照神话产生的思维规律来看,壮族先民思考生命之本与宇宙万物起源的时候,会受到他们朝夕相处的石头、太阳、山地、江河等自然环境的影响,在万物有灵的壮族初民心目中,宇宙和天地万物皆有生命,尤其是在他们生活中起着决定性作用的石头、太阳、水、山峦等一石一山更是他们心目中的生命之根,神话思维中的人类诞生母体,这种朴素的生态思想与生存哲学细致入微地渗透到他们的神话叙事话语里。

不可否认,壮族先民对世界的把握是建立在直观认识的基础之上,按照列维布留尔的"原始互渗律"的观点来说,任何事物的性质都是相通的,从这个意义来分析壮族祖先布洛陀是由石蛋孕育而生,牛、鸟等动物为人类创造天地、道路等情节,也就很好理解。从外观来看,石蛋的外形与鸟卵相似,由此他们认为石蛋如鸟卵一样孕育新的生命,这就是在壮族神话中我们看到"天上掉下一颗大石蛋,落在河滩里,被太阳晒了99天,石蛋裂开,生出三兄弟"的奥秘所在。

壮族是相信万物有灵、崇拜自然、尊重自然的民族,当然,在壮族生活中不仅石头、太阳、牛、鸟等这些自然现象与动物在壮族生活里占有重要地位,在此着重分析石头、太阳、牛、鸟等与人类生命发展史的意蕴,是想以微见著,深入透彻地阐释壮族神话中的生态伦理思想,及其对当代现实生活的现实价值与社会意义。

综上所述,壮族神话记录了壮族先民如何协调人与自然、动物的关系,以及他们对宇宙天地、人类起源等重大问题的探讨,通过对这些问题的条缕分析,我们发现在壮族先民的思维意识中，他们始终秉承人类与自然和谐相处的生存准则。这种思想对于当前人类对自然过渡开发带来的危机，以及建设"绿色发展"为核心的生态文明，具有重要的现实意义与理论指导价值。

〔汪立珍：中央民族大学少数民族语言文学系教授〕

转型期壮族民间信仰复兴与社会调适

覃丽丹

从开展形式和内涵来看,民间信仰实际上是一种宗教文化表达,并且在我国历史发展中占据了重要地位。随着我国社会逐渐步入转型时期,为民间信仰的复兴和发展提供了良好基础,在此过程中,由于新思想、新理念的融入,民间信仰也展现出新的面貌和格局[1]。从某种意义上来讲,民间信仰具有社会调适功能,然而由于我国社会体系较为庞大和复杂,为民间信仰行使社会调适功能造成了一定阻碍。由此可见,在社会转型局势下,如何有效规范民间信仰活动,充分发挥其社会调适功能是当下亟需解决的问题[2]。

一、相关概念阐述

(一)转型期

转型期是政治领域用来形容社会形态发生转换的过渡时期,这一时期内社会的各方面都在发生重大变化[3]。在转型期内,社会上的政治、经济因素等都会发生显著变化,同样对传统文化也带来一定冲击,民间信仰作为传统文化中的重要

---

[1] 刘江宁、周留征:《社会转型期民间信仰的功用研究》,《山东社会科学》2011年第11期,第73—77页。

[2] 田冲:《社会转型期的民间信仰及其变迁——鲁中大广尧村民间信仰的个案研究》,中南民族大学硕士学位论文,2010年。

[3] 刘洪波、杨学军:《乡村社会转型期的民间信仰——以陕西省武功镇金仙信仰为例》,《山西农业大学学报》(社会科学版)2014年第3期,第293—297页。

组成部分，也面临着诸多变革。因此，文章中所指的转型期应该是改革开放以后的很长一段时期。

（二）信仰

就大众哲学上来说，人们所谓的"信仰"是哲学研究当中的一部分。信仰之上，涉及主体与客体之间的牵涉关系。而从文化学的角度来看，可以说信仰同时也是一种文化，对优秀先进文化产生信仰，有利于促进各项社会工作的良性运转与健康发展，相反，假如对落后腐朽的文化忠诚信仰，则会阻碍社会的良性发展。另外，假如从心理学的领域来看，信仰又被定义为人类所独有的精神类活动，是联系结合人类的主观认知、情感与意愿的综合产物[①]。由宗教的角度来看，现阶段人们经常使用的词汇——"信仰"，最早源自佛经，佛经里的信仰，则指的是对佛教所倡导的教义发自内心的信服与膜拜。从内容来看，它可以说是意识对客观社会与自然生命的反映，是精神意识和客观存在沟通融合的行动与努力。信仰不仅仅涵盖意识构成的有关宇宙、自然、人类的观念体系，还包括人类的信仰情感、态度与行为。

（三）民间信仰

学术界对于"民间信仰"一说的定义各持己见，总的归纳一下，具体有以下三个观点：一是认为"民间信仰"只能作为一种普通的信仰方式，不能隶属宗教范畴。这种观点的持有以《辞海》为主要代表，《辞海》将民间信仰定义为民间普遍流行的对某种观念体系、某一有形事物敬仰崇拜的心理与行为，包含民间一般的俗信甚至迷信。赵匡为、贾二强、宋兆麟、乌丙安等学者同样认为民间信仰不能归属于宗教，他们提出民间信仰的通俗性与自发性是不具备宗教这一严肃的本质属性的[②]。二则认为从本质来讲，民间信仰属于宗教，这种说法的主要代表有金泽、李亦园、范丽珠、王铭铭、渡边欣雄、罗伟虹等学者。以李亦园为该观点代表，其将民间信仰称为"普化宗教"。"普化宗教"又被称作被扩散的宗教，意思是说因为其信念、制度、仪式活动同人们的日常生活紧密相关，逐渐扩散称为

[①] 李园园：《新农村建设背景下民间信仰问题研究》，河北师范大学硕士学位论文，2012年。
[②] 邢莉：《关于社会转型期民间庙会的思考——以内蒙古巴林右旗2007年农历6月15日庙会为个案》，《黑龙江民族丛刊》2010年第5期，第166—172页。

生活内容的一部分，因此其教义往往也同日常生活相融合，就会缺乏正统经典，更不必说层次严明的宗教系统。三是认为民间信仰无须人们过于精确的定义，相对来说，模糊一点的概念有可能更适合一些。以徐晓望为该观点代表，他提出我们可以从广义与狭义两个角度来看待民间信仰，广义上来说，民间信仰是包含民间生活的一切崇拜信奉活动，而狭义上的民间信仰则专指正统宗教以外的祭祀拜神活动。

　　结合以上专家学者的观点，我们讲"民间信仰"，首先要谈"信仰"，属于宗教这个广阔的范畴；其次来看，它又是"民间"的，其中又有三层含义，第一是非普遍与非官方，第二是非经典与非正统，第三是非经院与非制度的。总的来说，民间信仰又是具有正统宗教的一些特征的，既是信奉某种超自然的神奇力量，但是与一般宗教又有显著的区别，将民间信仰划入宗教或者区别于宗教都是不够严谨的说法。作者认为民间信仰是存在于一般信仰与正统宗教之间的一种信仰形态，以崇拜超自然神力为寄托，以祈福避祸为诉求，在民间自发组织形成并流传下来的准宗教[①]。

二、壮族民间信仰发展的几个阶段

（一）中华人民共和国成立以前：原生发展期

　　从发生学的视角看，民间信仰一方面传承了各民族或族群的自然性宗教（自为生成）的传统，另一方面也传承了制度化宗教（有为建构）的传统，带有村社（村落或社区）或跨地方混合宗教的典型特征，堪称"原生性"和"创生性"双性共存的复杂的信仰形态。[②] 壮族及其先民由于长期处于生产力发展水平落后、科技不发达的状态，民间信仰十分发达，并深深融入到了稻作文化为特征的壮文化系统之中，形成了独具特色的壮族民间信仰文化，但更多的是以原生性为主要特征的民间信仰。从总体上来看，壮族民间信仰是以自然崇拜、始祖信仰（麽教信仰）、师公教信仰等为主要内容的民间信仰。这些民间信仰自起源或传入壮族地区至中华人民共和国成立前，历经了漫长而缓慢的发展过程。如壮族的自然崇拜和始祖信仰大多起源于原始社会末期的父系氏族社会，历经奴隶制社会和封建社

[①] 尉富国：《壮族民间信仰的历史变迁与当代转型》，广西师范大学硕士学位论文，2005年。
[②] 路遥：《中国民间信仰研究述评》，上海人民出版社，2012年。

会的漫长而缓慢的发展过程。商周之前的壮族原始信仰属于独立起源，未受到其他外来文化的约束或影响，在很长一段时间内始终处于缓慢发展的状态。这一点从花山崖壁画对祖先崇拜可以表现出来。花山崖壁画所表现的是处于氏族和部落期间的祖先崇拜。至东汉以后消失了，这是由于随着社会的发展，人们期初崇拜的祖先是带有血缘关系的，是氏族团体的共同祖先。后来，氏族进一步发展，产生了部落，于是祖先崇拜又发展为整个部落共同的祖先崇拜，这个祖先已经超越了血缘关系的范围，成为某一地域人们共同崇拜的英雄或地方保护神。[①] 布洛陀信仰就是在这样的社会发展规律中成为壮族及其先民信仰的始祖神。

然而，自从秦始皇统一岭南后，壮族民间信仰与汉族信仰开始有了交流与碰撞。为了更好统治岭南一带的少数民族，历代封建王朝统治者曾利用强制手段在广西建立神庙，使纳入祀典的一大批神灵如社稷坛、先农坛、城隍坛、厉坛以及关帝、文昌、名宦等神庙迅速在广西各地发展起来，试图钳制广西少数民族的思想，这对壮族民间信仰带来了很大的冲击。然而，必须指出的是，为了镇压广西动乱而出现的神庙如旗纛庙、伏坡庙、诸葛武侯祠虽在广西也出现，但绝大多数都出现在汉族相对集中的地区，在少数民族聚居区极少出现。[②] 由此知道，广西壮族及其他少数民族在接受外来宗教或民间信仰上，是有很大抵触情绪的。这一时期壮族民众依然更倾向于是本民族原生性的自然崇拜、祖先崇拜及其他地方神灵崇拜。

进入中华民国以后，在"民主"与"科学"思想文化的冲击下，广西民间信仰被视为迷信受到了强大的冲击，大量的神庙被毁或用于办学。如桂西北思恩县："云雨风雷山川城隍坛在县城南门外，雍正十一年修，今废；关帝庙民国二十一年改建初级女子学校。"[③] 在桂南上林县："关帝庙在县城南，康熙四十三年知县张邵振重修，嘉庆二十二年重修，同治二年毁，五年重修，今毁。"[④] 从以上史料记载来看，被毁的大多是清朝时期建立的外来非本土神庙。也正因此，历经千百年的历史积淀形成的壮族民间信仰这一时期得到了极大的发展空间，壮族民间信仰曾一度达到鼎盛。民国刘锡蕃在《岭表纪蛮》中对民国时期壮族花婆信仰进行了详细的记载：僮巫"经典中之重要神祇：北壮，唐朝敕封桃源宝山郎娘官家姊

---

① 覃圣敏、覃彩銮、卢敏飞、俞如玉：《广西左江流域崖壁画考察与研究》，广西民族出版社，1987年。
② 廖玉玲：《近代广西明年见信仰形成条件与发展趋势初探》，《百色学院学报》2008年第1期。
③ 吴瑜等编：《思恩县志》民国二十二年，卷二。
④ 杨盟、黄诚沅编《上林县志》民国二十三年，卷三。

妹，楼头圣母公，上座罗天子，中座李天王，下座萧天子，云霄三十郎君，三十娘子……上殿黄茅萧山一天二百旗降相，中殿灵浮小山一千二百旗降相，上洞潮水九十九宫金华圣母，江君大郎，贺灵娘娘，唐氏法通，徐氏老母……千千师祖……万万师爷……金银锡花圣母，亦名花婆。蛮人说：'凡生子女，皆花婆所赐'故信奉甚虔"。

（二）20世纪50年代至20世纪70年代末：断裂期

中华人民共和国成立初期，国家在法律层面上一直倡导宗教信仰自由，保护宗教的合法存在。1949年9月通过的《中国人民政治协商会议共同纲领》和1954年颁布的《中华人民共和国宪法》对我国公民宗教信仰自由都有明确的规定。然而，事实证明，这一时期国家的具体政策对于民间信仰的冲击是十分深刻的，特别是民间信仰的物质层面受到的冲击最直接。1950年公布施行的《中华人民共和国土地改革法》规定"征收祠堂、庙宇、寺院、学校和团体在农村中的土地及其他公地"。由此，农村的祠堂和社庙不复存在，民间信仰组织也受到打击。1957年反右斗争后，国家宗教政策呈现出"左"的倾向，大量的民间信仰活动被取缔。民间信仰开始出现断裂。中共八届十一中全会后，宗教工作部门被扣上"执行投降主义、修正主义路线"的帽子，被视为"牛鬼蛇神的庇护所、保护伞"。这时对宗教采取了破"四旧"政策，提出"彻底消灭一切宗教"、"取缔宗教职业者"、"彻底捣毁一切教堂"等极端的口号并付诸行动。由此，宗教和民间信仰受到了前所未有的冲击。民间信仰被定性为"封建迷信"，当时整个中国所有的民间信仰活动无论是明的还是暗的，似乎瞬间销声匿迹。壮族地区与其他地区一样，与民间信仰有关的一切人和物，均被取缔和捣毁。时国轻博士在田阳田州镇访谈唐云斌先生了解民间麽经的收集情况，唐云斌先生说，50、60、70年代做活动就收麽经，到80年代还收到一点，90年代就很少收到了，在平原地带已经很少了。那个破四旧运动，抓的那个又烧又斗，极左路线干扰，所以在平原地区的麽经基本全烧掉了，关于布洛陀的书，关于布麽的书一般都烧掉。现在要是有麽经的话，就在山区，在玉凤那里以及东巴凤那里保存一点。因为那里距离平原较远，受到的冲击小。黄明标先生对这一时期壮族布洛陀祖公庙的阐述是：50年代，庙被拆除，山上将近100面的石碑也拿去搞现在的下花水库，祖公庙、牌坊等建筑物全部被拆除。①笔者对壮族土司墓葬石刻调查时也遇到同样的现象,文革时期,精美的墓葬石刻被捣毁去建设水库。由此可见,中华人民共和国成立至文革结束期间,对民间信仰的摧毁不是个案,而是一个普遍的现象,不仅所有的庙宇都被捣毁,民间信仰及其仪式也几乎绝迹,延续数千年的壮族民间信仰在强大的国家力量干预下出现了全面的断裂。

然而,通过强制甚至暴力手段对民间信仰进行摧毁,只是触及其物质层面,没有触及其精神层面,捣毁庙宇、神像,并不能将民众的神明观念从头脑中清除出去,人们对祖先传承下来的传统依然心存敬畏与怀念。笔者在那坡县龙合乡果桃村田野调查了解到,文革时期村庙被摧毁,村民们冒着生命危险连夜把村庙供奉的土地神悄悄抬到山上的岩洞里藏起,每年二月初二土地神生日,指派一人带上供品悄悄上山祭拜,祈求土地神庇护全村人丁兴旺,五谷丰登。由此可见,即使处于非常时期,壮族民众对于根植于心中的民间信仰依然心存敬畏与怀念。

(三)改革开放以后:复兴与重构期

在十一届三中全会后,宗教信仰自由政策重新得到落实,制度化宗教信仰获得自由发展的空间后,民间信仰也逐渐随之恢复。但是,由于长期受到"左"的宗教思想的影响,很多民众还没有转变文革时期对宗教的印象,在一定程度上仍视宗教为当代社会发展中的另类。而对于民间信仰而言,人们还往往将其认为是愚昧、落后和迷信的,得不到社会应有的尊重与宽容。当然,壮族民间信仰在国家宽松的政治环境下,也呈现出恢复的迹象,但多是对丢失多年的传统村落社庙进行简单的复制和重建。

壮族民间信仰真正意义上的复兴应该是在 1992 年中共中央、国务院印发的《关于进一步做好宗教工作若干问题的通知》以后,《通知》明确提出了要"动员全党、各级政府和社会各方面进一步重视、关心和做好宗教工作,使宗教与社会主义社会相适应"。1993 年 11 月,江泽民在全国统战工作会议上就如何解决好我国现阶段的宗教问题中正式提出了"积极引导宗教与社会主义相适应"的著名论断。这一论断成为中国共产党处理现阶段我国宗教问题的方针政策。在之后的历次全国宗教工作会议上都强调积极引导宗教与社会主义社会相适应的问题。壮族民间信仰实现了真正意义上的复兴与重构。

---

① 时国轻:《广西壮族民族民间信仰的恢复和重建》,中央民族大学博士学位论文,2006 年。

三、转型期壮族民间信仰复兴的表现形式

随着改革开放的步伐加快，我国逐渐进入城镇化、工业化、国际化、信息化、市场化阶段，这也使人们的思想活动更加自由更具有个性化特征，充分体现出差异性、选择性、多变性、独立性。传统思想中精神理念的支撑体系完全分化瓦解，加之当下社会虚无的价值观、认知体系以及道德文化，使人们的生存和发展面临着新的挑战，在此环境下人们的心理状态和精神层面无不受到影响，产生低落、迷茫、无措、矛盾等不良情绪，这也是导致当下社会中人们急于探寻"人生意义"、以及"人性关怀"等现象的主要因素[①]。所以，在国家恢复宗教信仰自由政策和倡导"宗教与社会主义社会相适应"思想指导下，以表达和吸纳人们内心真实诉求为主要存在形式的民间信仰，和以该信仰为主体而展开的一系列仪式活动，获得了广阔的发展空间，使民间信仰得以复兴。

（一）祖先崇拜兴盛

祖先崇拜是壮族古老的原始宗教信仰。自从改革开放以后，壮族对祖先的崇拜愈加浓烈。主要通过对祖先神位安放讲究、清明节或三月三祭祖隆重、对祖先举行隆重二次葬等表现出来。围绕这一点，笔者对东兰县巴畴乡巴英壮族村落进行了田野调查，在调查过程中发现当地几乎每家每户都安放了工艺精湛的先祖神位，较为讲究的家庭还会采用铝合金框架、玻璃工艺等装饰手段对神位进行装潢。通常情况下，先祖神位立于神台正中位置或右侧，在神台两侧会贴有对联，对联一般旨在表达后人对先祖的敬重、思念或祈求先祖庇佑的文字。当地壮民会在每月的初一、十五，或者其他的民族传统节日，都自发举行祭奠先祖仪式。传统节日内远在外地工作的子孙后代都会纷纷赶回家乡，通过杀鸡宰猪等形式祭祀祖先表达对先祖的怀念之情。另外，每年清明节是每个壮族家族最隆重的祭扫祖坟的日子。在调查中我们了解到，当地青年外出务工春节可以不回来，但是清明节一定要回来。清明节那天每家每户争相早起蒸糯米饭、汤鸡、煮猪肉、做豆腐，天一亮就带上糯米饭、豆腐圆、粉蒸肉、白切鸡以及米酒等物品上山祭拜祖

---

① 谭志满：《少数民族民间信仰的功能及调适研究——以武陵民族地区为例》，《西南民族大学学报》（人文社会科学版）2014 年第 7 期，第 29—33 页。

先，按照当地的说法清明扫墓谁先到谁就得到祖先更多的福气和更多的庇护，所以大家都会争抢头柱香。一般情况下，带上山的食物都不带回来。回来的时候会在山上折些枫叶带回插在家门口，待晾晒干后用来煮茶喝，相当于这是祖先赐予的仙水。此外，壮族中元节祭祖也很隆重，巴英壮族将之称为鬼节或七月十四，一般过农历七月十三、十四、十五共三天，十三那天开始每天汤鸡汤鸭，煮好鸡鸭鱼肉，早上祭拜祖先神位，晚上祭拜家门口外面的各路神仙，还需要在自己房子四周及菜园四周都点上香烛。有从事麽公的人家，每年七月十四祭拜活动除了需要祭拜祖先神位外，还需多摆一张麽师桌，用以祭拜师傅。

（二）庙宇兴建

庙宇是民间信仰的重要物质载体，民间信仰大部分活动与仪式都是在庙宇这个特定的空间里进行，壮族民间信仰也不例外，但在20世纪50至70年代末，民间信仰在"左"的思想指导下，很多民间信仰的庙宇被摧毁。改革开放后，尤其是进入21世纪以来，壮族村寨的村庙纷纷兴建，有的在原先基础上重新翻修，而更多的是重新选址，举全村之力新建村庙。笔者在那坡县果桃村调查发现，果桃村有7个自然屯，每个自然屯都建有自己的庙堂，供奉的神用当地壮话称为"公土板"，"公"即"祖公"，"土"即"头"、"板"即"村"，也就是汉语中所说的土地神，每个土地神掌管着自己地界的人、物和事。以达依组修庙堂为例，达依组在2015年初成立工作小组并决定建新庙堂，每户筹集资金1000元用于庙堂建设，此外还要求每户要有1人出工10天，有些人为了修庙堂还专程从广东辞工回来。至于谈到为何重新修建庙堂。村民大多的反映是旧的庙堂在"破四旧"的时候遭受破坏，长年失修已经破败不堪，"公土板"住在里面不安宁，我们也住得不安宁。建新庙堂，目的是为了给"公土板"住得舒心。果桃村7个自然屯的庙堂，每个屯在"公土板"生日这一天都会举行隆重的祭拜活动，当然每个屯"公土板"的生日大多不是同一天，但大多数集中在农历三月或六月。这一天全屯老少集中在庙堂，一齐汤猪进行祭拜，祈求"公土板"在新的一年里庇护全村人畜兴旺，五谷丰登。由此，我们发现壮族村寨兴建庙宇，不仅是达到满足村村老老少少的心理慰藉，而更多的是能达到整合村社秩序，强化集体观念，维系良好的邻里与村社关系的目的。

(三)以祭祀为主要内容的大型节庆活动兴起

壮族是个分布较为广泛的少数民族,也是个多神信仰的民族,对于不同的支系信仰的神也不尽相同,因此祭祀的对象也略有不同,近十年来以祭祀壮族始祖为主要内容的大型节庆活动在壮族地区兴起,如田阳县壮族人文始祖布洛陀祭祀大典、武鸣县骆越始祖王祭祀大典、宁明县骆越始祖公祭大典、来宾盘古祭祀大典等。其中,以田阳县壮族人文始祖布洛陀祭祀大典最为隆重,影响力也最大。布洛陀是壮族麽教的主神,是壮族及其同源民族包括桂西、滇东南、黔南地区的壮、布依、水等民族信奉的创世神、始祖神、宗教神和道德神,是壮族及其同源民族的人文始祖。根据调查考证,敢壮山祭祀布洛陀的典礼已有1000多年的历史,在祭典的基础上形成敢壮山歌圩,所有参加歌圩的男女老少在对歌前都先在岩洞祭拜布洛陀,唱布洛陀古歌。① 但因为壮族民间信仰曾历经过断裂期,相关的物质载体被摧毁,布洛陀信仰的记忆链条被中断。2002年,在专家学者历经坚辛考察寻踪和多方研究论证下,认为田阳敢壮山一代有着丰富的布洛陀民俗文化遗存,属于布洛陀民俗文化的发祥地。自此,在壮族地区掀起了一股布洛陀信仰的热潮。2004年,在政府支持,学者支撑和民众的参与下,第一届布洛陀文化旅游节顺利举行。自2004年至今,布洛陀文化旅游节已经连续举办了11届。文化旅游节其中的一项重要活动便是举行大型的布洛陀祭祀大典。每年祭祀大典这一天,有来自泰国、老挝以及云南、贵州、海南、广西四省(区)壮侗语系同根同源的壮族、布依族、水族、黎族、侗族、傣族、仫佬族、毛南族等民族朝拜队及当地和周边数万名群众参加祭祀仪式。通过举行同源民族的大型的祭祀活动,让同源民族更增强了民族认同感,对维护民族团结与国家安全有着重要的指导意义。

(四)壮族民间信仰学术研究热潮

壮族民间信仰的传承方式主要有语言的口耳传承、文字典籍传承、仪式行为传承、心灵传承以及物质载体传承等方式。② 但历史上壮族是一个没有统一文字

---

① 陈炜、张瑾:《少数民族非物质文化遗产旅游开发SWOT分析及对策——以百色壮族布洛陀文化为例》,《社会科学家》2009年第6期,第89—92页。
② 覃丽丹:《壮族布洛陀信仰传承与重构》,《广西民族研究》2011年第2期。

的民族，虽然唐宋时期创造了古壮字，但使用的范围极为有限，大多用于壮族麽经记载，壮族民间信仰更多的还是语言的口耳传承和仪式行为传承。因此，壮族民间信仰复兴于重构道路上，基础资料的收集与整理极为关键，这起始于民族古籍工作者于20世纪70年代末期对壮族麽经资料的收集与整理，并先后出版了《布洛陀经诗译注》和《壮族麽经布洛陀影印译注》，在这些资料的基础上，壮族民间信仰研究迎来了热潮，一大批学者开始关注并从事壮族民间信仰的研究，对于壮族自然崇拜、始祖信仰、师公教等方面研究都取得了丰硕的研究成果。在自然崇拜研究方面，研究得最全面深入的当属广西民族大学廖明君研究员的系列研究成果；在壮族始祖信仰研究方面，主要集中于对壮族布洛陀信仰和姆六甲信仰研究，这部分的成果最为丰富，研究的学者也最多，主要有黄桂秋《壮族民间麽教与布洛陀文化》、覃乃昌《布洛陀文化体系论》，覃彩銮《布洛陀神话的历史文化内涵》以及徐赣丽对布洛陀诗经的系列研究等；对于师公教方面，主要有杨树喆对师公教研究的系列成果。以上的研究成果都是分类别进行研究，对于壮族民间信仰整体研究的成果也不少，如黄桂秋《壮族社会民间信仰研究》，梁庭望《壮族民间信仰》，玉时阶《壮族民间宗教文化》等。此外，还有每年在田阳举办的布洛陀文化学术研讨会，来自全国各地和广西区内各研究机构和高校的学者都会对壮族的民间信仰进行深入探讨和提交相关研究论文。在上述老一辈研究学者的引领下，一批年轻的学者也致力于壮族民间信仰研究，并崭露头角。随着壮族民间信仰研究的广度和深度都得到不断加强，在很大程度上为壮族民间信仰的复兴和重构奠定了坚实的资料和理论基础，起到了巨大的推动作用。

壮族民间信仰复兴是传统文化复兴的重要体现，是社会发展的必然选择，但在复兴的过程中也暴露出了一些不可回避的问题。具体来讲表现为以下几个方面：

第一，从文化大革命时期开始，国家总体意识形态将一切民间信仰视为封建迷信，并对其进行控制和批判，虽然改革开放以后国家放宽了其发展限制，但仍然有大部分人深受旧意识影响，并仍然遵从旧观念对民间信仰的态度，认为民间信仰是愚昧、落后的行为及观念[①]。

第二，随着市场经济的观念深入人心，年轻人对于经济利益的追求更加迫

---

① 谭志满：《少数民族民间信仰的功能及调适研究——以武陵民族地区为例》，《西南民族大学学报》（人文社会科学版）2014年第7期，第29—33页。

切，他们对民间信仰观念意识逐渐弱化。

第三，由于近几年人们对传统文化以及宗教民俗的保护意识逐渐加强，政府和企业纷纷参与到对民间信仰文化的保护与开发工作中来，导致针对民间信仰的保护与扶持逐渐变为旅游业开发，这样一种宗教旅游开发热度虽然为当地带来了可观的经济收入，但造成了民间信仰文化形态的严重破坏，更严重的是造成了为争夺经济利益而产生的冲突越来越多。

第四，由于民间宗教信仰经历了一系列由兴起走向兴盛再经受打压到现在的复兴过程，期间社会对宗教信仰的态度也经历了由完全否定到完全肯定的过程，经历这一过程后大量民间信仰重新获得自由和发展空间，但在此之中也不乏大量糟粕信仰掺杂其中，并披上传统文化、民间信仰的外衣在社会中大张旗鼓的宣传，并获得了一定数量的信仰群体，这样一来对社会的和谐发展，以及人民的安全、安定造成了极大的威胁。

四、壮族民间信仰的社会调适分析

即便壮族民间信仰的复兴与重构的过程中，存在着一些问题，但壮族民间信仰与其他民族的民间信仰一样能够让信仰者在反复的心理调适过程中由内心到外在都调整到最佳状态。从某种层面上来看，特殊群体的心理诉求需要通过民间信仰来抒发。从社会功能角度来看，民间信仰能够为民众提供良好的心理慰藉、情绪抒发平台，通过这种心理调节功能，能够在一定程度上化解社会矛盾，为构建和谐社会提供良好基础。

而事实上，壮族民间信仰在当代能够复兴，不仅仅是它能够起到心理调节的作用，更重要的它能够调节社会与适应社会。首先，调节和维系村落良好的秩序。在调查中我们发现，壮族妇女与老年人更容易通过民间信仰获得心理上的慰藉与安抚。在大多数情况下，妇女与老年人是农村兴建庙堂、举办庙堂祭祀活动的中坚力量，且主要参与者也是该群体，一般来讲发起与参与宗教信仰活动的妇女与老年人并不算富裕，兴建庙堂、举办祭祀和集会活动的初衷就是为了找寻心理上的安抚，寻求内心平衡感和存在感，为了维系村落合理的秩序。其次，维护民族团结。壮族与侗族、毛南族、仫佬族、水族等同源民族，民间都流传着布洛陀神话故事，他们有着共同或者相似的历史与文化，在民族交往中就有良好的基础，对维护民族团结具有巨大的促进作用。最后，维护边疆稳定与国家安全。壮族作为一个跨国民族,与越南岱族、侬族,泰国泰族,老挝老龙族、泰族等民族有着深远的渊源关系,包括民间信仰在内的很多文化习俗都有相似性。壮族与泰国泰族都信仰土地神,认为土地神能够保护村里村民和大小牲畜的生命,能保佑农作物丰收。壮泰两民族有相同的崇拜物,有着类似的祭祀过程。[①] 基于共同的文化,壮族与周边国家的跨境民族保持着密切的联系,这对维护边境社会安全与稳定具有很大的推动作用。

但是,结合前文目前壮族民间信仰复兴而出现的问题,以及当前网络对壮族文化及其布洛陀信仰散布的流言。在坚持"积极引导宗教与社会主义相适应"指导方针下,如何更好发挥壮族民间信仰在维护社会稳定、民族团结和国家安全方面的作用呢?

从政府层面上,壮族民间信仰作为客观存在的社会现象将会长期存在,不会短期内消失,要使壮族民间信仰不断地与社会主义相适应,必须坚持贯彻党的宗教信仰自由的政策。在此基础上,加强对民间信仰事务的管理和民间信仰文化的挖掘与整理,充分利用民间信仰信众广泛的特点,开展社会主义核心价值观、国家有关法律法规的宣传,传递社会正能量,防止利用民间信仰反对社会主义制度、破坏国家统一、社会稳定和民族团结的现象出现。

从学术层面上,自从改革开放以来,学者在对壮族民间信仰资料收集与整理、调查与研究上,都取得了丰硕的成果,尤其是对布洛陀信仰的研究颇为丰厚。但对壮族民间信仰理论及其应用研究较为缺乏,理论支撑不足。犹如廖明君研究员所说的"需要围绕布洛陀文化及其传承发展的重大理论和实践问题,组织各类文化单位、科研机构、大专院校的专家学者共同开展有关布洛陀文化的认定、保存、传播、保护和利用等领域的研究"。[②]

从信仰者层面上,民间信仰确实能给人找寻心理上的安抚,寻求内心平衡感和存在感,但不能不分糟粕盲目追崇。这一点,政府应当积极引导信仰者更多关注现实生活。

〔覃丽丹:广西民族问题研究中心助理研究员、硕士〕

---

① 陈慧:《中国壮族与泰国泰族土地神祭祀仪式的比较研究——以广西武鸣濑琶村和泰国清迈项村为例》,广西民族大学硕士学位论文,2007年。
② 廖明君:《壮族布洛陀文化研究的拓展与提升》,《广西民族研究》2011年第1期。

壮族平果感桑古骆越文字与布依族古越文字、水族古水文字初步对比、释读及研究

罗祖虞　陈　燕　班殿华　雷金福

由越人、百越民族人文始祖布洛陀创造的古百越文字，具有4000—6000年历史。壮族平果感桑古骆越文字已从埋藏于地下并被发掘出来，是目前中华大地上最古老的文字；布依族古越文字、水族古水文字至今还流行、应用于民族民间的麽文化生活之中，从古至今，它们之间有着深厚的血缘关系，都是人文始祖布洛陀的杰作。现将新发现的壮族平果感桑古骆越文字与布依族古越文字、水族古水文字进行初步对比、释读及研究，以查清其亲缘关系；并从中窥视或了解4000—6000年或之前的新石器时代晚期古越人、百越民族所处的自然环境、生存状况、生产及经济生活、文化习俗及社会结构等信息，为谱写五千年中华文明的新篇章添砖加瓦。

一、初步对比成果和释读

1. 用已知的布依族古越文字、水族古水文字知识去认识、去释读目前已发现的壮族感桑"石刻"古骆越文字1028个字符，已初步认识394个字符，已初步释读出123个单字；又根据已知的布依族古越文字、水族古水文字及甲骨文字研究方法及造字等知识，还初步识别出31个象形、会意及合文字符（见406页下表）的可能含义。在本文撰写之前又新释读出"鸡卦"的3个单字7个字符；及新释读出有关布洛陀、姆洛甲的4个单字9个字符；以及有关女性的5个单字5个字符。共计这新释读出的12个单字21个字符，均未列入表中。

同源民族关系及宗教文化研究

八卦、基础数字、天干、地支、五行：壮族古骆越文、布依族古越文、水族古水文、甲骨文对比表

※：为初步释读"石刻"古骆越文，有待更多"石刻"兄文字出土进一步释读
★：为初步释读

宗禹编绘

壮族"石刻"古骆越文字与布依族古越文字、水族古水文字对比释读表一

编号	"石刻"古骆越文字	古越文字、古水文字	汉 意
1			亥、豬
2			卯、正卯时、兔
3			未、羊
4			丑、牛
5			子、鼠
6			地
7			丁、强、壮、好
8			吉、祥
9			土
10			正、一、第一
11			戌
12			巳、蛇
13			辰、龙
14			癸
15			子字可作向可作秋字可作柳字
16			子字有时作丑字或马鞍
17			月(弓)
18			柳字可作子字也可作六金埋用
19			四字大败男的符号
20			梭标
21			戌、狗
22			午、马
23			五

壮族"石刻"古骆越文字与布依族古越文字、水族古水文字对比释读表 二

编号	"石刻"古骆越文字	古越文字、古水文字	汉意
24			方向
25			大、时间名"歹瓦"
26			糖、堂
27			北
28			火
29			金、伞
30			廉、廉贞星(九星之一)
31			时间名称:"休显"
32			二
33			棺、尸、死人
34			甲
35			六
36			禄、禄存星(九星之一)
37			宽
38			三
39			十一
40			门
41			卦
42			符、符篆
43			十
44			木
45			牲口
46			风

壮族"石刻"古骆越文字与布依族古越文字、水族古水文字对比释读表 三

编号	"石刻"古骆越文字	古越文字、古水文字	汉　　意
47	*		辅、辅星（九星之一）
48			酉、鸡
49			不吉利
50			乙字,也可作山川用
51			乙
52			一
53			秋
54			兽
55			耙
56			八
57			巨、巨门星（九星之一）、锯
58			漫、满
59			十二
60			壬
61			田
62	*		破、破军星（九星之一）
63			土地、地、代、第
64			踢、排挤
65			谷穗、年岁、年景
66			春
67			女
68			人
69	(1) 小	(1)(1) 小、小	小

＊ 有待更多"石刻"片文字进一步释读

壮族"石刻"古骆越文字与布依族古越文字、水族古水文字对比释读表（四）

编号	"石刻"古骆越文字	古越文字、古水文字	汉意
70	〇	〇	取走
71	〇	〇〇〇	弼、弼星（九星之一）
72	米 米 米	米 米	六锋公（人文始祖）
73	匕 米 不	匕	弓
74	田	寅 金	寅
75	十 十	七 千	七
76	仅 仅	叉 仅	辛
77	⊙ ⊙ ☼	⊙ ⊙ ◇ ☼	日
78	万	万 万 万	丙
79	十 ㄨ 七	ㄨ ㄨ	话、劝、箴言
80	⫼⫼	⫼⫼ ⫼⫼⫼	雨
81	✚	✚ ✚	和
82	⌣	⌣⌣⌣	月
83	⌒⌒⌒	⌒⌒⌒	山
84	ｆ 亓 凶 *	云 龙	庚
85	※	※ 氺 仅	文、文曲星（九星之一）
86	⫼⫼⫼	⫼⫼⫼	五
87	十	十	跟连
88	日 ヨ	山	时间名称"鲁封"
89	米 米	米	定公
90	龙	龙 龙	怪物
91	申 *	申 申 申	申
92	S ら G	S 2	己

＊有待更多"石刻"片文字进一步释读

壮族"石刻"古骆越文字与布依族古越文字、水族古水文字对比释读表 五

编号	"石刻"古骆越文字	古越文字、古水文字	汉意
93	𠂇	𠂇	左
94	男	男男男	男
95	廿	廾	武、武曲星(九星之一)
96	𠂉	𠂉	犁
97	ß	ßß	修、造房
98	卍	卍	秋
99	川	川川 水	水
100	大	大 大	大
101	九 九 九	九 屮	九
102	丁 丁	丁 丁 卜	丁
103	㋑	㋑	去、锤
104	×	×	×
105	レ	レ	钩
106	∧∧	∧∧	丘、岗
107	羊 ㄨ 丈 㐅	ㄨ 双 文 支 区 山 川 尺	凶
108	▽ ▽ △	▽	口
109	井	井 井 共	贪、贪狼星(九星之一)
110	羽	羽	绿
111	米	米	兴、兴盛、流行、兴旺
112	⌒	⌒	元、始、旭日
113	⊲⊢	⊽	凿子、挖槽
114	丨丨丨丨	丨丨丨丨 四	四
115	王 王	王 王 王 王 王	年

2.目前，1028个感桑"石刻"古骆越文字字符中，已初步释读出了基础数字、十天干文字、十二地支文字、五行文字及"九星"、"六宫"和"卦、爻"等历法、文化、政治思想和"卜算"等有关文字。当然，这仅是初步释读，因出土石刻文字石片有限，个别文字如"庚"、"申"、"辅"、"破"等还有待更多"石刻"文字石片出土再进一步研究、释读。

壮族"石刻"古骆越文基础数字、天干、地支、五行文字释读表

基础数字												
一	二	三	四	五	六	七	八	九	十	十一	十二

十天干									
甲	乙	丙	丁	戊	己	庚*	辛	壬	癸

十二地支											
子	丑	寅	卯	辰	巳	午	未	申*	酉	戌	亥

五行				
金	木	水	火	土

＊有待更多"石刻"片文字进一步释读

壮族"石刻"古骆越文"九星"、"六宫"文字与布依族古越文字、水族古水文字对比释读表

文字 \ 星名	贪狼星	巨门星	禄存星	文曲星	廉贞星	武曲星	破军星	辅星	弼星
九星									
壮族"石刻"古骆越文									
布依族古越文 水族古水文									

文字 \ 宫名	破	巨	武	禄	贪	廉			
六宫									
壮族"石刻"古骆越文									
布依族古越文 水族古水文									

＊有待更多"石刻"片文字进一步释读

壮族"石刻"古骆越文中"象形"、"会意"、"合文"字可能含义释读表

1. "家禽生畜"、"厩养生畜"	2. "野外围栏圈养生畜"	3. "树林"、"森林"	4. "日出"、"旭日"	5. "日落"	6. "大吉"、"双喜"、"双囍"
7. "祭祀"	8. "家"、"房间"	9. "田土相连"、"田土"、"田地"	10. "神刹牌"（凶刹禁牌）	11. "河"	12. "水行舟楫"
13. "干栏屋"、"古越人高脚楼"	14. "屋"	15. "羊"、"牧"、"供奉王饷"	17. "志"、"山"、"火离"	18. "泳"、"水坎"	19. "风"、"巽"	20. "雾"、"雷"、"霞"	21. "丘"、"山"、"丘"、"艮"	22. "湖泽"、"兑"

二、初步对比与释读的几点信息及认识

1. 从目前1028个字符中，已初步认识390多个字符及初步释读出的123个单字来看，相同、相近、相似者约占总字符的1/3，反映出三种古文字之间有着深层次的内在联系及血缘关系。

2. 从三种古文字造型、结构、造字的思想方法和思维逻辑以及麽经记载，三种古文字都是由同一人文始祖——布洛陀、姆洛甲所创造并留存给后人等资料分析：壮族感桑"石刻"古骆越文字较之布依族古越文字、水族古水文字既相同、相近、相似，又相对较简单、原始。反映出三个民族是同根、同源，同属百越民族有亲缘关系的兄弟姐妹支系民族，三种文字为同宗、共祖、同源、异流而又有不同发展历程的姊妹文字。壮族"石刻"古骆越文字是其源、是其宗、是其祖，布依族古越文字、水族古水文字是其流，同源异流。

3. 在已初步释别"石刻"古骆越文字中，其内容涵盖广泛，计有：天、地、日、月、方位、风、雨、山、河、水、水行舟楫；有林木、森林、野兽、弓箭、狩猎；有田、土、日出、日落、春秋四季、男、女、农耕稻作；有吉年、造房、驯养牲畜；有天干、地支、五行、九星、六宫、年、月、日、时历算历法；有卦、爻、符箓及占卜测吉、凶、祈福好年景和祭祀战鬼怪等；有人与人之间联合与排斥（踢）及人的生老病死等。充分反映和表现了4000—6000年以前远古时期骆越人、骆越民族生存的自然环境、社会环境和生产、经济生活及社会活动等方方面面，一派古代相对发展的繁荣景象。

三、"石刻"古骆越文字中的民族信息

从上述古骆越文字内容中，可以看出远古时期，形成的骆越民族特征及习性如下：

1. 是一个原住的勤劳的善农耕稻作的民族；

2. 是喜山好水、水行舟楫的原住水边民族、山水民族；

3. 是善于建造及喜好居住干栏式民居（高脚屋）的民族；并善于野外圈养及家庭厩养牲畜的勤劳的民族；

4. 是创造、发明了天干、地支、五行、九星、六宫及年月日时等相结合的历

算历法的古老民族，时间应在4000—6000年之前。

5. 是一个崇尚自然崇拜，利用卦、爻，结合年、月、日、时辰测吉凶，好祭祀祈福好年景的民族。（在本文撰写之前又新释读出鸡卦的3个单字7个字符）

6. 从古骆越文字中的"贪"、"巨"、"禄"、"文"、"廉"、"武"、"辅"、"弼"等文字含义，可以看出约在4000—6000年之前的远古时代，古骆越民族已初步萌发或形成，古骆越人已萌芽或有可能初步形成有文化思想、有政治意识形态或组织的社会，或部落联盟雏形国家，即由新石器时代晚期母系社会（以女性始祖姆洛甲为代表）向父系社会转变（以男性始祖布洛陀为代表），萌发或有可能初步形成地区方国。当然，目前这仅是一种分析和预测，还有待进一步考古资料证实。

7. 从上述三种文字的初步对比研究，结合三个民族的语言进行分析，三个支系民族都属百越民族的后裔，民族语言均属侗泰（壮侗）语族，壮族、布依族同属壮傣语支民族；水族属侗水语支民族。也即是说，壮族、布依族是讲同一种语支语言的民族，水族、侗族讲分化略有差异的侗水语支语言。据笔者等20世纪50—90年代在黔、桂、滇地区多年多次调查，壮族地区民间绝大多数自称"布依"、"布越依"、"布瑞"等，与布依族自称一样，语言相通，可以对话交流，而且联片分布。1958年经周恩来总理提议：这些地区的民族由他称辱称"僮"改为"壮"族，称呼至今；而贵州布依族不用他称"仲"，而用自称"布依"族，称呼至今，实则是同一民族，仅是由于分布的地理位置不同，行政性分别称呼"壮"、"布依"而已。

综上所述，壮、布依、水三个民族从各自语言及民族名称，溯源追索到具有同一人文始祖布洛陀所创的具有相同、相近、相似特点的感桑"石刻"古骆越文字、古越文字、古水文字。这三种文字应为同根、同宗、共祖，同源异流，并有着深层血缘关系，只是发展历程有所不同。根据中国古代历史发展的历程及各朝各代更迭等重大事件分析：壮族古骆越文字可能在秦、汉时代，经秦始皇及汉高祖多次以武力征服岭南后，在全国推行"书同文、车同轨、统一度量衡"的政策中被取缔、中断，后来又获得传承、发展。而布依族古越文字、水族古水文字却因地处云贵高原，受到山高水险的阻隔，从而在民族民间得以应用、发展、流传延续至今。

〔罗祖虞、陈燕：中国西南民族特色文献研究中心研究员；
班殿华、雷金福：云南布依学会研究人员〕

张声震与田阳布洛陀祭祀研讨活动

黄 铮

百色市布洛陀民俗文化旅游节自2004年开始已连续成功举办了14届。在节庆活动期间召开的布洛陀文化与壮学学术研讨会也进行过多次。布洛陀民俗文化旅游节已于2013年荣获"广西十大旅游节庆品牌"之一,在节庆活动期间同时举行布洛陀祭祀与研讨也已成为一种新常态。今天,当我们回顾它在十多年间走过的历程和取得的成绩的时候,我们特别怀念和感谢壮学界的旗手和引路人、广西壮学学会终身名誉会长、《壮学丛书》总主编、自治区原副主席张声震同志。正是在张老的精心指引之下,敢壮山布洛陀祭祀和研讨活动得以步入正轨,越办越好。

在张声震同志逝世两个半月后的今天,我们迎来了新一届百色布洛陀民俗文化旅游节,"布洛陀与骆越文化"学术研讨会也同时进行。此时此刻,我们有必要回顾一下张声震同志多年来在指引田阳布洛陀祭祀与研讨活动方面付出的心血和做出的贡献,以表达对他的缅怀和崇敬之情。

关于张老在指引田阳布洛陀祭祀与研讨活动方面所做的工作和贡献,我以为可以概括为以下七个方面。

一、在第一时间旗帜鲜明地支持布洛陀祭祀活动

张声震同志是第一个在第一时间旗帜鲜明地支持敢壮山祭祀布洛陀活动的省部级老领导。

2003年2月,在张老的建议和推动下,广西壮学会组成壮学专家团队赴田

阳和敢壮山地区对布洛陀文化遗址和布洛陀祭祀信仰作进一步考察，完成了《广西田阳敢壮山布洛陀文化考察与研究》的系列研究报告，并向张老作了汇报。专家们谈到，根据考察与研究，布洛陀是壮族和珠江流域原住民族的人文始祖，田阳县是布洛陀文化圣地，敢壮山是布洛陀文化圣山，祖公祠是布洛陀文化圣府，布洛陀是壮族及其同源民族崇拜的创世神、始祖神、宗教神、道德神。敢壮山出现的祭祀布洛陀的活动反映了壮族群众对自己的始祖的信仰与崇拜，应该肯定。张老赞同专家们的这些观点。随后，张老也亲赴田阳敢壮山考察，并到附近村庄与壮族群众交谈，了解敢壮山传统壮族歌圩和群众自发祭拜布洛陀的情况。经过考察，张老形成了应当支持、引导和提升敢壮山布洛陀民俗文化活动的一系列设想。张老认为，首要的是解放思想，对壮族群众祭拜布洛陀的传统习俗给以旗帜鲜明的支持。于是，张老多次在家中接待来访的田阳县领导、田阳布洛陀文化研究会的负责同志，又通过广西壮学会负责人多次给百色市、田阳县有关领导和有关部门负责人捎话，就敢壮山布洛陀祭祀和布洛陀民俗文化节庆活动提出自己的看法和建议。张老一再强调，布洛陀是壮族的始祖神和创世神，是壮族人民英雄的祖先。布洛陀信仰是壮族特有的文化传统。壮族群众自发地举行布洛陀祭祀活动，是国家宗教政策允许和宽松和谐的社会大环境下出现的正常现象。田阳祭祀布洛陀与东南沿海地区拜祭妈祖同属基于民间信仰的民俗活动，与封建迷信有着本质的区别。专家学者们已对此给予了学术和理论上的支持，我们的政府部门、社会管理者也应予以理解，并在行动上给以支持。张老还通过自己连续数年参加敢壮山布洛陀祭祀活动，联络约请到一些省部级领导、老同志参加祭祀活动，以及约请国内著名的宗教学专家撰写专题论文，论证布洛陀崇拜的合理性、合法性和现实意义，然后在许多场合大力宣传推广，从而澄清和打消了一部分干部群众对布洛陀崇拜和祭祀活动的疑虑，引导社会各界参加和支持敢壮山祭祀布洛陀的活动。

二、倡导祭祀与研讨活动相结合的模式

2004年，在张老领导下，《壮学丛书》的重点项目——8卷本《布洛陀经诗影印译注》正式出版，它犹如打开了一扇通向壮族传统文化宝库的门，呼唤壮学学者进一步去探索布洛陀经诗的奥秘。敢壮山民间祭祀布洛陀的民俗活动也在这一年开始提升为"百色市布洛陀民俗文化旅游节"节庆活动，也给专家学者探

讨研究壮族传统信仰的重建及布洛陀文化的特质等问题提供了宽阔的平台。张老认为，继1999年首届壮学国际研讨会之后，再次召开较大规模的研讨会的条件已经成熟。张老提出，由《壮学丛书》编委会和广西壮学学会联合田阳县人民政府，在2005年召开壮学第四次学术研讨会。地点就在田阳县，时间就在敢壮山布洛陀民俗活动期间。让与会者一边参与祭祀布洛陀的活动，一边进行学术研讨。张老在随后召开的研讨会上致词时，进一步阐述了他关于将布洛陀文化的学术研讨与布洛陀民俗活动结合起来的观点。他说："我们在这里进行学术研讨会，就是希望把群众自发祭祀人文始祖布洛陀的活动与对布洛陀文化的学术研讨结合起来。把壮族民俗活动与壮学研究结合起来，目的在于使两者互相促进、相辅相成。使学者们从宏大的民俗活动的感性认识中对布洛陀文化的社会根源、历史渊源、内涵、功能等有更深刻的研究，从而对民俗活动在民族性、科学性、时代性方面的提升上给予有益的指导和帮助，以便更好地弘扬民族优秀文化传统和民族精神，为中华民族的伟大复兴贡献力量。"张老的这个观点，非常精辟，非常正确。也就从这一年开始，张老所倡导的将学术研讨与祭祀活动紧密结合起来的崭新的研讨活动模式，在田阳县逐年得到应用推广，并收到了良好的效果。

三、推动优化祭祀环境，亲自撰写朗诵祭文

为了使一年一度的田阳敢壮山布洛陀祭祀活动收到更好的效果，张老一直在努力推动改善和优化敢壮山祭祀环境，包括祭祀的软环境和硬环境。在软环境方面，张老要求并协助田阳进一步完善和规范祭祀活动的程序，改变以往没有严格的程序，比较随意松散的状况，编制出一套比较固定的祭祀活动流程，并从座位安排、队伍组织、人员着装、祭文宣读、上香礼仪、祭品摆放等方面完善祭祀活动秩序。在硬环境方面，张老一直非常关心祭祀活动场所基础设施的建设和完善。从布洛陀、姆六甲雕像的制作，景区大门的设计，到祭祀活动场所的整体布局，张老都提出具体的意见。在2010年，张老要求其子女组建的"壮学之家"出资具体协助田阳在祭祀活动中心建起临时的祭祀神殿，并充实了一批祭祀道具。此后，张老又督促百色市和田阳县抓紧建设敢壮山正式的布洛陀祭祀大殿及相关建筑、塑像等。2012年底，当百色市和田阳县的领导和有关人员将自治区建筑设计部门的初步设计方案带到南宁征求意见时，张老抱病认真审阅了设计方案，提出了中肯的改进意见。张老并向广西壮学会负责人提出，2013年田阳布洛陀

学术研讨会，就以讨论设计部门提出的设计方案为主题。此次研讨会召开时，张老因身体原因无法到田阳开会，但他在病房约见广西壮学学会和《壮学丛书》编委会负责人，口述自己对祭祀大殿和雕像等设计方案的进一步意见，要他们整理成书面文字，带到研讨会上代他传达。

以往敢壮山民间的布洛陀祭祀活动比较随意。缺乏固定的程序，也没有正式的祭文。张老提出，从2005年开始，敢壮山的布洛陀祭祀要搞得规范一点，一定要宣读祭文。张老一方面与田阳县的同志商量，为祭祀活动制订出一个较为正规的程序，一方面亲自执笔撰写祭文。他查阅相关资料，找来了国内一些地方公祭人文始祖黄帝和炎帝的祭文作为参考，开始起草祭文。张老冥思苦想，将拟出的草稿逐字逐句斟酌推敲，几易其稿，写成了祭文。又将祭文稿向广西壮学会和《壮学丛书》编委会的同志征求意见，然后再度修改，最终将祭文定稿。张老在他执笔撰稿的这篇400多字的祭文中，饱含深情地歌颂了壮族人民的英雄祖先布洛陀的功德，表达了壮族儿女弘扬布洛陀精神，秉承祖训，在新的历史时期发奋图强，勇于创新，不断前进的信心和决心。这篇祭文，根据张老的意见，同时用汉文、拼音壮文、古壮字印刷。在2005年4月16日田阳敢壮山举行的布洛陀祭祀大典上，张老亲自用普通话宣读这篇祭文，请百色市政协黄键衡副主席用当地壮语宣读这篇祭文。同时在现场将祭文文本分送给参加祭祀大典的主要来宾，引起了强烈的反响。

在张老的悉心指导下，一年一度在敢壮山公祭布洛陀的活动步入正轨，走向规范。自2005年起，每年的祭祀活动都按一定的规程进行，都正式宣读祭文，祭文都以张老撰写的文稿为底本。组织得愈来愈好的公祭壮族始祖布洛陀的活动，吸引了愈来愈多的民众和四方游客前来参加。

四、诚邀学术大家和壮族同源民族代表共襄盛举

2004年田阳第一次举办"布洛陀民俗文化旅游节"节庆活动。就在这一年，张老提出了决定，在2005年的节庆活动期间举行布洛陀祭祀大典和召开壮学学术研讨会时，一定要邀请到国内一批资深专家，从事名族工作的老领导，以及壮族同源民族的代表来到田阳，共襄盛举。为此，张老一方面布置广西壮学学会及时与相关机构团体联系，一方面亲自给国内一些资深学者和老领导、老同志写信，发出邀请预告，同时向他们征集关于布洛陀文化的题词。2004年10月，张

老又利用在北京主持《壮学丛书》首批重点项目成果首发式的机会，亲自登门拜访学术大师季羡林、任继愈、著名民间文艺家贾芝，口头邀请他们第二年4月到田阳出席祭祀活动和研讨会，并向他们征集题词墨宝。不久，就陆续收到季羡林、任继愈、贾芝以及著名学者牟仲鉴、梁庭望、长期从事民族工作的老领导江平、黄光学以及中国社科院民族文学所发来的题词和贺信。这些题词和贺信，都高度评价了布洛陀文化的研究价值，大大提升了布洛陀文化的地位和影响，也使敢壮山布洛陀民俗活动有了更广泛更坚实的舆论支持。2005年4月15日，壮学第四次学术研讨会在田阳举行，国内外120多位专家学者和老领导聚集田阳。他们中，有来自北京的10多名资深专家；区内和外省的布依族、水族、傣族、侗族的专家学者；泰国、韩国、澳大利亚的学者，还有一批省部级领导和老同志。大家聚集田阳，亲身参加了敢壮山祭祀布洛陀的活动，体验了壮族同胞对自己的人物始祖的信仰与崇拜，感受了敢壮山壮族传统歌圩及民俗活动的文化魅力。这就进一步扩大了布洛陀文化的外部影响。2011年，在张老的亲自策划和组织下，一次更大规模更高级别的学术研讨会在田阳召开，参加人数达到180人。国内傣族、侗族、布依族、黎族、毛南族、仫佬族、水族7个壮族同原民族代表；国外越南侬族、岱侬族，缅甸掸族，老挝老龙族，泰国泰族，印度阿洪人这些境外壮族的同原民族的代表，与专家学者、领导干部再度欢聚一堂，再次感受到了数十万壮族群众对始祖布洛陀的崇拜和敬仰情怀，体验到了壮民族宽厚、包容、亲和、进取的民族品格。张老诚邀著名学者、国内外壮族的同源民族、关心民族工作的老领导到田阳布洛陀祭祀和研讨活动现场共襄盛举的做法，对支持布洛陀信仰，传承壮族传统文化起到了莫大的作用，产生了深远的影响。

五、精心组织研讨会，认真准备讲话稿

2005年开始至张老辞世，关于布洛陀和壮学研究的多次学术研讨会在田阳召开，张老在精心组织研讨会方面做了大量的工作。张老强调，研讨会开起来不容易，既然开了就要开好。这就要精心组织、精心准备。张老亲身参与筹备工作，从确定研讨会主题，编制论文选题指南，组织专家学者撰写论文，研讨会具体开法，会后文集的选编出版，到开好研讨会要注意的其他事项，张老都一一提出自己的意见。对其中比较重要、邀请代表比较多的研讨会，张老提出，一年前就应该开始准备和谋划。如2005年的研讨会，张老2004年上半年就开始抓筹备工作。

2011年的研讨会，张老在2010年就开始抓筹备工作。当年4月在田阳召开"布洛陀文化与旅游开发"研讨会时，张老就在会上预告，一年后将召开一次规模较大，层次较高的研讨会，并将明年会议征集论文大纲在会上散发。过4个月之后，张老又提出，原先发出的论文参考选题还要做出修改和进一步细化，于是又参与讨论形成新的参考选题，随研讨会预告性通知发给专家学者张老要求会议筹备组，对其中作为重点邀请对象的知名专家、境内外壮族同源民族学者，以及一些省部级领导和老同志，要采取"人盯人"的办法跟踪联络，促使其尽可能赴会。张老还亲自提出一些有价值的选题，要求筹备组组织到相应的论文。

比如，根据历年来敢壮山的朝拜和祭祀活动参与者众，到处人流涌动，但始终秩序井然。现场无斗殴、偷窃、赌博、破坏等现象发生的情况，张老认为，这正是始祖布洛陀倡导的"和谐有序"精神的体现，应当巩固和发扬。张老要求研讨会筹备组，一定要认真组织撰写"布洛陀文化与壮族社会和谐"一类的文章，予以弘扬。对庄家学者为会议提交的一些特别有价值的论文，张老除给以充分肯定外，还指示有关部门，要多方宣传，扩大其社会影响。如张老曾向广西壮学会、《壮学丛书》编委会以及百色、田阳的同志特别谈到，在2005年田阳研讨会上，中央民族大学牟钟鉴教授的论文《从宗教学看布洛陀信仰》非常重要，非常难得。牟教授根据党在新时期的宗教政策和马克思主义的宗教观，确认敢壮山祭祀布洛陀的民俗活动，是民族宗教信仰文化重构的社会现象，反映了传统的复苏、民众的需要和时代的特点。牟教授还指出，壮族布洛陀文化的重建是在群众、学者和政府三者互动和不断协调的情况下进行的。因此它是健康的，有利于社会和谐和文化繁荣。张老说，牟教授的这些观点非常正确，非常精辟，为布洛陀文化研究和民俗活动的发展提供了巨大的理论支持。张老随即郑重推荐给广大壮学学者和领导干部学习。

为了引导研讨会开得更好，张老总是认真准备自己在研讨会上的讲话稿。多年以来，张老养成一个习惯，凡是要在会上发表讲话，讲稿都由自己亲手准备，不要别人代劳。2005年以来，张老亲自策划组织了在田阳召开的多次布洛陀文化和壮学学术研讨会。每次会议，张老都要发表讲话。照例，所有讲话文稿，张老都亲自执笔。如，2005年在田阳"壮学第四次学术研讨会"开幕大会上的讲话稿；2010年，在田阳"布洛陀文化研究与旅游开发研讨会"上的讲话稿。2011年田阳布洛陀文化学术研讨会开幕式上的致辞稿，及闭幕式上的讲话稿。2012年田阳研讨会上的讲话稿等。2013年，田阳研讨会着重讨论敢壮山布洛陀祭祀大殿及附属工程项目的设计方案。张老因健康状况不好,无法赴田阳开会和发表讲话,便约广西壮学学会和《壮学丛书》编委会负责人到病房,由他口述一个书面讲话材料,让我带到会场代为宣读传达。张老的所有这些讲话材料,都不是空洞无物的应景之作,而是有分析,有归纳,有情况,有材料,包含着深刻的学术见解,能够给人以启发和鼓舞。以张老的身份、威望和影响力,这些讲话发表之后,在弘扬敢壮山布洛陀始祖文化,在总结传承壮族文化遗产,在加强壮族与境内外同源民族的联系,促进壮学走向世界方面所产生的作用是无法估计的。而当我们想到,这些讲话稿是一个八九十岁高龄,工作繁忙,而健康状况又不太好的老人,亲自动笔,逐字逐句认真反复推敲之后写成的,我们就会对张老满怀崇敬之情。

六、推进布洛陀学术研讨活动常态化

2011年田阳布洛陀文化研讨会期间和在会后,有一个问题一直在张老脑海中思索,这就是怎样建立起布洛陀研究的长效机制,将田阳布洛陀文化学术研讨会常态化的问题。张老认为,布洛陀经典和布洛陀文化内涵丰富,蕴藏深厚,规模宏大,绝不是通过几次学术研讨会就可以揭尽其中奥秘的,需要长期深入地研究发掘。这就需要建立一个常态化的研究机制。张老的计划是:每一年的敢壮山布洛陀民俗文化旅游节都要举行公祭壮族始祖布洛陀的活动,都要举行布洛陀文化学术研讨会或壮学学术研讨会,将这一做法长期坚持下去。做到以学术研讨支撑、提升、促进祭祀活动和其他民俗活动,从而促进壮民族的凝聚力、促进国内壮侗语民族的团结,促进东南亚同源民族的联系,并推动百色市布洛陀民俗文化旅游事业的发展。张老在田阳将这个想法与百色市和田阳县的领导交换意见,得到他们的赞同。回到南宁后,张老又找来壮学会和《壮学丛书》编委会的同志一块开会,把自己的想法提出来和大家共同研究,并建议由广西壮学会和《壮学丛书》编委会联名,向田阳县、百色市以及自治区领导正式提出将布洛陀文化学术研讨常态化的方案。其主要内容是:1.定期在田阳举办布洛陀文化学术研讨会。时间就定在每年在田阳举行布洛陀祭祀大典和布洛陀民俗文化旅游节活动期间。2.每年都举行的布洛陀文化学术研讨会可根据具体情况分大、中、小三种规模。小型,以邀请区内专家学者参加为主。中型,邀请部分区外专家学者参加。大型,三年左右举行一次,可邀请东南亚及其他国家的学者参加。3.研讨活动由自治

区、百色市、田阳县人民政府给以支持。以广西壮学学会、《壮学丛书》编委会、百色市壮学会、田阳县布洛陀文化研究会为主要承办单位，同时欢迎社会各界协办或作为合作方参与活动。研讨会经费采取政府与社会共同支持的"双轨制"模式解决。自2012年以后，田阳布洛陀学术研讨会基本上按照这个方案进行，从而实现了布洛陀研讨活动的常态。

七、要求家人出钱出力支持祭祀研讨活动

为了引导和推进田阳的布洛陀祭祀与研讨活动，张老不仅自己身体力行，付出巨大的心血，他还要求自己的子女出钱出力，支持田阳的祭祀和研讨活动。根据张老的方案，田阳布洛陀祭祀与研讨活动的经费应由过去单一政府支持转变为政府和社会共同支持的"双轨制"。张老便从自己的家人开始做起。2009年，张老的子女在张老的感染下，成立了民营的公益型的机构"壮学之家"，致力于团结组织壮学专家，传承壮族传统文化。2010年4月，由张老发起，在田阳召开"布洛陀文化研究与旅游开发"为主题的学术研讨会。这次研讨会按照张老的提议，吸收了张老子女组建的"壮学之家"出资参与联合主办。他们当即投入70多万元的资金，用于完善敢壮山的祭祀场所，修建祭祀神殿、塑像、旗杆，添置服装道具，完善祭祀大典仪式以及组织一台以抢救布洛陀文化遗产为主题的文艺晚会。

2011年的田阳布洛陀学术研讨会，是张老策划组织的一次规模较大的研讨会。在一年前开始筹备此次研讨会时，张老就提出，为了鼓励专家学者提交高质量的论文，论文稿酬从优。张老子女的《壮学之家》又向田阳资助了50万元，用于支付专家学者论文稿酬以及其他会务开支。《壮学之家》还连续多年在田阳祭祀和研讨活动期间，派出摄制组，到现场拍摄相关资料片，赠送给有关单位和外宾，为田阳的布洛陀文化广为宣传。2010年以来，《壮学之家》每年都承担了作为田阳布洛陀祭祀研讨活动驻南宁的联络处的职能，田阳布洛陀文化研究会和广西壮学学会常常在这里研究活动筹备工作事宜。张老还要求子女开办的公司，要组织员工到田阳敢壮山向壮民族的始祖布洛陀朝拜，体验这里的布洛陀民族文化风情。张老为引导、推动田阳布洛陀祭祀与研讨活动做得实在太多。

以上我们从七个方面回顾了张老十多年来在指引田阳布洛陀祭祀与研讨活动方面所做的工作和贡献。如今，张老已经永远离开了我们，在田阳布洛陀祭祀活

动和研讨会现场,我们再也看不到他的身影。但是,张老对布洛陀始祖的信仰和崇拜,对壮族传统文化的热爱,对壮学研究的钟情,以及他留下来的精神遗产,将激励我们不断取得布洛陀文化研究和壮学研究的新成果,不断攀登新的学术高峰。

〔黄铮:广西社会科学院原副院长、研究员,《壮学丛书》副总主编〕

壮学大纛，民族精魂

——回忆张老与壮语文事业

蒙元耀

一颗璀璨的明星陨落在南天的夜空——张老驾鹤西行魂归花山了。这是一位值得敬重的壮族老人，一位为壮族人民打拼的政治家。看着遗体告别仪式会上习主席李总理等中央高层赠题挽词的花圈，便可知道这位老人生前在广西显赫的政治地位与隆誉。

我与张老相识甚早。20世纪80年代初期，壮文重新恢复推行工作，我从广西民族学院中文系毕业，即投身到这一行当。自彼以来就跟张老有了工作上的联系。当时，张老是广西壮族自治区人民政府主管民族工作的主要领导。各种工作会议上，经常见到老人家坐在主席台上发言，我有很多机会直接聆听他那洪亮而壮味十足的话语。

与张老熟络之后，从他那里得知：1979年广西区党委区、人民政府决定恢复壮文推行工作，当时是拨乱反正，百废待兴。时任自治区人民政府主席的是覃应机老先生。覃老点将由张老来挂帅分管这项民族语文工作。自那之后，才有自治区民语委整条战线的拨乱反正及机构重建工作。就这个意义而言，可以说张老是新时期壮文工作的奠基者之一。

广西民语工作机构是文革期间被全部打散的重灾户之一。机关解体，所有工作人员下放全区各地。要重新开展业务工作，首先得找回原先的业务骨干来恢复工作机构。在张老的主持下，覃耀庭、陈竹林、唐秀林、韦立群、韦以强、农启标、刘烈等一批50年代的老壮文工作者得以归队，重新组建了广西壮族自治区少数民族语言文字工作委员会。1982年后，一批新生力量也从各大学毕业而陆续投身到壮文工作队伍之中。随着壮文工作的开展，中央民族学院、广西民族学院、广西壮文学校也逐年招收全日制的壮文学生，为后来的工作培养了大批的民族语文干部。壮文工作由此而逐渐步入常规化。这一重建工作过程中，张老为之倾注了大量的心血。

张老抓壮族语言文字事业的建设工作，经常来自治区民委、民语委布置任务，检查工作。我在区民语委研究室做壮语调查与研究等具体业务，因张老注重壮语文的基础建设，于是我们之间产生了共同的话题。时不时就有了各种汇报与探讨，因而接触老人家的机会渐渐多了起来。文字推广、双语教学、古壮字研究、古籍整理、字典编纂、语言文字规范等话题时常是我们见面要讨论的内容。

1986年，国家加强民族古籍收集整理研究工作，张老直接负责广西民族古籍的相关工作。从机构设置、人员调配、工作思路乃至具体的项目实施，张老都花费了大量的时间与精力。待到《古壮字字典》（初稿）于1989年成书出版以及《布洛陀经诗译注》于1991年刊布，世人终于承认壮族不但拥有自己的民族古文字，同时也认识到壮族的经典古籍拥有丰厚的文化底蕴。在此之前，学界是不认可壮族有自己古文字的。当八卷本的《壮族麽经布洛陀影印译注》和《壮族鸡卜经影印译注》两部巨著面世之后，张老在壮学的宗师地位便无可置疑地耸立于学术界。

记得是2003年间，我因博士后工作研究对象是壮族古籍与古文字，从墨尔本大学回广西做田野调查，收集壮族古籍抄本资料，期间与张老见过一面。张老与我论及《壮族麽经布洛陀影印译注》的学术价值时意味深长地说：这部经诗应当可以出四五个博士、二十个硕士。从目前见到的情况看，的确如此。不少学子利用这部壮族经典古籍完成了自己学业，获得了相应的学位。

这就是基础资料建设的综合效应。把壮族文化最基本的材料整理出来，不仅对保存和传承民族文化精华有益，对学界的学术研讨也是非常有益的。在这一点上，张老的眼光高瞻远瞩。像《壮族民歌古籍集成》（一、二卷），《风俗歌》《传扬歌》《信歌》《师公经》等项目的整理，无一不是在他的主导下进行。他看得很远很远，把目光定格在未来的目标上，要有资料，要有人才。有了这两样，其他相关方面的工作才能有效开展。

正是基于这种认识，张老对人才培养工作格外重视。早在20世纪80年代中期，他就对广西民族学院的壮语文专业给予高度关注。他曾经亲自批下300万元的建设经费来给壮语文专业建了一栋教学楼，这就是相思湖畔的综合大楼。

壮语文专业虽是一个 80 年代的新生儿，但其道统却上承 50 年代国家民族语言大普查诸位大师的学术之道。当年北京大学的袁家骅、罗季光、王均等中国科学院少数民族语言第一调查队的大师级人物在广西民族学院（时称中央民族学院广西分院）举办民族语文工作人员培训班，讲授民族语文专业知识，培养民族语文工作人才。自那时候起，广西民族语文教学研究工作就一直延续下来。几经变迁，这个专业从初创时期的一个班，进而发展为一个系，后来归并到文学院，现今已经成为广西民族大学的一个特色专业——中国少数民族语言文学特色专业，是教育部、财政部扶植建设的广西高校重点学科。不负张老的厚望，这个少数民族语言文学专业，与民族学专业一道，于 1998 年获取了广西民族大学两个最早的硕士授予权点，使学校的办学层次提高了一大步。目前活跃在广西民族语文战线上的不少骨干力量即毕业于广西民族大学的这个专业。

经十多年的拼搏，又是民语、民族与东南亚语言文学三个专业率先进行博士点建设。广西民族大学中国语言文学一级学科于 2013 年 3 月获得博士授予权，其中少数民族语言文学专业的贡献是有目共睹的。用民语专业老师的话来说，这个专业的教师是小马拉大车，引领着文学院的学术建设与发展。由本科到硕士点，进而发展到博士点，这是一个实质性的新跨越。这些成绩的取得，自然离不开上级领导的关心与扶植。饮水思源，张老对壮文事业的重建与扶助，是不应当忘怀的。

学科建设是一种基础性的长期工作。一旦建立起完备的人才培养机制，一个事业才能健康地向前发展。当张老获悉这些壮文事业高端人才培养机制的发展信息时，他连声说好，叮嘱我们要好好利用这个平台为壮族培养民族语文的高端人才。他以政治家的战略眼光告诉我们，只要我们延绵不断地培养出高水准的尖端人才来为壮族地区的民族文化建设服务，一经有社会需要，就可以拉出一支精干的高端队伍，民族文化事业就可以蓬勃发展起来。

词典编纂也是民族文化研究的基础建设工作之一。张老认为没有工具书就无法开展科学的研究，欲工其事必先利其器。没有工具书，壮族古籍整理工作便无从着手。在他亲自筹划安排下，1986 年《古壮字字典》的编纂计划得以实施。1989 年《古壮字字典》（初稿本）编成出版，这部工具书为壮族古籍整理打下了一个比较牢实的基础。这本字典不仅是壮族古籍工作者案头必备的工具书，其实也是很多研究者的资料来源之一。不少硕士、博士研究生就直接利用《古壮字字典》里面的语料来做自己的学位研究论文。1990 年我们与美国学者一道编撰《壮汉英词典》，张老敏锐地注意到这项工作的重要性。他多次约见参与编撰工作的学者，告诉我们这是壮文走向世界的一个机遇。编好这部词典，西方世界就多一扇理解我们壮族文化的窗口。这部词典做好了，可以成为沟通我们与世界主流社会文化交往的桥梁。

语言是一个民族的外在标志，同时又是一个民族的文化载体。张老认为，少数民族缺乏各种典籍记载的史料，其文化构成多半蕴藏于语言之中。没有语文词典，就无法了解语言本体。只有深入挖掘语言中的文化底蕴，编纂完备的语文词典，才能真正领略一个民族的文化精义。对民族语言文字的文化功能和对工具书的重要性有如此精辟的见解，这与张老过人的敏感眼光有关系，也是他长期关注壮语文事业的思考结果。虽然张老不是专门从事语言研究的学者，但他以政治家的真知灼见洞悉民族语文工作的要旨所在，抓住民语工作关键环节，并以此推动全区少数民族语文的全局工作。

当然，张老的远见并不仅仅局限于民族语文，他对构建壮学体系充满期待之心。要全方位研究壮族，要让壮族文化走向世界，要使壮学成为显学，仅有语言研究是不够的。壮族的政治经济、历史文化、民族文学、地方行政区划沿革、军事史、教育史、壮医壮药、民风民俗、宗教信仰乃至其他方方面面，都能引起张老浓厚的研究兴趣。他认为壮学研究要分为基础研究和应用研究两大领域。要有继承，更重要的还要发展。要全方位展示壮族历史的文化贡献，绝不是单一领域的研究成果就能彰显出来的。只有把壮族各个领域的研究成果汇集起来，才能充分显示壮族的文化成果。于是编辑出版壮学丛书系列成果的构想便成了老人家晚年的学术追求。

正是这种拳拳的赤子之心，使得张老晚年不停地追寻壮学的学术精髓。一批热心民族文化工作的人士紧紧围绕在张老的周边，形成了一个不小的学术阵营，对壮族文化的各个领域开展深入的研究，并取得不菲的成就。壮学的大纛竖立起来了，张老就是这面大纛，是领军者，是引领壮学队伍前进的先导。

张老魂归花山回到花婆的花园去了，这是壮族文化事业的重大损失。得到噩耗时，我觉得很惋惜。生老病死是人生的轮回，谁都不可能违背这条规律。但张老把他对壮族人民的挚爱和对壮学不倦的追求精神留给了后辈，这是一份永恒的财富。作为后辈，我们敬仰张老之时，还应当把这份责任心、事业心继承下来，完成张老未竟的事业。得知张老逝世的信息后，我做了一副挽联：

Guh hak mbwk, goeng vih lwgminz buet byongh ciuh
Laeb saw ging, laux doiq hagcuengh roengz aen sim.

　　假如苍天给予更多的寿元给张老，壮学的成果将会更加丰富与卓著。然而，生活当中没有假如。尽管张老以高寿之年离世，可他身后也还是留下了很多未竟之遗愿。我因学校博士点建设工作的压力，未能如期完成《古壮字字典》的再版修订工作，这是我有愧于张老的一大憾事！我自责，我也在努力。只有加倍努力工作，拿出更好的成绩来回馈壮族，回报张老寄予的厚望，也许我才能于心有安。

　　怀念张老，以张老永远奋进的不怠精神鞭策自己，为壮族文化建设多做一些实在的事情，这是我的心愿。多一些埋头苦干的人，多做一些实在的事，壮学就能兴旺，壮族就能发展壮大。

〔蒙元耀：广西民族大学文学院教授、博士生导师〕

后 记

《布洛陀文化研究文集》是广大壮族学者以马克思主义为指导，深入贯彻习近平总书记《在哲学社会科学工作座谈会上的讲话》精神，为传承和弘扬民族优秀传统文化，坚持开展深入调查与研究，全面、系统、真实地展现中国特色和时代精神的壮学研究最新成果。

《布洛陀文化研究文集》（第一辑）的付梓，凝聚了许多壮学研究者的智慧和心劳。在广西壮族自治区原副主席、广西壮学学会名誉会长张声震（已故）、广西民族研究所原所长、广西壮学学会原会长覃乃昌（已故）、本书主编梁庭望教授、覃彩銮研究员以及副主编黄明标研究员诸位先生的努力之下，布洛陀祭祀活动延绵不断的壮族人文始祖纪念圣地——敢壮山得以确认，田阳已成为布洛陀文化学术研讨会持续开展、深入探讨与交流的平台，并最终以布洛陀文化研究文集系列成果问世。中央民族大学原副校长梁庭望先生参与布洛陀文化遗产保护与研究工作时已过花甲之年，仍不顾年事已高，屡次奔波于北京与田阳之间，为民族文化的传承与保护工作贡献智慧与力量，他曾经在敢壮山脚下激情念诵布洛陀的祭文。他每次提交的参会论文，都高屋建瓴地指出布洛陀文化对于壮族历史文化的重要价值与意义。广西壮学学会会长覃彩銮先生作为第一批系统研究布洛陀文化的专家之一，长期关注田阳布洛陀文化研究的开展状况，在敢壮山布洛陀文化的总体传承、保护和开发上发挥了重要作用。他作为历届布洛陀学术研讨会主办方的负责人之一，每年不辞辛苦莅临会场，主持会议，与参会学者进行学术交流。覃彩銮先生最早完成了论文集的整体编辑与设计工作。田阳县布洛陀文化研究会黄明标会长，多年工作在田阳布洛陀文化的资料搜集与研究的第一战线，出版了《布洛陀与敢壮山（祭祀歌）》（2004）、《布洛陀与敢壮山（传说故事）》（2004）、《壮族麽经布洛陀遗本影印译注》（2017）等重要的基础性著作。他从田阳县博物馆馆长的位置上退休后，更加全身心地投入到布洛陀文化学术研讨会的组织及研究会的日常工作中来，使布洛陀文化研讨会成为一个凝聚学术力量、展现壮学与多民族学者交流的盛会。正是上述诸位先生的热心倡导与持之以恒的奉献精神，才使得该文集得以出版。在此，谨向诸位先生致以真诚的谢意。

如前言所述，《布洛陀文化研究文集》汇集2015—2016年的参会论文，论文作者来自壮、布依、黎、苗、汉等多民族，论文从布洛陀这个核心议题扩大到了桂、滇、黔、琼以及东南亚等兄弟民族文化区域，具有了国际性的视角。会议论文的作者深入调查与研究，对基础材料进行分析和提升，才有了这本浓缩着诸多思想精粹的文集。该文集分为三个大的专题：第一部分为"布洛陀宏观文化研究"，侧重从文化视角对布洛陀文化的精神内涵、当代价值、文化意义等问题进行探讨。第二部分为"麽经布洛陀与麽教文化研究"，注重从民间宗教视角对布洛陀麽经、宗教信仰观念等进行历时与共时性比较研究，包括将麽教与道教、麽经与圣经等进行对比研究。第三部分为"同源民族关系及宗教文化关系研究"，涉及布依族、黎族等同源的壮侗语族群以及东南亚的多族群文化，让我们看到了布洛陀文化研究者正在走向东南亚，与国际对话的纵深发展趋势。

《布洛陀文化研究文集》（第一辑）最终能与读者见面，得到了许多单位的大力支持与帮助。田阳县人民政府为该文集的出版提供了经费保障。从2002年以来，田阳县人民政府始终鼎力支持和帮助相关研究机构及学者在田阳进行调查。同时，感谢中国社会科学院民族文学研究所、广西壮学学会、广西田阳县布洛陀文化研究会对会议以及论文出版的大力支持。感谢学苑出版社为该文集的出版给予的大力支持与帮助。

《布洛陀文化研究文集》的出版，不仅是广大壮族学者勠力同心、砥砺奋进，积极投身于构建中国特色学术体系、理论体系、话语体系伟大事业的真实写照，更是文化自信的中国在走向中华民族伟大复兴中国梦的历史进程中镌刻出的一座丰碑。是为记，同时期待论文集的出版能持续下去，带给学术界更多的惊喜。

李斯颖

2017年10月10日于北京